W. Hugh Missildine

In dir lebt das Kind, das du warst

Vorschläge zur Bewältigung des Alltags

Ernst Klett Verlag Stuttgart

Aus dem Amerikanischen übersetzt von
Josef Wimmer
Die Originalausgabe erschien unter dem Titel
»Your Inner Child of the Past«
bei Simon and Schuster, New York

CIP-Kurztitelaufnahme der Deutschen Bibliothek

Missildine, Whitney Hugh
In dir lebt das Kind, das du warst: Vorschläge zur Bewältigung d. Alltags. — 1. Aufl. — Stuttgart: Klett, 1976.
Einheitssacht.: Your inner child of the past ⟨dt.⟩.
ISBN 3-12-905740-4

Printed in Germany 1976
Umschlaggestaltung: Hans Lämmle
Umschlagfotos: Eric Bach/Mauritius und Atelier G+M Köhler
Satz und Druck: Hieronymus Mühlberger KG, Augsburg

Inhalt

Vorwort

In diesem Buch wird versucht, Ihnen Ihre Persönlichkeit zu erklären, damit Sie mit sich und anderen erfüllter, freier und angenehmer leben können. Ihnen Ihre Persönlichkeit zu erklären, ist eine ziemlich schwierige Aufgabe, weil niemand Sie wirklich gut versteht. Die Wahrheit, insbesondere über menschliche Gefühle und Verhaltensweisen, ist schwer zu fassen; wie Paulus sagt: »Wir sehen jetzt durch einen Spiegel in einem dunklen Wort.«

Um die ganze Wahrheit über Sie und Ihr Leben zu schreiben, müßte ich jahrelang auf Hunderte von Wissenschaftlern warten, um die Ergebnisse von Tausenden von Experimenten zu erhalten. Sogar dann würden wir wahrscheinlich immer noch im dunkeln tappen. Deshalb kommt dieses Buch der Wahrheit über Sie so nahe, wie es zu diesem Zeitpunkt möglich ist. Obgleich wir so wenig wissen, ist es genug, Ihnen zu helfen, einige unklare Gefühle befriedigender verstehen und handhaben zu können. Heutzutage leiden wir im Bereich der Gefühle alle zu sehr. Wir können nicht auf weiteres Wissen warten; wir müssen das, was wir jetzt wissen, aktiv und ohne Verzögerung anwenden.

Viele meiner Patienten werden in diesem Buch beschrieben. Ich habe ihre Geschichte leicht abgeändert, um ihre Anonymität zu wahren. Ich hoffe, ich habe ihre Lebensgeschichte mit der Hochachtung dargestellt, die ihr wirkliches Leben verdient. Ich bin dankbar, daß wir von ihnen lernen durften.

Ich möchte auch Harry Henderson danken, der mir dabei geholfen hat, meine bruchstückhafte Darstellung in eine geschlossenere Form zu bringen.

Ich hoffe, daß Sie sich in diesem Buch wiedererkennen werden und daß Sie aufgrund der Begegnung mit sich selbst anfangen werden, sich ein wenig respektvoller zu sehen.

W. Hugh Missildine

Teil I
Erkennen und Akzeptieren Ihres inneren Kindes von früher

1
Wer ist Ihr inneres Kind von früher?

In Ihnen lebt beharrlich das Kind weiter, das Sie einmal waren

Irgendwann und irgendwo waren Sie ein Kind. Das ist eine der großen, selbstverständlichen, anscheinend bedeutungslosen und vergessenen Grundtatsachen des Erwachsenenlebens, die in einer wichtigen Beziehung zu Ihrem heutigen Leben steht. Bei dem Versuch, Erwachsene zu sein, versuchen wir irrtümlicherweise, unser Leben als Kind zu ignorieren, unsere Kindheit zu unterschlagen und sie bei der Beurteilung von uns und anderen zu übergehen. Dies ist ein wesentlicher Grund für viel Not und Unglück der Erwachsenen. So mißhandeln wir uns selbst.

Ob Sie reich oder arm sind, mit Ihrem Schicksal wohlig zufrieden oder furchtbar unzufrieden, eine Hausfrau sind oder eine Karrierefrau, verheiratet oder geschieden sind, ob Sie im Gefängnis leben oder im eigenen Zuhause — Ihre Kindheit und das Kind, das Sie einmal waren, liegen nicht völlig hinter Ihnen, sind nicht längst vergangen und weit entfernt. Ihre Kindheit existiert tatsächlich und buchstäblich in diesem Augenblick in Ihnen. Sie wirkt sich auf alles aus, was Sie tun und fühlen.

Diese Gefühle und Haltungen Ihrer Kindheit beeinflussen Ihre Beziehungen zu Freunden, Kollegen, zum Partner, ja sogar zu den eigenen Kindern, und dominieren hier in der Tat häufig. Sie können Ihre Fähigkeit zu arbeiten oder zu lieben stören. Solche Gefühle können ein bedeutsamer Teil Ihrer Müdigkeit sein, Ihrer Unfähigkeit zur Entspannung, Ihrer lästigen Kopfschmerzen, Ihrer Magenverstimmung.

Was ist dem Kind widerfahren, das Sie einmal waren? Ist es gestorben? Ist es zu schnell groß geworden und zusammen mit altem

Spielzeug, Überschuhen und seinem kleinen Schlitten beiseite gestellt worden? Ist es irgendwie im Stich gelassen worden? Ist es im Lauf der Zeit irgendwo verloren oder gar vergessen worden?

Haltungen, die Probleme schaffen

Als Kinderpsychiater hatte ich Gelegenheit, die Gefühle sowohl von Kindern als auch von Erwachsenen bei ihrem Kampf mit ihren Problemen zu beobachten. So war ich in der einmaligen Lage, *am Erwachsenen* zu sehen, was dem Kind, das er einmal war, widerfahren war. Ich beobachtete oft die Entwicklung von problemschaffenden Haltungen im Kinde, *in ihren eigentlichen Anfängen.* Diese Haltungen sind die Antwort auf die oft unvernünftigen oder übertriebenen Haltungen und Forderungen seiner Eltern, den gewichtigsten Menschen in seinem Leben. Ich sehe das Ergebnis dieser Reaktionen des Kindes im Erwachsenen — Einsamkeit, Angst, sexuelle Schwierigkeiten, Depression, Furcht, eheliche Zwistigkeiten und zwanghaftes Erfolgsstreben.

Das Kind von einst lebt in der Schale des Erwachsenen weiter. »Gedeihen« wäre vielleicht ein treffenderes Wort als »weiterleben«, denn oft ist dieses »innere Kind von früher« ein wucherndes, plärrendes, lärmendes Wesen — es rennt Hals über Kopf in alles hinein, was ihm gefällt, es trödelt, mogelt und lügt, um dem zu entkommen, was es nicht mag, es verärgert die andern und regt sie auf — oder aber dieses Kind ist der furchtsame, schüchterne und vor allem und jedem zurückschreckende Teil Ihrer Persönlichkeit.

Ob es uns gefällt oder nicht, wir sind gleichzeitig das Kind von früher, das in der emotionalen Atmosphäre der Vergangenheit lebt und in der Gegenwart oft stört, und ein Erwachsener, der die Vergangenheit zu vergessen und gänzlich in der Gegenwart zu leben versucht. Das Kind, das Sie einmal waren, kann die Befriedigungen des Erwachsenen vereiteln oder frustrieren, kann Sie verwirren und quälen, es kann Sie krank machen oder Ihr Leben bereichern.

Wie behandeln Sie Ihr »inneres Kind von früher«?

Irgendwie gehen Sie ohnehin bereits mit Ihrem »inneren Kind von früher« um. Das liegt hinter vielen unserer Probleme. Jeder von uns setzt sich in der Tat von der Adoleszenz an mit seinem »Kind von früher« irgendwie auseinander. Aber da wir nicht verstehen, wie sich Kindheitseinflüsse im Erwachsenen fortsetzen, erschöpfen wir unsere Kräfte ohne Erfolg und lassen unsere Frustrationen andauern.

Die meisten von uns versuchen, diese Kindheitsgefühle auszurotten. Wir verleugnen sie, lehnen sie ab, wollen nichts von ihnen wissen, »überwinden« sie — und setzen uns dabei herab und schelten uns »kindisch« und beschimpfen uns dafür, daß wir nicht »erwachsen« sind. Und doch macht es uns gerade die Natur der Gefühlsentwicklung unmöglich, »erwachsen« zu werden.

Wenn Sie nicht schon ständig versuchen würden, mit Ihrem »Kind von früher« fertig zu werden, würden Sie keine Konflikte haben, weder Schmerz noch Elend leiden. Einige Menschen tun tatsächlich genau das. Sie lassen das »Kind von früher« in ihrem Leben als Erwachsene überhand nehmen — und bringen sich unweigerlich in ernsthafte Schwierigkeiten mit anderen und häufig auch mit der Gesellschaft. Ein kleines Kind hat zum Beispiel keine Vorstellung von Privateigentum. Es nimmt, was es gerade interessiert. Wenn es als Erwachsener weiterhin so handelt, wird es im Gefängnis landen.

Die Bedürfnisse unseres »Kindes von früher« zu erkennen und anzunehmen bedeutet nicht, sich in kindischem Verhalten, Impulsivität und Wutausbrüchen zu ergehen. Dem »Kind von früher« müssen Grenzen gesetzt werden — so ziemlich in der gleichen Weise, wie Eltern strenge Regeln für das Überqueren der Straße aufstellen, um ihr Kind zu beschützen.

Der Umfang des Problems

Heutzutage verursacht der Konflikt zwischen unserem »inneren Kind von früher« und dem Erwachsenen derart ernste emotionale

Verzerrungen, daß annähernd ein Zehntel von uns in Nervenkliniken, Sanatorien und bei Ärzten in privater Praxis in Behandlung ist. Ein Großteil dieser Konflikte verbirgt sich bei anderen Menschen in körperlichen Krankheitssymptomen. Der praktizierende Arzt verwendet an die 30–50 % seiner Zeit auf Beschwerden, die ihren Ursprung in emotionalen Schwierigkeiten haben. Obwohl jedes Jahr Millionen von Dollar für die Behandlung solcher Krankheitsfälle ausgegeben werden, bestehen die Leiden fort, da ihr emotionaler Charakter nicht erkannt und behandelt wird.

Noch vor einigen Jahren schien die Antwort zu lauten, daß eine größere Anzahl an Psychiatern und intensivere Forschung eines Tages das Problem lösen würden. Aber diese Hoffnung hat sich nicht erfüllt. Wir stehen auf dem Gebiet der geistig-seelischen Gesundheit am Rand der Katastrophe. Wir haben nur 10 000 Psychiater — für je 18 000 Menschen etwa einen. Bei der Wachstumsrate unserer Bevölkerung können wir nicht einmal dieses unzureichende Verhältnis aufrechterhalten, geschweige denn auf diesem Gebiet Fortschritte machen.

Aber die Probleme, über die wir in diesem Buch reden werden, sind größtenteils nicht jene, die schwer gestörte Menschen quälen und spezielle psychiatrische Behandlung erforderlich machen. Es sind die Probleme gewöhnlicher Menschen im Alltagsleben — Probleme, für deren Lösung wir selbst viel tun können, wenn wir verstehen, was sie verursacht hat und wie mit ihnen umzugehen ist.

Wir könnten viel Trübsal, Müdigkeit, Einsamkeit und innere Leere beseitigen, wenn wir ein tieferes Verständnis dessen hätten, wie man mit seinem »Kind von früher« in fruchtbarer Weise leben kann. Ein solches Verständnis könnte Ehepaaren helfen, den gegenseitigen Bedürfnissen gerecht zu werden. Es sollte Eltern helfen, für ihre eigenen Kinder eine Kindheit zu schaffen, die frei ist von den Haltungen, welche zukünftige Schwierigkeiten auftürmen. In diesem Buch bemühe ich mich, in verständlicher Sprache ausreichende Kenntnisse von den Ursachen emotionaler Störungen und eine Methode des Umgangs mit ihnen zu vermitteln.

Drei Leitvorstellungen

In diesem Buch werden Sie drei Leitvorstellungen finden. Diese Gedanken haben sich aus meinen Erfahrungen entwickelt: erstens als Arzt, zweitens als Kinderpsychiater, der sich mit Kindern und deren Eltern befaßt hat und schließlich als Lehrer der Psychiatrie am Ohio State University College of Medicine, der mit Medizinstudenten und jungen Ärzten gearbeitet hat.
Die drei Vorstellungen lauten:
1. *Ihr »inneres Kind von früher«* — buchstäblich das Kind, das Sie einst waren, das in Ihrem Leben als Erwachsener weiterlebt.
2. *Wie man die Rolle der eigenen Eltern spielt* — Sie handeln Ihrem »Kind von früher« gegenüber bereits als Vater oder Mutter; seine Reaktionen auf Ihre »elterlichen« Haltungen bringen Sie allerdings oft in Schwierigkeiten.
3. *Gegenseitige Achtung* — sie ist die Grundlage für ein Auskommen mit Ihrem »Kind von früher« und mit anderen.
Diese Leitvorstellungen entwickelte ich, als ich in den Nachkriegsjahren nach der Eröffnung des Childrens's Mental Health Center in Columbus, Ohio, dem Problem gegenüberstand, den Hunderten gestörter Kinder und Eltern, die in die Klinik strömten, helfen zu sollen. Meine Patienten brauchten Hilfe und brauchten sie schleunigst — das war überall das gleiche.

Vorstellungen, mit denen man etwas anfangen kann

Die meisten meiner Patienten in Columbus waren ernsthafte, fleißige und oft sehr gebildete, aber gestörte amerikanische Eltern. Ich fand heraus, daß ihnen die psychoanalytisch orientierte Psychotherapie häufig nicht viel half. Sie stimmte nicht zu ihren Problemen. Und sie funktionierte auch nicht, weil die Patienten weder die Terminologie noch die grundlegenden Konzepte verstanden — und oft lehnten sie diese Vorstellungen auch dann ab, wenn sie sie verstanden. Vor allem war diese Therapie zu langsam, zu zeitraubend. Schließlich zwang mich die große Zahl Hilfesuchender zu der Einsicht, daß man irgendwie andere Techniken finden muß, die nicht so viel Zeit beanspruchen wie die der Psychoanalyse.

All dies bedeutet nun nicht, daß die Psychoanalyse oder psychoanalytisch orientierte Therapien nicht wirksam sind oder sein können. Aber häufig sind sie ungeeignet und sind für den ausgebildeten Psychiater eine Zeitverschwendung — nicht zu reden von dem Zeitaufwand und den Kosten für den Patienten. Angesichts der überaus langen Zeitspanne, die für die Ausbildung der Psychoanalytiker erforderlich ist, sollten deren Fähigkeiten für die am schwersten gestörten Menschen sozusagen reserviert werden.

Wenn wir versuchen, an den Konzepten der Freudianischen Psychotherapie unbeugsam festzuhalten, können wir die schockierende Ausbreitung der psychischen Störungen nicht eindämmen. Ich glaube, daß uns der praktische Arzt in dieser Hinsicht am meisten Hoffnung gibt. Vermöge seiner Ausbildung und seiner engen Beziehungen zu Familien ist er in einer strategisch günstigen Position, um emotionale Störungen frühzeitig zu erkennen und zu lindern. Bis jetzt muß er sich in erster Linie auf den theoretischen Rahmen der Freudianischen Psychiatrie stützen, die für ihn zu schwerfällig und von der alltäglichen Erfahrung zu weit entfernt ist, als daß er sie wirksam einsetzen könnte. Wenn der praktische Arzt jedoch mit praktikableren und praktischeren diagnostischen und theoretischen Werkzeugen ausgestattet ist, kann er den größten Teil emotionaler Störungen behandeln.

Wir brauchen offensichtlich mehr Psychiater, Psychologen und andere ausgebildete Fachleute. Wir brauchen auf jeden Fall mehr Forschung. Aber mir erscheint es auch selbstverständlich, daß wir jedem Mann und jeder Frau in verständlicher Sprache und eingängigen Begriffen ein wohlbegründetes Verständnis davon geben müssen, wie und warum ihre störenden Spannungen und Ängste entstehen.

In Columbus hörte ich allmählich auf, die Konzepte der orthodoxen Freudianischen Psychiatrie anzuwenden. Ich bemühte mich, Vorstellungen zu entwickeln, die meine Patienten beim Verstehen und im Umgang mit ihren emotionalen Schwierigkeiten in wirksamerer Weise anwenden konnten. Da ich sowohl mit Kindern als auch mit Erwachsenen arbeitete, konnte ich oft beobachten, wie das Kind mit den elterlichen Haltungen, denen es ausgesetzt war, rang — *und ich konnte sehen, wie der erwachsene Patient immer noch mit den Haltungen seiner Eltern rang, mit denen er erwachsen geworden war und die er weiterhin sich selbst gegenüber praktizierte.* Diese Haltungen, obwohl sie nicht mehr durch die Gegenwart der Eltern zur Wirkung gebracht wurden, waren nichtsdestoweniger immer noch in voller Macht wirksam — und der Patient reagierte weiterhin auf sie so, wie er es als Kind getan hatte. Auf diese Weise entwickelte ich die Vorstellung vom »inneren Kind von früher«, das im Erwachsenen fortlebt.

Diese Vorstellungen — *»inneres Kind von früher«, »in der Rolle der eigenen Eltern«* und *»gegenseitige Achtung«* — halfen meinen Patienten, sobald ich sie anwendete. Sie sind nun einige Jahre in Gebrauch. Ich habe sie andere gelehrt und gesehen, wie sie erfolgreich angewendet wurden. Viele Menschen haben in ihnen einen Weg gefunden, wie sie ihre eigenen, in Unordnung geratenen Gefühle ansatzweise verstehen und mit ihnen fertig werden können. Wenn Ihre Probleme schwerwiegend erscheinen und Sie nach der Lektüre dieses Buches mit einem Arzt oder Psychiater reden wollen, finden Sie vielleicht in diesem Buch einen hilfreichen Hinweis darauf, wo Ihre Schwierigkeiten liegen.

Die Lektüre dieses Buches wird sicherlich Ihre Probleme nicht automatisch lösen. Aber vielleicht sehen Sie sie dadurch in einem anderen Licht, das es Ihnen ermöglicht, sich dem wahren Grund Ihrer Einsamkeit, Ihrer Angst und Ihrer entnervenden Konflikte zuzuwenden.

Sie können lernen, sich selbst und Ihre Kindheit auf neuartige Weise anzusehen.

2
Warum Ihre Gefühle alles durcheinanderbringen

Unsere unvernünftigen Gefühle ...

Gefühle, die unerwünscht und unvernünftig erscheinen, treten während unseres Lebens als erwachsene Menschen immer wieder auf. Wir erröten vielleicht, wenn jemand unsere Kleidung bewundert oder uns Komplimente macht. Wir fühlen uns vielleicht denen gegenüber verbittert, die uns lieben. Wir verdächtigen vielleicht ohne das mindeste Indiz einen Kaufmann, uns zuwenig herausgegeben zu haben, oder einen Nachbarn, über uns zu klatschen. Wir ärgern uns vielleicht maßlos, wenn ein Kind ein Geschenk, auf das wir viele Gedanken verwendet haben, achtlos annimmt.
Durch diese unvernünftigen, unbilligen Gefühle können wir oft in Verlegenheit geraten und Schuldgefühle bekommen. Wir lachen vielleicht über schlechte Nachrichten – und schelten uns dann selber dafür. Die Grimasse, die uns ein Kind schneidet, kann uns völlig aufreiben. Oder wir »treten ins Fettnäpfchen«, wenn wir in unserem Übereifer, mit Leuten, die wir bewundern, Freundschaft schließen zu wollen, ihnen gerade das sagen, was sie bestimmt von uns abbringt — wodurch wir uns selber möglicher Freundschaften berauben. Wir fühlen uns vielleicht recht traurig und niedergeschlagen, gerade bei solchen Gelegenheiten, auf die hin wir geplant und gehofft haben. Und wer kennt den anscheinend unerklärlichen stillschweigenden Seufzer des Bedauerns nicht, wenn man glücklich und zufrieden ist und das auch noch weiß?
Häufig sind unsere Gefühle so stark und unangebracht, so unrealistisch und unangemessen, daß wir versuchen, sie zu verstecken — und mit ihnen das starke innere Unbehagen, das sie verursachen. Wir schämen uns unserer ungeordneten Gefühle und nennen sie

daher »dumm« und beschimpfen uns dafür, daß wir sie haben. Solche Versuche, unsere Gefühle zu unterdrücken und zu leugnen, machen unsere Unzufriedenheit mit uns in Wirklichkeit nur größer. Darüber hinaus fühlen wir uns schließlich allein und isoliert, wenn wir uns ständig beschimpfen. Solche Bemühungen, mit Ihren Gefühlen in verächtlicher Weise umzugehen, sind zum Scheitern verurteilt. Sie können sich nicht gegen sich selbst wenden und gleichzeitig eine innere Sicherheit spüren.

Unsere Unfähigkeit, diese unannehmbaren Gefühle zu beherrschen, weckt vielleicht die Furcht, daß wir wirklich unfähige, andersartige, zutiefst unzulängliche, vielleicht hoffnungslose Neurotiker sind. Diese Gefühle und Befürchtungen gegenüber irgend jemandem ernsthaft zu erwähnen, scheint noch bedrohlicher zu sein. Daher schieben viele von uns die Schuld an jenen Gefühlen der Müdigkeit zu, die wir verspüren, oder dem Wetter, der Arbeit, die wir verrichten, der Rücksichtslosigkeit unserer Freunde, Arbeitgeber oder Angehörigen. Da sich jedoch der Kreislauf wiederholt, entwickeln wir in unserem Elend ein immer stärkeres Gefühl des Alleinseins; wir fühlen uns von Menschen, die wir gerne haben, zunehmend entfremdet und abgetrennt und sind unfähig, am Leben in wirksamer Weise teilzuhaben. Das Gefühl des Alleinseins ist eines der verheerendsten und verbreitetsten Erlebnisse in unserer Gesellschaft.

In Wirklichkeit ist ein Großteil unseres Alleinseins einfach das Ergebnis der Art und Weise, wie wir uns selbst behandeln. Unsere Haltungen uns selbst gegenüber werden wetigehend von den Haltungen innerhalb der Familie und von der emotionalen Atmosphäre unserer frühen Kindheit geformt. Ich meine damit nicht, daß jeder von uns als Kind eine schwere traumatische Schädigung erlitten hat, die sich in einer tiefsitzenden Neurose auswirkt. Ich meine hingegen, daß mehr die allgemeine Stimmung und die Haltungen in unseren Familien als irgendeine einzelne »traumatische« Erfahrung unsere Haltungen uns selbst gegenüber erzeugt haben.

... sind bei einem Kind nicht unvernünftig

Jeder von uns trägt sein »Kind von früher« mit sich herum — eine ganze Reihe von Gefühlen und Haltungen, die er aus der Kindheit

mitgebracht hat. An diese Gefühle mag man sich vielleicht kaum erinnern, und man kann sie nur schwer wiedererkennen, denn unsere Erinnerungen ans Kindsein sind sowohl deutlich als auch verschwommen, flüchtig *und* wiederkehrend, anscheinend ohne Zusammenhang. Sie erinnern sich vielleicht an alles mögliche — vom Entsetzen Ihrer Mutter, als Sie bei einem gemütlichen Beisammensein Ihrer Pfarrgemeinde Kaffee verschütteten, bis zu einem Kleid für eine Party oder einer besonderen Strafe; Sie erinnern sich vielleicht daran, wie ein Zimmer aussah, an das Spielzeug eines anderen Kindes oder an den Wunsch, Cowboy oder Kindergärtnerin zu werden. Sie sagen vielleicht: »Ach ja, das ist lange her, daß ich ein Kind war«, und gehen so darüber hinweg.
Und doch kann sich keiner von uns an den Tag erinnern, an dem wir keine Kinder mehr waren, an dem wir erwachsen waren. Das »Kind von früher« lebt in Wirklichkeit mit all seinen Gefühlen und Haltungen bis ans Ende unseres Lebens weiter. *Während Ihnen als Erwachsenem diese Gefühle als unerwünscht und unvernünftig erscheinen mögen, sind sie für ein Kind keineswegs unvernünftig — besonders bei Ihrem »Kind von früher« und der emotionalen Atmosphäre, in der es lebte.*

Ein wesentlicher Unterschied

Unsere psychotherapeutische Kinderklinik gab mir häufig Gelegenheit zu beobachten, wie die Gefühle von Kindern jeden Alters durch die Haltungen ihrer Eltern beeinflußt werden. Die emotionale Not des Kindes kann sich in Verhaltensweisen wie Bettnässen, Essensverweigerung, Schüchternheit, Jähzorn oder grundlosen Angriffen gegenüber anderen Kindern ausdrücken. Da die elterlichen Haltungen zur Entstehung der Reaktionen des Kindes in signifikanter Weise beitragen, verschwindet die Verhaltensschwierigkeit des Kindes gewöhnlich, wenn die Eltern die Haltungen ändern können, die die Probleme schaffen.
In einer solchen Klinik kann man die Bemühungen des Kindes beobachten, eine eigene Selbsteinschätzung zu finden und zu behalten — denn ein Kind entdeckt buchstäblich durch die Reaktionen seiner

Eltern, welche Art Mensch es ist und welches Gefühl es von sich selbst hat. Wir können auf diese Weise die Erzeugung von Problemen in der Kindheit beobachten — und auch ihre Fortdauer im Leben des Erwachsenen, wenn der Betreffende in sich selbst die emotionale Atmosphäre seiner Familie von früher wiedererzeugt.
In der Klinik kann man — da man mit Hunderten gestörter Kinder und ihren Eltern umgeht — bestimmte elterliche Haltungen abgrenzen und bestimmen, die pathogen sind — d. h. übertrieben oder problemschaffend. Diese Haltungen bringen das Kind mit ziemlicher Sicherheit in Schwierigkeiten, und zwar sowohl in der Kindheit als auch später, wenn es als Erwachsener mit den Gefühlen seines »Kindes von früher« ringt. Ich werde in späteren Kapiteln diese übertriebenen Haltungen — eine nach der anderen — untersuchen, damit Sie diejenigen herausfinden und wiedererkennen können, die Ihre Schwierigkeiten verursachen.
Wenn wir Probleme von Erwachsenen vom Standpunkt eines Kinderpsychiaters aus ansehen, der sich mit schädlichen Eltern-Kind-Beziehungen befaßt, so können wir sofort zwei aufschlußreiche, einfache und wichtige Beobachtungen machen.

1. *Ein wesentlicher Unterschied zwischen Erwachsenen und Kindern besteht darin, daß Kinder Eltern haben, die ihnen auf viele verschiedene Weisen ein inneres Gefühl der Führung und Orientierung, der Sicherheit, Achtung und des Wertes vermitteln — während Erwachsene sich selbst gegenüber als Eltern handeln, sich die Orientierung und die Führung selber geben, die Bestätigung oder die Schelte, die Eltern den Kindern geben.*
2. *Erwachsene setzen ›als Eltern ihrer selbst‹ die elterlichen Haltungen fort, die ihnen in der Kindheit aufgedrängt worden waren und »verewigen« sie gegenüber sich selbst in ihrem Leben als Erwachsene.*

Das ist zum Verständnis dessen grundlegend wichtig, wie Ihre persönlichen Probleme als Erwachsener entstehen. Die Kindheit wird gewöhnlich als eine Zeit des Wachstums und der Bildung angesehen, die dann zu Ende geht, wenn man die Orientierung, die Leitung und den Schutz der Eltern nicht mehr braucht und als unabhängiger Mensch leben kann. In dem Maße, wie man die Haltung eines Erwachsenen annimmt, wird man — in der Tat — zu Eltern seiner selbst. Dabei nutzt man die Gefühle und Haltungen der eigenen Eltern einem selbst gegenüber.

Welche Art Eltern sind Sie für sich selbst?

Bei der Lösung einer persönlichen Schwierigkeit fragen Sie sich am besten: »Welche Art Vater oder Mutter bin ich mir selber? Setze ich mich herab, verspotte ich mich und mißachte mich? Bestrafe ich mich? Bin ich nachgiebig? Erwarte und fordere ich zu viel von mir? Behandle ich mich genauso, wie meine Eltern mich in solchen Situationen behandelt haben?«

Im Verlauf des Erwachsenwerdens nehmen Sie allmählich die Haltungen Ihrer Eltern Ihnen gegenüber an oder »entlehnen« sie von ihnen. Ich verwende den Ausdruck »entlehnen« — ich bevorzuge ihn eigentlich —, *da diese Haltungen die Ihrer Eltern sind und nicht Ihre eigenen.* Viele Erwachsene sind sich der Tatsache oft nicht bewußt, daß viele ihrer Haltungen sowohl gegenüber der Welt im allgemeinen wie auch gegenüber sich selbst im besonderen einfach Wiederholungen der Haltungen ihrer Eltern sind und nicht unabhängig von ihnen geformt wurden. *Wenn Sie einsehen, daß diese Haltungen nicht die Ihren sind, dann können Sie wirklich anfangen, Haltungen sich selbst gegenüber zu bilden, die Ihre eigenen sind.*

Die Summe Ihrer frühkindlichen Gefühle formt sich zu einem lebendigen, aktiven Teil Ihres Erwachsenen-Selbst aus — zu Ihrem beständigen »Kind von früher«. Wenn Sie sich so behandeln, wie es Ihre Eltern getan haben, dann rufen Sie bestimmte Reaktionen Ihres »Kindes von früher« auf diese Behandlung wieder hervor.

Sie mögen einige dieser Reaktionen »kindisch« nennen. Im allgemeinen versuchen wir unser »kindisches Verhalten« vor den anderen zu verbergen, damit wir »reifer« oder »erwachsener« erscheinen. Wir beschimpfen uns: »Wie kannst du bloß so kindisch sein und deine Gefühle zeigen, wenn du dich verletzt fühlst?«

Die Lebendigkeit der kindlichen Gefühle

Das auffallendste Beispiel für die Lebendigkeit des »Kindes von früher« bei Männern ist wahrscheinlich die emotionale Intensität und die Begeisterung, mit der sie die Karriere der Lieblingssportler oder Mannschaften ihrer Kindheit verfolgen. Wenn ein Junge Ballspielen lernt, entwickelt er tiefe Treuegefühle gegenüber seiner Schule und seiner Mannschaft. Diese gleiche Treue bringt er auch einer größeren Liga-Mannschaft entgegen. Noch als Erwachsener verfolgt er auch weiterhin das Auf und Ab der Mannschaft, pfeift Gegner verächtlich aus, schämt sich und ist bestürzt, wenn die Mannschaft schlecht spielt, freut sich und ist tief befriedigt, wenn sie siegt. Geht er zu einem Ballspiel, so erlaubt er dem Kind, das er einmal war, seinen Gefühlen genauso Luft zu machen wie vor vielen Jahren.
Viele Leute glauben fälschlicherweise, daß alle kindlichen Gefühle einen auf jeden Fall in Schwierigkeiten bringen. In Wirklichkeit hat das »Kind von früher« an allem teil, was wir als Erwachsene tun — an unseren Vergnügungen *und* an unseren Schwierigkeiten. Wenn wir erkennen können, daß diese Gefühle aus der Kindheit stammen, haben wir einen großen Schritt nach vorn gemacht.

Unsere Brille ist von der Vergangenheit gefärbt

Das Kind in uns, das wir einmal waren, veranlaßt uns, das Leben in einem gewissen Sinne auf zwei Weisen zu sehen. Der Erwachsene von heute stellt die eine Sehweise oder Ansicht — die recht intelligent, klarblickend und reif sein kann. Gleichzeitig sieht das »Kind von früher« die gleiche Situation durch die gefühlsgetönte Brille früherer familiärer Beziehungen. Die zwei Ansichten können so unterschiedlich sein, daß wir gleichzeitig in zwei Richtungen gezogen werden.
Manchmal sagen wir: »Mein Denken und mein Fühlen sind keineswegs gleich«, oder »warum handle ich so, wenn ich es eigentlich nicht will?« Das sind vertraute Fragen, wenn das »Kind von früher« und der Erwachsene von heute miteinander ringen.
Ich habe durch den Unterricht für Medizinstudenten in meinen

Psychiatrie-Kursen herausgefunden, daß es sogar dann, wenn dieses Konzept des »Kindes von früher«, das im Erwachsenen in aktiver Weise fortlebt, verstandesmäßig begriffen und akzeptiert wird, eine starke Neigung gibt, die Bedeutung von Gefühlen, die aus der Kindheit stammen, zu schmälern. *Sie werden einen inneren Kampf austragen müssen, um die Existenz dieser Gefühle als starken Einfluß in Ihrem Persönlichkeitsaufbau als Erwachsener zu akzeptieren.*

Das »Kind von früher« versucht in unserem Erwachsenenleben ständig, uns dazu zu bringen, so wie »zu Hause« in der Kindheit zu leben. Vermöge dieses Einflusses verdrehen wir fortwährend unsere heutigen Umstände und Beziehungen so, daß sie jenen ähneln, die wir in der Vergangenheit kannten. In mancher Hinsicht unterscheidet sich das gar nicht so sehr von der besonderen Art, wie wir uns umdrehen, einrollen und wie wir das Bettzeug wiederholt richten, wenn wir auf unsere individuelle Weise einzuschlafen versuchen. So erhalten wir uns die »Sicherheit des Vertrauten«, die wir als Kinder gekannt haben. Die Umstände und Beziehungen unserer frühen Lebensjahre mögen zwar nicht durch und durch angenehm gewesen sein, aber wir haben doch in diesem besonderen Kindheitszusammenhang das Leben und die Welt als Ganzes kennengelernt. Wir haben gelernt, uns an diese besondere emotionale Atmosphäre anzupassen und sie »Wirklichkeit« zu nennen. Als Erwachsene neigen wir dazu, weiterhin alles gemäß der »Wirklichkeit« dieses frühen Familienzusammenhangs zu sehen.

3
Wie das Kind von früher das Leben des Erwachsenen beeinflußt

Lassen Sie mich in gedrängter Reihenfolge einige Vorfälle darstellen, die zeigen, daß das Kind in uns, das wir einmal waren, im Leben des Erwachsenen weiterhin existiert. Diese Vorfälle mögen die Rolle des »Kindes von früher« klären helfen.

Aus seinen Kindheitsgefühlen wächst keiner heraus

Niemand wird zu groß oder zu alt für ein »inneres Kind von früher«. Vor mehreren Jahren, als Präsident Dwight D. Eisenhower einen neuen Rekordetat ankündigte, fragten einige Reporter umgehend seinen älteren Bruder, Edgar, um seine Meinung. Edgar kritisierte das Budget heftig und meinte, es sei inflationär. Am anderen Morgen wurde der Präsident befragt, was er über die Kommentare seines Bruders denke. Der *New York Times* zufolge lächelte der Präsident breit und sagte: »Edgar kritisiert mich seit meinem fünften Lebensjahr.« Seine Bemerkung, die menschlich so offen war, deutete an, daß er in seiner Kindheit gelernt hatte, Edgar nicht zu beachten; sie brachte die Korrespondenten zum Lachen. Sie enthüllte eine Seite von Dwights »Kind von früher« — die Haltung Edgars gegenüber seinem jüngeren Bruder und die Haltung, die der junge Dwight entwickelt hatte, um mit der Kritik Edgars fertig zu werden. Mehr als ein halbes Jahrhundert später waren diese Haltungen immer noch voll wirksam*.

---

* Das Buch The Great American Heritage: The Story of the Five Eisenhower Brothers von Bela Kornitzer zeigt auf, daß Edgar und Dwight als

Ein Mann, der seine Frau nicht lieben konnte

Zuzeiten kann Ihr inneres »Kind von früher« Ihr erwachsenes Selbst so sehr beherrschen, daß Ihre Möglichkeit, sich zu äußern und Befriedigung zu finden, zunichte gemacht werden. Viele von uns haben irgendwann gesehen, wie ein jähzorniges und unzufriedenes Kind seine verlegenen und geplagten Eltern beherrscht. Das ist genau die Art von Kampf, wie sie im Innern vieler Leute vor sich geht, ohne daß sie es erkennen.

Fred zum Beispiel, ein junger Geschäftsmann, hat erfolgreich eine eigene Firma gegründet. Obwohl er nach außen hin aufgeweckt und munter, proper und auf Konkurrenz eingestellt ist, ist er bei seiner Frau Helen impotent. Er schaut ihr hübsches Gesicht an, die glänzende Überfülle ihres dunkelbraunen Haares, ihre volle Figur — und fragt sich, warum er nichts für sie fühlt. Das beunruhigt und bedrückt ihn. »Jeder Mann wäre zu ihr hingezogen«, sagt er und fügt voll Selbstverachtung hinzu: »Das heißt, jeder Mann außer mir.«

Er weiß, daß Helen ihn liebt und sich gerne von ihm umarmen lassen würde. Doch sie schlafen nicht miteinander. Das Ritual eines nichtssagenden kurzen Gesprächs ist im Grunde genommen alles, woraus ihre Ehe im Augenblick besteht. Helen denkt besorgt darüber nach, was nicht in Ordnung sein könnte, und wartet, so geduldig sie kann, bis er seine Arme um sie legt. Er sagt sich, er sollte es eigentlich tun, aber aus irgendeinem Grund kann er sich nicht dazu bringen. Von anderen Mädchen in dem Gebäude, in dem er arbeitet, fühlt er sich jedoch angezogen.

Zu Hause, wenn das Alltagsgespräch mißrät, nörgelt Fred wegen

---

Jungen oft miteinander stritten und kämpften, wie das Brüder oft tun. 1953, als beide in den Sechzigern waren, prahlte Edgar gegenüber Kornitzer: »Ich kann ihn immer noch jederzeit verprügeln.« Für Präsident Eisenhower zählten die Streitereien von früher nicht so sehr, aber als ihm Kornitzer von Edgars Prahlerei erzählte, »lehnte sich der Präsident in seinen Sessel zurück und hob wie in höchstem Erstaunen die Hände. Er hatte soeben etwas äußerst Unglaubliches gehört. O nein, Edgar konnte ihn nicht schlagen! Wieder kam das Grinsen. Und dann wiederholte er, daß ihn sein Bruder nicht verprügeln könne«.

irgendwelcher Lappalien gereizt an Helen herum — und er hat sie sogar schon geschlagen. Er macht sich dann Vorwürfe, daß er sie heruntermacht. Doch seine Reizbarkeit ihr gegenüber scheint zuzunehmen.

In meiner Praxis fragt er: »Warum passiert mir das? Es war doch nicht so, als wir heirateten. Aber jetzt, da ich zu Hause so viel Liebe habe, scheint es, als müsse ich sie zurückweisen. Trotz Helens Bereitschaft, mich zu lieben, bin ich einsam, elend und unfähig, ihr oder mir zu helfen. Warum?«

Natürlich ergab sein Verhalten keinen Sinn. Gab es auch andere Probleme? Nein, keine. In seiner Arbeit kam er gut voran. Jeder mochte ihn. Er konnte sich einfach nicht dazu bringen, mit seiner Frau zu schlafen. Nur darin bestand sein Problem. Unsinn, sagen Sie vielleicht; er kann, *wenn er sich zusammenreißt, und sei es bloß ein bißchen,* weil man so nicht reagiert. *So reagieren aber manche Leute* — unglücklicherweise — auf ihre Ehepartner. *So* stört das »Kind von früher«, das in uns weiterlebt, häufig in der Gegenwart.

Eine Untersuchung von Freds »Kind von früher« half sein Verhalten klären. Er war in einem Zuhause aufgewachsen, wo sein Vater oft voller Verachtung redete, in gemeine Wut ausbrach und seine Frau und Fred verprügelte.

Als Fred schließlich heiratete, war erst alles in bester Ordnung. Als er sich jedoch in seinem eigenen Heim niedergelassen hatte, fing er an, sich selbst mit den früheren Haltungen seines Vaters zu behandeln. Das bedeutete, daß er mit sich streng umgehen mußte. Ging er nun mit sich streng um, so begann er genauso zu reagieren, wie er es getan hatte, als sein Vater in der Kindheit streng mit ihm umgegangen war. Er fing an, auf den einzigen anderen Erwachsenen in seinem jetzigen Zuhause wütend zu sein — auf seine Frau Helen. Und somit konnte er auf seine attraktive, liebevolle Helen nicht reagieren. Je mehr er sich wegen seiner Behandlung seiner Frau Vorwürfe machte, desto gereizter reagierte er — als ob ihn sein Vater beschimpfte — und desto reizbarer wurde er gegenüber seiner Frau. So nahm das »Kind von früher« in Freds Leben überhand und machte es ihm unmöglich, mit seiner Frau zu schlafen oder ihr seine Zuneigung zu zeigen.

Sein Gefühl, daß er seine Frau »eigentlich« lieben »sollte«, war nur die erste Phase seiner lähmenden Selbstkritik. Es war der Auslöser für das Auftreten jener strengen, tadelnden und mißbilligenden Haltung, die er als Junge bei seinem Vater erlebt hatte. Dies wiederum aktivierte das große Bündel an Wut, das er als Kind angesammelt hatte. Auf diese Art und Weise beherrschte Freds »inneres Kind von früher« sein Leben als Erwachsener. Es war gleichgültig, wie attraktiv Helen war, und mit Sex hatte das nichts zu tun.

Solche Probleme sind fast nie ausschließlich einseitig. Helens Vater war ein »Do-it-yourself«-Mann, der ihrer Mutter immer in Haus und Garten half. Da Fred in diesem Sinne nicht hilfreich war, deutete Helens »Kind von früher« das als Mangel an Liebe zu ihr — und sie stichelte heimtückisch an ihm herum, wodurch sie die alten Wunden des kindlichen Grolls wieder aufriß und ihn reizbar machte.

Als Fred einsah, daß er die strengen, kritisierenden Haltungen fortsetzte, die sein Vater ihm gegenüber gehabt hatte, verschwand seine Impotenz allmählich. Als er schließlich in der Lage war, mit seinem Anspruch gegenüber sich selbst: »Ich sollte Helen eigentlich lieben«, aufzuhören, war er interessanterweise auch fähig, sich aus der demütigenden Tyrannei vergangener elterlicher Haltungen zu befreien — und er tat dies auch. Ich konnte Helen helfen, einzusehen, daß ein Mangel an »bastlerischem« Know-how nicht Mangel an Liebe zu ihr bedeutete, und sie hörte auf, zu sticheln und an ihm herumzunörgeln.

Ein »inneres Kind von früher« und das Penicillin

Eine lebenslange bakteriologische Forschung hatte Alexander Fleming darauf vorbereitet, die Bedeutung von ein wenig flockigem Stoff zu erkennen, den er in eine Bakterienkultur gegeben hatte und der das Wachstum der Bakterien gestoppt hatte. Etwas in diesen Flocken, so schloß er, verhinderte dieses Wachstum, und bei der Veröffentlichung seiner Beobachtungen merkte er an, daß dieser Stoff bei der Behandlung von Infektionen nützlich sein könnte. Als er ihn an Personen mit Infektionen ausprobierte, beseitigte er die

Infektion manchmal auf wunderbare Weise — dann wieder passierte gar nichts. Wenn man den geheimnisvollen, das Wachstum der Bakterien hemmenden Faktor herausziehen und rein darstellen könnte, würde er eindeutig zu einem mächtigen, lebensrettenden Medikament werden. Aber, um Fleming zu zitieren: »Ich konnte nicht weiterkommen, weil es mir auf chemischem Gebiet an ausreichender Hilfe fehlte.«
Obgleich er die nächsten zwölf Jahre lang fortfuhr, Kulturen dieser eigenartigen Penicillium-Substanz zu pflegen, passierte nichts. Fleming konnte seine Vorgesetzten am Forschungsinstitut nicht überzeugen, daß diese Substanz der nötigen Aufmerksamkeit wert war. 1940 stieß schließlich der Biochemiker Chain durch Zufall auf Flemings erste Schrift. Da er davon beeindruckt war und Fleming tot glaubte, gewann er zwei andere Chemiker. Es dauerte nur einige Monate, dann hatten sie die keimtötende Substanz im »Penicillium« rein dargestellt und synthetisiert — das Penicillin.
Flemings »Kind von früher«, das in ihm noch lebendig war und sich trotz seiner Kenntnis davon, was Penicillin bewirken könnte, weiterhin behauptete, hatte es ihm unmöglich gemacht, den hochbegabten, aber redseligen und dogmatischen Wissenschaftler Sir Almroth Wright, seinen Vorgesetzten am St. Mary's Institute of Pathology and Research, von der Notwendigkeit der Hilfe qualifizierter Chemiker zu überzeugen. Fleming war insbesondere durch eine fast völlige Unfähigkeit, sich auszudrücken und seine Gefühle irgend jemandem mitzuteilen, beeinträchtigt.

Flemings Kindheit

Fleming wuchs mit drei Schwestern und fünf Brüdern auf einem abgelegenen Bauernhof in Schottland auf. Er war der zweitjüngste Sohn der zweiten Frau seines Vaters. Einige Brüder waren beträchtlich älter; Tom zum Beispiel war bereits an der Universität von Glasgow, als Alexander geboren wurde. Sein Vater, der mit sechzig noch einmal geheiratet hatte, erlitt nach der Geburt des jüngsten Sohnes einen Schlaganfall. Er lebte noch zwei Jahre. Flemings einzige Erinnerung an ihn war, nach der Biographie dieses großen

Wissenschaftlers von André Maurois, daß sein vom Schlag getroffener Vater, freundlich, aber grauhaarig und körperlich behindert, am Feuer saß und sich Sorgen machte, was nach seinem Tod aus seinen Kindern werden würde.

Man kann sich leicht vorstellen, wie schweigsam es in dieser angsterfüllten Atmosphäre zuging, während die Krankheit des Vaters ihren unerbittlichen Verlauf nahm. Zweifelsohne wurde diese Stille gestört, denn Kinder sind nun einmal laut; aber dies muß ihnen wohl von seiten der vielbeschäftigten Mutter sofortigen Tadel eingebracht haben. Ohne Zweifel trug diese lange Kranheit, die mit dem Tod des Vaters endete, als der junge Alexander vier Jahre alt war, zu Flemings ungewöhnlicher Unfähigkeit bei, sich auszudrükken. Überdies gab ihm seine Stellung in der Familie wohl leicht das Gefühl, daß das, was er dachte, fühlte und sagte, nicht so wichtig sei wie das, was seine älteren Brüder und Schwestern sagten. Seine Spiele trieb er allein, wie eben ein Junge auf einem Bauernhof — er jagte und fischte. Er ging lange, einsame Strecken zur Schule, sechs Kilometer hin, sechs zurück. Er wuchs in der Gewohnheit auf, niemanden zu haben, mit dem er reden konnte; er war ans Schweigen gewöhnt und an die Zufriedenheit damit, kluge ältere Brüder zu beobachten und ihnen zuzuhören. Als er dreizehn Jahre alt war, ging er nach London, um dort bei seinen älteren Brüdern und einer Schwester zu wohnen, die den Haushalt für sie führte; so war es auch noch, als er schon Forscher am Institut geworden war. Während vierzig eintöniger Jahre von täglichen Zusammenkünften, Mahlzeiten und wissenschaftlichen Unterhaltungen mit Kollegen sagte Fleming selten etwas. Er saß da, lächelte, war in seinem Betragen liebenswürdig und freundlich, aber immer schweigsam und unfähig zu reden. So lebte Flemings schweigsames »Kind von früher« weiter — eigentlich entfaltete es sich unangefochten — und obwohl er wußte, daß er in seinem Labor ein lebensrettendes Medikament hatte, konnte er die Umstände nicht aktiv ändern, indem er z. B. irgend jemand von der Wichtigkeit dieses Stoffes überzeugte. Flemings Geduld bei der Erhaltung der Kulturen während dieser zwölf Jahre des Schweigens war heroisch. Das war alles, was er bei seinen Handikaps tun konnte — und er tat es auch.

Später, als er mit Ruhm überhäuft wurde, machte es ihm diese gleiche Unfähigkeit zu reden beinahe unmöglich, um die Hand einer jungen Ärztin anzuhalten, die mit ihm arbeitete. Beide machten deswegen eine lange Zeit unnötiger Angst und Einsamkeit durch. Als er es schließlich doch tat, war es ein unverständliches Gemurmel, das hätte untergehen können, wenn die junge Frau nicht darauf bestanden hätte, daß er es wiederhole. So errang Fleming, etwas verspätet, mitten in all seinen Ehrungen die wohlverdiente Liebe und Wärme. Und doch litt dieser Mann, der sich ganz der Wissenschaft gewidmet hatte, sein Leben lang an den Haltungen und Gefühlen seines »Kindes von früher«, das sein eigenes großes Werk und sein persönliches Glück stark einschränkte.

Die Geschichte von Linda

Lindas Geschichte zeigt, wie ihr »inneres Kind von früher« sie davon abhielt zu tun, was sie tun wollte — heiraten und Mutter werden. Linda, ein anziehendes aber ruhiges Mädchen von zurückhaltendem, etwas verschlossenem Auftreten, erzählte mir, daß sie allein lebe und in einem Kindergarten arbeite. Sie arbeitete gerne mit Kindern, und die Kinder mochten sie. Sie wollte so gerne heiraten und selber Kinder haben. Sie war zweimal verlobt gewesen. Aber jedesmal, wenn der Hochzeitstag herankam, löste sie in großer Panik die Verlobung auf.

Nach ihrem ersten Besuch konnte sie kaum mit mir reden. Sie saß schweigsam da. Warum konnte sie nicht reden? Warum machte sie solche Kämpfe durch, bis sie irgend etwas sagte? Stück für Stück tauchten die Umrisse eines Lebensmusters auf.

Als Linda zwei Jahre alt war, starb ihre Mutter. Dann lebte sie bei ihrer Großmutter, die sich während der Woche um sie kümmerte. An den Wochenenden nahm sie ihr Vater mit. Als sie vier war, starb ihre Großmutter, und ihr Vater stellte eine Haushälterin an. Als sie sechs Jahre alt war, starb ihr Vater. Dann wohnte sie bei einer ältlichen, ziemlich förmlichen Tante und einem Onkel, die kinderlos waren. Während der ersten beiden Jahre im Haus ihrer Verwandten hatte sie wiederholt Alpträume, aber sie getraute sich nicht, ihrer Tante und ihrem Onkel davon zu erzählen. Sie entwickelte eine oberflächliche Anpassung und versuchte, ihrem Onkel und ihrer Tante nicht zur Last zu fallen. Sie wurde eine gute Schülerin und ein »braves Mädchen«, wie sie sagte.

Als sie herangewachsen war, hatte sie durch ihre frühen Erlebnisse ein ungefähres aber unwiderstehliches Gefühl, daß es gefährlich sei, eine tiefe Bindung an einen Menschen zu haben, daß dies der »Todeskuß« für den Menschen sei, den sie mochte. So sorgte sie dafür, daß alle ihre Beziehungen freundlich, aber distanziert blieben. Sie hatte das Gefühl, daß ihr jeder, der ihr zu nahe käme, unvermittelt entrissen werden würde. Mit mir zu reden war auch schon eine Bedrohung für sie, da wir über Dinge redeten, die unter der Oberfläche lagen. Etwas in ihr sagte: »Rede nicht mit dem Doktor darüber, wie du dich wirklich fühlst, weil er dir auch entrissen werden wird.«

Das war die Stimme ihres »Kindes von früher«. Es hatte auch gesprochen, als das enge Band der Ehe nahe war und obwohl Linda heiraten wollte. Wenn sie sich selbst erlaubt hätte, für einen Mann so tief zu empfinden, daß sie ihn als ihren Ehemann annehmen hätte können, wäre er ihr bestimmt »weggenommen worden«, wie ihr ihre Mutter, Großmutter und ihr Vater weggenommen worden waren.

Unlogisch? Nein, im Licht ihrer Kindheitserfahrungen war das nicht unlogisch. In Wirklichkeit empfinden wir der Logik dieser Art von Erfahrung entsprechend. Da Linda daran arbeitete, die Furchtsamkeit ihres »inneren Kindes von früher« zu achten und doch gleichzeitig zu begrenzen, war sie schließlich in der Lage, zu heiraten und selber Kinder zu haben.

Gegenwart und Vergangenheit und Zukunft

Wir können, anstatt nur die Oberfläche des heutigen Tages zu sehen, eine drei-dimensionale Einschätzung unserer Haltungen gewinnen. Einige Menschen scheinen sich durch die Kindheit mit Leichtigkeit hindurchbewegt zu haben. Sie wurden nicht in schwerwiegender Weise verletzt oder gebrandmarkt, da ihnen in jenen Jahren keine schädlichen elterlichen Haltungen eingebrannt wurden; andere, die tief verwundende Haltungen zu ertragen hatten, haben größere Schwierigkeiten, wenn sie sich selbst so behandeln wollen, wie es freundliche Eltern tun.

Meine Erfahrung ist, daß viele Menschen, die das Opfer anscheinend auswegloser Ängste und Befürchtungen sind, oft schon mit ein klein wenig Hilfe die wahren Gründe ihrer emotionalen Schwierigkeiten für sich herausfinden können und sie bis zu dem Punkt verringern können, an dem diese Haltungen aus der Vergangenheit ihr Leben nicht mehr beherrschen.

Der *erste* Schritt besteht darin, diese störenden Gefühle und ihren Ursprung in der Kindheit zu erkennen. Der *zweite* Schritt ist, diese Gefühle als Teil der eigenen Person anzunehmen und zu achten — als so unvermeidlich wie die Kindheit selbst. Der *dritte* Schritt ist, Grenzen zu ziehen, damit diese alten Kindheitsgefühle die Handlungen und Lebensfähigkeit nicht lenken oder beherrschen. All dies kostet schwere, geduldige und wiederholte Arbeit.

Sich grämen, klagen oder schimpfen führt zu nichts. Aber wir können — indem wir den oben angedeuteten Schritten folgen — anfangen, das Gefühl, das wir von uns selbst haben, zu ändern — und durch unser »Kind von früher« *heute* mit der Gegenwart *und* der Zukunft fertig zu werden.

4
Unsere irreführenden Haltungen in bezug auf die Kindheit

Wenige von uns bringen es fertig, Kinder und ihre Gefühle nicht kleinzumachen, so wie es in unserem Kulturkreis üblich ist. Eltern sind unweigerlich die Träger oder Übermittler kulturspezifischer Haltungen — und wenn Sie dies verstehen, dann werden Sie nicht dazu neigen, sie wegen einiger ihrer Haltungen zu tadeln, die verbreitete kulturelle Ansichten widerspiegeln. Sie können sich selber helfen, indem Sie einsehen, daß solche Haltungen häufig die Grundlage von Selbstverachtung sowohl in der Kindheit als auch im späteren Leben bilden und diese Verachtung weiterhin unterstützen.

Eines der am häufigsten besprochenen Themen der Generation vor uns war, daß man »Kinder sehen ›soll‹, aber nicht hören«. Unsere Kultur verlangt eine ständige moralische Beurteilung von Kindern als »gut« oder »schlecht«, während andere Kulturen das nicht tun, sondern vielmehr *das Verhalten von Kindern als das von Kindern akzeptieren.* Wenn Sie sich aus der Tyrannei befreien wollen, die Sie selbst in Ihrer Kindheit gekannt haben, so müssen Sie die Rolle objektiv untersuchen, die diese beherrschenden kulturbedingten Haltungen in Ihrem vergangenen Familienleben gespielt haben, sowie das Ausmaß, in dem Ihre Eltern diesen Haltungen gefolgt sind. Eine solche Nachprüfung wird Ihnen verstehen helfen, warum sich Ihre Eltern so und nicht anders verhalten haben.

Millionen von uns sind in jener Art moralisch-moralisierender Atmosphäre aufgewachsen, die Kindern eine Last ist — aber die Erwachsenen erkennen diese Last nur selten. Da Kinder nicht, wie Erwachsene, Verantwortung tragen, glaubt man in unserer Kultur, daß sie ein sorgenfreies, problemloses und glückliches Leben führen.

Teil der Erbitterung der Erwachsenen gegenüber Kindern ist, daß sie sich schon über geringfügige Verantwortung beklagen, wo doch die Eltern schwer gearbeitet haben, um ihnen ein bequemes und vergnügliches Leben zu bereiten. Haben Sie nie gehört, wie Eltern zu einem Kind sagen: »Kannst du nicht einmal deine Kleider aufheben? Da habe ich den ganzen Tag schwer gearbeitet, um dir ein angenehmes Zuhause zu bereiten, und jetzt beklagst du dich!« Diese Haltungen, die eine ständige Enttäuschung und Klage ausdrücken, erzeugen im Kind Schuldgefühle und das Gefühl, unzulänglich zu sein; sie sind es, die schließlich im Erwachsenen widerhallen.

Unsere traditionelle kulturelle Sichtweise macht die Kindheit und alles, was mit ihr zu tun hat, verächtlich. Wir neigen dazu, wie die Papageien solche Haltungen gegenüber Kindern, — sogar unseren eigenen — fortzusetzen und zu wiederholen, die beeinträchtigend und herabsetzend wirken und die Grundlage für eine spätere Selbstverachtung darstellen.

Die Erwartungen der Erwachsenen

Ich befürworte hier nicht, daß Kinder ihre Eltern beherrschen sollen, frech oder ungehorsam sein sollen. Wir leben in einer Welt, die notwendigerweise die Erwachsenen beherrschen und steuern. Wie Dr. B. J. Beverly, ein Psychiater, der sich insbesondere für die emotionale Entwicklung von Kindern interessierte, in seinem bekannten Buch *»In Defense of Children«* (Verteidigung der Kinder) bemerkt, ist »die Gesellschaft, von den Eltern zu Hause bis hin zu den weitreichendsten gesellschaftlichen Vorstellungen, von den Erwachsenen und für sie gemacht. Das Kind wird als Kind in diesem Lebensschema völlig außer acht gelassen. Man erwartet von ihm, daß es jene Normen der Erwachsenen versteht, richtig einschätzt und sich an sie anpaßt, so wie es ein Erwachsener tun würde. Unter großer Anstrengung und mit viel Wohlwollen mag es Hunderte von Malen richtig handeln; jedes solche erwünschte Verhalten wird aber gewöhnlich nicht zur Kenntnis genommen, während eine falsche Handlung des Kindes den Zorn der Götter auf es herabruft — den

seiner Eltern, älterer Verwandter, Lehrer und anderer Erwachsener. Vom Kind, das notwendigerweise in seiner eigenen Vorstellungswelt lebt, erwartet man, daß es gemäß den Normen der Erwachsenen denkt und sich verhält«.
Erst seit kurzem erkennt man das Kind als das an, was es ist — als ein Kind. Wir haben durchaus auch subtile Unterdrückungsmaßnahmen gelernt, um Kinder zu »kleinen Männern« und »kleinen Frauen« zu machen, aber in der Vergangenheit vertraute man hauptsächlich auf streng gehandhabte Disziplin, absoluten Gehorsam und mechanisches Lernen.

Wir legen nie ab »was kindisch war«

Im Hinblick auf die Kindheit wird eine der mächtigsten und durchdringendsten Haltungen in unserem Kulturkreis durch die Vorstellung bestimmt, daß man an irgendeinem Punkt aufhört, ein Kind zu sein und fortan auf immer ein Erwachsener ist. Das läuft den Tatsachen des emotionalen Wachstums und der Entwicklung völlig zuwider und hat viel Verwirrung und oft schwerwiegende, unnötige Selbstverachtung beim Erwachsenen zur Folge. Die Forderung lautet, man müsse jederzeit aufgrund verschiedenster Umstände oder Verantwortungen »erwachsen sein«: Sie haben Ihr Abitur gemacht, Sie sind volljährig geworden, Sie haben geheiratet, haben eine Arbeit bekommen, Sie sind Vater oder Mutter geworden. Deshalb werden alle möglichen Gefühle oder Handlungen oder sogar Wünsche, die man als »kindhaft« ansehen könnte, als Zeichen von Wertlosigkeit, Verächtlichkeit, als Demonstration von Unzulänglichkeit betrachtet. Oft sind Menschen, die sich auf derartige Weise selber »verprügeln«, in einer unnötig strengen Umgebung aufgezogen worden, in der die Eltern ständig »erwachsenes« Verhalten forderten. Solche Leute fahren als Erwachsene fort, derartige Forderungen an sich selbst zu richten — denen das »innere Kind von früher« trotzt, was wiederum ihre Selbstverachtung hervorruft. Manchmal wird von moralisierenden Eltern, die diese irrtümliche Vorstellungen haben, Paulus zitiert: »Als ich ein Kind war, redete ich wie ein Kind, sann wie ein Kind, urteilte wie ein Kind; als ich ein Mann wurde, tat ich ab was kindisch war*.« Paulus wettert jedoch nicht gegen die Kindheit oder kindhaftes Verhalten. Er bezieht sich, wie man übereinstimmend annimmt, auf seine Bekehrung und darauf, daß er als erwachsener Mann die Verantwortung übernimmt, ein geistliches Leben in Übereinstimmung mit den Lehren Christi zu führen. Dies ist jedoch oft falsch ausgelegt worden, um die Gefühle des »Kindes von früher« herabzusetzen, und ist mit der Vorstellung gepaart, daß man zu einer bestimmten Zeit Kindheitsgefühle hinter sich lasse. Sie können sich zwar ernsthaft und aufrichtig bemühen, verantwortlich und reif zu sein, aber Sie können mit den Gefühlen und Handlungen Ihres »Kindes von früher« nicht fertig werden, indem Sie sie ablegen. Sie sind Teil von Ihnen und müssen angenommen werden, ehe Sie Ihre Aufmerksamkeit auf Ihre einem reifen Menschen gemäße Ziele richten können.

Und doch wenden sich viele Erwachsene auf diese gewaltsame Weise gegen sich selbst, wenn sie sich bei einer Handlung ertappen, die sie als »kindisch« ansehen. Das Kind, das wir einmal waren, lebt in unserem Erwachsenen-Selbst weiter, und es ist völlig unmöglich, solche Gefühle zu vertreiben. Und doch wollen wir — wie Dr. Beverly bemerkt hat — die vielen Hunderte von Fällen erwachsenen Verhaltens nicht zur Kenntnis nehmen und lassen es zu, daß eine Handlung, ein Gefühl oder ein Gedanke des »Kindes von früher« den »Zorn der Götter herabruft«, indem wir bei unserer Selbstbestrafung die Rolle unserer Eltern, älterer Verwandter, Lehrer und anderer Erwachsener übernehmen. Welche kritisierenden, verletzenden, strafenden Bemerkungen unsere Eltern auch gegen uns verwendet haben, jetzt verwenden wir sie selber gegen uns.

Solange wir nicht erkennen, daß Erwachsene sich selber gegenüber als Eltern handeln, können wir nur den fruchtlosen und hoffnungslosen Versuch fortsetzen, das, was kindisch ist, abzulegen.

Ausblick und Beharrlichkeit

Sie können sich weitgehend von Angst, Spannung und aufreibender Erbitterung entlasten, wenn Sie lernen können, sich selbst gegen-

---

* 1 Korinther. 13,11

über freundliche, aber bestimmte Eltern zu sein, indem Sie die Gefühle Ihres eigenen »inneren Kindes von früher« tolerant behandeln. Sie können auch viel mehr Sie selbst sein, viel echter als Sie sich je erlaubt haben zu sein. Vieles von Ihrer Spannung und Angst mag einfach Ihrer eigenen Furcht davor zuzuschreiben sein, daß sich Ihre eigenen Kindheitsgefühle offenbaren — sowie Ihren Bemühungen, diese Gefühle zu unterdrücken und zu verstecken, sie von sich wegzuschieben und zu verleugnen.

Es ist nicht leicht, die Gefühle Ihres »inneren Kindes von früher« erkennen zu lernen, sie so zu achten und anzunehmen, wie es freundliche Eltern bei einem Kind tun würden. Gewohnheiten lassen sich nicht ohne weiteres ändern, und Ihre gewohnte Weise, mit sich umzugehen, wie Sie sie von Ihren Eltern »entliehen« haben, verschwindet nicht so schnell.

Wenn Sie sich jedoch beharrlich bemühen, können Sie die Gefühle des Kindes, das Sie einmal waren, in Ihrem täglichen Tun akzeptieren. Diese Gefühle sind Teil von Ihnen und waren es immer schon. Man braucht sich ihrer nicht zu schämen. Ein derartiges Akzeptieren wird Ihnen Ihre ängstlichen Bemühungen, sie zu unterdrücken, reduzieren helfen und Sie dabei unterstützen, in Ihrer Einzigartigkeit und Tiefe Befriedigung zu finden.

Dies sind die grundlegenden Perspektiven, wenn Sie das Kind, das Sie einmal waren, neu betrachten. Wie sich Ihr »inneres Kind von früher« auf Ihr Berufsleben, Ihre Ehe und Ihre Fähigkeit zu sexuellem Lusterleben, Ihre Geldsorgen, Ihre Gesundheit und Ihre Beziehungen zu anderen auswirkt — all das sind wichtige Aspekte Ihres Lebens, die Sie in einem neuen und andersartigen Licht sehen können.

Wie stehen Sie zu sich selbst?

Wie stehen Sie zu sich selbst — und wie beurteilen Sie Ihre Gefühle, Gedanken und Handlungen, wie schätzen Sie diese ein? Dies ist wesentlich für Ihr eigenes Leben. Was Sie tun und wovon Sie oft das *Gefühl* haben, es nicht tun zu können, bestimmt weitgehend die Art, wie Sie zu sich selber stehen.

Diese Gefühle, die man in bezug auf sich selbst hat, sind außerordentlichen Verzerrungen unterworfen, die in der Kindheit wurzeln und viele unnötige Schmerzen verursachen. Der Mann, der sich dumm und schwach fühlt, und das Mädchen, das sich ungeschickt und häßlich fühlt, sind selten so dumm und schwach, ungeschickt und häßlich, wie sie sich fühlen. In den meisten Fällen sind diese Gefühle Fortsetzungen von Kindheitsgefühlen, die durch weit zurückliegende elterliche Haltungen hervorgerufen wurden.
Ein Kind entwickelt sein Selbstwertgefühl und das Gefühl, ein begabtes, wichtiges und einzigartiges Individuum zu sein, aus der Aufmerksamkeit, die ihm von seinen Eltern entgegengebracht wird. Es »sieht« oder fühlt sich in ihrer Liebe, Bestätigung und Beachtung seiner Bedürfnisse gespiegelt; es lernt in der frühen Kindheit auch, wie es ihre Bestätigung suchen und gewinnen kann und was ihr Mißfallen erregt.

Psychiatrie und Gefühlsentwicklung

In der Psychiatrie weiß man schon lange, daß das Gefühl, das man von sich selbst hat, ein grundlegender und entscheidender Aspekt der Persönlichkeit ist.
Unentwegte Anstrengungen sind unternommen worden, um zu entdecken, welche Einflüsse und Erlebnisse sich auf das Selbstgefühl eines Kindes auswirken. Derartige Forschungen haben, nachdem sie die hervorragende Wichtigkeit elterlicher Haltungen gegenüber dem Kind im vollen Ausmaß nachgewiesen haben, die Aufgabe, Kindern bei der Entwicklung gesunder Gefühle von Selbstachtung zu helfen, zum obersten Ziel der Kinderpsychiatrie gemacht.
Freuds klinische Studien an Erwachsenen erbrachten seine Theorien über orale und anale libidinöse Fixierung, die die Menschen vor einer Generation so sehr schockierten und verstörten. Heute sind diese Theorien durch die Erkenntnis der Wichtigkeit von emotionalen Haltungen und ihrem ständigen Wechselspiel zwischen Eltern und Kindern modifiziert worden. Zu der Zeit, als Freud an der Arbeit war, gab es ein so spezialisiertes Wissen wie das der Kinderpsychiatrie noch nicht, und Freud war gezwungen, weitgehend Ver-

mutungen auszusprechen, die sich auf relativ wenige Beobachtungen fast ausschließlich an Erwachsenen gründeten und hauptsächlich von seinen eigenen Einsichten und Selbsteinsichten geleitet wurden*.

Während der ersten Jahre meiner psychiatrischen Praxis wurde mir allmählich bewußt, daß einige der bekanntesten Freudschen Vorstellungen von kindlicher Sexualität nicht notwendigerweise den gemeinsamen Nenner der Probleme meiner Patienten darstellten. Zum Beispiel: Nach der psychoanalytischen Theorie findet eine charakterliche »Fixierung« in der »analen Phase« durch übermäßige Aufmerksamkeit für den analen Bereich in der Zeit zwischen dem zweiten und dritten Lebensjahr statt, was dann zu einem Charakter führt, der sein Vergnügen an zwanghaften, gemeinen, sadomasochistischen und verhaltenden Aktivitäten findet. Ich hatte jedoch einen Patienten, der an der »Hirschsprungschen Krankheit« litt, was bedeutete, daß man ihm seinen Dickdarm alle paar Monate operativ reinigen mußte. Seit seiner Geburt bekam er Einläufe. Seine Mutter hat sich Zeit seines Lebens viel Umstände mit seinem kleinen Hintern gemacht. Ist er ein »analer Charakter«? Er ist es nicht. Er ist ein großzügiger, liebevoller, lachender und glücklicher kleiner Junge, denn seine Beziehung zu seiner Mutter ist in Ordnung. Sogenannte »Fixierungen« spiegeln in Wirklichkeit unglückliche, lähmende Eltern-Kind-Beziehungen wider.

»Ein Kind schreitet voran«

Während der Kindheit werden elterliche Haltungen, gleich welcher Art, allmählich aufgenommen und zur eigenen Führung und Leitung genutzt. Somit stehen die Gefühle Ihres »inneren Kindes von früher« nicht mit einem spezifischen Aspekt Ihrer Persönlichkeit in Beziehung, sondern umfassen und beinhalten praktisch alles, was

* Freud hatte seinen ersten Patienten im Kindesalter erst drei Jahre, nachdem er sein Werk über kindliche Sexualität geschrieben hatte. Siehe L. Kanner: Child Psychiatry, 3. Aufl., Springfield, Illin., 1957, C. C. Thomas-Verlag, S. 7.

ein Kind erlebt. Walt Whitman beschreibt in seinem denkwürdigen Gedicht »Ein Kind schreitet voran« den Prozeß des Wachstums eines Kindes in seiner Umgebung sehr schön und genau:

»Jeden Tag schritt das Kind voran,
Und der erste Gegenstand, den es ansah, der Gegenstand wurde es,
Und der Gegenstand wurde ein Teil von ihm, für den Tag
oder einen bestimmten Teil des Tages,
Oder viele Jahre lang oder sich dahinziehende Kreisläufe
von Jahren.

Der erste Flieder wurde ein Teil dieses Kindes,
Und Gras und weiße und rote Winden, weißer und roter Klee
und der Gesang des Tyrannvogels ...
Seine eigenen Eltern, sein Vater, der es gezeugt hatte
und seine Mutter, die es in ihrem Schoß empfangen
und es geboren hatte,
Sie gaben diesem Kind mehr von sich als nur das,
Sie gaben ihm hernach jeden Tag, sie wurden ein Teil von ihm.

Die Mutter zu Hause, die für das Abendbrot leise die Teller
auf den Tisch stellt,
Die Mutter mit ihren milden Worten, sauber sind ihre Haube und ihr
Kleid, ein wohltuender Geruch kommt von ihr und ihren Kleidern,
wenn sie vorbeigeht,
Der Vater, stark, selbstgenügsam, männlich, gemein, aufgebracht, ungerecht,
Der Schlag, das schnelle laute Wort, die anziehende Verschlagenheit, sein
»ein Mann, ein Wort«,
Die Familienbräuche, die Sprache, der Umgang, die Einrichtung, das
sehnsuchtsvolle und schwellende Herz,
Zuneigung, die nicht geleugnet wird, das Gefühl dessen, was wirklich
ist, der Gedanke, was wäre, wenn sich schließlich alles als unwirklich herausstellen sollte,
Die Zweifel zur Tageszeit und die Zweifel zur Nachtzeit, das neugierige
Ob und Wie,
Ob das, was so erscheint, so ist, oder sind das alles nur Blitze und
Punkte? ...«

Dieser Auszug beschreibt, wie die Erlebnisse, Bilder, Szenen und das Staunen der Kindheit auf immer bewahrt werden und buchstäblich ein Teil von uns werden.

In der Kindheit nimmt das Kind sogar die Gesten und die Mimik seiner Eltern sowie deren Art, es zu »betrachten«, und ihre Haltung gegenüber der Welt im allgemeinen auf und ahmt sie nach, um ihre Gefühlswärme, Zuneigung und Aufmerksamkeit zu gewinnen. Die wichtigste dieser Haltungen ist freilich in der Art zu suchen, wie die Eltern zu dem Kind stehen, welches Gefühl sie ihm gegenüber haben und zeigen. Diese bestimmt die Art, wie das Kind zu sich selber steht. Es hat keinen anderen »Führer«, keinen anderen Spiegel, der zeigt, was für ein Mensch es ist und ob es wert ist, geliebt zu werden.
Wenn das Kind nun älter wird, während sich ein Jahr auf das andere häuft, entwickelt sich die Illusion, daß diese Haltungen seiner Eltern in der Tat seine eigenen sind — während doch in Wahrheit diese Haltungen nicht seine eigenen, von ihm freiwillig gebildeten sind. Sie sind vielmehr die seiner Eltern. Und doch setzt das Kind diese Haltungen sich selbst gegenüber weiterhin fort und nennt sie noch lange nach dem Erreichen seiner körperlichen Reife »die Wahrheit«.
So setzt das »innere Kind von früher« im Erwachsenen nicht nur die allgemeinen kulturellen Haltungen seiner Eltern gegenüber dem Essen, dem Familienleben, der Religion, Bildung, Sexualität und dem Geld fort, sondern *inbesondere die Haltungen, die seine Eltern ihm gegenüber hatten.* Wir haben eine ständige Neigung, diese frühere Familienatmosphäre und die Haltungen unserer Eltern uns gegenüber in uns auch dann wieder zu erzeugen, wenn sie verletzend sind. So mancher Patient hat mir sogar dann noch, als er die Unrichtigkeit einer herabsetzenden elterlichen Haltung erkannt hatte, gesagt, er empfinde sie »als richtig«. Die Sicherheit des »Kindes von früher« liegt in diesen alten, schädlichen elterlichen Haltungen. Wenn man versucht, solche Haltungen zu ändern, protestiert das »Kind von früher«, und zwar oft so energisch, daß ihm der Erwachsenen-Anteil der eigenen Person erlaubt, die Ziele und Befriedigungen des Erwachsenen zu stören.
Jeder von uns ist in einer Familie aufgewachsen und hat sich an ihre vielen Seiten, ihre »Stimmungslagen« sowie an das, was Whitman die »Familienbräuche, die Sprache« nannte, gewöhnt, welche unserer Familie eigen waren. Wir nahmen in uns auf, was unseren

Vater lachen ließ und was ihn wütend machte, was unsere Mutter schockierte und wie sie wirklich zu anderen Menschen standen und zu allem anderen auch, vom Geld bis zur Liebe und dem Essen, und wie sie sich von allem anderen abgrenzten. So lernten wir Bratkartoffeln, Sauce, Schokoladepudding und andere Nahrung mögen oder auch nicht. Als Erwachsene setzen wir diese Muster dessen, was wir mögen oder nicht mögen, fort, denn diese Nahrungsmittel sind uns vertraut, sind »alte Freunde«. Auch das ist Teil unseres »Kindes von früher«, das in der Gegenwart weiterlebt.
Das Leben, so wie Sie es verstehen und leben, haben Sie in diesem früheren Milieu gelernt. Welche Eigentümlichkeiten Ihre Familie auch hatte, von ihr haben Sie das Gefühl erworben, »daheim« zu sein. Dies ist das Gefühl, das Ihr »inneres Kind von früher« stets sucht.

Schieben Sie nicht Ihren Eltern die Schuld zu

Selbst wenn es in unserer Familie während unserer Kindheit für uns unglückliche Zeiten gab, hat sie uns dennoch das Gefühl des »Daheimseins« vermittelt. Wir können uns alle an schmerzhafte Kindheitserfahrungen erinnern. Viele von uns wurden gezwungen, Dinge zu essen, die wir nicht mochten — und als Erwachsene meiden wir sie. Wir bleiben vielleicht als Erwachsene zu lange auf, weil wir als Kinder zu früh ins Bett geschickt wurden — und es nicht leiden konnten. Unsere Eltern, Brüder und Schwestern hatten Haltungen uns gegenüber, die uns verletzten, aber wir wurden damit fertig, soweit wir damals dazu in der Lage waren. Schelte, Schläge, Verweigerung und Entzug haben uns vielleicht das Gefühl gegeben, unannehmbar, unzureichend und isoliert zu sein.
Jetzt jedoch, wo wir erwachsen sind, können wir anfangen, unsere Eltern so zu sehen, wie sie wirklich waren — und nicht als die allmächtigen und allwissenden Menschen, die wir als Kinder sahen. Wir sehen sie jetzt als einfache menschliche Wesen mit eigenen Problemen, nicht sehr verschieden von denen anderer Leute. Während sie ohne Zweifel einige Fehler in unserer Erziehung gemacht haben, haben sie bei dem Verständnis, das sie hatten, das Beste getan,

was sie konnten. Wie Whitman darlegt, gaben die Eltern »diesem Kind mehr von sich« als die Geburt: »Sie gaben ihm hernach jeden Tag, sie wurden ein Teil von ihm.«

Während Sie Ihr »inneres Kind von früher« erkennen und kennenlernen, sollten Sie die verletzenden Haltungen, denen Sie als Kind begegnet sind, sorgfältig untersuchen. Man kann sie leicht wiedererkennen: sie tun immer noch weh. Dieses Wiedererkennen dient nicht dazu, Ihre Eltern zu tadeln, sondern dazu, *daß Sie diese verletzenden Haltungen sich selbst gegenüber ablegen, wenn Sie die Rolle Ihrer eigenen Eltern spielen.*

5
Wenn das Kind von früher die Überhand gewinnt
Die Geschichte von Annette

Es mag unglaublich scheinen, daß ein Erwachsener die grobe Kritik und die herabsetzenden Haltungen eines Elternteils sich selbst gegenüber fortsetzt. Und doch ist genau das der Fall. Um einen unmittelbaren Beweis für die Auswirkung eines solchen Verhaltens auf das Leben des Erwachsenen zu liefern, möchte ich den Fall »Annette« schildern. Monatelang saß ich da und hörte einem bitteren, sich ständig wiederholenden Monolog zu, den mir diese verletzte, zornige junge Frau in jeder Sitzung entgegenschleuderte:
»Sie hassen mich doch, oder nicht?« rief sie unter Tränen. »Sie wünschen mir den Tod. Ich bedeute Ihnen nichts. Geben Sie nicht vor, ich bedeutete Ihnen etwas. Sie kennen mich ja nicht einmal!«
»Sie sitzen bloß da und denken, wie häßlich ich bin! Ich bitte Sie nicht, mir etwas vorzulügen. Sie sitzen bloß da und wünschen, daß diese Sitzung vorüber wäre. Warum gehen Sie nicht heim? Haben Sie nichts Besseres zu tun? Wollen Sie, daß ich gehe? Sie armes Wesen! Der große Doktor, der so ein Märtyrer ist! Für mich sind Sie aber gar kein Märtyrer! Sie sind eine Attrappe — eine Riesenattrappe, das ist alles. Sie haben kein Gefühl für Menschen. Sie sind einfach ein Heuchler und ich kann solche falschen Leute nicht ausstehen!
O Gott, ich weiß nicht, was mich so reden läßt ...«
Was tat ich? Ich saß lediglich da. Bedrohte ich sie oder beleidigte ich sie? Nein. Ich fragte sie bloß, wie sie sich seit dem Vortag gefühlt habe. Diese Tirade war ihre Antwort. Sie konnte einfach nicht wissen, ob ich nun ein Schwindler war oder nicht — sie kannte mich nicht wirklich. Abgesehen davon, wenn ich ihr ein derartiger Dorn

im Auge war, warum kam sie dann immer wieder zu mir? Warum mußte sie so besorgt darum sein, ob sie mich wütend machte?
Dies ist unvernünftiges Verhalten. Und doch weiß Annette sehr wohl, wo die Grenzen der Realität liegen. Sie versorgt einen Haushalt und drei Kinder. Ihre Freunde empfinden sie als mitfühlend und verständnisvoll, aber schweigsamer als die meisten Leute. Ihr Mann empfindet sie als aufreizend und hält ihr oft ihre Fehler vor. Aber er empfindet auch seine Arbeitgeber und seine Kinder als aufreizend. Annette duldet seine Tiraden mit schweigsamer Unterwürfigkeit. Sie hat Angstzustände, wenn sie auf der Straße ist und in Geschäfte geht. Sie glaubt, daß sie — obwohl das Gegenteil offensichtlich ist — häßlich und dumm sei. Wenn sie nicht von Angst übermannt wird, lebt sie in einer freudlosen, äußerst einsamen Welt, die ihr keine Zuflucht bietet.
Aber nichts von alledem, nicht einmal die Reizbarkeit ihres Mannes sagt aus, warum sie so selbstkritisch sein muß oder warum sie die Menschen um sich herum so verkehrt auffassen muß, ihren Arzt eingeschlossen, auch wenn sie ihr gegenüber in Wirklichkeit oft recht freundlich und wohlwollend sind.
Ihr früheres Leben gibt uns eine Grundlage für das Verständnis der Gründe ihres Verhaltens. Ihr Vater wurde schon früh als Kind vernachlässigt. Er wuchs mit einer Reihe von Brüdern und Schwestern in einer armen Familie auf. Er fing in einem Alter zu arbeiten an, in dem er hätte spielen sollen, und er arbeitete von da an schwer. Er wuchs ohne viel liebevollen Austausch mit anderen Menschen auf, und es fiel ihm schwer, irgendeinem in der Familie nah zu sein. Er konnte nur seiner Arbeit nah sein. Er nahm die Nörgelei seiner Frau ohne Widerrede hin — er blieb nur länger bei der Arbeit. Demzufolge sahen ihn seine Kinder selten.

Annettes Mutter

Annettes Mutter war eine alles beherrschende Frau, die heftige Wutausbrüche hatte. Sie war im ständigen Streit mit ihrer eigenen Mutter, der Großmutter meiner Patientin, aufgewachsen, hatte von ihr alles mögliche gefordert und sie herumkommandiert. Als sie heiratete, setzte sie die Streiterei mit ihrem Mann fort, aber den Großteil ihres Zorns ließ sie an ihrem Kind — meiner Patientin — aus. Immer wieder sagte sie zu Annette: »Du bist ungeschickt und häßlich. Du wirst nie hübsch sein, nie wert, daß man dich anschaut. So ein dummes, häßliches Kind! Wie schade, daß ich kein hübsch aussehendes Kind haben konnte!« Tagaus, tagein waren das ihre Bemerkungen.

Wenn sie sich über Annette ärgerte, kreischte sie: »Du häßliches, fettes kleines Schwein! Geh mir aus den Augen!« Als sie das Kind einmal mit an den Strand nahm, sagte sie zu ihm: »Schau, da ist der Ozean. Warum gehst du nicht dahin, in den Ozean hinein — und einfach immer weiter. Dann bin ich dich los!«

Sie denken vielleicht, daß die Leute derartige Dinge nie zu ihren Kindern sagen. Sie irren sich. Wenn Sie irgendwelche Zweifel haben, dann stellen Sie sich doch einmal einen Nachmittag lang in einen Supermarkt und hören Sie zu, was die Mütter zu ihren Kindern sagen.

Wenn man ein Kind wiederholt so anredet, dann fängt es an, mit sich selbst genauso zu sprechen: »Du bist häßlich« wird zu »ich bin häßlich«. Und »du bist dumm und nichtsnutzig und schlecht« wird zu »ich bin dumm und nichtsnutzig und schlecht«. Solche Bemerkungen werden oft durch einen Gesichtsausdruck der Abscheu oder durch Gesten verstärkt, die die Haltung dieses Vaters oder dieser Mutter auch ohne Worte übertragen, wenn sie für sich verwendet werden.

Das Kind wird zum Jugendlichen und übernimmt so allmählich die Rolle seiner eigenen Eltern — und behandelt sich, wie seine Eltern es behandelt haben, selbst wenn dies grob und schmerzhaft ist und einen erniedrigt und beeinträchtigt.

Ich bat Annette, deren Tiraden ich oben wiedergegeben habe, aufzuschreiben, wie ihr »Kind von früher« in ihr wirksam ist und wie es ihr Leben heutzutage beeinflußt. Das Folgende hat sie geschrieben:

»Mein ›Kind von früher‹ hat mich gezwungen, die letzten fünfzehn Punkte, die ich versucht habe aufzuschreiben, wieder zu streichen, weil ich mich dessen schäme, was ich gesagt und wie ich es gesagt habe, und ich sehe es auch als nicht wert an, aufgeschrieben zu

werden. Ich entschuldige mich im voraus, um mich zu schützen. Warum bin ich so?
Die ständige Kritik, die mir jeden Gedanken und jede Handlung gelähmt hat, ist in mir. Ich sitze hier und beurteile jedes Wort von mir und befinde es als schlecht. Diese Reaktion auf das, was ich tue, ist immer in mir, sei es im Hinblick auf das Schreiben oder beim Kochen oder Autofahren, oder wenn ich auf der Straße gehe (was mir fast unmöglich ist).
Ich glaube, ich kann das ›Kind von früher‹ in Aktion beschreiben. Heute ist Sonntag und am Sonntag falle ich fast völlig auf mein früheres Leben zurück. Ich habe nirgendwo davor meine Ruhe. Ich bin — oder ich fühle mich völlig allein in einer furchterregenden Welt, mit der ich nicht fertig werden kann. Jeder ist wütend, und ich bin schlecht und zu keiner Handlung fähig, die irgendeinem gefällt. Ich habe heute achtmal meine Temperatur gemessen und voller Angst auf den roten Strich geschaut und nur einen Augenblick lang Erleichterung empfunden, als das Thermometer ›normal‹ anzeigte, und ein paar Augenblicke später habe ich die Prozedur dann wiederholt. Heute bin ich auch fett, obwohl die Waage anzeigt, daß ich hundert Pfund wiege, und ich bin 1,57 m groß. Ich hatte meine engsten Kleider anprobiert und fühlte mich von der Furcht, fett zu sein, nicht befreit, als sie genauso saßen wie immer.
Ich hatte Gäste zum Abendessen. Meine Hände zitterten und mein Herz klopfte, weil das Essen meiner Meinung nach schrecklich schlecht war und die Leute wohl dachten, wie unfähig ich sei und, was am schlimmsten ist, wie häßlich und abstoßend ich sei. Ich habe wirklich keine Möglichkeit, zu sagen, wie ich aussehe. Für mich ist jede Frau der Welt hübsch, und nur ich bin ganz häßlich. Man hat mir gesagt, ich sei attraktiv, und einige Männer scheinen mich auch so zu empfinden, aber ihre Worte machen auf mich oder meine Meinung über mich selbst keinerlei Eindruck.
Wenn ich jetzt hier sitze, kann ich mich an die Worte erinnern, die mir als Kind am häufigsten gesagt wurden, Worte, die ich jetzt mir selber gegenüber gebrauche, wenn es mir nicht gelingt, nach meinen Erwartungen zu leben. Wie sie heißen? ›Häßliche fette Kuh‹, und sogar wenn ich das schreibe, ducke ich mich, so wie ich mich immer geduckt habe, wenn man mir diese Worte als Kind an den Kopf

geworfen hat. Aber — daß ich mich ducke, ändert nichts daran, daß ich sie selber an dem Tag zu mir sagte, als ich den Braten zu lange im Ofen ließ und als ich versuchte, ins Lebensmittelgeschäft zu gehen und mich in äußerster Demütigung zurückziehen mußte, wegen der Angst, die zur Panik zu werden drohte. Scham, Angst und Selbstkritik sind fast die einzigen Gefühle, die ich an Sonntagen kenne.

Wie sahen die Sonntage früher aus? Was ist am Sonntag anders? Am Sonntag war meine Mutter regelmäßig wütend. Wenn ich am Morgen aufstand und in die Bibliothek ging, sah ich sie in dem großen Ohrenstuhl sitzen, und ich konnte ihr sofort am Gesicht ablesen, daß sie heute nicht mit mir reden würde. Ihr Gesicht war voller Haß, und ich spürte auch schon, wie mir die Brust enger wurde und ich Magenschmerzen bekam; dann hatte ich schreckliche Angst wegen alledem und irgend so eine Furcht, ich könnte Krebs bekommen oder verbluten; da entschied ich mich wieder einmal, niemandem von diesen Schändlichkeiten zu erzählen. Ich versuchte immer, mit ihr zu reden, aber am Sonntag haßte sie mich, und ich konnte also nicht mit ihr reden. Ich ging dann immer in die Küche und richtete für meine Brüder und meinen Vater das Frühstück. Voller Furcht horchte ich, ob sie schon in die Küche kommen würde — und bald kam sie auch. Sie deckte dann den Tisch und warf mir die ganze Zeit über haßerfüllte Blicke zu, während sie den Kopf wütend gesenkt hielt. Und ich dachte immer — obwohl ich mit meinem beschämt auf den Boden gerichteten Blick sie kaum zu sehen bekam —, wie schön sie sei und wie schön sie mir immer erschienen sei.

Ich dachte immer an ihren Haß und daran, wie häßlich ich sei, wenn sie mir sagte, wie schön es gewesen wäre, ein großes, schlankes, dunkelhaariges kleines Mädchen mit blauen Augen zu haben. Ein kleines Mädchen, das wie meine Cousine aussehen würde und nicht so ›wie *seine* Familie‹. Ich konnte ihre Augen auf meinen dicken Armen und auf meinem dicken Bauch spüren, und ich hätte mich gerne versteckt, aber es gab keine Ausflucht. Ich konnte spüren, wie ihr Haß gegen mich sich im Raum ausbreitete, und ich konnte den Klumpen in meinem Hals spüren, als mein älterer Bruder herunterkam. Sie machte viel Aufhebens um ihn und gab ihm zu essen und wandte sich ihm zu. Wenn sie dann dasselbe für meinen kleinen

Bruder tat und pflichtschuldigst und verärgert meinem Vater zu essen gab, konnte ich kaum meine Tränen zurückhalten. Sie achtete nie darauf, ob ich etwas zu essen hatte. Natürlich hatte ich entsetzliches Übergewicht — für sie eine Schande und Demütigung —, und ich schiebe ihr keine Schuld zu und tat dies auch nicht. Wenn ich dann durch den Raum ging oder ziemlich unfähig versuchte, abzuwaschen, murmelte sie ihre bevorzugten Worte mir gegenüber: ›Häßliche, fette Kuh!‹ Der Klumpen in meinem Hals wurde fast so groß wie ein Ballon, und dann murmelte sie immer, mit unverhülltem Haß in Stimme und Gesicht: ›Jetzt weint sie schon wieder!‹
Dann verbrachte ich immer den Rest des Tages im Bad, von Furcht und Scham übermannt. Das gleiche wiederholte sich beim Mittagessen und am Abend.
Ja, mein Vater war da, aber ich wußte von früher her, was er sagen würde: ›Mach dir nichts draus‹ oder ›Hier sind drei Mark. Geh ins Kino und vergiß es.‹ Es war niemand da, an den ich mich hätte wenden können. Ich war allein. Ich war allein, so wie heute. Um neun oder zehn Uhr ging ich dann ins Bett. Ich lag da und weinte, das Kissen über dem Kopf, damit mich niemand hören konnte. Die stummen Tränen — das fällt mir ein, wenn ich an die Nächte denke, das, und daß ich nicht schlafen konnte. Wenn ich nicht schlafen konnte, wurde die Angst immer größer.
Doch andererseits wollte ich nicht schlafen, denn wenn ich schlief, wurde es zu schnell Morgen. ›Bitte, lieber Gott‹, flüsterte ich immer, ›mach mich erwachsen‹. Aber ich war erst zehn, und die Jahre bis zu dem Zeitpunkt, an dem ich erwachsen sein würde, kamen mir endlos vor. Immer noch kein Schlaf. Um ein Uhr nachts, wenn ich ihre Stimmen hören konnte, setzte ich mich vor ihre Tür und horchte ... So hörte ich vieles über mich. Alles, was ich hörte, verletzte mich. Meine Mutter empfand mich als Schande, so wie ich mich heute. Ich hatte keine Begeisterung und keinen Schwung. Ich war unglücklich und ihnen beiden eine Last, so wie ich mir heute eine Last bin.
Wenn ich lauschte, verachtete ich mich noch mehr. Um zwei oder drei Uhr schlief ich schließlich, und ich hatte nichts zu erwarten als das Aufwachen. Kaum hatte ich die Augen geöffnet, kamen mir auch schon die Tränen. Die schreckliche Furcht vor dem Tag über-

wältigte mich, wie auch heute noch jeden Morgen. Auch heute noch finde ich schwer Schlaf. Während ich jetzt schreibe, danke ich Gott für die Schlaftabletten, die ich vor einer Stunde genommen habe und die es mir ermöglichen werden, mich an diesem Sonntag hinzulegen und ihn wie viele andere Sonntage hinter mich zu bringen. Ich bin den Tabletten auch deshalb dankbar, weil sie den Wächter über jede meiner Handlungen eingeschläfert haben, so daß ich leichter über meine Gefühle schreiben und mir denken kann: ›Mir ist alles gleich!‹ Ich weiß nicht, ob ich klargemacht habe, wie ähnlich meine Vergangenheit meiner Gegenwart ist. Ich habe versucht, herauszustellen, wie die Vergangenheit immer noch wirkt. Ich bin kein Kind mehr, aber das Verletztsein, die Selbstherabsetzung und die schrecklichen Phobien sind immer noch da. ›In der Dunkelheit des Alters liegt ein Kind und weint.‹
Ich hoffe, daß ich eines Tages einen neuen Anfang machen werde. Ich werde mich von allem befreien, und von der Vergangenheit wird im Spiegel nichts mehr zu sehen sein. Ich werde mich nicht mehr mit den Augen meiner Mutter und meinen eigenen sehen, sondern ich werde allmählich in der Lage sein, mich so zu sehen, wie ich vielleicht wirklich bin. Wenn mich meine Mutter falsch gesehen hat, dann existiere ich in Wirklichkeit gar nicht und muß wiedergeboren werden. Das hoffe ich natürlich. Eine Chance, nochmal anzufangen. Eine Chance, zum erstenmal in meinem Leben zu leben.«

Das Gefühl des »Daheimseins«

Annettes Geschichte ist gewiß ein äußerst schlimmes Beispiel dafür, wie ein Mensch elterliche Haltungen sich selbst gegenüber fortsetzt, aber darum ist sie nicht weniger brauchbar. Meine Patientin, die sich so selbstverachtend und selbstzerfleischend behandelt, unterliegt dem Zwang, die Menschen um sich herum so zu sehen, als ob sie dieselben groben, herabsetzenden und haßerfüllten Haltungen hätten, wie sie sie in ihrer Kindheit erlebt hat. Ihr »Kind von früher« fühlt sich in dieser grausamen Mißachtung sicherer. Jeglicher Mangel an Grobheit von seiten der Erwachsenen, denen sie begegnet, ruft in ihr Mißtrauen und Angst hervor, weil er für sie fremd

und unvertraut ist. Wenn sie Feindseligkeit provozieren kann, fühlt sie sich eher »daheim«.
Wenn wir die Gefühlswelt, die wir als Kinder kannten, nicht finden, wiederherstellen oder nachahmen können, haben wir ein »befremdliches« Gefühl, kommen uns als »nicht zugehörig«, »verloren« oder »nicht daheim« vor. Wenn es uns gelingt, sie nachzuahmen, sind wir wieder »daheim«, so wie früher. Dies gibt uns eine gewisse Art von Sicherheit, *aber es enthält all die Einschränkungen und Verletzungen, die wir als Kinder gekannt haben.*

Wenn ein anderer Typus des »Kinds von früher« die Oberhand gewinnt

Rex, ein hervorragender College-Dozent, suchte mich wegen seiner Wutausbrüche und seiner Schwierigkeiten mit Mädchen auf. Er war ein gutaussehender Mann, aber er hatte einen ziemlich wilden, ungestümen Blick. Seine Haare waren immer zerzaust und seine Krawatte schief. Er ging immer ganz schnell auf und ab, ließ sich dann in einen Stuhl fallen und legte seine Füße auf meinen Schreibtisch (ich sagte immer in strengem Ton, er solle sie wegnehmen) und nannte mich: »Doktor, alter Junge.«
Er hatte eine Freundin, aber er sagte, sie liebe ihn nicht. Warum? Weil sie nicht auf das »höre«, was er sagte. »Hören« hieß gehorchen, denn er wußte, was am besten war.
Er wollte seine Nase in jeden Winkel des Lebens seiner Freundin stecken. Er wollte ihr in allem vorschreiben, was sie zu tun habe: in welchen Kaufhäusern sie einkaufen sollte, welche Farbe ihre Strümpfe haben sollten, welche Zahnpasta sie verwenden sollte — und wie oft. Wenn das Mädchen sich dagegen auflehnte, war Rex wütend und verletzt. »Sie liebt mich nicht, sonst würde sie tun, was ich sage«, beklagte er sich.
Er war eifersüchtig, weil sie so viel Zeit für die Arbeit in der Wohlfahrt aufbrachte — und befahl ihr, damit aufzuhören. Nachdem das Mädchen seine Vorschriften — und seine Wutausbrüche — lange Zeit hingenommen hatte, brach es schließlich mit ihm. Rex war verzweifelt — aber nur vorübergehend. Kurz darauf fand er ein

anderes Mädchen, das er mit seinen Vorschriften und Wutausbrüchen bald genauso unglücklich machte. Dieser Vorgang hatte sich schon bei einer Reihe von Mädchen wiederholt, bei denen seine stattliche aber unordentliche Erscheinung zunächst ein mütterliches Interesse geweckt hatte. Seine herrischen Vorschriften erschienen zumindest am Anfang als recht männlich. Aber seine alles verschlingenden Forderungen, seine Neugier und seine ewigen Vorschriften veranlaßten unweigerlich jedes Mädchen, die Beziehung abzubrechen. Stets war er zutiefst verletzt und untröstlich.

Warum wiederholte sich das Verhalten dieses jungen Mannes immer wieder? Warum hatte er so wenig Einsicht in die Gefühle und das Wesen anderer?

Als Rex ein Kind war, prahlte seine Mutter damit, daß sie ihn nie ohne Babysitter ließ. Er war ihr »Lebensinhalt« — und sie war buchstäblich seine ergebene Sklavin. Sobald er reden konnte, fing er an, seine Mutter herumzukommandieren. Seine Mutter betete ihn an, war auf seinen schnellen, wachen Verstand stolz und war stets bereit, ihm zu gehorchen — und seine wachsende Intelligenz wie seinen Geschmack zu bewundern. Sie wollte ihm ein Gefühl von seiner Wichtigkeit geben und folgte seinem leisesten Wink und jeglicher Laune. Wie er seinen Freundinnen Vorschriften machte, so machte er immer noch seiner Mutter Vorschriften.

Sein »Kind von früher« hatte es nie gelernt, die Gefühle und Rechte anderer zu achten. Rex drang ständig in die Privatsphären und in die Rechte seiner Freundinnen ein — und mißdeutete dann ihre Proteste als Mangel an Liebe. Da seine Mutter nie dagegen protestiert hatte, daß er als Kind ihre Rechte völlig mißachtete, konnte er die Gefühle seiner Freundinnen überhaupt nicht verstehen. Er meinte, die Mädchen akzeptierten ihn in Wirklichkeit nicht, sonst würden sie »auf ihn hören«. Tatsächlich schien jeder, der sich weigerte, ihm zu gehorchen und sein Wort als Gesetz zu akzeptieren — und ihn seiner Klugheit wegen zu bewundern —, ihn nicht wirklich zu lieben. Sein »Kind von früher« sagte: »Wenn du mich liebst, wirst du alles für mich tun, wie meine Mutter es immer getan hat.« Das bedeutete Liebe für ihn.

Die Gefühle des Verletztseins waren bei diesem jungen Mann echt. Er wollte und brauchte viel Liebe. Aber um sich die Liebe eines

Mädchens zu erringen und zu erhalten, mußte Rex lernen, seinem impulsiven »Kind von früher« Grenzen zu setzen, indem er sich in der Rolle seiner Eltern sich selbst gegenüber anders verhielt. Diese Grenzen und die Achtung vor den Rechten anderer hatten sich in seiner Kindheit nicht entwickelt.

Sie sind sich selber Eltern

Sowohl bei Rex als auch bei Annette wurde das »innere Kind von früher«, trotz der scheinbaren Unähnlichkeit beider Fälle, beherrschend und lenkte ihr Erwachsenendasein. Beide waren schließlich in der Lage, ihr individuelles »Kind von früher« zu erkennen, ihre an sich selbst »vollstreckten« Niederlagen zu verringern, und indem sie den Kindern gegenüber, die sie einmal waren, freundlichere bzw. strengere Eltern wurden, konnten sie anfangen, ein zufriedeneres Leben zu führen.

Lassen Sie es mich noch einmal sagen: Ohne Rücksicht auf Ihre besondere Kindheit oder Ihre gegenwärtigen Probleme handeln Sie sich selbst gegenüber bereits als Eltern. Wir tun das alles, notwendigerweise. Wir verwenden meist die gleichen Techniken, uns zu bestrafen oder es uns gemütlich zu machen, wie sie unsere Eltern verwendet haben. Wie Sie mit sich umgehen bestimmt, wie Sie sich fühlen. Wenn Sie sich genauso behandeln, wie es Ihre Eltern taten, mögen Sie eine gewisse Sicherheit fühlen, aber Sie setzen die alten — und jetzt unnötigen — schmerzenden Haltungen fort, die Sie als Kind so tief verletzt haben. Diese alten Haltungen beschränken die Möglichkeiten und Befriedigungen des Erwachsenenlebens.

Sie müssen diese verletzenden Haltungen nicht fortsetzen, wenn Sie die Rolle Ihrer eigenen Eltern spielen. Sie können es besser machen, als dies die Haltungen Ihrer Eltern zulassen würden. Sie können lernen, *daß der Prozeß des Reifens darin besteht, diese Kindheitsgefühle als einen geachteten Teil der eigenen Persönlichkeit anzunehmen. Sie können lernen, mit ihnen zu leben — auf Ihre Weise.*

Ihr »Kind von früher« kann Ihnen zum Vorteil gereichen, wenn Sie ihm gute Eltern sind. Es kann Ihre Bemühungen in fruchtbarer Weise schätzen und fördern und dazu beitragen, daß Ihre Welt jung, frisch und voller Wunder bleibt.

6
Sind Sie mit sich selbst entzweit?

In den Gefühlen wachsen wir wie die Schalen einer Zwiebel. Jeder Tag wird, wie Walt Whitman es ausdrückt, »ein Teil« von uns. Die Kämpfe und Sehnsüchte unserer Kindheit und Jugend werden immer tief unten in uns bleiben. Es kostet viel Zeit, sich an die Vorstellung zu gewöhnen, daß die alten Gefühle und Kämpfe nicht »aus und vorbei und erledigt« sind und daß der Kern der Kindheit weiterlebt und seinen Einfluß ausübt.

Die meisten Menschen akzeptieren diese Tatsache gefühlsmäßig nie. Wir versuchen, diesen Teil von uns zu unterdrücken oder auszurotten. Er ist uns nicht willkommen, da er das Bild, das wir als Erwachsene von uns haben, nicht bestätigt. Ich weiß aus eigener Erfahrung, daß einige Menschen wegen der Vorstellung sehr ärgerlich werden, sie hätten ein lebendiges und beständiges »Kind von früher« in sich. Das sind häufig Leute, die einen heftigen und schmerzhaften Kampf ausgetragen haben, um das, was an ihnen »kindisch« war, »abzulegen«, und die sich in dem Bemühen, reif zu sein, streng bestrafen und selbst verleugnen.

Niemand sollte erwarten, er müsse immer vollständig erwachsen sein. Wenn wir uns erbittert gegen uns selbst wenden, sind wir gespalten und hilflos, unfähig zu leben. Das hat Annette getan. Diese Erbitterung zerstört das »innere Kind von früher« nicht. Stattdessen werden die sogenannten kindischen Gefühle mehr in die Tiefe getrieben; um so dringlicher müssen sie geäußert werden. Je nachdem, wie Sie das Schelten Ihrer Eltern vor Jahren erlebt haben, wird Ihr »Kind von früher« auf eine solche Behandlung mit Furcht, Auflehnung, Gefühlen des Verletztseins und Eigensinn antworten. Je mehr wir versuchen, diesen Teil von uns aus zu verbannen, desto verlassener und einsamer werden wir uns fühlen.

Das »innere Kind von früher« und das Unbewußte

Manchmal fragen meine Medizinstudenten: »Ist das ›innere Kind von früher‹ dasselbe wie das von Freud sogenannte ›Unbewußte‹?« Die Antwort lautet: »Nein.« Das ist ein großer Unterschied.

Bücher, Zeitschriftenartikel und Filme haben das Bild vom »Unbewußten« als einem in uns befindlichen allmächtigen Reservoir von Gefühlen geschaffen, über das wir keine Macht haben. Die Menschen, die in solchen Büchern und Artikeln dargestellt werden, erscheinen als hilflos, da ihre Lage aus dem Bedürfnis entsteht, »unbewußten« Anforderungen zufriedenstellend nachzukommen, Anforderungen, deren sie nicht gewahr sind und die sie nicht steuern können. Somit scheint das »Unbewußte« aus schrecklichen, unsichtbaren, geheimnisvollen und überwältigenden Kräften zu bestehen, die die Menschen veranlassen, sich und anderen Schaden zuzufügen.

Nach beträchtlichen Erfahrungen als Psychiater und als Lehrer der Psychiatrie stelle ich die Nützlichkeit der Vorstellung vom »Unbewußten« bei dem Versuch, jemandem zu erklären, wie und warum seine Gefühle in Unordnung geraten sind, ernsthaft in Frage. Das »Unbewußte« erschreckt die Menschen — es gibt ihnen das Gefühl, einen trüben Pfuhl in sich zu haben, in dem Kobolde hausen, mit denen sie nicht fertig werden können.

Ich sage meinen Medizinstudenten, daß sie die Tatsachen ihres gegenwärtigen wie ihres vergangenen Lebens so gut wie ihre Hosentaschen kennen, daß sie es jede Minute gelebt hätten. Wir erinnern uns alle an die Haltungen, die unsere Eltern uns gegenüber hatten, als wir noch Kinder waren. Sie sind wesentlich. Mit ihnen sind wir vertraut, da sie jene Haltungen sind, die wir jetzt uns selbst gegenüber an den Tag legen — und die wir ändern müssen, um uns wohler fühlen zu können.

Wir vergessen vielleicht unsere kindlichen Reaktionen auf unsere Eltern, denn sie hätten womöglich, falls wir sie geäußert hätten,

unser Angenommensein in der Familie gefährdet. Wir mußten diese Reaktionen oft verstecken, um uns sicher zu fühlen. Aber wir vergessen selten die Haltungen unserer Eltern, die uns verletzt haben. Wenn wir dies so verstehen, können wir die Kobolde und geheimnisvollen Dämonen auf der Stelle loswerden, die der populäre Sprachgebrauch dem »Unbewußten« angedichtet hat. Wir haben das Problem des Gefühlsnotstands ins rechte Licht gerückt — *es lautet: Der bewußt lebende Erwachsene kann gegenüber seinem wohlbekannten »inneren Kind von früher« in der Rolle der Eltern akzeptierend, fest und wohlgesonnen sein.* Das heißt, daß er, während er einerseits die Gefühle seines Kindes von früher respektiert, doch auch erkennt, daß diese Gefühle häufig Reaktionen auf die vor Jahren erlebten Haltungen seiner Eltern waren, und er läßt es nicht zu, daß dieser Teil von ihm die Ziele und Vergnügen des Erwachsenen stört.
So reden wir nicht über etwas Geheimnisvolles, Unsichtbares, irgendwie vage Empfundenes. Wir reden über die Bedürfnisse und Gefühle eines bekannten Kindes, das es einmal gab, und das jetzt in einem bekannten Erwachsenen weiterlebt — *wir reden über Sie.*

In Eintracht mit sich selbst leben

Gegenseitige Achtung ist das Prinzip, das Ihnen helfen kann, in Eintracht mit sich selbst zu leben. Das heißt, daß Sie als gute Eltern sich selbst gegenüber die Gefühle Ihrer Kindheit, Ihr »inneres Kind von früher«, achten. Das heißt aber auch, daß Sie von Ihrem »Kind von früher« verlangen, die Grenzen zu akzeptieren, die es davon abhalten, in Ihr Leben als Erwachsener und in die Rechte anderer einzugreifen.
Ihre *sämtlichen* Gefühle müssen ernsthaft beachtet und berücksichtigt werden. Es ist ein Akt der Selbst-Mißachtung, wenn Sie ein Gefühl, das Sie haben, verstecken, verleugnen oder herabwürdigen, und es bringt Sie ganz von selbst in Zwietracht mit sich und schafft Konflikte — erneuert Konflikte, besser gesagt — zwischen Ihrem »Kind von früher« und Ihnen in der Rolle Ihrer eigenen Eltern. Deshalb akzeptieren Sie Ihr »Kind von früher« am besten dadurch, daß Sie alle Ihre Gefühle ernsthaft und respektvoll berücksichtigen.

Wenn Ihre Wünsche Ihre Ziele als Erwachsener und die Rechte anderer nicht beeinträchtigen, sollten Sie versuchen, sich diese Wünsche zu erfüllen.
Wenn Sie jedoch den Gefühlen aus Ihrer Kindheit freien Lauf und Ausdruck lassen, können Sie sehr wohl Ihr Leben als Erwachsener oder die Rechte anderer stören. Ein sehr allgemeines, vielleicht lächerliches Beispiel ist: Wenn Ihr »Kind von früher« am Morgen nicht aufstehen und in die Arbeit gehen will, und Sie geben diesem Gefühl nach, so lassen Sie es zu, daß diese Kindheitsgefühle Ihr Leben als Erwachsener stören. Sie verlieren vielleicht Ihre Stellung — und sind nicht mehr in der Lage, das zu tun, was Sie, der Erwachsene, wirklich tun wollen. Ähnlich mögen Sie Schwierigkeiten haben, Ihre Wut zu zügeln, weil Ihnen Ihre Eltern Ihre Wutausbrüche nachgesehen haben. Sie essen womöglich zuviel oder »wollen, was Sie wollen, wenn Sie es wollen«, ohne Rücksicht auf andere, weil Ihnen irgendwer in der Kindheit Ihre Launen nachgesehen hat.
Deshalb müssen Sie eindeutige Grenzen setzen, wenn Sie diesen Gefühlen erlauben, sich zu äußern. Die Beherrschung dieser Gefühle tut oft weh. Alle Kinder heulen zuzeiten, wenn ihnen notwendige Einschränkungen auferlegt werden, und Ihr »Kind von früher« ist da keine Ausnahme. Wenn Sie sich Grenzen setzen, dürfen Sie diese Gefühle nicht kritisieren oder abwerten. Sie dürfen ihnen jedoch nicht erlauben, sich auf eine Weise zu äußern, die Ihr gegenwärtiges Leben stört. Der Schmerz, den Sie verspüren, wenn Sie sich Schranken setzen, schadet nicht, und er wird auch nachlassen, wenn Sie sich weiterhin Schranken setzen.
Damit diese Änderung Ihrer Haltung sich selbst gegenüber zu etwas führen kann, müssen Sie eine bewußte Anstrengung auf sich nehmen. Es mag Sie überraschen, wenn Sie entdecken, wie beständig und unausgesetzt Sie Ihr »Kind von früher« und seine Gefühle herabsetzen. Vielleicht können Sie nur schwer lernen, diese Gefühle als natürlichen Teil Ihrer selbst zu akzeptieren. Und Sie müssen auch einige Angst in Kauf nehmen, während sich Ihr »Kind von früher« an ein neues gefühlsmäßiges »Daheim« gewöhnt — ein »Daheim«, das vielleicht diesem Kind mehr Achtung entgegenbringt und mehr Schranken setzt, das aber auf die Dauer befriedigender ist.

Sie werden entdecken, daß Sie so mehr Kraft für Ihre Aktivitäten als Erwachsener entfalten können. Sie werden sich jedoch, wenn Sie Ihre Gefühle anders behandeln, zunächst nicht so ganz wohlfühlen, Sie werden sich in Ihren neuen elterlichen Haltungen nicht »daheim« fühlen. Wenn Sie zum Beispiel daran gewöhnt sind, die Gefühle Ihres »Kindes von früher« voller Verachtung und Scham mit Füßen zu treten, werden Sie es als schwierig empfinden, diese Gefühle zu tolerieren und zu respektieren, diesen Teil Ihrer selbst freundlich und anerkennend zu akzeptieren

Die Änderung Ihrer Haltungen gegenüber sich selbst

Welche elterlichen Haltungen Sie auch gegenüber sich selbst praktiziert haben – es kostet Zeit, Geduld, wiederholtes Bemühen und Bereitwilligkeit, die Feuerprobe zu bestehen, um jene Haltungen zu ändern. Einige Menschen sind eher imstande als andere, außerhalb der alten »Daheim«-Atmosphäre ihrer Kindheit zu leben. Wir klammern uns oft hartnäckig an alte Verhaltensweisen — obschon sie weh tun —, weil sie vertraut sind. Man muß sich wirklich anstrengen und arbeiten, um »in der Gegenwart« zu leben, anstatt mit den alten, früheren Mustern der Selbsteinschätzung. Wenn Sie nicht daran arbeiten, einige dieser alten Muster zu ändern, werden Sie lange, überflüssige Wege der Unruhe und Einsamkeit gehen müssen. Sie sind nie einsamer, als wenn Sie sich selbst kritisieren und verachten.

In späteren Kapiteln werden wir spezifische elterliche Haltungen ausführlich diskutieren, die — wie man herausgefunden hat — Kindern emotional schaden und denen man in unserem Kulturraum häufig begegnet, zum Beispiel Perfektionismus und übertriebene Strenge und Zwang. Sie werden imstande sein, spezifische elterliche Haltungen wiederzufinden, denen Sie als Kind unterworfen waren und die Sie vielleicht immer noch sich selbst gegenüber praktizieren — und dadurch Ihre Möglichkeiten als Erwachsener einschränken.

7
Zu einer Ehe gehören vier

Da jeder von uns ein »Kind von früher« in sich hat, erfordert eine Ehe, daß sich vier — und *nicht* zwei — Personen aneinander anpassen. Wenn einer der vier dominiert, gibt es bestimmt Schwierigkeiten. Der Grund für die große Not in unseren unglücklichen Ehen und vor unseren Scheidungsrichtern liegt darin, daß man nicht versteht, daß zu einer Ehe grundsätzlich vier Personen gehören. Unsere romantischen Einstellungen gegenüber Liebe und Ehe, wie sie uns in Schlagern und Romanen überschwemmen, vermitteln uns ein irreführendes Bild von der Ehe — »nur wir zwei«. Erst freuen wir uns auf die Ehe; später sind wir dann enttäuscht, frustriert und schließlich verbittert oder resigniert, weil »wir zwei« irgendwie »so kompliziert« sind — und keineswegs so verträglich, verständnisvoll, liebevoll und mitfühlend, wie wir es uns vorgestellt, erhofft, erträumt hatten.

Man hat uns einfach noch nicht gesagt, daß an einer Ehe vier Personen beteiligt sind – zwei Erwachsene, die in der Gegenwart handeln, und zwei Kinder, die gemäß ihrem besonderen und unterschiedlichen Familienhintergrund handeln.

Die Vorstellung, daß vier »einzelne«, deutlich ausgeprägte Personen an einer Ehe beteiligt sind, verwirrt einige Leute und schokkiert sie. Andere belustigt es. Einige Leute stellen sich sofort vier Individuen vor, die in einem Ehebett herumtollen. Irgendwie stimmt das auch, obwohl sie vielleicht eher unglücklich als ausgelassen sind; ich werde in späteren Kapiteln zu erklären versuchen, wie es dazu kommt. Da ist nichts Lustiges daran. Es ist im Gegenteil oft traurig und bemitleidenswert, da die Störungen durch das »Kind von früher« im Heute oft die entscheidende Ursache von Eheschwierigkeiten sind, gleichgültig, ob Sexualität, Geld, Eifersucht oder Nörgelei das Problem ist.

Jede Ehe ist kompliziert

Eben weil an einer Ehe vier Personen beteiligt sind, ist *jede* Ehe von Natur aus kompliziert. Wenn man uns dies in der Jugend beibringen würde, könnten wir in der Einschätzung unserer Möglichkeiten zu ehelichem Glück realistischer sein — und die in einer Ehe unweigerlich auftretenden Schwierigkeiten würden uns weniger stören. Die Frau würde verstehen, daß ihr Mann immer noch »den Jungen, der er einmal war« in sich hat, der seine Kleider nie aufhob und der nie dann zum Essen kam, wenn man ihn rief. Und der Mann würde verstehen, daß seine Frau ihr »Mädchen, das sie einmal war« in sich hat, dem man immer wieder beteuern mußte, daß es anziehend und begabt sei, und das sich vor Mäusen fürchtete und sich nicht frei herauszusprechen getraute.

Was passiert, wenn Sie heiraten

In der Ehe äußert das Kind, das Sie einmal waren, seine Bedürfnisse, Wünsche, Haltungen, Verhaltensweisen und Sehnsüchte offener und ausdrücklicher als in jeder anderen Situation. Es mag — und zwar ziemlich buchstäblich — wegen jeder Frustration plärren und jede Aufgabe meiden, in Wutausbrüchen rasen und toben oder sich in eisiges Schweigen zurückziehen. Deshalb hört man über Ehepartner am häufigsten klagen: »Sie ist so kindisch« oder »er benimmt sich wie ein kleiner Junge«.
Warum ist das so? Es ist so, weil man hofft, die Ehe und die Familiengründung würden die angenehmen und vertrauten Gefühle des »Daheimseins«, die man in der Kindheit hatte, wiederherstellen — und sogleich eilt das »innere Kind von früher« in Mann und Frau ins Rampenlicht. Deshalb gibt es in der Ehe oft wegen scheinbar unerheblicher Dinge schlimme Konflikte. Einmal suchte mich zum

Beispiel ein junges Ehepaar auf, weil der Mann in dem Augenblick, in dem er zu Hause ankam, die Schuhe auszog und von da an in Socken umherlief. Das brachte seine Frau auf. Sie hatte das Gefühl, dieses Verhalten zeige eine völlige Mißachtung ihres Heimes. »Im Büro zieht er seine Schuhe auch nicht aus. Nur zu Hause! Er hat keine Manieren!« beklagte sie sich. »Warum soll ich das Wohnzimmer pflegen und schön machen, wenn er darin in seinen Socken herumsitzt?« Ihr Mann sagte: »Großer Gott, was ist denn daran schlimm, wenn man es sich zu Hause gemütlich macht?«
Natürlich war dieser Konflikt über bestrumpfte oder beschuhte Füße nur der sichtbare Teil des Eisbergs von Konflikten zwischen den beiden. Das Gespräch über ihr Elternhaus, das Heim ihrer Kindheit, machte deutlich, daß jeder von beiden versuchte, das frühere Zuhause wiederherzustellen. Der Mann war in einer Familie aufgewachsen, wo der Vater den ganzen Tag schwer arbeitete, nach Hause kam, seine Schuhe auszog und von seiner Frau versorgt und bedient wurde. Die Frau stammte aus einem Hause, das eine strenge Hausordnung hatte und in dem niemand das Wohnzimmer betrat, außer bei beinahe »offiziellen« Gelegenheiten; der Vater kam den Wünschen der Mutter mit gewissenhafter Genauigkeit nach. Eines jeden »Kind von früher« erwartete, in der Ehe alles genauso wiederzufinden, wie es in seinem früheren Zuhause war. Als jeder von beiden etwas Verständnis für das »Kind von früher« des anderen gewann, schmolz der Eisberg des Konflikts und der Unzufriedenheit allmählich dahin.

Eine neue Perspektive

Wenn Sie verstehen, daß Sie ein beharrlich fortlebendes »inneres Kind von früher« in sich haben — und daß Ihr Ehepartner auch ein aktives »Kind von früher« besitzt, das sich von dem Ihren ziemlich unterscheidet —, dann werden Sie Ihre Ehe unter einem neuen Blickwinkel sehen. Schwierigkeiten und Mißverständnisse entstehen in der Ehe, weil da in Wirklichkeit *vier* Personen sind, deren Gefühle und Haltungen in tiefen Schichten einander angepaßt werden müssen — in den Bereichen der sexuellen Befriedigung, des Umgangs mit dem Geld, der Ernährungs- und Eßgewohnheiten, der Freizeitgestaltung, der gesellschaftlichen Geltung, der Wertvorstellungen der Nachbarn und der Bedeutung des »Daheim« für jeden einzelnen.

Wenn ich in meinen Vorlesungen über Psychiatrie an der Ohio State University School of Medicine an diesem Punkt anlange, kommen die verheirateten Studenten oft mit einer Bitte auf mich zu: »Würde es Ihnen etwas ausmachen, wenn ich in die nächste Vorlesung meine Frau mitbringen würde? Ich kann ihr ›Kind von früher‹ sehen, aber sie kann meines nicht sehen.« Wie man an diesen begabten jungen Medizinstudenten sehen kann, entgeht keiner von uns diesem Problem. Da ein »Daheim« und eine Ehe die Möglichkeit zu Zuneigung, Vertrautheit, Wärme und Sicherheit schaffen und gleichermaßen Essen, Sex und Geld betreffen, werden die Gefühle Ihrer Kindheit in der Ehe am intensivsten ausgedrückt. Wir neigen alle unweigerlich dazu, unsere Ehe mit den Gefühlen unserer Kindheit zu färben — die uns das Gefühl geben, »daheim« zu sein.

Im allgemeinen behandeln wir uns, um in unserer Ehe das Gefühl des »Daheimseins« zu erreichen, genauso, wie uns unsere Eltern behandelt haben. Die alte, »daheim« vorherrschende emotionale Atmosphäre der Kindheit wird so genau wie möglich nachgebildet, samt deren schmerzenden Haltungen, die unser Familienleben in der Vergangenheit gekennzeichnet haben mögen. Wir laden unsere Ehepartner oft geradezu ein, uns so zu behandeln, wie unsere Eltern es einmal taten — und suchen dabei, ohne es zu wissen, ihre Anerkennung und sind von ihrer Einschätzung unserer Person genauso abhängig, wie wir früher einmal von unseren Eltern abhängig waren, deren Anerkennung und Liebe wir suchten. Genau das passiert, in einer gewissen Hinsicht, wenn unser Ehepartner sich weigert, Verantwortung zu übernehmen, oder sie abgibt, oder »wie ein Baby handelt«.

Vier machen Pläne

Wenige Leute können genau erklären, wie es dazu kam, daß sie zu einem bestimmten Zeitpunkt heirateten. Die Gefühle, die sie zum

Heiraten veranlaßt haben, sind oft eng mit den Gefühlen des Alleinseins verbunden, die in der Kindheit erlebt wurden.

In der Kindheit entstehen solche Gefühle bisweilen dann, wenn wir uns übergangen, unangenommen, mißbilligt oder isoliert fühlen. Jeder kann sich an irgendeine Situation erinnern, in der ihn andere Kinder der Klasse von irgendwelchen Aktivitäten ausgeschlossen haben, und wie einsam, verletzt und isoliert er sich dann fühlte. Noch schmerzlicher waren die Momente, in denen uns unsere Gefühle der Ungeschicklichkeit und Unzulänglichkeit oder die herabsetzenden Haltungen unserer Umwelt in die unangenehme Lage versetzten, in unserer eigenen Familie von anderen abgesondert zu sein.

Als sich unsere »Welt« immer mehr ausdehnte, fanden wir heraus, daß wir uns anstrengen mußten, um uns einen Platz in der Schule, unter den Freunden oder in der Arbeitswelt zu erobern, damit wir nicht übergangen wurden, isoliert und allein blieben. Als Kinder haben wir uns vielleicht von anderen Kindern »ausbeuten« und ausnutzen lassen, um »zur Bande zu gehören« oder die Freundschaft eines anderen Kindes nicht zu verlieren. Als Jugendliche träumten wir davon, eine enge, liebevolle und fruchtbare Beziehung zu einer Traumfrau/einem Traummann zu haben, die/den wir noch nie zuvor gesehen hatten. Dieser Traum änderte sich ein wenig, als wir heranwuchsen, und wurde zum Traum von der Gründung einer Familie mit diesem idealisierten Menschen; in der die enge und liebevolle Vertrautheit und Kameradschaft, die wir als kleine Kinder manchmal erlebt hatten, gemeinsam mit den Freuden sexueller Befriedigung und der Unabhängigkeit des Erwachsenen neu geschaffen würden. »Wie kann ich mich überhaupt je wieder allein fühlen«, sagten uns unsere innersten Gefühle, »bei jemandem, der mich liebt und der mein Leben ganz und gar mit mir teilen wird?« Heirat — das war die Antwort!

Die Ehe sollte, so meinten wir, alle Vorteile unseres vorehelichen Zusammenseins mit unserer Freundin haben, ohne die Ängste und verletzten Gefühle, die zum experimentellen Charakter jenes Zusammenseins gehörten. Als wir schließlich jemanden fanden, der unseren Bedürfnissen zu entsprechen schien, heirateten wir. Eine Zeitlang — sowohl vor, als auch nach der Hochzeit — schien es, als ob sich unsere Hoffnung, uns nie mehr allein und übergangen fühlen zu müssen, erfüllen würde. Dann kamen die Mißverständnisse. Wir fanden heraus, daß wir mit einem anderen Menschen ganz eng zusammenleben konnten und doch weit von ihm entfernt waren, auch wenn wir das gar nicht wollten. Wir hörten uns klagen: »Wenn sie nur verstehen würde, wie ich mich fühle« oder »er könnte sich ändern, wenn er wollte. Das würde mir so viel bedeuten.«

Vier lieben sich

Wenn zwei Leute heiraten, »lieben sie sich«. Das heißt normalerweise, daß zwei Erwachsene einigermaßen umgänglich sind und sich körperlich gegenseitig anziehen, und daß die zwei »Kinder von früher« im je anderen Erwachsenen das Versprechen der Erfüllung früherer Sehnsüchte sehen. Dann tritt jeder der beiden Ehepartner, entweder allmählich oder plötzlich, dem »Kind von früher« des anderen direkt gegenüber — dem »kindischen«, dem unvernünftig erscheinenden Teil des Partners.

Viele eheliche Schwierigkeiten und Unverträglichkeiten könnten vermieden oder zumindest vorhergesehen werden — wenn sich die Verlobten gelegentlich gegenseitig besuchen und die Beziehung zwischen dem zukünftigen Partner und seinen Eltern beobachten würden. Durch die gleiche Brille, durch die er seine Eltern sieht, wird er auch seinen zukünftigen Partner sehen. Man muß sich fragen: »Will ich so behandelt werden, wie er seine Eltern behandelt?« Und die Art, wie ihn seine Eltern behandeln, wird ein guter Hinweis dafür sein, wie er sich selbst behandeln wird und welches Verhalten er vom Partner erwarten wird — nach den Flitterwochen.

Die Zufriedenheit und der Erfolg in einer Ehe hängen davon ab, wie gut sich *jeder* der vier — die beiden Erwachsenen und das »innere Kind von früher« eines jeden — auf eine Grundhaltung gegenseitiger Achtung für die anderen drei einstellen kann.

Ein ausgeglichener Zustand gegenseitiger Achtung wird gerade deshalb selten ohne Schwierigkeiten erreicht, weil vier Personen beteiligt sind. Wir denken herkömmlicher- und gewohnterweise, an der Ehe seien nur zwei Personen beteiligt. Häufig, ja meistens, wird der Konflikt unter den vieren hinter dem versteckt, was ein echtes Problem und eine echte Schwierigkeit zu sein scheint. Lassen Sie mich dies durch einige kurze, vereinfachte Beispiele veranschaulichen:

In einer Familie herrschen ständig Ärger und Angst wegen der Einladungen zum Essen. Eleanors »Kind von früher« fühlt sich dann am wohlsten — am meisten »daheim« —, wenn Leute aus der Verwandtschaft oder sehr alte Freunde zum Essen eingeladen werden. In ihrer Kindheit wurden »Fremde« — jeder, der nicht zur Familie gehörte — nie nach Hause eingeladen. Als Kind wünschte sie manchmal, sie könnte ihre Eltern dazu bringen, die Eltern anderer Kinder zum Essen einzuladen. Ihre Eltern weigerten sich jedoch immer. In ihrem Elternhaus hatte der »Familientisch« einen exklusiven Charakter. Die einzige Möglichkeit, wie ein Fremder eine Einladung bekommen könnte, sagte ihr ihre ältere Schwester einmal, wäre, einen von ihnen zu heiraten.

Als Eleanor nach dem College eine Stellung bekam, fühlte sie sich von Ernest angezogen, einem geselligen, leutseligen, großzügigen und offenherzigen Mann, den sie auf einer Party kennengelernt hatte. Er lud sie auf der Stelle zu einem Festessen ein, das er veranstaltete. Bei diesem Essen war Eleanor sowohl erstaunt als auch erfreut, als er seine Haushälterin, die das Essen zubereitet hatte, einlud, mit den Gästen zu essen. Es schien Eleanor, als täte er all das, wovon sie immer gewünscht hatte, ihre Familie, besonders ihr Vater, würde es auch tun.

Ernests »Kind von früher« hatte ein lässiges, glückliches und zwangloses Zuhause gehabt, in dem jedermann willkommen war, in dem ein ständiger Strom von Fremden zum Essen erschien, in dem es »immer Raum für noch einen Gast gab«. »Alle Leute sind interessant«, war das Credo von Ernests Vater und war sein eigenes geworden. Eleanors Schüchternheit wurde durch Ernests warmherziges und wohlgesonnenes Interesse an ihr schnell überwunden.

Aber als sie heirateten, fand Eleanor, so sehr ihr die Idee der Gastlichkeit in ihrem eigenen Heim gefiel, daß die Einladungen in Wirklichkeit sehr schwierig und anstrengend waren. Tagelang machte sie sich wegen jeder Einzelheit Sorgen, und wenn die Gäste dann wirklich kamen, konnte sie nicht mit ihnen reden. Zuerst glich Ernests

Geselligkeit das aus. Aber allmählich merkte er, daß sie »kalt und verschlossen« war, wie er in einem Augenblick des Ärgers einmal sagte. In Wirklichkeit fühlte sie sich nur dann wohl, wenn ihre Eltern oder andere Verwandte kamen. Sie mußte sich zusammenreißen, um die Geschäftsfreunde ihres Mannes zu bewirten. Eines Abends brachte er einen völlig fremden Mann mit nach Hause — einen Arbeitslosen, der ihn auf der Straße angesprochen und ihn um Geld gebeten hatte, damit er essen gehen konnte. Ernest hatte ihn einfach mit nach Hause gebracht. Eleanor war schockiert und aufgebracht und völlig unfähig, auch nur das geringste Mitleid für den Fremden zu empfinden, der sich sehr unwohl fühlte, und sie war auf Ernest wütend. Nachdem ihr Mann ihm Fahrgeld für den Bus gegeben und ihn fortgeschickt hatte, gab es zwischen den Eheleuten eine wütende Auseinandersetzung. Die angestauten Gefühle ihres »Kindes von früher« gegenüber »Fremden am Familientisch« brachen aus ihr hervor. Ihr Mann, der sehr erstaunt war, nannte sie »engherzig und dumm«. Sie sagt: »Ich werde zur Dienerin von seinen Freunden gemacht. Eigentlich von jedermann, völlig fremden Leuten!«

In Wirklichkeit sind es ihre Kinder von früher, die sich in den Haaren liegen. Und doch wird dieser Gesichtspunkt ihrer verschiedenen Herkunft nie besprochen, und wenn er ihnen vor Augen geführt wird, schieben sie ihn als etwas beiseite, was »weit zurückliegt«. Keiner von beiden sieht, wie sie sich auf ihr heutiges Leben auswirkt.

In einer anderen Familie äußert sich das »Kind von früher« der Frau, Marion, in Sorgen wegen Krankheiten — und in Krankheiten. Hören Sie Marions Geschichte:

»Ich war zehn Monate lang krank. Mein Arzt hat mir Vitaminstöße verabreicht, aber sie haben mir nicht geholfen. Vor zehn Monaten hatte ich einen Anflug von Grippe. Als ich krank wurde, brach ich einfach zusammen. Ich konnte nicht aufstehen, ich war so schwach. Meine Nerven sind zerrüttet, und ich kann einfach nichts tun. Zwei Ärzte haben mich untersucht; sie sagen, es sei alles in Ordnung. Aber ich fürchte mich, das Haus zu verlassen, weil ich doch so krank werden könnte, daß es mir unmöglich wäre, wieder nach Hause zu kommen.

Bis zum Ausbruch meiner Krankheit habe ich als Stenographin gearbeitet. Ich habe mich furchtbar angestrengt, weil ich versuchte, meinen Haushalt zu führen und gleichzeitig ganztags berufstätig zu sein.
Als Kind war ich oft krank. Ich hatte alle Kinderkrankheiten sowie Lungenentzündung und Blinddarmdurchbruch. Wenn ich mich nicht wohl fühlte, war meine ganze Familie besonders lieb zu mir. Meine Mutter sorgte sich sehr um meine Gesundheit. Sie tat immer irgend etwas, um unsere Gesundheit zu schützen. Mein Vater war oft krank, und auch er sorgte sich um meine Gesundheit.«
Dieser Frau war die Plackerei in ihrem Leben einfach zuviel. Unter dem Druck ihrer Arbeit und ihrer Verantwortung als Frau schob sich ihr »Kind von früher« in den Vordergrund und suchte die Zuwendung, die sie in der Kindheit bekommen hatte, wenn sie krank war. Sie nahm die besorgte Haltung ihrer Eltern ihr gegenüber an — was sie monatelang ins Bett zwang. Nach langen inneren Kämpfen sah sie ein, daß sie sich selbst nicht so zu behandeln brauchte, wie dies ihre Eltern getan hatten, und daß ihre unrealistischen Sorgen um ihre Gesundheit eigentlich den Sinn hatten, sich sowohl um das Mitleid als auch um die Freiheit von Verantwortung zu bemühen und sich daran erfreuen zu können. Sie entschied sich, nicht länger ein »armes krankes Kind« zu sein, wie ihre Eltern sie immer mit ängstlicher und besorgter Stimme genannt hatten.
Dies war eine schwere Entscheidung — die Rückzugsmöglichkeit ihrer Kindheit aufzugeben. Und es kostete sie Mut und Beharrlichkeit, sich zu weigern, ihr wimmerndes, quengelndes und protestierendes »Kind von früher« zu verhätscheln, das weiterhin wegen Schmerzen und »Wehwehchen« und dem Bedürfnis nach Ruhe jammerte und weinte. Mit der ruhigen und geduldigen Beharrlichkeit jedoch, mit der viele Frauen großen Problemen und echten Schmerzen begegnen, überwand sie diese elterlichen Haltungen in sich und schuf sich ein echtes Leben als reife Frau. Sie entzog sich den Umarmungen ihres Mannes oder sozialen Verpflichtungen nicht mehr, weil sie sich »nicht wohl fühlte«. Statt dessen war sie endlich fähig, sie zu genießen. Jetzt sagt sie: »Ich bin von mir selbst überrascht. Ich hätte nie gedacht, daß ich das könnte.«
Jeder Verheiratete kann sich das Durchschauen seiner ehelichen

Schwierigkeiten erheblich erleichtern, wenn er die Rolle erkennt, die sein »inneres Kind von früher« in ihnen spielt. Sie können erkennen, daß es bestimmte Bereiche gibt, in denen Sie und Ihr Ehepartner Schwierigkeiten haben. Solche Schwierigkeiten sind in gewissem Maß natürlich, aber Sie müssen sich fragen: Welche Rolle spielt mein »Kind von früher« in diesen Schwierigkeiten, in den Ansprüchen, die ich stelle, und in dem, was ich als wünschenswert ansehe?

8
Konfliktbereiche
Geld, Sexualität, Vergnügen

Es gibt gewisse Bereiche, in denen es stärker auffällt, wenn das »Kind von früher« den Erwachsenen beherrscht, als anderswo. Das eigene Heim kann zum Beispiel ein solcher Bereich sein. Ich kenne mehrere Männer, die interessant, anderen zugewandt und freundlich sind, wenn sie von zu Hause weg sind. Wenn man ihnen bei ihrer Arbeit oder auf einer Party oder unterwegs begegnet, sind sie warmherzig und freundlich. Wenn aber einer von ihnen über die häusliche Schwelle tritt, kriecht er in eine Panzer-Abwehr-Haltung und strotzt förmlich vor Maschinengewehren. Er wird distanziert und sarkastisch. Seine Frau klagt: »Ich komme einfach nicht an ihn heran! Ich kann seine Schale einfach nicht durchdringen. Er hört nicht zu, und er sagt so grausame, häßliche Sachen.«
Diese Männer mußten in der Kindheit schützende, wehrhafte Panzerungen aufbauen, um mit einer Familienatmosphäre fertig zu werden, in der eine böse Zunge das Schlachtfeld beherrschte. Sie fühlen sich immer noch zu verletzlich, als daß sie aus ihren schützenden Schalen in die Gegenwart heraustreten könnten, auch wenn die Schlachtfelder der Kindheit oft schon längst verschwunden sind. Oft streiten ihre Frauen mit ihnen, aus Einsamkeit und in dem verbissenen Versuch, an diese Männer »heranzukommen«. So wird die Schlachtfeld-Atmosphäre ihres früheren Familienlebens neu geschaffen — und diese Männer verschanzen sich noch mehr in ihren Panzern.

Geld

Wegen des Geldes kommen viele Reibungen zwischen Eheleuten zustande. Viele Menschen sind als Erwachsene hinsichtlich des Geldes einfach deswegen unvernünftig, weil sie in ihrer Kindheit von Personen umgeben waren, die um Geld ängstlich besorgt waren. Für das »Kind von früher« kann Geld Sicherheit bedeuten, es kann ein Mittel zum Ausdruck seiner Individualität sein und ein Weg, um von Verhältnissen wegzukommen, die unangenehm sind, und es kann viel Gutes versprechen. Umgekehrt kann es Herrschaft, Entbehrung, Entzug von Liebe und Status bedeuten. Diese starken Reaktionen aus der Kindheit können Ziele des Erwachsenen leicht in den Schatten stellen.

Ich kenne zum Beispiel einen Mann in gehobener Stellung, dessen jährliches Einkommen etwa 65 000 Dollar beträgt. Und doch kann seine Frau nicht einfach Spülmittel für das schmutzige Geschirr kaufen; sie muß erst um Geld bitten. Wenn sie für die Kinder etwas zum Anziehen kaufen will, muß sie sich schon im voraus Begründungen überlegen. Vielleicht bekommt sie das Geld; vielleicht auch nicht.

Die Frau dieses Mannes nahm schließlich eine Arbeit als Sekretärin an, damit sie genügend Geld hatte, um den Haushalt zu führen, ohne daß sie um jeden Penny betteln mußte. Sie erkannte, daß ihr Mann, was das Geld anbelangt, in seiner Kindheit lebt, in der das Geld knapp war und in der man ihm beigebracht hatte, daß Armut und Hunger schon an der nächsten Ecke lauerten. Sie kann sehen, daß ihr Mann im Bereich des Geldes schwer gestört ist, und sie hat sich danach eingerichtet. Jetzt muß sie nicht mehr so reagieren, als wäre er bloß aus reiner Willkür gemein und geizig; vielmehr kann sie seinem »Kind von früher«, das so sehr beeinträchtigt worden ist, echtes Mitgefühl entgegenbringen.

In einem anderen Fall heiratete ein Mann, der als Kind die Armut wirklich kennengelernt hatte, eine Frau, die ihr früheres Leben im Wohlstand verbracht hatte. Sie hatten einen Sohn, der seine nachgiebige Mutter ausnutzte. Dieser Mann verbrachte ganze Stunden damit, seinem Sohn Vorträge über den Wert der schweren Arbeit und der Sparsamkeit zu halten. Der Junge, der sich gegen seinen

Vater auflehnte und seine Mutter rücksichtslos behandelte, gab das Geld sorglos aus und verwöhnte sich selbst mit Süßigkeiten, Limonade und Kuchen — und später mit Flipper-Spielen, Autos und Bier. Angesichts der Exzesse seines Sohnes schmerzte es den Vater, daß er in seiner Kindheit so viel Hunger und Entbehrung hatte erleben müssen. Das flotte Leben seines Sohnes war ihm zutiefst verhaßt. Diese Verärgerung führte zu weiteren Vorträgen, gegen die sich der Sohn wiederum auflehnte — durch weitere Exzesse. Dieser Mann mußte lernen, daß sein Sohn nicht schlecht war und daß sein eigenes, entbehrungsreiches Leben zwischen ihm und dem Jungen eine Mauer schuf. Diese Mauer des Ärgers hinderte ihn daran, seinen Sohn soweit zu akzeptieren, daß ihm beide Eltern gemeinsam allmählich vernünftige Schranken hätten setzen können.

Gefühle zeigen

Eine Frau, Tochter eines College-Professors und einer Schriftstellerin, wuchs in einer intellektuellen Familienatmosphäre auf, in der man sich Zuneigung nur wenig zeigte. In materieller Hinsicht war ihre Familie großzügig; ihre Eltern ließen ihr vieles zukommen und ermöglichten ihr ungewöhnliche Bildungsreisen; aber sie konnten ihr ihre Liebe nicht so zeigen, wie sie es sich gewünscht hätte. Sie heiratete einen Mann, dessen Mutter und Großmutter ihn mit Zuneigung überschütteten — so sehr, daß er sich mit der Zeit immer erdrückt und behindert fühlte, wenn sich ihm Frauen aufmerksam zuwandten. Nach kurzen intensiven Flitterwochen fing er an, sich von seiner eifrigen und überschwenglichen Frau zu entfernen. Ein höllischer Kreislauf begann. Ihr »Kind von früher« wollte ständig mehr Zuneigung und aufmerksame Zuwendung, während sein »Kind von früher« sich ständig durch ihre Zuwendung und Anteilnahme eingeengt fühlte.

Ein mir bekanntes Ehepaar ließ sich wegen seiner ständigen »Auseinandersetzungen« beinahe scheiden. Edna kam aus einer Familie, in der jedes Familienmitglied über die anderen meckerte und nörgelte und sich ständig über Mißachtung und Verletzung seiner Rechte beklagte. Ihre Familie war in der Tat ein Hexenkessel von

Klagen und Gegenklagen. Ihr Mann wiederum kam aus einer Familie, in der es oft heftige Auseinandersetzungen zwischen Vater und Mutter gab. Als Kind hatte er immer das Gefühl, wenn seine Mutter und sein Vater aufeinander losgingen, werde seine ganze Welt zusammenbrechen.

Sie kam also mit dem Gefühl in die Ehe, daß Streiten ein natürlicher Teil der Familienatmosphäre sei. Er dagegen war bei jeder Auseinandersetzung voller Angst vor einer drohenden Katastrophe. Eda meinte, wenn sie etwas ärgerte, müsse sie Dampf ablassen, sonst werde sie innerlich platzen. Er meinte, *jedes* Dampfablassen sei schon zuviel, weil sein »Kind von früher« — weil dies für ihn schon zu einem bedingten Reflex geworden war — immer noch in panischen Schrecken geriet, wenn es eine wütend erhobene Stimme hörte.

In einer anderen Familie haben Streitigkeiten vielleicht keine solche Wirkung. Cathy und Bert zum Beispiel zanken und streiten — zumindest verbal — für Eheleute, die schon sechs Jahre verheiratet sind, ziemlich viel. Wenn man zur Zeit einer Streiterei an ihrem Haus vorbeikommt, denkt man vielleicht, daß da gleich jemand umgebracht wird. Jeder ergießt über den anderen eine Flut von ordinären Ausdrücken, Schimpfwörtern und wütenden Anschuldigungen. Eine solche Explosion gibt es mindestens einmal in der Woche. Manchmal kommen sie auch öfter vor. Beide kommen aus Familien, in denen heftige verbale Ausbrüche an der Tagesordnung waren. Jeder erinnert sich genau an wütende und schmähende Streitereien zwischen seinen Eltern.

Und doch sind Cathy und Bert glücklicher, als man nach ihren wuterfüllten Streitigkeiten und Auseinandersetzungen annehmen sollte. In diesen Wutausbrüchen schaffen sie sich die Bilder ihrer zankenden, streitenden und einander beleidigenden Eltern noch einmal — bei denen sie sich eigentlich recht daheim fühlen. Sie erkennen selber, daß ihre Streitigkeiten eine Form von Zuneigung sind. Sie hegen keinen Groll gegeneinander. Die Nachbarn wundern sich immer, wenn sie sie eben noch verbittert haben streiten hören, sie dann aber kurze Zeit später im Garten lachend Arm in Arm gehen sehen.

Freizeitgestaltung

Ein weiterer Bereich ernster Konflikte zwischen Eheleuten ist der der Erholung und Freizeit. Freizeit- und Urlaubsgestaltung können zur Katastrophe werden, wenn sich das »Kind von früher« behauptet. Millionen Frauen werden, obwohl sie protestieren, auf Jagd- und Fischzüge mitgeschleift, die sie nicht ausstehen können. Millionen Männer schmollen in Kurorten und an der See, weil sie nur mitgekommen sind, um ihren Frauen einen Gefallen zu tun.
Außerdem werden jedes Jahr unzählige Tennis-, Golf- und Bowlingmatches gespielt, die mit Erholung oder gemeinsamen Vergnügungen der Familie nichts zu tun haben. Sie stellen lediglich Wettkämpfe dar, in denen der geschicktere Ehepartner den anderen in Grund und Boden besiegt, der oft nur wenig Interesse am Spiel hat und praktisch gezwungen ist, im Namen der »Gemeinsamkeit« zu spielen. Solche Spiele erlauben es dem »Kind von früher«, seinem Ärger Luft zu machen und über seinen Partner auf eine Weise zu triumphieren, die es als einsichtiger Erwachsener nicht gutheißen könnte.
Das »Kind von früher« behauptet sich wahrscheinlich gerade deswegen in der Frage der Freizeitgestaltung, weil sie einen Bereich darstellt, der in gewisser Hinsicht den sorglosen Tagen der Kindheit ähnelt. Carl zum Beispiel kam aus einer Familie, in der man viele Feste feierte, Bridge-Partien und Reisen schätzte, die bloß für die Erwachsenen da waren und bloß für sie geplant wurden. Er wuchs in dem Wunsch nach einem ruhigen Zuhause auf, ohne den ständigen Rummel, der das häusliche Leben in seiner Kindheit gekennzeichnet hatte.
Seine Frau, Vera, war in einer Familie aufgewachsen, die der seinen sehr unähnlich war. Ihre Familie stand unter der Herrschaft einer matriarchalischen Großmutter, die die anderen entschlossen unter ihre Fuchtel zwang — womit sie die ganze Familie unglücklich machte. Gelegentlich konnte Vera mit ihren Eltern der Großmutter entkommen und, herrlich befreit von ihrer Knute, eine kleine Reise unternehmen. Sonst blieben sie zu Hause und konnten sich nicht einmal das Vergnügen machen, Freunde einzuladen, da die Großmutter sie nicht mochte.

Als Vera und Carl heirateten, wollte er während der Sommerferien zu Hause bleiben und behauptete immer, man könne sich zu Hause besser als anderswo entspannen und ausruhen. Aber Vera, die auf die Bedürfnisse ihres »Kindes von früher« ebenso reagierte wie Carl auf die des seinen, empfand das alte Gefühl des Eingeschlossenseins, das ihr Leben als Kind so unglücklich gemacht hatte. Das führte zu großer Unzufriedenheit und viel Streiterei; Vera plante immer irgendwelche Besuche und Carl fand stets Gründe, um sich zu drücken. Viele Jahre lang verstand keiner von beiden, welche Rolle ihr früheres Familienleben in diesem Konflikt spielte.

Vier im Bett

Das Ehebett wird oft zu voll, weil vier im Bett sind — nicht zwei. Dabei hat jeder der vier ein bestimmtes und individuelles Gefühl. Auf diese Weise spielt das »innere Kind von früher« sowohl des Mannes wie auch der Frau eine wichtige Rolle in der sexuellen Beziehung. Wenn Gefühle der Verlegenheit, der Beschämung, der Erniedrigung, des Ressentiments, der Schuld oder des sexuellen Ausgebeutetwerdens auftreten, beherrscht ein Kind von früher den sexuellen Schauplatz.

Über sexuelle Probleme, Befriedigung und Unausgeglichenheit ist seit der Veröffentlichung des Kinsey-Reports über das menschliche Sexualverhalten mehr geschrieben und gesagt worden als je zuvor in der Geschichte der Menschheit. Aber in den meisten Fällen weckt diese Literatur sogar dann, wenn sie die intimsten Einzelheiten des sexuellen Verhaltens und der Liebestechniken zu diskutieren versucht, bloß mehr Angst und kann dem Mann und der Frau nicht helfen, die durch ihre sexuellen Schwierigkeiten beunruhigt sind.

Gewöhnlich macht man sich nicht klar, daß jeder Mensch in die sexuelle Situation sowohl sein gegenwärtiges »Erwachsenen-Selbst« mit hineinnimmt als auch das Kind, das er einmal war. Überdies tauchen mit einiger Wahrscheinlichkeit, da Gefühle der liebevollen Zuneigung, Vertrautheit und Nähe beteiligt sind, auch starke und tiefe Gefühle des »Kindes von früher« bei einem Partner oder bei beiden auf — und sabotieren ihre sexuelle Befriedigung. Wenn Sie zum Beispiel die vorherrschende Stimmung in Ihrem Elternhaus gezwungen hat, auf Ihre sexuellen Gefühle mit Angst und Schuldbewußtsein zu reagieren, dann haben Sie vielleicht ein ängstliches »Kind von früher« voller Schuldgefühle bei sich und Ihrem Partner im Bett. Diese Kindheitsgefühle und -ängste, die entweder beim Mann oder bei der Frau aufsteigen, können das Sexualleben der Erwachsenen erschweren — oder sogar unmöglich machen.

Ein Mann fühlte sich von einer intelligenten Frau angezogen, die seinen liebevollen Schutz zu brauchen schien. Als sie verheiratet waren, wollte sie im Bett wie ein Baby behandelt werden — wollte geherzt, zärtlich gestreichelt und liebkost, aber nicht leidenschaftlich geliebt werden. Sie sagte, die körperliche Liebe sei abstoßend, animalisch und »wie bei den primitiven Tieren« — und ahmte damit die Haltung ihrer Mutter nach. Da ihr Mann den Geschlechtsverkehr verlangte, fügte sie sich, machte aber klar, daß sie kein Vergnügen daran hatte.

Ihr »inneres Kind von früher« beherrschte diese Seite ihres Lebens so sehr, daß ihr der Geschlechtsverkehr kaum erträglich war. Erst als sie lernte, ihrem »Kind von früher« Grenzen zu setzen, entdeckte sie allmählich, daß sie erwachsene Sexualität tatsächlich genießen konnte. Als diese Frau erkannte, daß ihre Gefühle und Haltungen gar nicht die ihren waren, sondern lediglich die Fortführung der engstirnigen und verbitterten Ansichten ihrer Mutter, war sie durch große psychische Anstrengung fähig, ihrem »Kind von früher« Schranken zu setzen — und sich mit der Zeit sexuelle Befriedigung und Lust zu verschaffen.

Auf dieselbe Weise behindert das »Kind von früher« Männer oft in ihrer sexuellen Funktionsfähigkeit. Vor kurzem erzählte mir ein kraftvoller, gutgebauter junger Mann: »Meine Frau und ich haben seit einiger Zeit Schwierigkeiten mit unserem Sexualleben. Ich bin einfach nicht mehr in der Lage, sexuell mit ihr zu verkehren. Wenn ich von zu Hause weg bin, bringen mich Gedanken an andere Frauen in Fahrt. Aber zu Hause habe ich meiner Frau gegenüber nicht dieselben Gefühle. Meine Frau ist attraktiv und liebevoll. Aber bei mir setzt einfach irgendwas aus. Abgesehen davon sind wir glücklich miteinander. Ich glaube, sie ist von mir enttäuscht.

Meine Leute waren in Ordnung, kirchentreue Leute. Mein Vater

war ein ruhiger Mann. Ich habe ihn nicht oft zu Gesicht bekommen. Meine Mutter war sehr darauf bedacht, ich sollte ein braver Junge sein. Bei uns zu Hause war alles entweder ›gut‹ oder ›schlecht‹. Über Sex wurde nie geredet — er gehörte nicht in unser Leben. Ich habe meine Eltern nie davon reden hören. Als ein Cousin einmal etwas sagte, was ein bißchen unanständig war, runzelte meine Mutter die Stirn und brachte mich hinaus. Sie war ziemlich wütend und sagte, er sei sehr schlecht — ›ein schlechter Mensch‹, so bezeichnete sie ihn. Als ich in die Pubertät kam, behielt ich meine sexuellen Gefühle für mich. Ich versuchte sogar, sie vor mir selbst zu verleugnen. Wenn andere Jungen von ihren Erlebnissen erzählten, hatte ich das Gefühl, daß sie sehr ›schlecht‹ seien. Ich wußte, daß man meine Gefühle mißbilligen würde und daß ich für meine Eltern eine Enttäuschung wäre, wenn sie wüßten, daß ich solche Gefühle hatte.
Und jetzt bin ich verheiratet — und glaube, daß ich für meine Frau wirklich eine Enttäuschung bin, auch wenn sie es nicht sagt. Ich habe das Gefühl, daß ich einfach kein Mann bin. Ich werde ganz niedergeschlagen, wenn ich darüber nachdenke, und dann ist es sehr anstrengend, mit Menschen zusammenzusein — gleichgültig, mit wem.«
Diesem Mann wurde die erwachsene Liebe durch ein strebsames, allzu »gutes« »Kind von früher« unmöglich gemacht, das sich ängstlich, schuldbeladen und getadelt fühlte, wenn seine eigenen sexuellen Gefühle geweckt wurden. Diese Kindheitsgefühle waren so stark, daß sie zwischen ihm und seiner Frau eine Schranke aufbauten, die er nicht durchbrechen konnte. Allmählich lernte er, sein »Kind von früher« zu erkennen und anzuerkennen, und er lernte auch, daß sexuelle Gefühle bei einem Mann nichts Schlechtes sind, sondern ganz natürlich. Allmählich hörte sein »Kind von früher« auf, sich in die sexuelle Beziehung zu seiner Frau einzumischen. Seine Frau half ihm geduldig, indem sie ihm zeigte, daß sie im Gegensatz zu seiner Mutter die Sexualität nicht als etwas »Schlechtes« ansah, sondern als etwas, das sie auch wollte.
Ich möchte hervorheben, daß jeder Ehepartner nicht nur seinem eigenen »Kind von früher«, sondern auch dem »Kind von früher« des Partners Beachtung schenken muß. In der Intimität des Ge-

schlechtslebens müssen alle vier Beteiligten einander tiefe Achtung entgegenbringen. Ein Mann hat Schwierigkeiten, seine Frau zu lieben, wenn sein »Kind von früher« meint, Frauen seien demütigende, verletzende Wesen. Genausowenig kann ein Mann seiner Frau nah sein, wenn er seine Aggressivität nicht mäßigt und ihr ihre kindliche Angst nicht nimmt. Wenn z. B. die Frau in ihrer kindlichen Vorstellung die Männer als kraftstrotzende, rauhbeinige Geschöpfe mit stachligen Bärten sieht, die kleine Mädchen in der Dunkelheit von hinten packen und ihnen weh tun, so muß ihr Mann diese Befürchtungen respektieren und zarter mit ihr umgehen. Jeder Mangel an Zartheit im Umgang mit ihr wird ihre angsterfüllten Gefühle von früher verstärken.
Erwachsene können im allgemeinen ihre Drüsenreaktionen leicht aneinander anpassen. Wenn man die Lerngeschichte des Partners kennt und das, was er gelernt hat, als etwas Selbständiges versteht und respektiert, läuft die physiologische Seite des Geschlechtslebens gewöhnlich reibungslos ab. In einer Ehe sollte keine der vier Personen die sexuelle Beziehung beherrschen; jede muß berücksichtigt und beachtet werden.
Das ist leichter gesagt als getan, wie mir meine Patienten oft gesagt haben. Was Sie in einer sexuellen Situation von sich halten, ist äußerst wichtig. Es kann von Lust bis Schmerz, von »es geht« bis »es geht nicht« alles zur Folge haben. Wenn Ihr »Kind von früher«, das die allgemein herabsetzende Haltung Ihrer Eltern fortführt, Ihre sexuelle Zulänglichkeit und Attraktivität schmälert, wird Ihre Fähigkeit zu sexueller Lust entsprechend beschränkt sein. Der Geschlechtsverkehr wird etwas sein, durch das Sie ängstlich hindurchstolpern. Sie neigen insbesondere dazu, in eine sexuelle Situation nicht nur Ihre eigenen Kindheitswünsche und -haltungen gegenüber der Sexualität hineinzubringen, sondern auch die Reaktionen Ihrer Eltern gegenüber sexuellen Gefühlen, wie sie sie als Kind erfahren haben. Als Kinder haben wir uns natürlich für unseren Körper und den Körper anderer interessiert. Unsere Eltern, die diese Interessen und Experimente bemerkten, haben vielleicht umgehend mit Angst, Sorge, Verdammung oder Abscheu reagiert.
Wenn unsere Eltern unser kindliches Interesse an der Sexualität nicht akzeptiert haben, neigen wir dazu, uns in sexuellen Situatio-

nen als unmöglich anzusehen. Wir haben vielleicht Schuldgefühle, als versuchten wir, uns Lust zu stehlen. Offensichtlich ist ein befriedigendes sexuelles Erlebnis schwierig, wenn Sie sich gerade diesen Zeitpunkt aussuchen müssen, um sich selbst auszuschelten.

Es gibt Männer, die den Geschlechtsakt als einen »Wettbewerb« ansehen, in dem sie irgend etwas »bringen« müssen. Ihre Eltern haben die leistungsbetonte »Arbeit« hervorgehoben — und damit gleichzeitig diesen Männern auf Lebenszeit das Gefühl vermittelt, ihre Leistungen seien nie ganz ausreichend. Solche Männer haben Eheschwierigkeiten, weil sie sich selbst gegenüber dieselbe elterliche Haltung des »du schaffst es nicht, auch wenn du dich noch so sehr anstrengst!« angenommen haben, sogar in bezug auf die Sexualität. Sie stehen so sehr unter Erfolgszwang, daß sie den Geschlechtsverkehr nicht wirklich genießen können und sich später Gedanken machen, ob sie es nicht hätten besser machen können, mehr hätten »bringen« können.

Ebenso können elterliche Haltungen auch Frauen fortgesetzt quälen. Selbst in der heutigen Bikini-Zeit gibt es Frauen, die verlegen werden, sich schamlos und unmoralisch fühlen, wenn sie nackt sind, weil ihre Mütter zischten: »Laß dich nie von einem Mann nackt sehen!« Es gibt Frauen, die wie ihre männlichen Leidensgenossen »Erfolgsmenschen« sind, die so sehr versuchen, einen Orgasmus zu bekommen, daß es ihnen mißlingt — und dann beschimpfen sie sich als »frigide«. Es gibt Frauen, die sich vor der Sexualität oder der Schwangerschaft so sehr fürchten, daß sie, obwohl sie verheiratet sind, die ganze Geschichte zu ignorieren versuchen. Es gibt Frauen, die als Kinder ihre Eltern ausgenutzt haben und die jetzt die Sexualität als Waffe im Handelskrieg verwenden, um bei ihren Männern ihren Willen durchzusetzen. Dies setzt den Mann herab und muß ihn ärgern, aber darüber hinaus macht diese Haltung der Frau sexuelle Lust unmöglich. Ihr »Kind von früher«, das den Partner ausnutzen will, stellt sich zwischen sie und ihre Möglichkeit zu liebendem Austausch auf einer reiferen Ebene.

Obwohl unsere Kultur nicht mehr so puritanisch ist wie früher, tragen bei vielen unserer Landsleute sexuelle Gefühle die Aufschrift »dies ist von Übel«. Die Vorstellung, daß nur »schlechte Weiber« am Geschlechtsverkehr Spaß haben, »gute Frauen« aber nicht, ist

ein Merkmal vieler »Kinder von früher«. Viele Männer sind bei ihren »guten« Frauen von Impotenz geplagt und haben das Gefühl, daß sie ihre sogenannten »schlechten Triebe« bei ihnen nicht äußern können. Sie können diese »Triebe« jedoch oft in Tagträumen oder bei Personen äußern, vor denen sie keine Achtung haben, die sie als »schlecht« ansehen oder nicht kennen. So trägt das »Kind von früher« oft zu dem gleichgültigen Charakter der sexuellen Beziehungen vieler Leute bei.
Meistens rührt das Interesse an Revuen, Sex-Magazinen und pornographischer Literatur von unserem neugierigen, voyeuristischen »Kind von früher« her. Es ist nicht daran interessiert, seine sexuellen Gefühle in eine voll entwickelte, persönliche Gefühlsbeziehung zu einem anderen komplexen Menschen zu integrieren, wie es das Ziel des Erwachsenen ist. Wenn diese unpersönlichen Phantasien des »Kindes von früher« den Menschen ganz in Anspruch nehmen, können sexuelle Beziehungen zum Ehepartner zunehmend bedeutungsloser, ja sogar enttäuschend werden, und man ist schließlich recht allein auf der Welt, selbst wenn man voller Phantasien steckt.
Eine der interessantesten Seiten des »Kindes von früher« ist, daß der Erwachsene, wenn seine Eltern aus irgendeinem Grund die Sexualität nicht mit strengen und harten Verboten belegt haben, sich sexuellen Freuden frei hingeben kann — selbst wenn er in anderen Lebensbereichen von einem abgewerteten und gedemütigten »Kind von früher« beherrscht wird. Elterliche Haltungen setzen sich oft im Erwachsenen ebenso selektiv fort, wie sie in der Kindheit waren.
Im allgemeinen spiegelt jedoch die sexuelle Beziehung die tragfähige und dauerhafte gegenseitige Achtung — oder deren Fehlen — in anderen Bereichen der Ehe wider. Wenn die vier Personen, die an der Ehe beteiligt sind, schon in weniger intimen Bereichen der Ehe miteinander in Konflikt geraten, haben sie meist noch mehr Konflikte, wenn sie dicht nebeneinander im Bett liegen.
Da zur Sexualität so mächtige und tiefe Gefühle gehören, zeichnet sich jedes Abweichen von der gegenseitigen Achtung deutlich ab und wird scharf betont. Jegliche Verletzung wird tief empfunden, da sie in so krassem Gegensatz zu der Zuneigung, dem Vertrauen

und der Erfüllung steht, die im geschlechtlichen Eheleben erwartet und gesucht werden.

Zu einer Ehe gehören vier. Wenn Sie darauf hinarbeiten, alle vier zu verstehen und zu achten, werden Sie die Differenzen und Mißverständnisse verringern, die viele Ehen zum Scheitern bringen. Das kann Ihnen helfen, in sich und in Ihrer Ehe größere Harmonie zu finden.

9
Was für ein Kind waren Sie?

Da Ihre Fähigkeit, in wachsender Harmonie und mit Freude zu »leben« von der Achtung gegenüber den Gefühlen Ihres »inneren Kindes von früher« abhängt, müssen Sie sich aktiv auf die Suche machen, um zu entdecken, was für ein Kind Sie waren. Was für Stimmungen waren in Ihrer Kindheit vorherrschend? Erinnern Sie sich zum Beispiel an Zeiten, in denen Sie forderten, jammerten und sich selbst bemitleideten, sich einsam fühlten, in denen Sie bestraft wurden — wie wurden Sie bestraft? —, in denen Sie einen Wutausbruch hatten? Wie haben Sie es angestellt, die Anerkennung und das Lob Ihrer Eltern zu erhalten? Waren Sie glücklich? Erinnern Sie sich, wann Sie wütend waren — innerlich oder deutlich sichtbar? Welche Erinnerung haben Sie an Furcht? Fürchten Sie sich immer noch? Wovor?
Ihre Antworten auf solche Fragen sind wichtige Hilfsmittel, wenn Sie sich selbst als Kind erkennen und anerkennen wollen. Für Ihr Hauptproblem sind sie jedoch zweitrangig — das Problem nämlich, sich zu erinnern, welche Haltungen Ihre Eltern Ihnen hauptsächlich entgegengebracht haben. Wir können uns alle an Zeiten erinnern, in denen wir einsam, glücklich oder wütend waren oder uns mißachtet fühlten. Solche Erinnerungen können jedoch verwirrend sein und Sie in eine Sackgasse führen, wenn Sie nicht erkennen, daß die Haltungen Ihrer Eltern Ihnen gegenüber die größte Bedeutung haben. Diese Haltungen haben Ihre eigene grundlegende Einstellung zu sich selbst geschaffen — und deshalb sind sie von Bedeutung. Es ist der Hauptzweck dieses Kapitels, einige zeitsparende Anleitungen zu geben, wonach sie suchen sollen — und

wie Sie das anstellen sollen. Wenn Sie diese Anleitung befolgen, müssen Sie sich so genau wie möglich an die emotionalen Haltungen und Gefühle Ihrer Eltern erinnern — daran, wie sie an irgend etwas herangingen und es durchführten, an spezifische Aktivitäten und Lebenbereiche, wie zum Beispiel Arbeit, Spiel, Reinlichkeit, Sexualität, Liebe; daran, was sie mochten und was nicht.
Das erfordert schwere, geduldige und wiederholte Anstrengung. Sie werden nicht in der Lage sein, sich sofort an alles zu erinnern, an all die Drehungen und Wendungen, an alles Drum und Dran der Haltungen Ihrer Eltern, an die feinen Gefühlsschattierungen, die Sie genau wissen ließen, was Ihre Eltern wollten. Was Sie finden müssen, sind jene deutlich unterscheidbaren Haltungen, die Sie zu einem Mitglied einer besonderen Familie machten — und zu einem völlig fremden Menschen in der Familie nebenan, in der andere Einstellungen herrschten.

Machen Sie sich Notizen!

Nehmen Sie einen Notizblock zur Hand und machen Sie Notizen, wenn Sie sich an etwas erinnern. Versuchen Sie, regelmäßig eine bestimmte Zeit dafür festzusetzen, sich zu entspannen und alles aufzuschreiben, woran Sie sich im Hinblick auf die Haltungen, Vorlieben und Abneigungen Ihrer Eltern erinnern.
Erwarten Sie aber nicht, daß diese Notizen außer der Klärung Ihrer Haltungen sich selbst gegenüber — und wo Sie sie mitbekommen haben — noch etwas anderes erbringen. Diese Notizen werden Ihre Probleme nicht lösen. Allmählich wird klar werden, daß Sie in einer bestimmten emotionalen Atmosphäre aufgewachsen sind und natürlich von ihr geformt wurden. So wie Bäume von dem Boden geformt werden, in dem sie wachsen, von der Sonne, von Wind und Regen — so hat auch das Klima, das durch die Haltungen Ihrer Eltern erzeugt wurde, Ihre emotionale Entwicklung und Einstellung beeinflußt.
Manchmal irren die Menschen bei dem Versuch, sich selbst zu verstehen, ziellos in Erinnerungen umher. Einige halten sich hauptsächlich bei unangenehmen Erinnerungen auf und kehren immer

wieder zu ihnen zurück, beweisen, daß sie unschuldig waren, daß ihnen Unrecht geschehen ist und erleiden alles noch einmal. Diese Art von Erinnerung ist wie das Träumen von besseren Zeiten gewöhnlich unfruchtbar. Wenn Sie wissen, wonach Sie suchen, können Sie sich viel Zeit ersparen, und Ihre Mühe wird sich wirklich lohnen.

Bei dieser Suche wollen wir die Hauptzüge der Haltungen Ihrer Eltern aufspüren, die sie bei Alltagsproblemen mit Ihnen an den Tag legten. Waren sie im allgemeinen gelassen? Waren sie streng? War ein Elternteil strenger als der andere? In welcher Hinsicht? Was machte sie Ihretwegen ärgerlich? Was brachte sie zum Lachen? Was sagten sie Ihnen über Ihr Aussehen? Wovor warnten sie Sie? Machten sie immer großes Aufhebens um Ihre Gesundheit? Stritten sich Ihre Eltern? Worüber? Welche Haltung nahmen sie gegenüber Ihrem Bruder oder Ihrer Schwester ein — und wie unterschied sie sich von der Art, wie Sie behandelt wurden?

Sie müssen sich an die tägliche Gefühlstönung der Haltungen Ihrer Eltern und Ihrer eigenen Reaktionen erinnern. Was taten Sie, um die Anerkennung Ihrer Eltern zu gewinnen? Wie verhielten sich die Eltern, wenn Sie etwas gut machten? Wie äußerten sie ihr Mißfallen? Was mißfiel ihnen? Mit welchen Kindern sollten Sie spielen – und warum? Welche Haltung nahm Ihr Vater Ihnen gegenüber ein? Wie unterschied sie sich von der Ihrer Mutter? Wann bekamen Sie das erste Mal Geld zur freien Verfügung? Wann fühlten Sie sich am meisten aufgeputzt? Was war die Hauptsorge Ihrer Mutter? Was wurde als »schlecht« angesehen? Was galt als lustig? Was sagten Ihnen Ihre Mutter und Ihr Vater über Ihre Kindheit? Haben Sie je die »Schule geschwänzt« — und was passierte dann? War Ihre Familie religiös? Welche Haltung nahmen die Eltern gegenüber der Sexualität ein? Was war verboten — worüber sprach man nicht? Wie stellten sich Ihre Eltern zu Ihrem Erwachsenwerden und Ihrer Heirat? Wie sollten sich nach der Meinung Ihrer Eltern Kinder gegenüber Erwachsenen verhalten? Erinnern Sie sich, daß Sie ihnen trotzten?

Solche Fragen sollen Ihnen für die Arbeit des Sich-Besinnens auf die elterliche Atmosphäre, die Ihre Kindheit beherrschte, eine Starthilfe sein. Als Kind haben Sie von selbst diese Stimmungen, Gefühle und Wertvorstellungen in sich aufgenommen. Sie waren beinahe buchstäblich Teil der Luft, die Sie atmeten, und der Nahrung, die Sie aßen.

Pathogen: übertrieben: Probleme schaffend

Gewisse elterliche Haltungen sind die primären Faktoren beim Zustandekommen emotionaler Störungen — erst beim Kind, dann beim Erwachsenen. Die folgenden, kurz definierten pathogenen oder »problemschaffenden« Haltungen von Eltern geben Ihnen eine Kontrolliste an die Hand, nach der Sie herausfinden können, welche Haltungen sich auf Ihr »Kind von früher« ausgewirkt haben. In späteren Kapiteln wird jede dieser elterlichen Haltungen ausführlich besprochen. Die Feststellung der Haltungen, die bei der Schaffung Ihres »Kindes von früher« eine Rolle gespielt haben, kann Ihnen verstehen helfen, warum gewisse Aspekte des Lebens als Erwachsener Sie heute beunruhigen — und sie kann Ihnen helfen, sich von dem Joch Ihrer Vergangenheit zu befreien.

Eine Mahnung zur Vorsicht mag von Nutzen sein. Die elterlichen Haltungen, wie sie unten aufgeführt sind, sind die allgemein verbreiteten Haltungen der Elternschaft. Sie wirken deshalb pathogen oder schaffen Probleme, weil sie übertrieben praktiziert werden. Wenn durch eine bestimmte elterliche Haltung Probleme geschaffen wurden, so deswegen, weil diese Haltung übertrieben zur Wirkung kam oder, um einen früheren Patienten von mir zu zitieren, weil sie »überzogen« wurde.

Können Sie unter diesen Haltungen diejenigen herausfinden, die in Ihrem früheren Familienleben von Bedeutung waren und die zur Schaffung Ihres »inneren Kindes von früher« beigetragen haben?

PERFEKTIONISMUS: Perfektionismus ist eine unter »erfolgreichen« Leuten weit verbreitete pathogene Haltung; diese Leute streben unaufhörlich und vergeblich nach immer noch mehr »Erfolg«, nach Perfektion. Im Kind wird dieser »Vollkommenheitswahn« dadurch erzeugt, daß die Eltern ihm ihre Anerkennung vorenthalten, bis es ein reiferes Verhalten zeigt, als es seinem Entwicklungsstand eigentlich angemessen ist. Das Kind reagiert auf diese fordernde Haltung damit, daß es mit aller Strebsamkeit und übertriebener Ernsthaftigkeit völlig darin aufgeht, körperliche, intellektuelle oder soziale Leistungen zu erbringen und dabei ständig alles herabsetzt, was es dann wirklich leistet. Siehe Seite 95.

Übertriebener Zwang: Diese pathogene Haltung, die unter amerikanischen Eltern am weitesten verbreitet ist, legen jene in typischer Weise an den Tag, die das Kind mit einem endlosen Strom von besorgten Mahnungen und Anweisungen ständig herumdirigieren, überwachen und wieder andersherum dirigieren. Da das Bedürfnis des Kindes, seine eigenen Interessen zu entfalten und ihnen nachzugehen — als Teil seiner eigenen Entwicklung — durch diese Ausübung von Zwang mißachtet wird, lernt das Kind unter Umständen, sich allzusehr auf Befehle von außen zu verlassen. Oft reagiert es auf diesen ständigen Zwang, da es doch seine Unabhängigkeit als Individuum irgendwie behaupten muß, mit Trödeln, Tagträumen, Vergeßlichkeit, Saumseligkeit und anderen Formen des Widerstands. Siehe Seite 115.

Übertriebene Nachgiebigkeit: Der Typus der übertrieben nachgiebigen Eltern ist beinahe ebenso verbreitet wie der Typus derer, die übertrieben Zwang anwenden. Die übertrieben nachgiebigen Eltern kapitulieren vor den unreifen Launen und Forderungen des Kindes — sie liegen geradezu vor ihm auf dem Bauch —, indem sie ihre eigenen Bedürfnisse und Rechte hintanstellen und sich dem Kind opfern. Eine solche elterliche Haltung macht das Kind zum »Boß« und die Eltern zu Sklaven. Das Kind reagiert auf diese elterliche Haltung damit, daß es noch mehr und dreister fordert, leicht erregbar wird und sich in Wutausbrüche flüchtet, wenn es nicht bekommt, was es will. Es hat Schwierigkeiten, die Rechte anderer zu berücksichtigen. Siehe Seite 144.

Übertriebene Verwöhnung: Eltern mit dieser Haltung überhäufen das Kind ständig mit Geschenken, Kleidungsstücken, Liebenswürdigkeiten, Spendierfreude und Dienstleistungen — oft ohne daß das Kind es wünscht und ohne jede Berücksichtigung der Bedürfnisse des Kindes, seine eigenen Methoden des Einwirkens auf seine Umwelt zu entwickeln. Während die übertrieben nachgiebigen Eltern auf die Forderungen des Kindes warten — und ihnen nachkommen —, lassen es die allzu verwöhnenden Eltern Gaben und Geschenke »regnen«, ohne daß das Kind danach gefragt hätte. Das Kind reagiert schließlich auf dieses unerschöpfliche Füllhorn mit gelangweiltem, blasiertem Verhalten. Sowohl als Kind wie auch als Erwachsener hat dieser Mensch Schwierigkeiten, wenn er Anstrengungen auf sich nehmen soll, und besitzt nur ein geringes Durchhaltevermögen. Siehe Seite 168.

Hypochondrie oder »Die eingebildeten Kranken«: Diese verbreitete und lähmende elterliche Haltung des »Krankheitswahns« richtet sich krankhaft auf Körperfunktionen und Organe — selbst wenn sie gesund sind. Die geringsten Schmerzen werden schrecklich hochgespielt. Das Kind, das in dieser Atmosphäre ständiger Besorgnis um die Gesundheit aufwächst, absorbiert geradezu die übertriebene Sorge seiner Eltern und entdeckt, daß dies Sympathien einbringen und ihm einen Grund liefern kann, untätig und teilnahmslos zu sein. Siehe Seite 199.

Bestrafungszwang: Die verbreitete elterliche Haltung der Punitivität, die sich oft mit Perfektionismus und übertriebenem Zwang verbindet, wird in unserem Kulturraum weitgehend als etwas akzeptiert, das für die »Disziplinierung« und das »Training« von Kindern notwendig sei. In Wirklichkeit lassen die ständig bestrafenden Eltern ihre persönliche Feindseligkeit und Aggression am Kind aus, und ihre eigenen subjektiven Gefühle — nicht der Fehler des Kindes — bestimmen die Strafe. Gewöhnlich sind solche Eltern in ihrer eigenen Kindheit ähnlich behandelt worden und glauben oft allen Ernstes, daß es sich bei dem ständigen Bestrafen nur um »Zucht« handelt. In Wirklichkeit erzeugt es ein Bedürfnis nach Strafe — bei einigen Menschen praktisch eine Abhängigkeit davon — und ein wildes Rachegelüst, das das ganze Leben des Erwachsenen beherrschen kann. Siehe Seite 226.

Vernachlässigung: Vernachlässigung ist schwer zu definieren, da sie oft die Folge der Abwesenheit oder der übertriebenen Geschäftigkeit der Eltern ist; sie ist weit verbreitet und trifft spürbar oft die Kinder prominenter und wirtschaftlich erfolgreicher Leute; oft auch trifft sie die Kinder von Müttern, die von Überarbeitung, Alkoholismus, Armut und anderen Problemen geplagt sind. Solche Eltern haben für das Kind kaum Zeit — gleichgültig, was die Ursache dieser Situation sein mag. Tod und Scheidung können eine Rolle spielen. Dem vernachlässigten Kind mangelt es oft an der Fähigkeit, enge und bedeutsame Beziehungen einzugehen. Siehe Seite 271.

Ablehnung: Diese elterliche Haltung gewährt dem Kind in der Familie keinen Ort der Annahme und Anerkennung. Das Kind antwortet wegen seiner Isoliertheit und Hilflosigkeit mit verbitterten und angsterfüllten Gefühlen und mit starker Selbstabwertung. Die allgemeine Verbreitung des Bildes vom »abgelehnten« Kind hat jedoch viel Verwirrung gestiftet. Die unumgängliche Notwendigkeit, untragbarem Verhalten Grenzen zu setzen, bedingt noch keine »Ablehnung«. Echte Ablehnung ist relativ selten. Siehe Seite 312.

Sexuelle Anregung: Sexuelle Anregung ist eine pathogene elterliche Haltung, die die Eltern veranlaßt, bewußt oder ahnungslos die sexuellen Gefühle des Kindes übermäßig anzuregen. Das hat beim Kind die Folge, daß es sich verfrüht ausschließlich mit Sex beschäftigt, was Schuldgefühle und Aggressionen erzeugt. Jedoch nicht alle und nicht einmal die meisten sexuellen Probleme Erwachsener ergeben sich daraus; die sexuelle Betätigung dient oft als Ventil für viele andere pathogene Haltungen, wie z. B. Perfektionismus und Bestrafungszwang. Die prüde »Pst-pst«-Atmosphäre der vorigen Generation hat viele sexuelle Probleme geschaffen, und hierzu gehört auch die gegenwärtige sexuelle Massenerregung, die über die Anzeigenwerbung und andere Massenmedien verbreitet wird. Unser ganzes Volk behandelt seine sexuellen Gefühle mit Mißachtung und Respektlosigkeit. Siehe Seite 329.

Sind Ihre Eltern schuld?

Kleine Kinder sehen Ihre Eltern als allmächtige, fast gottgleiche Wesen an, deren Billigung sie brauchen. Wenn sie älter werden und anfangen, mehr eigene Verantwortung zu übernehmen, schwindet die Gottähnlichkeit der Eltern dahin. Schließlich werden Vater und Mutter Schritt für Schritt als gewöhnliche Menschen erkannt, die die gleichen Bedürfnisse, Schwierigkeiten, Schwächen und Launen haben wie andere Menschen auch. Es ist ein Zeichen von Reife, wenn man die menschlichen Schwächen und Vorzüge seiner Eltern akzeptiert. Mit wenigen Ausnahmen und oft trotz großer Schwierigkeiten haben die meisten von ihnen »ihr Bestmögliches« getan.

Während sie sich der Art und Weise bewußt werden, wie die alten pathogenen elterlichen Haltungen ihrer Kindheit ihre Fähigkeiten als Erwachsene eingeschränkt haben, werden die Menschen manchmal ärgerlich und wütend gegenüber ihren Eltern. Anfänglich ist dies in mancher Hinsicht eine normale, gesunde und menschliche Reaktion, vor allem wenn man erkennt, daß man sich nicht mehr mit diesen alten, verletzenden Haltungen traktieren muß.

Aber einige Leute halten ihren Ärger ewig warm. Sie machen ihre Eltern zum Südenbock, der an jeder unbefriedigenden Lage ihres Erwachsenenlebens schuld ist. Und diese elterlichen Haltungen erklären in der Tat, warum das Leben so oft glücklos war und warum sich z. B. ein attraktiver und begabter Mensch ständig bestraft, indem er sich und seinen Wert herabsetzt.

Sind die Eltern schuld?

Auf den ersten Blick sieht es so aus, als sei diese Frage ganz einfach zu beantworten. Haben nicht die Eltern die emotionale Atmosphäre der Kindheit geschaffen? Waren ihnen nicht die verletzenden elterlichen Haltungen eigen, in deren Bereich Sie aufgewachsen sind? Eine gewisse Art von Logik spricht also dafür, daß sie tatsächlich verantwortlich sind.

Aber *so* läßt sich die Logik auf das menschliche Leben nicht anwenden — und selbst nach dieser Art von Logik müssen Sie anerkennen, daß einige Ihrer positiven und nützlichen Haltungen von Ihren Eltern herrühren, wenn auch andere Haltungen Ihnen geschadet haben.

Das wirkliche Problem liegt bei dieser Denkungsart darin, daß sie der Frage ausweicht, ob sich im Hinblick auf die Wurzeln Ihrer gegenwärtigen Schwierigkeiten — nämlich Ihre Fortsetzung alter elterlicher Haltungen, die Ihnen weh tun — etwas tun läßt. Den Eltern die Schuld zuzuschieben, ist oft einfach eine Art und Weise, Gefühle der Feindseligkeit und Aggression weiterhin zu pflegen, deren Äußerung in der Kindheit zu gefährlich war. *So* können Sie Ihre Kindheit fortsetzen und Ihre Eltern weiterhin als gottgleiche, allmächtige Wesen ansehen, die uns vor Verwundungen bewahren sollten anstatt sie uns zuzufügen.

Manchmal erschrecken die Leute, wenn man ihnen auch nur eine *einzige* Frage nach den Haltungen ihrer Eltern, nach deren Lebensweise, nach ihren eigenen Haltungen gegenüber den Eltern und ihren Erfahrungen mit diesen stellt. Besonders erschrecken sie über Fragen nach der Wirkung jener elterlichen Haltungen auf ihr Leben. Es erscheint ihnen manchmal als Verrat und Beunruhigung, weil ihr Groll wegen erlittener Verletzungen häufig in der Kindheit verborgen werden mußte und nie erkannt und geäußert wurde. Oft haben solche Menschen immer noch Angst vor der Heftigkeit ihrer Wut, die sich seit der Kindheit angestaut hat. Sie können diese Kränkungen nur allmählich erkennen und äußern.

Andere haben Angst, weil die Überbetonung der Sexualität in populären Darstellungen der frühen psychiatrischen Theorien stets unausgesprochen den Verdacht weckten, jede Familie sei mit dem Makel des Inzestes behaftet. Heute ist klar, daß sich die Psychiatrie mit allen Aspekten des menschlichen Lebens und nicht nur mit der Sexualität befaßt. Und doch ängstigt diese Vorstellung weiterhin Menschen, die ihre Eltern geliebt haben.

Wegen all dieser Faktoren ist es wichtig, uns klarzumachen, warum wir frühere elterliche Haltungen dingfest machen und untersuchen wollen. Es ist nicht unsere Absicht, unseren Eltern den Prozeß zu machen. Unsere Absicht ist es, uns von — gleichgültig welchen — schädlichen Wirkungen zu befreien, die solche Haltungen gehabt haben mögen.

Eltern sind auch nur Menschen

Ich habe in meiner eigenen Arbeit mit Tausenden von Eltern, von despotisch herrschenden bis zu dauernd abwesenden und alkoholsüchtigen, selten Väter oder Mütter gefunden, die nicht um ihre Kinder besorgt gewesen wären, die sie nicht geliebt und versucht hätten, sie nach besten Kräften zu versorgen. Was dies oft verhinderte, war das eigene »innere Kind von früher« des Vaters oder der Mutter, das in vielen Fällen absolute Gewalt über den Erwachsenen gewonnen hatte. Hier konnte man sehen, wie eine Unruhe und Unfrieden stiftende Haltung von den Großeltern auf die Eltern gekommen war, die sie ihrerseits an das Kind weitergegeben hatten — zum Beispiel übertriebener Zwang. Diese Verhaltensweise ist nur schwer zu ändern, weil sie in unserem Kulturraum verstärkt wird. Innerhalb einer Familie kann man eine solche Haltung als die »rechte Art« ansehen, mit einem Kind umzugehen. Was mich jedoch oft beeindruckte, war die Tatsache, daß eine Mutter oder ein Vater, die selbst unter dieser pathogenen Haltung gelitten hatten, unter der nun ihr Kind zu leiden hatte, erkannten, daß daran etwas faul war, und in die Klinik kamen, um sich helfen zu lassen. »Ich schlage sie und brülle sie an, genauso, wie meine Mutter das getan hat«, sagte eine Frau kürzlich zu mir, als sie davon redete, wie sie mit ihrer Tochter umging.

Wenn Sie gegenüber Ihrem eigenen »Kind von früher« im Lauf der Zeit die Rolle rücksichtsvoller Eltern zu spielen lernen und diese Gefühle aus der Kindheit akzeptieren sowie neue elterliche Haltungen und Wertvorstellungen annehmen, werden Sie auch allmählich imstande sein, Ihre Eltern als Menschen zu sehen. Sie werden sehen, wie *sie* mit ihren eigenen »Kindern von früher« kämpfen mußten, ohne sich je des Problems bewußt zu sein. Sie werden auch deutlicher erkennen, daß übertriebene elterliche Haltungen, wie z. B. der Bestrafungswahn (»Wer sein Kind liebt, züchtigt es«), häufig in unserem kulturellen Erbe tief verwurzelt sind. Unsere Eltern sind oft lediglich die Träger oder Übermittler dieser Haltungen von einer Generation zur nächsten. Sie werden sehen, daß Ihr Vater, wenn er ein fordernder, perfektionistischer Mensch war, dies in seiner eigenen Kindheit gelernt hat. Sie werden herausfinden, daß Ihre Mutter, wenn sie eine übertrieben unterwürfige Frau war, dieses Merkmal als Kind in ihrer Familie gelernt hat. Sie werden vielleicht auch erkennen, wie übermäßige Ängstlichkeit und Sorge um die Gesundheit und das Hochspielen geringfügiger Schmerzen ebenfalls von Generation zu Generation weitergegeben werden. Sie werden an der Art der Freizeitgestaltung Ihrer Eltern, an ihren Schwächen, ihren Streitereien, an ihren Zielen und an dem, was sie als »schön« ansahen, etwas von dem »Kind von früher« in jedem von ihnen erkennen.

In den folgenden Kapiteln wird beschrieben, wie jede einzelne der verschiedenen übertriebenen Haltungen Ihrer Eltern identifiziert werden kann, wie sie wirkt und was sie sowohl beim Kind als auch beim Erwachsenen zur Folge hat. Um der Klarheit willen müssen wir jede Haltung in »reiner Form« darstellen, wie es sie im Leben gar nicht gibt. Perfektionismus z. B. kommt selten allein vor; gewöhnlich wird er durch autoritäres Verhalten und Bestrafungswahn verstärkt und vielleicht durch übermäßige Verwöhnung kompensiert. Beschreibungen dieser Mischungen würden jedoch ihre charakteristischen Eigenarten nicht klären. Wenn Sie den übertriebenen Charakter und die Mechanismen dieser Haltungen einmal verstanden haben, können Sie deren Mischungen und häufige Kombinationen, wie es sie im Leben gibt, leicht erkennen.

Teil II
Übertriebene elterliche Haltungen — und wie diese Sie vielleicht heute beeinflussen

10
Perfektionismus —
Wenn Sie unbedingt alles noch besser machen müssen

VERDACHTSMOMENTE: *Der Erwachsene, der an den Folgen von Perfektionismus in der Kindheit leidet, ist wahrscheinlich intelligent, verfügt über eine gute Bildung und ist wahrscheinlich wirtschaftlich besser daran als die meisten Leute. Er wertet seine eigenen Leistungen ab und treibt sich selbst durch zunehmend unbeugsamere Forderungen an, es besser zu machen.* Wenn diese Worte Sie beschreiben, sollten Sie die Möglichkeit sorgfältig prüfen, ob Ihre Schwierigkeiten von einem inneren Kind von früher herrühren, das unbedingt die elterliche Anerkennung gewinnen will — die ihm in der Vergangenheit vorenthalten wurde, da die Eltern sich stets noch bessere Leistungen wünschten.

Wie man seinen Perfektionismus erkennt

Wenn Sie perfektionistisch sind, wissen Sie es wahrscheinlich schon. Sie verlangen sich selbst Vollkommenheit ab — und anderen vielleicht auch — und strengen sich schrecklich an, um sie zu erreichen. Bei Ihnen muß alles »einfach perfekt« sein — alles an seinem Platz, die Farben zueinander passend, die Vorhänge exakt drapiert, das Silber auf dem Tisch in vollkommener Weise angeordnet, das rechte Wort am rechten Platz zur rechten Zeit, Ankunft und Aufbruch zur rechten Zeit und peinlich genaue Beachtung der Anstandsvorschriften und Höflichkeitsformen. Wenn Sie ein Perfektionist sind, gehen Sie Ihrer Arbeit methodisch, systematisch und voller Eifer nach und wenden sich jeder Einzelheit, oft bis zur völligen Erschöpfung, mit peinlichster Genauigkeit zu. Häufig strengen Sie sich bei der Erfüllung einer Aufgabe weit mehr an, als erforderlich wäre. Für den Perfektionisten ist es immer wieder eine Quelle des Stolzes, wenn er das, was der Durchschnittsmensch tun würde, bei weitem übertrifft. Und dennoch bringen ihm diese eifrigen Bemühungen und oft echten Leistungen keine dauernde Befriedigung. Er fühlt sich trotz seines Erfolges elend und muß es unbedingt »immer noch besser« machen, unterschätzt er doch alles, was er erreicht hat.

Die perfektionistische Hausfrau, die sich in einer erschöpfenden täglichen Routine des Saubermachens selbst dann völlig verausgabt, wenn sie es als unnötig erkennt, ist ein verbreitetes Beispiel dieser Art von Strebsamkeit. Solche Menschen können Regelwidrigkeiten und Unordentlichkeit in dem, was sie als das Ihre ansehen, nicht ertragen und akzeptieren — ja, nicht einmal den Gedanken daran —, sei es nun das Verhalten eines Kindes, ein Stäubchen oder die eigene Arbeit. Oft lernen solche Menschen ihre übermenschlichen Bemühungen um Vollkommenheit erst durch das belustigte Hänseln oder die Ärgerlichkeit von Freunden kennen, wenn sie jammern, ihre Bemühungen reichten nie aus.

»Sei ein Mensch, entspanne dich!« sagen die Freunde zu ihnen. Aber genau das kann der perfektionistische Mensch nicht. Er muß immerfort streben und streben und streben — und wird immer noch nicht zufrieden sein.

Häufig erkennen perfektionistische Menschen, die im allgemeinen sehr intelligent sind, daß sie sich weit über das Notwendige — oder das menschliche Maß — hinaus vorantreiben. Als persönliche Erklärung sagen sie, sie hätten das Gefühl, gewöhnliche Maßstäbe seien ihnen nicht angemessen.

Das perfektionistische Individuum fühlt sich oft anderen überlegen und schaut auf weniger strebsame Menschen als auf Unterlegene herab. Und doch sehnt es sich nach der menschlichen Befriedigung, die es die gewöhnlichen Menschen erleben und genießen sieht, nach ihrer ursprünglichen Lebensfreude und der Steigerung ihres Selbstwertgefühls durch ihre Leistungen.

Der erfolgreiche Versager

Objektiv gesehen hat das hartnäckige Leistungsstreben, dem sich der Perfektionist im allgemeinen unterwirft, zur Folge, daß man ihn nach den meisten sozialen und materiellen Normen als sehr »erfolgreich« ansieht. Aber sein Leistungsstreben hinterläßt in ihm ein Gefühl der Leere und Unbefriedigtheit, während es ihm doch andererseits einen gewissen Status eingebracht hat. Er nennt sich vielleicht einen »erfolgreichen Versager«.

Manchmal versucht der Perfektionist, sich und vielleicht auch anderen zu erklären, daß man nur durch solch eifriges und unnachgiebiges Streben Großes erreichen kann. Er zitiert die Bemühungen von Künstlern und Wissenschaftlern und überzeugt sich so vielleicht davon, daß seine Strebsamkeit notwendig ist.

Es ist jedoch nicht jegliches Streben nach ausgezeichneten Leistungen perfektionistisch in dem Sinne, daß es psychische Unordnung stiftet. Jegliches Streben, sei es im Bereich der Musik, der Wissenschaft, der Bildenden Kunst, der Spenglerei, des Kochens oder der Schuhreparatur, kann zur Meisterschaft führen. Sie kommt durch geduldige, fleißige und beharrliche Arbeit zustande, und die Vortrefflichkeit ihres Produkts ist anderen nützlich und eine Wohltat, was bei den Bemühungen des Perfektionisten oft nicht der Fall ist. Perfektionistische Streberei kann in der Tat gesunden Familienbeziehungen schaden; ein Beispiel ist der Ehemann, der seine Frau antreibt, ihm bei der Erfüllung seiner perfektionistischen Forderungen zu helfen.

Einer der wichtigsten Unterschiede zwischen den Bemühungen der wahren Meister ihres Handwerks und denen des Perfektionisten ist, daß die Strebsamkeit den Vertretern der ersten Gruppe eine gediegene Befriedigung einbringt. Sie sind mit ihren Leistungen zufrieden. Ihre Bemühungen steigern ihr Selbstwertgefühl. Sie erfreuen sich ihrer Meisterschaft. Das ist beim perfektionistischen Menschen nicht der Fall. Sein Streben begleitet das nagende Gefühl: »Ich bin nicht gut genug. Ich muß es besser machen.« Das beraubt ihn seiner Befriedigung, die seine überlegene Arbeit ihm einbringen sollte.

Wo finden wir Perfektionismus

Viele Leute erkennen nicht, wie sehr sie ihr Perfektionismus beeinträchtigt, da er sich auf bestimmte Bereiche und Aktivitäten beschränkt. Solche Menschen sind im allgemeinen fähig, in anderen Bereichen des Lebens Befriedigung zu erleben, zu genießen und zu akzeptieren. Aber in gewissen Bereichen sind sie perfektionistisch und sind ewig mit sich unzufrieden, selbst wenn ihre Leistungen die anderer übertreffen und ihre Unzulänglichkeiten von anderen nicht bemerkt werden.

Wie es George, ein solcher Mensch, kürzlich formulierte: »Gewöhnlich komme ich gut zurecht. Wenn ich aber einen grammatikalischen oder sprachlichen Fehler mache, wenn ich mit jemandem rede, wenn ich das falsche Wort verwende, könnte ich auf der Stelle tot umfallen. Ich kann es nicht aushalten. Ich werde feuerrot im Gesicht, mein Herz schlägt wie verrückt, ich rege mich so auf und werde so wütend auf mich, daß ich nicht schlafen kann. Ich frage mich, wie gerade ich — von allen Leuten — so einen Bock schießen konnte. Später sehe ich zwar ein, daß es niemandem etwas ausgemacht hat, aber ich kann es immer noch nicht ertragen. Ich erwarte in dieser Hinsicht mehr von mir als andere Leute. Meine Mutter hat mir Englisch beigebracht, und sie hat mich immer darauf gedrillt, perfekt zu reden, und auch die Grammatik sollte ich perfekt beherrschen. Nach meiner Ansicht gibt es keinen Grund, warum ich nicht perfekt Englisch reden sollte. Ich kenne mich weiß Gott darin aus. Es ist mir eingepaukt worden, seit ich reden kann. Wenn ich einen Fehler mache, und besonders dann, wenn ich mit einem Fremden rede, habe ich das Gefühl, einen entsetzlichen, unabänderlichen Irrtum begangen zu haben, weil doch der erste Eindruck alles ist. Infolgedessen habe ich besonders große Angst, einen Fehler zu machen. Deshalb übe ich und bereite mich auf ein solches Treffen vor, wenn ich dazu Gelegenheit habe. Das Ergebnis ist, daß ich im allgemeinen einen guten Eindruck mache, und was ich auch sage, es kommt perfekt heraus.

Und wirklich nimmt mich mein Chef, der oft ein sehr unzureichendes und sogar grammatikalisch falsches Englisch spricht, manchmal deswegen mit zu einem wichtigen Kunden, damit ich ihm beim Abschluß eines Vertrages helfe. Ich kann in der Nacht vorher einfach nicht schlafen, und manchmal, wenn ich weiß, daß die Leute, zu denen wir gehen, wirklich gebildet sind, bin ich kaum fähig zu reden, wenn wir dort eintreffen. Alles, was ich sagen könnte — und bei einem Vertragsabschluß bzw. bei Verhandlungen ist es wichtig, daß man frei sprechen kann —, wird gefährlich. Ich verstumme einfach. Ich muß alles zwei- oder dreimal im Kopf durchgehen, um sicher zu sein, daß ich es in perfektem Englisch sagen werde; außerdem muß ich aber auch noch darauf achten, daß der gedankliche Inhalt dessen, was ich sage, angemessen ist. Es ist schrecklich anstrengend.

Manchmal habe ich Fehler gemacht. Einmal wurde ich derart aufgeregt, daß ich den Rest des Satzes kaum noch herausstammeln konnte. Aber weder mein Chef noch die anderen Leute bemerkten irgend etwas, bis ich anfing zu stammeln. Sie glaubten, mir sei etwas im Hals stecken geblieben. Wir konnten den Vertrag jedenfalls abschließen, aber ich konnte hinterher nächtelang nicht schlafen.«

Dies nun ist die Art von »spezifischem Perfektionismus«, die uns fast alle in gewissem Ausmaß plagt. In diesem Fall erkennt George den Perfektionismus, den er sich selbst in bezug auf die englische Grammatik abverlangt, aber er erkennt den Perfektionismus nicht, den er sich bei jeder »ersten Begegnung« abverlangt. Seine Anforderungen an sich selbst übersteigen die seines Arbeitgebers bei weitem, der sein eigenes unzureichendes Englisch als Hemmschuh empfindet, auch wenn er ziemlich erfolgreich ist. Diese selbstauferlegten und sehr strengen Forderungen — die mit der Zeit notwendigerweise immer härter werden — verursachen nicht nur die angsterfüllte Strebsamkeit, sondern in Wirklichkeit wohl auch sein gelegentliches Abweichen von der vollkommenen Grammatik und Syntax.

»Spezifischen Perfektionismus« haben Sie dort entwickelt, wo Sie als Kind die perfektionistischen Forderungen Ihrer Eltern erfüllen mußten. Einige Eltern haben z. B. äußersten Wert auf Reinlichkeit gelegt und dieses Bedürfnis dadurch perfektioniert, daß sie ausgefeilte Säuberungsrituale entwickelten; andere haben Perfektion in der Schule, in guten Manieren oder in den Tischsitten verlangt. Wieder andere, die sich mit diesen Dingen oder auch mit Kleidung überhaupt nicht befaßt haben, waren äußerst perfektionistisch im

Hinblick auf sportliche Leistungen und haben von Mittelklasse-Spielern Meisterschaftsleistungen gefordert.
Die Arbeit ist ein allgemeiner Bereich, in dem der Perfektionismus oft unverhüllt zutage tritt. Der Perfektionist treibt sich und seine Umgebung ständig an. Er wird durch seine Bemühungen völlig erschöpft. Er schenkt dem geringsten Detail peinliche, genaue Aufmerksamkeit. Seine Leistungen geben ihm, selbst wenn sie beträchtlich sind, nicht das Gefühl der Zufriedenheit mit sich selbst — und er muß sich immer noch größeren Anstrengungen unterziehen, um Entlastung von seiner eigenen Selbstherabsetzung zu finden.
In gewisser Hinsicht mag der vom Perfektionismus getriebene Mensch als »Wettbewerbskanone« erscheinen. In Wirklichkeit ist aber seine emsige Strebsamkeit nur ein Maßstab für seine Selbstherabsetzung und weniger ein Bedürfnis, irgend etwas um seiner selbst willen zu erreichen. Er hat wenig Interesse am Wettbewerb, da er ständig versuchen muß, sich selbst zu übertreffen, um sich die Anerkennung zu verschaffen, die er sich doch ständig verweigert. Da seine Strebsamkeit andere meist abstößt, tendiert der Perfektionist oft dazu, auf intellektuellen oder schöpferischen Gebieten zu arbeiten, wo der Einzelne für sich und nicht in einer Gruppe oder in einem Team arbeitet. So schafft er sich eine Lage, in der er tatsächlich nur mit sich selbst konkurriert, sich ständig antreibt, ewig mit sich selbst unzufrieden ist und auf diese Weise seine übertriebenen Anforderungen an sich sogar vor sich selbst verbirgt.

Perfektionismus in der Ehe und im Geschlechtsleben

Der perfektionistische Mensch hat im allgemeinen seine größten Schwierigkeiten bei seinen intimen Kontakten mit anderen. Mit seinen höflichen Umgangsformen kommt er überall blendend voran, sowohl im Geschäftsleben als auch in gesellschaftlichen Beziehungen, und für andere wirkt er dadurch recht attraktiv. Wenn Liebe und Zuneigung kein Engagement erfordern würden, würde der Perfektionist elegant durch sie hindurchsegeln. Aber die Nähe, die gegenseitige Achtung und Zuneigung, die die Liebe erfordert, macht dies schwierig — und oft sind solche Menschen deshalb unglücklich.
Da der Perfektionist ewig nach Leistung strebt, kann er nur schwer

auf gewöhnlichen gesellschaftlichen Umgang, liebenswürdige Geselligkeit, das menschliche Bedürfnis nach Nähe und den frei fließenden Austausch von Gefühlen eingehen. Solche Beziehungen beruhen auf dem Akzeptieren der eigenen Person und der anderen Menschen. Aber die ständige Selbstherabsetzung des Perfektionisten zerfrißt diese Grundlage.

Da der Perfektionist in seiner Kindheit keine volle Anerkennung und Annahme erlebt hat, sucht er sich Bereiche, in denen seine Arbeit meßbar ist, wie z. B. die Bereiche der Arbeit, der sportlichen Wettbewerbe und des sozialen Status. Er fährt mit seinem Streben fort, in dem er sich früher »daheim« gefühlt hat, und geht der Fata Morgana nach, irgendwann einmal volle Anerkennung und Annahme zu finden. Er neigt dazu, das Leben als Teilnahme an einem Rennen zu sehen und empfindet den vertrauten und wechselseitigen Austausch in einer engen Beziehung als Fessel und als Ablenkung, als etwas, das ihn davon abhält, mit voller Geschwindigkeit zu rennen. Die liebevolle Annahme und Anerkennung durch seine Frau oder seinen Schatz ist nach seinem Gefühl nichts, wenn man es mit dem vergleicht, was er haben wird, wenn es ihm gelingt, das Rennen zu gewinnen — »es besser zu machen«.

Jegliches Anhalten auf dem Weg seines Strebens — z. B., um Kameradschaft oder Zuneigung zu genießen — läßt ihn befürchten, er werde das Rennen verlieren.

Der Preis, den er zu erringen sucht, ist der gleiche wie in der Kindheit — die Hoffnung auf volle Anerkennung, die ihm seine Eltern nicht erfüllt haben. Dieses Ziel von früher blockiert seine Fähigkeit, sich bei einem erfreulichen zwischenmenschlichen Verkehr wohl zufühlen, und seine Selbstherabsetzung macht es ihm unmöglich, mit seinem Streben aufzuhören. Er befürchtet, daß die Zeit und die Energie, die er für eine Kameradschaft aufbringt, ihn das Rennen kosten wird sowie seinen höchsten Lohn — die volle Anerkennung.

Das Leben mit einem Perfektionisten erlegt dem Partner eine schwere Bürde auf, weil er genauso danach streben muß, den unerfüllbaren Forderungen des anderen nachzukommen. Vieles von dem, was die meisten Menschen als zufriedenstellend, angenehm und gemütlich — und auch tröstlich — empfinden, erscheint dem Perfektionisten wahrscheinlich als reine Zeitverschwendung und verwirrt ihn schließlich so, daß es ihm schwer verständlich ist, da er keine Leistung sehen und fühlen kann.

Der Perfektionist trägt sein Leistungsstreben oft in sein Geschlechtsleben hinein. Unfähig, in gewöhnlicher sozialer Intimität Befriedigung zu finden, und getrieben von ständiger Selbstabwertung und Angst vor dem Versagen, versucht er, die rein technische Ausführung an Stelle des menschlichen Gefühls zum wichtigsten Teil der sexuellen Beziehung zu machen. Unweigerlich wird die sexuelle Beziehung zu einer technischen Arbeit und Leistung ohne jeglichen befriedigenden emotionalen Inhalt und ohne jeden Austausch von Liebe — und der Perfektionist, der ewig unzufrieden ist und sich tadelt, sucht die technische Perfektion; er will es unbedingt immer »noch besser machen«.

So ist jeglicher Mangel an sexueller Potenz für einen solchen Mann ein schwerer Schlag; wenn die Frau nicht »vollkommen richtig« reagiert, nimmt er dies als sein Versagen. Er will es dann noch besser machen. In ähnlicher Weise sucht auch der weibliche Perfektionist die technisch vollkommene Leistung, und jedes Versagen führt zu Selbstentwertung. Das Ergebnis sind Angst und depressive Gefühle der Wertlosigkeit. Und die Angst vor dem Versagen ist so groß, daß die sexuelle Aktivität oft eingeschränkt wird.

All das wird in der Ehe zu einem schlimmen Problem. Zunächst hat der Perfektionist große Schwierigkeiten, einen annehmbaren Ehepartner zu finden, denn er will einen »vollkommenen« Partner und nicht einen menschlichen. So neigt er dazu, potentielle Partner abzulehnen, und schiebt oft das Heiraten jahrelang auf. Er hat Schwierigkeiten, eine Beziehung zu bilden, die eng genug wäre, um zur Ehe zu führen. Einige solche Menschen geben den Versuch, enge menschliche Bindungen einzugehen, auf und widmen sich voll und ganz der Arbeit, ohne zu erkennen, daß es in ihrer Macht steht, ihre Haltung sich selbst gegenüber zu ändern. Das ist die Lage, in der sich einige unserer erfolgreichen Akademiker und emsigen Karrierefrauen befinden.

Der Perfektionist sieht die Eheschließung oft als nur eine weitere Leistung an. Ist er dann einmal verheiratet, so weiß er es nicht zu genießen. Im allgemeinen setzt er seine alten perfektionistischen Haltungen fort und verlangt vollkommene Ordnung. Er regt sich auf, wenn das Haus nicht jederzeit ordentlich und aufgeräumt ist, er will seine Eier auf die Sekunde genau drei Minuten lang gekocht, die Brotscheiben dünn wie eine Rasierklinge, die Hemden so und so gestärkt, und obendrein will er vollkommene Kinder von seiner vollkommenen Frau. Seine ängstliche Besorgnis bringt ihn dazu, diese Dinge zu verlangen, da alles, was unterhalb seines »Vollkommenheits«-Ideals liegt, seine aus der Kindheit stammenden Verhaltensmuster der Selbstherabsetzung auf den Plan ruft. So mancher Ehemann akzeptiert ohne Murren die Forderung seiner perfektionistischen Frau, im Wohnzimmer keine Schuhe zu tragen, da sie Flecken auf ihren vollkommenen Teppichen befürchtet, erduldet ihre Berichtigungen dessen, was er sagt, und fühlt sich selber eigentlich nie wohl.

Der Fall Willard und Kay

Mit den meisten dieser »perfekten« Ehefrauen und »perfekten« Ehemänner ist das Zusammenleben schwer, wenn man Wärme und Nähe mag. Willard zum Beispiel ist ein persönlich attraktiver und hervorragender junger Chemiker, aber seine Frau und er werden sich wegen seines Perfektionismus wohl doch trennen. Seine Forschungen auf dem Gebiet der Polyester-Moleküle haben ihm bereits einen ausgezeichneten Ruf verschafft. Neben seiner Intelligenz und Arbeitswilligkeit zeichnet er sich auch durch Freundlichkeit und Höflichkeit gegenüber seinen Mitmenschen aus. Aber zu Hause kann Kay, seine Frau, nicht an ihn heran. Sobald er von seinem Labor nach Hause gekommen ist und gegessen hat, vergräbt er sich in seine wissenschaftlichen Zeitschriften und Vorausplanungen für neue Experimente. Wenn Kay mit ihm zu reden versucht, ist er distanziert und höflich, aber offensichtlich verärgert, und sein Gesichtsausdruck sagt: »Siehst du denn nicht, daß ich zu tun habe?«, während seine Worte lauten: »Ja, Liebling?«

Kay fühlt sich hinausgeworfen und irgendwie im Grunde nicht sehr wichtig für ihn, und wird daher oft ganz aufgebracht. Zuerst war sie bloß verletzt. Dann versuchte sie, ihn zu einem Gespräch und zu irgendwelchen Unternehmungen zu verführen, indem sie über die Nebenfrau »Polyester« Witze machte. Ursprünglich amüsierte ihn das irgendwie, aber ihr ständiges Bedürfnis nach Aufmerksamkeit, ihre natürliche Erwartung, er solle am bloßen »Alltagsleben«, wie sie es nannte, teilnehmen, und ihr zunehmend deutlicherer Ton der Verbitterung trieben ihn noch weiter in seine Arbeit hinein. Er hält es für sehr unvernünftig von ihr, daß sie seiner harten und stetigen Arbeit nicht Beifall klatscht. »Schließlich tue ich es für dich oder für uns, wenn du so willst«, sagte er ziemlich steif, als Kay einmal verlangte, er solle mit seiner Nachtarbeit aufhören.

Willards Vater war ein erfolgreicher Geschäftsmann, dessen Interessen es mit sich brachten, daß er ziemlich viel von zu Hause weg war. Und wenn er zu Hause etwas sagte oder »übers Geschäft nachdachte«, durfte man ihn nicht stören. Willards Mutter war eine fleißige Heimatgeschichtenschreiberin und Vorsitzende vieler Komitees, die sich der Verbesserung gemeindlicher Einrichtung widmeten. Als kleiner Junge paßte Willard in diese leistungsbesessene Familie nur dadurch hinein, daß er sich in der Schule große Mühe gab. So bekam er von seinen vielbeschäftigten Eltern etwas Anerkennung und wurde einigermaßen akzeptiert. Er war Klassenprimus und Klassensprecher. Er zeichnete sich sogar in der Leichtathletik aus, obwohl er kein »geborener Sportler« war. Alle Familienmitglieder waren, während Willard die High School besuchte, mit ihren individuellen Vorhaben so beschäftigt, daß sie für einen familiären Austausch, der nicht an die Ausführung einer Sache geknüpft war, sehr wenig Zeit hatten.

Als Erwachsener setzte Willard dieselben leistungsbetonten Haltungen fort, die er zeit seines Lebens gekannt hatte. Es war buchstäblich die einzige Art des Zusammenlebens mit anderen Menschen, die er gelernt hatte. Aber sie ließ seine Frau unberücksichtigt, deren eigenes »inneres Kind von früher« das starke Bedürfnis hatte, einen engen und etwas Zeit beanspruchenden Familienzusammenhang zu bilden, der durch nebensächliches und freundlich-warmherziges Geplauder bereichert wurde. So war sie es von Kindheit an gewöhnt — und sie konnte lange Zeit Willards dauerndes Beschäftigtsein nicht verstehen. Aber auch nachdem sie es verstand, ärgerte sie sich darüber. Schließlich mußte Willard einsehen, daß die exzessive Strebsamkeit, die ihm immer als notwendig erschienen war, in Wirklichkeit gar nicht so gut war — wenn er verheiratet bleiben wollte.

Was den Perfektionisten treibt

Beeindruckt von dem Bedürfnis des Perfektionisten, etwas zu erreichen und zu leisten, schreiben einige psychiatrische Theorien seine hartnäckige Strebsamkeit einem Bemühen zu, Herr seiner Umgebung zu werden und sich anderen überlegen zu fühlen. Nach dieser Anschauung sieht der Perfektionist, der sich mit seinen Maßstäben voll und ganz identifiziert, seinen Wohlstand und seinen allgemeinen Erfolg als Belohnung dafür an, daß er ein guter Mensch ist. Er sieht seinen Erfolg als Beweis seiner Tugend, seines Wertes. Er erkennt seine menschliche Fehlbarkeit tatsächlich nur — und dies behauptet ein psychiatrischer Theoretiker —, wenn das Unglück hereinbricht oder wenn ihm der Erfolg versagt bleibt, und dann können »selbstzerstörerische Tendenzen und offenkundiger unverfälschter Selbsthaß auftreten, die bisher erfolgreich im Zaun gehalten wurden«.

Während diese Theorie einige zweitrangige Merkmale des Perfektionismus beschreibt, wie z. B. die tatsächlich vorkommende Verwechslung von Strebsamkeit mit persönlichem Wert, gelingt es ihr nicht, ausreichend zu betonen, daß die sogenannten Maßstäbe übertrieben sind. Und was noch wichtiger ist, es wird nicht erkannt daß der Perfektionist ständig das Gefühl hat, er sei nicht erfolgreich — trotz seines offensichtlichen Erfolgs. Der Perfektionist muß unaufhörlich streben und schuften, um seinem eigenen entsetzlichen Gefühl zu entrinnen, daß er »es hätte besser machen können«.

Unsere klinische Arbeit mit Kindern zeigt deutlich, daß diese ständige Schmälerung seiner eigenen Person — und weniger ein Wunsch, die Umgebung zu beherrschen — die eigentlich treibende Kraft hinter den endlosen Anstrengungen des Perfektionisten ist. Eine Tendenz zur Selbstvernichtung und Selbsthaß kommt nicht nur dann zum Vorschein, wenn Unglück und Versagen ins Haus stehen, sondern sie zerstört fortgesetzt jegliche Zufriedenheit mit der eigenen Person. Zwar kann ein tatsächliches Versagen oder Unglück eine schwere emotionale Krise herbeiführen, da es doch das Gegenteil von Leistung und Erfolg ist, aber der Perfektionist wird doch tagaus, tagein durch die ständige Schmälerung und Herabsetzung seiner eigenen Person getrieben, es »besser zu machen«. Solange die Schmälerung der eigenen Person auf den Perfektionisten Druck ausübt, kann er in seinem Bemühen keine Befriedigung finden.

Ursprünge des Perfektionismus

Der perfektionistische Mensch setzt den Kreislauf von Herabsetzung und Streben fort, den das Kind, das er einmal war, von seinen Eltern als Lebensweise annehmen *mußte*. Ständige elterliche Forderungen, ausgedrückt in Erwartungen gegenüber dem Kind, haben in diesem den Perfektionismus geschaffen. Sein Verhalten und seine Entwicklung mußten fortgeschrittener und reifer sein, als es dem Kind damals gemäß war.

Kinder brauchen — und suchen — affektive Anerkennung, indem sie sich bemühen, ihren Eltern zu gefallen. Perfektionistische Eltern neigen jedoch dazu, dem Kind die Anerkennung so lange vorzuenthalten, bis es seine Strebsamkeit und seine Leistungen auf die Spitze treibt. Selbst wenn das Kind etwas vollbringt — und das kann vom Stuhlgang bis zu korrekten Manieren und guten Noten reichen —, schieben die Eltern die volle Anerkennung und Annahme äußerst subtil hinaus und zwingen das Kind, es »besser zu machen«. Auf diese Weise wird alles, was das Kind auch geleistet hat, herabgesetzt. Dem Kind wird immer nur versprochen, es werde am Ende doch anerkannt werden, wenn es nur seine Sache noch »besser« mache. Würden die Eltern dem Kind volle Anerkennung geben und es ganz annehmen, wäre das Kind mit sich zufrieden und könnte sich und seinen Fähigkeiten mehr vertrauen. Aber die perfektionistischen Eltern (bzw. der perfektionistische Elternteil) lassen das Kind weiterhin auf den Zehenspitzen tanzen, lassen es sich anstrengen und weiterhin um sich und seine Fähigkeiten ängstlich besorgt sein. Am Perfektionisten beeindruckt uns unter anderem ganz besonders, daß er trotz allem, was er geleistet und erreicht hat, in jeder Hinsicht nur ein geringes oder gar kein Selbstvertrauen hat.

Dies ist eine Folge dessen, daß die Eltern dem Kind ihre Anerkennung teilweise vorenthalten und subtile Forderungen nach noch größerer Anstrengung gestellt haben, woraus das Kind gelernt hat, sein eigenes Bemühen stets zu schmälern. Es glaubt schließlich als erwachsener Mensch, daß es nie ganz erfolgreich sein wird, wenn es auch noch so schwer schuftet. Es glaubt schließlich, daß es nicht genug getan hat, um die volle Anerkennung zu verdienen, da es sich nämlich nicht genug und immer wieder angestrengt hat. Seine einzige Leitfigur und Autorität — und seine wichtigste Quelle der Anerkennung sind seine Eltern. Es kann daher tatsächlich einfach nichts anderes kennen. Sich-Anstrengen und Sich-selbst-Herabsetzen — darin fühlt sich der Perfektionist mehr und mehr »daheim«. Und er kann seinen Anstrengungen als Erwachsener keine volle Anerkennung zollen, da er als Kind nie die volle Zufriedenheit mit sich selbst gekannt hatte. In der Rolle seiner eigenen Eltern schmälert er alles Geleistete und fordert von sich selbst, es »immer noch besser zu machen«.

Die Subtilität elterlicher Mißbilligung

Die perfektionistischen Forderungen einiger Eltern werden zuweilen durch übertriebenen Zwang und übertriebene Bestrafung verstärkt. Andere praktizieren subtile und vage Erwartungshaltungen, die sich auf Höchstleistungen richten, sowie einen süßlichen Ausdruck trauriger Enttäuschtheit angesichts des tatsächlich Geleisteten, wobei sie die Einlösung ihres Versprechens der vollen Anerkennung am Ende bis auf eine noch größere Anstrengung verschieben. Dabei wird das elterliche Lächeln zu einem traurigen Gesicht, einem Stirnrunzeln, einem Seufzer der Enttäuschung oder Erbitterung, zu einer sanften Anregung zu mehr Anstrengung, mehr Sorgfalt, mehr Aufmerksamkeit, mehr Rücksichtnahme, mehr Bedacht und so weiter.
Diese Mißbilligung — und das Versprechen der Anerkennung am Ende — läßt das Kind weiterhin hartnäckig schuften, unzufrieden sein und an seinen Fähigkeiten zweifeln.
Die Subtilität dieser Äußerungen der Schmälerung, ihre ständige Anwendung, ihr wachsender Druck und das stets angedeutete Versprechen der vollen Anerkennung, die irgendwann einmal kommen wird, schaffen für den Erwachsenen, der am Perfektionismus leidet, eine schwierige Grundstruktur, die man sofort erkennen kann. Ein

solcher Mensch macht sich vielleicht dann auf die Suche nach dem Grund seiner Nöte, wenn er sich als unzulänglich erlebt hat und wenn er seine Schwierigkeiten beim Aufbauen einer engen Beziehung erkennt.

Es ist manchmal schwierig, die eigene Selbstherabsetzung zu erkennen. Die Behandlung, die Ihnen Ihre Eltern haben angedeihen lassen, mag Ihnen vollkommen erscheinen; Sie finden vielleicht keine ernsthaft traumatischen Vorfälle in Ihrer Kindheit, die entweder erklären würden, warum Sie sich selbst so sehr antreiben müssen oder warum Sie so unglücklich sind. Wenn man zurückblickt, erscheint die elterliche Nichtanerkennung im einzelnen Fall immer zu gelinde oder nebensächlich, so daß sie nicht das Grundproblem gewesen sein kann.

Der perfektionistische Erwachsene kann jedoch erst dann anfangen zu verstehen, wie er seine grundlegende Unzufriedenheit mit sich selbst erworben hat, wenn er die Subtilität und die tägliche Wiederkehr dieser schmälernden elterlichen Äußerungen und die Tatsache erkennt, daß sie oft in jeden Aspekt des Lebens von der Arbeit bis zum Spiel hineingereicht haben. Wenn Sie immer noch jede Ihrer Leistungen schmälern, untergraben Sie sich selbst.

Der Fall Leslie

Der im allgemeinen außergewöhnliche Erfolg des Perfektionisten verbirgt, welche innere Verheerung die ständige Selbstherabsetzung anrichtet. Diese Schmälerung ist die Ursache des bemitleidenswert leeren Lebens vieler sonst erfolgreicher Menschen. Sie erklärt viele Selbstmorde, die als absolute Rätsel erscheinen mögen. Dr. Leo Kanner*, der Altmeister der amerikanischen Kinderpsychiatrie, berichtet den Fall von Leslie, einer hochintelligenten und attraktiven Tochter aus wohlhabender Familie. Dieses junge Mädchen unternahm einen Selbstmordversuch. Zwar versicherten ihre Eltern ihr ständig, nichts sei ihnen so wichtig wie das Glück ihrer Tochter, aber

* Leo Kanner, in: Feelings and Their Medical Significance, Bd. I, Nr. 4, März 1959

Leslie konnte keine Befriedigung im Leben finden, da sie unter dem Druck herabsetzender Äußerungen das Gefühl hatte, es »nicht geschafft zu haben«.

Warum ist das passiert? Leslies Mutter war stets tadellos gekleidet, hatte gepflegte Umgangsformen und war intelligent und »ausgeglichen«. Dr. Kanner sagt: »Wären Sie in ihrem Haus zu Gast gewesen, so wären Sie mit dem Gefühl weggegangen, kein Kind könne sich eine bessere Umgebung wünschen.« Und doch hatte Leslie trotz schulischer Brillanz und trotz ihrer Schönheit praktisch kein Selbstvertrauen. Sie war überzeugt, daß sie ihre Mutter enttäuscht hatte, wenn sie sagte: »Wenn ich Mutter wäre und eine Tochter wie mich hätte, wäre ich entsetzt.« Unfähig, sich selbst zu akzeptieren, hatte sie nur den einen Wunsch, »daß meine Mutter sich meinetwegen keine Sorgen zu machen braucht«.

Leslies Eltern überließen, als sie sie großzogen, nichts dem Zufall, da sie hofften und erwarteten, ein vollkommenes Kind aufzuziehen. Leslie kam erst zur Welt, als die Wohnung und das Einkommen der Eltern mehr als ausreichend waren. Nach Leslies Geburt war ihre »gute und pflichtbewußte« Mutter fest entschlossen, darauf zu sehen, daß Leslie ein vollkommenes Baby würde. Sie stellte für sich und Leslie strenge und starre Regeln und Ordnungen auf. Alle täglichen Abläufe wie Baden und Essen wurden peinlich genau und stundenplanmäßig durchgeführt. Als Leslie erst drei Monate alt war, wurde schon mit der Sauberkeitserziehung begonnen.

Als das Kind älter wurde, wurde *jedem* Aspekt seines Lebens größte Aufmerksamkeit entgegengebracht: Ausdrucksweise, Haltung, Reinlichkeit, Betragen, Gehorsam, Auswahl der Spielkameraden, der Gegenstände des Lernens und der Lektüre, Fernsehzeiten und -sendungen, Hausaufgaben und gesellschaftliche Umgangsformen. Leslies Kleidung, ihr körperlicher Zustand und ihr körperliches Erscheinungsbild waren Quellen endloser Sorgen und endlosen Interesses.

Dr. Kanner schreibt: »Ihre Mutter schimpfte oder schlug nie. Sie brachte ihre Mißbilligung immer sehr subtil zum Ausdruck: ›Du wirst ein wenig dick, Liebes. Meinst du nicht auch, daß wir zum Doktor gehen und dir eine Diät verschreiben lassen sollten?‹ Oder: ›Deine Freundin Dorothy ist ja ein nettes Mädchen, aber ist dir nicht aufgefallen, wie unordentlich sie ist und wie schlecht sie spricht? Was hältst du davon, Alice einzuladen, mein Süßes? Sie kommt aus einer so guten Familie.‹ Oder: ›Natürlich will ich, Liebes, daß du dir deine Kleider selbst aussuchst. Aber meinst du nicht, daß das Kleid, das du da angezogen hast, für diesen Anlaß ein wenig zu auffallend ist? Komm, sei lieb und zieh das blaue an.‹«

Obschon sich Leslie sehr anstrengte, die volle Anerkennung ihrer Mutter zu gewinnen, konnte sie nicht immer die besten Noten bekommen, ihr Gewicht nicht auf der für ihr Alter festgelegten Idealhöhe halten und mochte — obzwar voller Schuldgefühle — Dorothy einfach lieber als Alice. Leslie hatte das Gefühl, ihr Geschmack sei in bezug auf Farben und Kleider schrecklich schlecht, weil ihre Mutter, die sich einmal in dilettantischer Weise mit Kunst beschäftigt hatte, durchblicken ließ, er sei wirklich nicht sehr gut.

»Das kleine Mädchen, das sich bemühte zu gefallen, setzte sich selbst die höchsten vorstellbaren Maßstäbe und war voller Schuldgefühl und Zerknirschung, wenn sich herausstellte, daß es sie nicht erfüllen konnte. Es wurde selbst zum Perfektionisten, auf ewig ungehalten über seine Unfähigkeit, in allem die Beste zu sein«, schreibt Dr. Kanner. Zusammenfassend weist Dr. Kanner darauf hin, daß die Subtilität dieser Art von Mißbilligung schwer zu erkennen und zu behandeln ist, und er sagt: »Sie können über Schläge und scharfe Maßregelungen böse sein und sie zurückweisen, aber Sie werden durch die Art von Mißbilligung, die sich hinter eitel Sonnenschein und Süße verbirgt, hoffnungslos entwaffnet, entmachtet und niedergeschmettert.« Leslie wurde schließlich durch die eigene Schmälerung ihrer Person in einem verzweifelten Augenblick zu der Überzeugung getrieben, der Tod sei ihr lieber. Aber als ihr klar wurde, daß sie die Haltungen ihrer Eltern nicht fortzusetzen brauchte und daß sie mit dem, was sie leistete, wirklich zufrieden sein konnte, änderte sich auch in dieser Hinsicht ihre Überzeugung.

Die Übertragung des Perfektionismus

Perfektionismus wird oft von Generation zu Generation weitergegeben. Man könnte fast sagen, er sei in manchen Familien »erblich«. Die perfektionistischen Eltern bzw. der perfektionistische Elternteil sind auch in ihren Schmälerungs- und Strebsamkeits-Kreislauf verstrickt — und ebenso waren es deren Eltern. Zwar können die modernen perfektionistischen Eltern die Fehler des Perfektionismus ihrer eigenen Eltern vielleicht erkennen, aber es bleibt doch schwierig, die eigenen Bemühungen und die eigenen Kinder auch dann zu akzeptieren, wenn sie nicht ganz vollkommen sind. Wenn sie versuchen, von den alten perfektionistischen Maßstäben wegzukommen, hindert sie die aus der Herabsetzung der eigenen Person entstandene Angst in der Bemühung, realistischere und menschlichere Maßstäbe aufzustellen.

Vor kurzem sagte eine hübsche und kecke Frau, die so leistungsfähig und ungestüm zu sein schien, wie sie in meine Praxis hereinschritt, zu mir: »Ich will nicht mehr so unzufrieden sein mit meinem Leben und mir selbst. Vor meiner Heirat habe ich mehrere Jahre als Diät-Assistentin gearbeitet. Ich habe einen akademischen Grad in Hauswirtschaft, und die meiste Arbeit für meine Promotion ist getan. Als ich verheiratet war, bekam ich kurz nacheinander zwei Mädchen. Ich versuche, die Normen der Haushaltführung und Kindererziehung zu erfüllen, die ich an der Universität gelernt habe — aber ich kann es nicht und habe ziemlich starke Schuldgefühle. Was nützt es, wenn man sich die anspruchsvollsten Maßstäbe aneignet, wenn man sie nicht erfüllen kann? Meine Älteste ist jetzt fünf Jahre alt. Sie ist so fordernd, und ich frage mich ständig, ob ich richtig mit ihr umgehe.

Was mich wirklich aufregt, ist die Unordentlichkeit meiner Mädchen. Es ärgert mich wirklich, wenn ich sie ganz verschmutzt sehe. So sollten meine kleinen Mädchen aber nicht aussehen, sage ich zu mir und fange an, sie gründlich zu säubern. Ich kann es nicht aushalten, sie in schmutzigen Kleidern zu sehen. Und doch habe ich Schuldgefühle, weil ich immer so viel Aufhebens um sie mache. Tu das! Tu jenes! Ich weiß, das ist nicht richtig. Ich bin sicher, daß ich meinen Kindern keine so gute Mutter bin, wie ich sollte.«

Als ich sie nach ihrer eigenen Erziehung fragte, sagte sie: »Meine Mutter erwartete von uns, daß wir uns in unserem Leben nach ihren hohen Maßstäben richten sollten — und ich habe natürlich versucht, nur das Beste zu leisten. Das ist ein Grund, warum ich meine

Ausbildung fortgesetzt habe. Mein Vater war Professor, und man sagte mir immer, daß ich als Professorenkind eine Art Aushängeschild sei. Mein Vater kümmerte sich insbesondere um meine Noten, und meine Mutter kümmerte sich um mein Aussehen und Benehmen. Ich war sehr ehrgeizig, und meine Noten waren immer gut. Wenn ich meinen kleinen Mädchen so ein Theater mache, runzle ich die Stirn und schaue sie finster an, so, wie es meine Mutter auch getan hat. Ich weiß aus meiner Lektüre, daß das falsch ist. Als Kind habe ich diese ganze Immer-noch-besser-Streberei gehaßt, ebenso die ständigen Ermahnungen, die ich von meinen Eltern zu hören bekam. Man muß seinen Kindern schon erlauben, sich ab und zu einmal dreckig zu machen. Wenn ich das in einem Buch lese, nicke ich und sage: ›Natürlich.‹ Aber jetzt, wenn ich meine Kleinen in verschmutzten Kleidern sehe, kann ich keine Ruhe geben, bis sie sauber sind — genauso wie meine Mutter.«

Diese Frau setzte trotz ihrer Bildung die Haltungen ihrer Eltern fort und wandte sie sich selbst gegenüber und jetzt auch ihren Kindern gegenüber an. Deshalb suchte sie auch weiterhin akademische Ehren, wie zum Beispiel ihren Doktortitel. Obwohl sie keinerlei Absicht hat, eine akademische Karriere einzuschlagen, ist sie immer noch ein »Professorenkind«. Und sogar jetzt, wo sie erkennt, daß ihre Eltern einen Fehler gemacht haben, als sie sie quasi zwangen, ihren übertriebenen Maßstäben nachzustreben, klammert sie sich an solche Maßstäbe. Aber vielleicht kann sie mit der Zeit die Herabsetzung ihrer eigenen Person einschränken, die den Perfektionismus erzeugt — und vielleicht entspannt sie sich schließlich und läßt in ihrem Streben nach.

Kulturelle Faktoren unterstützen den Perfektionismus

Einer der leicht verwirrenden Aspekte des Perfektionismus ist, daß er erwünscht scheint. Wir sind eine Nation von Machern, Strebern, wir wollen dauernd etwas leisten und zustande bringen. Daher wird der Perfektionist in seinem exzessiven Streben meist durch unser allgemeines kulturelles Erbe bestärkt. Jeder scheint in der Tat die

Strebsamkeit des Strebers gutzuheißen, die eine Fassade von Leistungen aufbaut, welche es erschwert, seine innere Leere und sein Elend zu erkennen.

Auch andere kulturelle Faktoren sind mit im Spiel. Die Aspekte der Herabsetzung der eigenen Person beim Perfektionismus werden durch unser Bildungssystem verstärkt, das die Bemühungen der Kinder benotet, sie zwingt, es besser zu machen, und sie durch religiöse Unterweisung sogar zwingt, »besser zu sein«. Das unterstützt tendenziell die perfektionistischen Eltern — und deren »Kind von früher«.

Während ein Kind von seinem Lehrer für seine Leistungen in der Schule Anerkennung und Lob bekommen kann, kann es das bei mancher religiös-kirchlichen Unterweisung nicht; diese stellt ihm als Ziel jene Art von Vollkommenheit vor Augen, die nur ein Heiliger erreichen kann — aber kein Mensch. Dies erneuert und unterstützt gleichwohl die elterlichen Forderungen nach vollkommenem Verhalten, ja sogar vollkommenen Gedanken und Gefühlen. Und was noch wichtiger ist, es trägt erheblich dazu bei, daß man sich als nicht gut genug empfindet, daß man Schuldgefühle haben muß, wenn man doch bloß sein Vergnügen sucht, und daß diese Selbstverachtung nur dadurch vermindert werden kann, daß man es »besser macht«. Das Gefühl, daß Gott von einem enttäuscht ist, ist eine schwerwiegende Verstärkung der Selbstherabsetzung, die man allein tragen muß. Keine Kirche erwartet jedoch von ihren menschlichen Mitgliedern, daß sie Heilige werden.

Wenn Sie Ihre eigenen perfektionistischen Bemühungen ins Auge fassen, sollten Sie in der Lage sein, einigermaßen genau abzuschätzen, welche Rolle diese kulturellen Faktoren als Unterstützung des elterlichen Perfektionismus gespielt haben.

Was können Sie mit Ihrem perfektionistischen »inneren Kind von früher« tun?

1. Sie können die Phasen der Herabsetzung und des Strebens in Ihrem Leben zunächst identifizieren und sich weiterhin bemühen, unnötiges Streben zu reduzieren.

2. Sie können den Beschluß fassen, sich selbst *auf Ihre Art und Weise* zu behandeln, gemäß Ihren eigenen Maßstäben, anstatt weiterhin die Haltung Ihrer Eltern zu praktizieren, von denen Sie nur zum Teil akzeptiert wurden.
3. Sie müssen Ihre Selbstschmälerung in allen ihren Formen anpacken und mit ihr ringen, auch wenn dies erfordert, daß Sie ein Gefühl des »Daheimseins« aufgeben und einiges an Angst ertragen, bis sich Ihre neue Haltung und Einstellung sich selbst gegenüber eingespielt hat. Indem Sie Ihre Selbstschmälerung reduzieren, brauchen Sie dann nicht mehr so sehr nach einer unerreichbaren »Vollkommenheit« zu streben. Wie Sie sich selbst helfen können, um diese Anstrengung auf sich zu nehmen und erbringen zu können, — das beschreiben wir im dritten Teil dieses Buches: »Wie Sie sich und Ihr Leben ändern können.«

11
Übertriebener Zwang —
Wenn Sie immer alles aufschieben müssen

VERDACHTSMOMENTE: *Wenn Sie keinen Anfang finden können, umfangreiche tägliche Listen von irgendwelchen Dingen machen, die Sie tun »sollten« — und dann unfähig scheinen, mit ihrer Erledigung zurechtzukommen —, wenn Sie sich selbst für etwas, das Sie gerne tun, viel zu erschöpft fühlen und schließlich in Tagträume flüchten, sollten Sie die Möglichkeit in Betracht ziehen, daß Ihr »inneres Kind von früher« das Verhaltensmuster fortsetzt, mit dem es auf die elterliche Ausübung von Zwang und die ständigen Direktiven der Eltern reagiert hat. Übertriebener Zwang ist die am weitesten verbreitete pathogene elterliche Haltung in unserem Kulturraum.*

Wie Sie den übertriebenen Zwang in Ihrer eigenen Vergangenheit erkennen können

Sie können beinahe sicher sein, daß Sie als Kind irgendwie ein Opfer übertriebenen Zwangs waren, da wir in einer Gesellschaft leben, die den übertriebenen Zwang kultiviert.
Der Vater oder die Mutter, die den Zwang übertreiben, lenken die Aktivität des Kindes stets auf ängstlich-besorgte, nörgelnde und drängelnde Art und Weise und geben dem Kind nur wenig oder gar keine Möglichkeit, seine eigenen Interessen und Aktivitäten zu finden, zu erfinden und zu verfolgen. Glücklicherweise schafft die übertriebene Anwendung von Zwang, obwohl sie die am weitesten verbreitete pathogene Haltung unter amerikanischen Eltern ist —

wie es in einer Nation von eifrig Strebsamen und Machern nicht anders zu erwarten ist —, keine so stark beeinträchtigenden Persönlichkeitsprobleme wie einige andere pathogene Haltungen. Sie ist jedoch der Grund von viel unnötigem Unglück, Angst, ehelichen und sexuellen Konflikten, selbst bereiteten Niederlagen und der Unfähigkeit, seine Möglichkeiten zu verwirklichen.

Die wichtigsten Anzeichen: Wenn Ihre Beschwerden hauptsächlich in chronischer Müdigkeit und einer Unfähigkeit liegen, die Ziele zu erreichen, die Sie sich von Tag zu Tag stecken, wenn Sie Ihre Zeit mit Tagträumen verschwenden und es keinerlei objektive Gründe dafür gibt, warum Sie Ihre Vorhaben nicht ausführen können, dann leiden Sie wahrscheinlich an diesem aus der Vergangenheit beibehaltenen Muster des übertriebenen Zwangs. Diese andauernde Unfähigkeit, durchzuführen, was Sie sich zu tun vorgenommen haben, führt oft zu Angstgefühlen und Gefühlen der Wertlosigkeit. Um diese Gefühle wieder wettzumachen, stellen Sie dann vielleicht — während Sie sich selber immer mehr anknurren und anbellen — eine noch längere Liste von Dingen auf, die »morgen zu erledigen sind« — und sind dann wieder nicht in der Lage, irgend etwas zustande zu bringen. Sie bleiben stecken und werden von anderen Dingen abgelenkt — die Sie von Ihren Zielen abbringen.
Dauert nun diese Handlungsunfähigkeit an, so wird die Liste der »Dinge, die morgen zu erledigen sind«, umfangreicher und länger und vollends unrealistisch — eine Liste von Dingen, die morgen gar nicht erledigt werden können.
Im weiteren Fortgang dieser Art langsamer, tagträumerischer Paralyse schieben Sie vielleicht anderen die Schuld an Ihren Schwierigkeiten zu. Oder aber Sie finden eine ganze Reihe von Erklärungen für sich und andere, warum es »einfach unmöglich war, irgend etwas zu erledigen«.

Schwer geschlagene Leute: Menschen, deren Arbeit — und dadurch auch ihr Selbstwertgefühl — hauptsächlich von ihrer eigenen inneren Organisation abhängt, sind durch jene Forderungen besonders verletzbar, die ein übertriebenem Zwang ausgesetztes »Kind von früher« stellt. Zu ihnen gehören Geschäftsreisende, Hausfrauen, Komponisten, leitende Angestellte, Wissenschaftler, Geschäftsleute, Geistliche, Künstler und Schriftsteller. Es ist für solche Menschen von entscheidender Bedeutung, in der Lage zu sein, die Aufgaben zu initiieren und durchzuführen, die sie sich selbst auferlegt haben. Und doch scheinen sie oft unfähig, gerade das zu tun. Sie »finden keinen Anfang«, sie »kommen nicht in Schwung«; was auf den ersten Blick als Unentschiedenheit erscheint, lähmt sie; später dann lähmt sie das, was Faulheit und Genußsucht zu sein scheint. Sie wünschen sich, jemand solle über sie bestimmen, ihnen bei jedem Schritt sagen, was sie tun sollen, und sie antreiben — und letzten Endes tun sie genau das mit sich. Aber diese letzte Phase wird selten erreicht, bevor der Druck auf sie, etwas hervorzubringen, eine oberste, bedrohliche Grenze erreicht hat — und die ihnen für eine Produktion zur Verfügung stehende Zeit auf ein Minimum zusammengeschrumpft ist. Daher sind sie — anstatt außergewöhnliche oder auch nur zufriedenstellende Arbeit leisten zu können — kaum fähig, über die Runden zu kommen. Der Mensch, der in dieser psychischen Struktur des übertriebenen Zwangs festsitzt, leidet elendiglich an seinem knurrigen, herabsetzenden und ständig bedrohenden Druck auf sich selbst. Er erreicht selten das, wonach er gestrebt hat, und bleibt weit hinter seinen Möglichkeiten zurück.

Die frühere Familienatmosphäre: Stets liegen wesentliche Schlüssel für die Reaktionen Ihres »inneren Kindes von früher« in Ihren Erinnerungen an die Familienatmosphäre Ihrer Kindheit. Nur wenige von uns sind dem Einfluß der übertriebenen Anwendung von Zwang durch die Eltern entgangen. Die meisten von uns sind vielmehr tatsächlich in Haushalten aufgewachsen, in denen es einen stetigen Strom von Anweisungen, neuen Anweisungen, abgeänderten Anweisungen, Befehlen und Ermahnungen gab, die sämtlich in einem besorgten, ärgerlichen oder drohenden Ton ausgegeben wurden:

»Es ist schon spät. Steh jetzt endlich auf! . . . Vergiß nicht, dir die Zähne zu putzen! . . . Los, beeil dich! Dein Frühstück wird kalt . . . Du kommst noch zu spät in die Schule. Vergiß deine Handschuhe nicht . . . und die Überschuhe!

Putz dir bloß erst die Schuhe ab, bevor du reinkommst! ... Zieh dich jetzt um. Augenblicklich, hörst du! ... Geh hinaus und spiel eine halbe Stunde — und daß du mir ja kommst, wenn ich dich rufe! Hörst du? He, zeig gefälligst, daß du mich gehört hast, sag, daß du mich verstanden hast! Aber laut und deutlich!
Wasch dir jetzt die Hände. Ich hab' dich zweimal rufen müssen! ... Trink deine Milch aus! Nein, du nimmst nicht den Löffel, du nimmst die Gabel. Wie oft habe ich dir schon gesagt, du sollst gekämmt und mit gewaschenem Gesicht und sauberen Händen zu Tisch kommen ... Steh auf und steh grade! Willst du bucklig werden?
Mach jetzt deine Hausaufgaben. Mach das Radio aus! Kein Wunder, daß deine Noten nicht besser sind ... Bist du sicher, daß du alle Aufgaben gemacht hast? ... Mach dich jetzt zum Schlafengehen fertig. Es ist schon spät. Du hättest schon vor einer halben Stunde im Bett sein sollen! Sei jetzt ruhig und geh schlafen! Hör auf damit, leg dich hin und schlaf!«
Viele von uns waren dieser Art von Sperrfeuer täglich ausgesetzt. Es ist eine Form der elterlichen Angst und Sorge um das Kind — und um die eigene elterliche Zulänglichkeit. Solche Eltern versuchen oft sehr gewissenhaft, gute Eltern zu sein. In ihrem Eifer jäten und harken sie untertags im Garten der psychischen Entwicklung des Kindes und hauen auf das ein, was sie als Unkraut ansehen. In Wirklichkeit können Kinder ganz gut zurechtkommen, wenn man sie viel allein läßt und ihnen Zeit gibt, ihre eigenen Gedanken, Gefühle und Interessen zu entwickeln und zu achten; viele Eltern befürchten jedoch, dies sei eine »Vernachlässigung« des Kindes. Kinder brauchen zwar jemand, der »hinter ihnen steht«, der sie unterstützt und ihnen beisteht, andererseits brauchen sie aber auch Zeiten, in denen sie sich allein mit ihrer Umgebung auseinandersetzen können. So können sie ihre einzigartige und besondere Individualität, ihre Kräfte und Fähigkeiten und ihre schicksalhafte Bestimmung entdecken. Das hilft einem Kind bei der Entwicklung der Fähigkeit, seine eigenen Tätigkeiten in Gang zu bringen und seine Befriedigung selbsttätig zu erlangen — eine Fähigkeit, die es als Erwachsener brauchen wird.

DER KREISLAUF VON BEFEHL UND WIDERSTAND: Wenn die Atmosphäre in Ihrer Kindheit von übertriebenem Zwang bestimmt war — ausgedrückt in jenen oben dargestellten ständigen Anweisungen und Befehlen, so haben Sie als Kind auf diesen beängstigenden Druck wahrscheinlich mit ständigem Verzögern und Aufschieben Ihrer Tätigkeiten und mit Trödelei reagiert. Dies hatte freilich stets schärfere und strengere Vorschriften und Ermahnungen zur Folge. Aus Vorschriften wurden Befehle — und dann Drohungen.

Das hat vielleicht bei Ihnen zu aktivem Widerstand und Trotz geführt. Da jedoch aktiver Widerstand vielleicht Bestrafung nach sich gezogen hätte, haben Sie wahrscheinlich in irgendeiner Form passiven Widerstand geleistet. Das hat Ihnen erlaubt, weiterhin das zu tun, was Sie ohnehin schon interessierte, während Sie sich dem Anschein nach den elterlichen Vorschriften fügten. Welches Kind hat nicht gerufen: »Ja-a, ich komme«, und dann doch noch weitergespielt.

Diese Verzögerungshaltung auf seiten des Kindes erscheint den Eltern sinnlos. Viele Eltern haben, völlig verärgert über die Trödel-Taktik ihres Kindes, zu mir gesagt: »Wenn sie nur etwas Interessantes, etwas Lohnendes tun würde, könnte ich es verstehen.« Die Trödelei des Kindes hat jedoch sehr wohl einen Sinn. Sie soll seine Individualität beschützen, auf ihr beharren helfen — selbst wenn es nicht wagt, seinen Eltern zu trotzen. Es versucht zu vermeiden, daß es zu einer Puppe wird, die immer dann sich bewegt, wenn man am Schnürchen zieht. In seinem denkwürdigen Buch *»Where Did You go?« »Out.« »What Did You Do?« »Nothing.«* (Wo warst du? — Draußen. — Was hast du getan? — Nichts.) feiert Robert Paul Smith geradezu diesen passiven Widerstand. Er zeigt, wie sehr es die Kinder brauchen, daß man sie allein läßt, damit sie durch eigene Tätigkeiten wie Baumhüttenbauen oder Geschicklichkeitsspiele immer schöpferischer werden.

In diesem unglückseligen, von Gekeife erfüllten Kampf zwischen dem ständigen »Tu dies! Tu jenes!« der Eltern und der Trödelei und Tagträumerei, die die einzige Waffe und Zuflucht des Kindes sind, setzt man einen verhängnisvollen Kreislauf von Befehl und Widerstand in Gang. Dieser circulus vitiosus dehnt sich oft auf alle anderen Bereiche des Lebens aus, auf Schule, Arbeit, auf Vorschläge, die von außen kommen, ja, sogar auf einen selbst. Ein hoher Prozentsatz der »schlechten Noten«, der »geringen Fortschritte«, »Unaufmerksamkeit« und des »unzulänglichen Einsatzes der Arbeitskraft«, wie sie von Lehrern und Schulbehörden bescheinigt werden, ist auf diesen Kreislauf von Befehl und Widerstand zurückzuführen, der ein Schlüssel für den Grund einiger Ihrer früheren — und gegenwärtigen — Schwierigkeiten sein kann.

Wenn Sie in einer Atmosphäre übertriebenen Zwangs aufgewachsen sind, so fahren Sie als Erwachsener fort, sich ähnlich, wie Ihre Eltern es getan haben, Vorschriften zu machen: »Tu dies! Tu jenes!« und dann leisten Sie Ihren eigenen Befehlen Widerstand, schieben alles auf und träumen in den Tag hinein. So entwickelt sich Ihre Handlungsunfähigkeit. *Sie lähmen sich selbst, indem Sie Ihren eigenen Vorschriften genauso listig verborgenen passiven Widerstand leisten und Zerstreutheit entgegensetzen, wie Sie es früher einmal gegenüber den nachdrücklichen Befehlen Ihrer Eltern gemacht haben.*

Sich selbst Herumkommandieren — nach Art der Eltern

Sie werden die Form, die die Vorschriften und Befehle »nach Art Ihrer Eltern« annehmen, vielleicht nicht erkennen. »Ich gebe mir nicht ständig Befehle und Ermahnungen, wie es meine Mutter getan hat«, haben einige Leute gesagt, als sie zum erstenmal etwas von übertriebenem Zwang hörten. Viele Leute setzen sich täglich Ziele in der Arbeit, in sozialen Aktivitäten, in bezug auf Reinlichkeit, Geldverdienen, ja sogar Sparen, die in ihrer Lage gar nicht erreicht werden können — und sie folgen damit genau einem in ihrer Kindheit festgelegten Verhaltensmuster. Abgesehen davon, daß solche Ziele perfektionistisch sein können, geben sich solche Leute nicht genügend Zeit für die Erfüllung ihrer Aufgaben, überschätzen ihre Kraft und unterschätzen die Hindernisse, die sich ihnen in den Weg stellen, sowie ihr Bedürfnis, zu rasten und auszuruhen. Sie machen fast immer Fehlkalkulationen im Hinblick auf den Umfang der Zeit und Mühe, die für irgendwelche Tätigkeiten erforderlich sind, sei es nun die Lektüre eines Buches oder das Staubwischen oder die

Organisation einer Sitzung oder ein Tanzvergnügen. Oft könnte jemand dieser Art, wenn er einen nüchternen, realistischen und objektiven Blick auf das wirft, was zu tun er von sich erwartet, zugleich einsehen, daß einfach kein Mensch dazu in der Lage wäre.
Diese unrealistischen Erwartungen, Terminpläne und Programme — Kolonnen von Pflichten — können eben die Form darstellen, die Ihre übertriebene Ausübung von Zwang (nach Art Ihrer Eltern) Ihnen selbst gegenüber annimmt. Ein solches Soll kann nicht erfüllt werden. Diese »Pflichten« sind oft widersprüchlich und in sich unstimmig. Da sie nicht erfüllt werden können, beunruhigen sie Sie weiterhin, lassen Sie streben und sich antreiben — und Widerstand leisten. Darüber hinaus schmälern sie auf subtile Weise Ihre Bemühungen und überzeugen Sie im Grunde genommen, daß Sie faul, wertlos oder dergleichen sind, je nachdem, wie Sie sich in einer selbstherabsetzenden Stimmung nennen. Ihre Ziele müssen realistisch sein und innerhalb Ihrer Fähigkeiten und Kräfte liegen, um erfüllt werden zu können. Wenn Ihr »inneres Kind von früher« Sie in die Zwangsjacke der Abfolge von Befehl und Widerstand gesteckt hat, können Sie Ihre Ziele nicht erreichen.
Im Verlauf Ihrer selbsttätigen Befreiung Ihrer Energien aus derartigen Fesseln werden Sie zunehmend fähig sein, Ziele zu erreichen, die vernünftigen Erwartungen entsprechen. Und Sie werden sich nicht mehr selbst herabsetzen und ausschimpfen müssen.

Kulturelle Faktoren des übertriebenen Zwangs

Wir leben in einer Kultur, die übermäßig Zwang ausübt. Diese Haltung setzt sich fast überall in unseren Familien durch und wird von Generation zu Generation als »die rechte Kindererziehung« weitergegeben. Sie durchdringt unsere Schulen, unsere Arbeit und unsere Organisationen. Das Fernsehen und die anderen Massenmedien geben ständig und für alles, vom Erfolg beim Kuchenbacken bis zum Erfolg in der Mutterschaft und dem Erfolg überhaupt, ihre Parolen aus: »Tu dies! Tu das bloß nicht!« und »So ist es richtig.« und »So ist es falsch.« Wir sind an den übertriebenen Zwang als Haltung so gewöhnt, daß uns diese unterdrückend-manipulativen

und fordernden Werbesendungen im Fernsehen und die Angst produzierenden Artikel in der Presse als richtig erscheinen.
Die Eltern glauben, das ständige Herumdirigieren und Ermahnen des Kindes beruhe nur auf Liebe und Sorge um sein Wohlergehen. Oft erkennen die Eltern nicht, daß viele ihrer Befehle darauf abzielen, Entbehrungen wettzumachen, die sie selbst erlebt haben. Das Kind *kann* die Kindheitsgefühle der Eltern *nicht* erleben, da es ein anderes Individuum in einer anderen Lage ist. »Meine Mutter hatte nie das Geld, um uns Musikunterricht zu ermöglichen; ich will, daß mein Kind beliebt ist und andere Leute mit seinem Spiel unterhalten kann. Deshalb sorge ich auch dafür, daß sie lernt, die Kleine«, mag eine solche Mutter sagen.
Für den Lehrer scheinen die Zwangsmaßnahmen zum Unterrichten, zur Klarstellung und zur Disziplinierung unbedingt notwendig zu sein.
Dem Arbeitgeber und dem Ausschußvorsitzenden erscheint der übertriebene Zwang als »der einzige Weg, um irgend etwas zu erreichen«.
Oft ist all der Druck bei weitem übertrieben — und erzeugt einen Gegendruck bzw. Widerstand, der jede Aufgabe nur noch schwerer macht.
Da unser Widerstand manchmal sogar uns selbst verborgen bleibt, und da der übertriebene Zwang von unserer Kultur eine verderbliche, allgegenwärtige Verstärkung erfährt, ist er als Haltung oft schwer zu erkennen und zu behandeln. Wir haben uns so daran gewöhnt, daß uns der Zwang als recht und gut und nötig und in Ordnung erscheint und uns ein entsprechendes Gefühl vermittelt.
Vielleicht meinen Sie, daß all das »Sollen« und »Müssen« nötig sei, um Sie davor zu bewahren, »auseinanderzufallen«. In Wirklichkeit sind sie nur die Fortsetzung der alten »Zwangsmaßnahmen« von seiten Ihrer Eltern; — in Wirklichkeit müssen Sie lernen, bei Ihren Zielsetzungen in der Rolle Ihrer Eltern sich selbst gegenüber eine freundlichere und realistischere Haltung einzunehmen.
Sie werden eine Zeitlang Angst verspüren, wenn Sie einmal leben, ohne sich ständig selbst anzutreiben. Sie fühlen sich bei dem geringeren inneren Druck nicht »daheim«, so wie sich oft Leute aus der Stadt in der Stille der Felder und Wälder erst einmal nicht wohl-

fühlen können. Aber wenn Sie all den Zwang — sowohl den elterlichen als auch den kulturellen — erkennen und abschaffen, der Ihre Bemühungen seit eh und je blockiert hat, werden Sie feststellen, daß diese Angst allmählich abnimmt. Eine Agst dieser Art ist eigentlich das erste Anzeichen dafür, daß Sie in einer neuartigen Weise mit sich umgehen. Wenn Sie allmählich leistungsfähiger werden und in ihrer Arbeit Befriedigung finden, werden Sie auch ein neues Selbstvertrauen entwickeln und sich Ihrer Fähigkeiten so sicher werden, daß Sie die alte Sicherheit des Vertrauten nicht mehr brauchen.

Wie haben Sie Widerstand geleistet?

Beim Verstehen und Bewältigen der Widerstände Ihres »inneren Kindes von früher«, die Ihre Bemühungen durchkreuzen, kann es Ihnen vielleicht helfen, zu wissen, daß diese Reaktionen sich gewöhnlich in drei deutlich voneinander unterscheidbare Verhaltensmuster aufteilen. Obwohl diese Muster aus der Kindheit vermischt und in verschiedenen Bereichen verschieden stark auftreten können, werden sie im allgemeinen im Erwachsenenleben aufrechterhalten — und formen Ihre grundlegende Art des Umgangs mit Ihren eigenen strengen Geboten, die Sie sich selbst geben. Diese Verhaltensmuster sind:

1. *Fügsamkeit:* Wenn die Eltern, der Vater oder die Mutter, früh genug anfangen, auf das Kind Zwang auszuüben und auch durchgehend dabei bleiben, folgt das Kind im allgemeinen jeder Anweisung fügsam und ohne Widerstand. Ein solches Kind gehorcht den Eltern ohne Fragen oder Widerspruch, um die Liebe seiner Eltern nicht zu verlieren. Wenn es heranwächst, überträgt es dieselbe fraglose Fügsamkeit auf Lehrer und Arbeitgeber. Auch als Erwachsener fühlt sich ein derartiger Mensch verloren. Er braucht jemand, der ihm sagt, was er tun soll. Er ist unfähig, selbständig etwas in Gang zu bringen oder zu handeln, und findet es unangenehm und sogar schreckenerregend, diese Art von Verantwortung für seine Handlungen zu übernehmen. Im allgemeinen findet er seinen Weg in einem festumrissenen Beruf, der ihm starre und festgelegte Grenzen im Hinblick auf das bietet, was er tun soll und was nicht. Er

führt dann diese festgesetzten Funktionen sehr gut aus. Aber er will und braucht, daß man ihm jederzeit sagt, was er tun soll, und kann buchstäblich auf keine andere Weise leben und arbeiten. In einem solchen Menschen entstehen dann Konflikte, wenn niemand vorhanden ist, der ihm sagt, was er tun soll.

2. *Aktiver Widerstand:* Wenn der elterliche Zwang relativ spät in der Entwicklung des Kindes eingesetzt hat, nachdem das Kind bereits ein gewisses Gefühl für seine eigenen Fähigkeiten und Kräfte entwickelt hat, so kann es sein, daß das Kind ein Verhaltensmuster des Widerstands und des Trotzes gegenüber Anweisungen der Eltern annimmt. Das kann unter Umständen noch schärfere und bedrohlichere Formen des Zwangs auf seiten der Eltern hervorrufen, die das Kind zum Gehorsam zwingen wollen. Eltern und Kind können in wiederholten Konflikt geraten, wobei sich der Erwachsene nur deshalb durchsetzt, weil er stärker ist. Die Eltern besitzen auch eine wirkungsvolle Waffe: die Zurückhaltung von Zuneigung und Anerkennung, die das Kind — obwohl es trotzig ist — immer noch verzweifelt nötig hat. Das Kind gibt vielleicht haßerfüllt seine eigenen Interessen und Gedanken auf, aber es sagt dabei in Wirklichkeit zu sich selbst: »Gut, du bist größer als ich und du hast mich untergekriegt; aber warte nur, bis ich stärker bin.« Dieses Muster mag sich während der ganzen Kindheit halten — und auch noch beim Erwachsenen vorhanden sein.

Das »innere Kind von früher« eines solchen Erwachsenen ist immer noch voller Haß. Es widersteht jeder Anweisung aktiv und nimmt oft tatsächlich gegenüber jeder Autoritätsperson eine herausfordernde Haltung ein. Es bockt fast automatisch, wenn ihm irgend jemand etwas vorschlägt oder befiehlt. Der Erwachsene begreift jedoch seine Situation und kann daher seinen Trotz abschwächen; er wird auch durch die Notwendigkeit gemildert, daß sich der Betreffende seinen Lebensunterhalt verdienen muß. Er akzeptiert vielleicht Vorschriften, aber das geschieht oft mit derselben kindlichen Reaktion: »Gut, du bist größer als ich und du hast mich untergekriegt (weil ich diese Arbeit brauche), aber warte nur, bis ich stärker bin.« Da in ihm immer noch der Groll aus der Kindheit lodert, ist er gegenüber dem, was in der Realität notwendige Direktive ist, oft unnötig streitsüchtig und haßerfüllt.

Aber wenn man einem solchen Menschen ein Minimum an Direktiven gibt und ihm erlaubt, selbständig etwas in Gang zu bringen und zu arbeiten, kann er ausgezeichnete Arbeit leisten und in ihr echte Befriedigung finden. Sein fortdauerndes kindliches Bedürfnis nach aktivem Widerstand ist jedoch häufig so stark, daß er Vorschläge und Rat von anderen in ganz unnötiger Weise in drohenden Zwang umbiegt — dem er trotzen muß, wobei er in sich und anderen Spannung und Angst, die alte Atmosphäre seiner Kindheit, erzeugt.

3. *Passiver Widerstand:* Dies ist das verbreitetste Widerstandsmuster. Wenn Vater oder Mutter Vorschriften mit übertriebenem Zwang durchsetzen und Zwang geradezu anerziehen, wenn das Kind schon begonnen hat, seine eigene Widerstandskraft zu spüren, aber ehe es fähig ist, den Eltern aktiv zu trotzen, können verschiedene Grade von passivem Widerstand entstehen. Das Kind bummelt und schiebt alles auf, wenn es sich den elterlichen Anweisungen unterwirft. Trägt man ihm etwas auf, antwortet es: »Ja, gleich.« Wird der Auftrag wiederholt ausgesprochen, sagt es: »Ich komme« — und läßt sich immer noch Zeit, schiebt auf die lange Bank, was es wirklich interessiert, und bekommt gleichzeitig Angst vor der drohenden elterlichen Mißbilligung. Seine Verzögerungstaktik ruft noch schärfere elterliche Befehle auf den Plan, die nun offen unter Ausübung von Zwang durchgesetzt werden; und so kann sich das Verhaltensmuster von Befehl und Widerstand fortsetzen, wobei die Eltern immer wieder Zwang und Zorn einsetzen, um zu ihrem Ziel zu gelangen.

Der Kreislauf von Befehl und Widerstand quält die meisten Erwachsenen in verschiedenem Grad und in unterschiedlichen Bereichen. In der Rolle ihrer eigenen Eltern fahren sie fort, ihren eigenen Vorschriften passiven Widerstand entgegenzusetzen — sie schieben alles auf, träumen in den Tag hinein, verzögern alles und sind ständig von irgend etwas abgelenkt. Je mehr sie sich selber antreiben, desto wichtiger und faszinierender erscheint der Gegenstand der Ablenkung. Sie haben für sich selbst dieselbe Art von Entschuldigungen bereit wie einst für ihre Eltern und setzen ihre Zerstreutheit und ihre Verzögerungstechnik fort, bis — wie es oft geschieht — eine echte Bedrohung von außen entsteht. Dann fügen sie sich grollend. Sie murmeln ihren Trotz vor sich hin und sagen zu sich, sie sollten sich eigentlich aus dieser Lage befreien und etwas Unabhängiges aufziehen. Aber ihr eigener Widerstand gegen ihr aktives »Sollen« sorgt dafür, daß dieser Aufbruch im Bereich der Tagträume bleibt. Genau das passiert oft dem Mann, der ewig davon redet, er wolle sein eigener Chef sein und selbständig wirtschaften und ein Geschäft aufziehen.

Ein Fall von passivem Widerstand

Der Mensch, der in dem Verhaltensmuster des passiven Widerstands gefangen ist, erreicht selten das, was er zu tun in der Lage wäre. Ein junger Rechtsanwalt, der mit dieser besonderen pathogenen Haltung geschlagen ist, versucht immer wieder vorwärtszukommen — aber irgendwie kommt er morgens nie in Schwung. In seinem Büro kommt er früh an, ist wach, wirkt frisch und sauber und ermahnt sich selbst, »wirklich zur Sache zu kommen«. Aber nachdem er sein Schreibzeug und seine Papiere geordnet hat und die erforderlichen Gesetzbücher bereitgestellt hat, setzt er sich hinter seinen Schreibtisch — und kann und kann nicht anfangen zu arbeiten. Jack kann sich einfach nicht entscheiden, womit er anfangen soll, und er fängt an, im Geiste nochmal durchzugehen, was er tun wollte.

Nach ein paar Minuten steht er auf. Nichts stimmt. Er spitzt Bleistifte, raucht, versucht sich zu entspannen, indem er Zeitung liest. Diese Zerstreutheit wird schließlich so stark, daß er von ihr abläßt und nochmal versucht anzufangen. Er läßt sich mehr Bücher aus der Praxisbibliothek kommen, er spitzt noch einmal die Bleistifte. Er macht einige Notizen zu früheren Fällen und liest alte Fälle nochmal durch. Er entdeckt Besonderheiten im Gesetz und bewundert die Gesetzgeber. Er aber beschließt seinen Tag mit nur wenigen unbedeutenden Notizen — die jeder beliebige Rechtsanwalt, der von dem betreffenden Problem erfährt, hätte machen können. Er geht mürrisch nach Hause, ärgert sich über sich selbst, ist gereizt wegen des (älteren) Partners, der durch seine Unproduktivität aufgehalten wird und ihn kurz vor Büroschluß zu sich gerufen hat, um herauszufinden, ob er fertig sei.

Zu Hause meckert und nörgelt er, bis durch den Beistand seiner Frau der Schaden nicht mehr so schwerwiegend erscheint, den seine Unproduktivität seinem Selbstwertgefühl zugefügt hat. Morgen wird er wirklich an die Arbeit gehen, verspricht er sich. Er versucht darüber nachzudenken, wie er diesen Schriftsatz morgen abfassen wird, und gleitet in einen Tagtraum hinein, in dem sein Partner dankbar hereingestürzt kommt, um ihm zu gratulieren; der Richter ist beeindruckt, der Klient gibt seiner Anerkennung Ausdruck und die Gegenpartei nimmt respektvoll Notiz von ihm. Er genießt Janices tröstende Haltung (»Armer Jack, du arbeitest so viel an diesen verstaubten alten Fällen«) und beschließt, es morgen besser zu machen.
Aber am andern Tag passiert dasselbe — und auch am Tag darauf. Die Frage ist jetzt — so sagt er — wie lange Janice, die selber mit einer ebenso umfangreichen Aufgabe beschäftigt ist — sie führt den Haushalt und versorgt die beiden kleinen Kinder — »mir noch glauben wird, vor allem, wenn ich meine Arbeit verliere, was durchaus passieren kann, wenn ich nicht da herauskomme«. Diese Befürchtungen, die nicht völlig grundlos sind, sind die ganze Zeit über so bedrohend, üben einen solchen Zwang aus und rufen so große Angst hervor, daß sie ihn schließlich zwingen, sich an die Arbeit zu machen.
Anstelle der hervorragenden Karriere jedoch, die Jack zu machen erwartete, kommt er gerade so recht und schlecht über die Runden, mit viel Nörgeln und Unzufriedenheit, mit Entschuldigungen und Alibis, Angst und Quälerei. Alles in allem repetiert Jack bloß ein kindliches Verhaltensmuster — er leistet allem Widerstand, was von ihm erwartet wird, sei es von seiner Frau oder von seinem Geschäftspartner. Er ist ein fähiger Mann und intelligent, aber er weigert sich, etwas in Angriff zu nehmen und auch durchzuführen, bis eine schwerwiegende Drohung auf ihn zukommt. Als Kind hat er den Anweisungen seiner Mutter und seines Vaters in eben dieser passiven Weise solange Widerstand geleistet, bis sie eine Drohung aussprachen. In seinem Leben als Erwachsener führen ihn dieselben Tendenzen dahin, daß er Gefahr läuft, entlassen zu werden oder die Sympathie und die Liebe seiner Frau zu verlieren.
So gehen viele Menschen durch das Leben. Unnötigerweise unglück-

lich, zeitweise ängstlich, furchtsam und verärgert, unfähig, zu erreichen, wozu sie befähigt sind — oder was sie tun wollen —, sind sie mit sich und ihren Bemühungen unzufrieden. Wenn sie bei Beförderungen übergangen werden, sehen sie oft erst ein, daß da etwas nicht stimmt. Sie wissen irgendwie, daß »ich nicht gut mit mir umgehe. Es sollte mir eigentlich leichtfallen, aber ich komme irgendwie einfach nicht dazu, weil ich so erschöpft bin«.

Wie man körperliche Ursachen von Müdigkeit ausschließt

Geringe Produktivität ist das erste Zeichen — und Ergebnis — des Widerstands des »inneren Kindes von früher«. Müdigkeit ist ein weiteres bedeutsames Zeichen. Hausfrauen z. B., deren Arbeit von ihrer inneren Verfassung abhängt, klagen oft hauptsächlich über Müdigkeit. Alle Leute, die unter Müdigkeit leiden, sollten sich einer gründlichen körperlichen Untersuchung unterziehen, um Anämie, Schilddrüsenunterfunktion und andere schwächende Krankheiten auszuschließen. Kann diese mögliche körperliche Erklärung der Müdigkeit ausgeschlossen werden, richtet sich der Verdacht in erster Linie auf den inneren Kreislauf von Befehl und Widerstand. Ich kenne eine Frau, die vor allem über einen chronischen Erschöpfungszustand klagt. Ein Arzt schickte sie zu mir, da er keine körperlichen Kranheitssymptome finden konnte. Aus ihrer Kindheitsgeschichte ist klar ersichtlich, daß ihre Unfähigkeit, ihre Arbeit im Haushalt zu tun, in erster Linie eine Reaktion ihres »Kindes von früher« ist, das unter übertriebenem Zwang zu leiden hatte. Sie läßt alle Arbeit im Haus stehen, wäscht nicht und bügelt nicht, weil »ich zu erschöpft bin, um auch nur einen Finger zu rühren«.

Dann hat ihr Mann auf einmal keine frischen Hemden mehr, eine Gruppe ihrer Pfarrgemeinde, der sie angehört, will sich in ihrem Haus treffen — und sie ist die halbe Nacht auf den Beinen und erledigt unter größter Anstrengung ihre Wäsche, das Bügeln und den Abwasch. Und dann ist sie wirklich erschöpft. Das Verhaltensmuster des Widerstands gegen sich selbst und der Erschöpfung wird sich solange halten, bis sie den Kreislauf von Befehl und Widerstand durchbricht, der ihr Leben beherrscht.

Die Frau, die den Rekrutenausbilder betäubte

Der Widerstand kann die Form von Krankheitssymptomen annehmen oder von anderen Problemen überschattet und erschwert werden, wie z. B. vom Alkoholismus. Ich kenne eine Frau, die ihre Hausarbeit nicht tun konnte, bevor sie etwas getrunken hatte. Wenn sie nicht getrunken hatte, trieb sie sich ärgerlich und schimpfend ans Reinemachen — und stockte dann innerhalb kürzester Zeit, da sie sich erschöpft und verärgert fühlte. Wenn sie etwas getrunken hatte, konnte sie energisch an die Arbeit gehen und sie mit Erfolg hinter sich bringen.

Aber ihr heimliches Trinken machte ihr Angst — und sie schalt sich dafür. Das hat sie tatsächlich am Ende veranlaßt, zu mir zu kommen. Je mehr sie sich für ihre Trinkerei schalt, desto bedrückter wurde sie und desto weniger war sie in der Lage, ihre Haushaltsarbeiten zu tun. Aber das Trinken half ihr immer, ihren Widerstand gegen die Arbeit zu überwinden. Sobald sie den bellenden und finster dreinschauenden »Rekrutenausbilder« in sich, der ihr zu arbeiten befahl, auf diese Weise betäubt hatte, konnte sie selber die Initiative ergreifen und ihre Arbeit erledigen. Aber das Trinken stürzte sie am Tag darauf in nur noch schlimmere Selbstvorwürfe und Depressionen, und sie fürchtete, Alkoholikerin zu werden.

Diese Frau war in einer Familie aufgewachsen, in der ein strenger Großvater mit absoluter Autorität alles beherrschte und regierte. Der Haushalt, die Mahlzeiten und das Verhalten aller Familienangehörigen, ihre Eltern eingeschlossen, waren seiner peinlichen Genauigkeit, seinem Schalten und Kommandieren ausgesetzt. Als meine Patientin erwachsen wurde, konnte sie diese autoritäre Atmosphäre — und ihren Widerstand dagegen — nur mit Alkohol beseitigen. Doch stets am nächsten Tag spielte sie sich selbst gegenüber die Rolle des Großvaters nur um so grausamer.

Bereiche des Widerstands

Sie erkennen vielleicht schon, daß Ihre Saumseligkeit, Ihre Zeitverschwendung und die Unfähigkeit, »in Schwung zu kommen«, auf bestimmte Bereiche oder spezifische Tätigkeiten beschränkt sind, die Sie als Ihre »Pflichten« oder Verantwortlichkeiten betrachten. Die meisten Eltern haben dem Kind nur in bestimmten Bereichen übertriebenen Zwang auferlegt, in Bereichen, die ihnen besonders wichtig waren — wahrscheinlich weil ihre eigenen Eltern auf diese Bereiche solchen Wert legten. Infolge dieser selektiven Anwendungen von übertriebenem Zwang können manche Menschen in einigen Lebensbereichen gut funktionieren, während sie in anderen Bereichen immer noch in einem Kräfte verschleißenden, unglückseligen und anscheinend unbeherrschbaren Verhaltensmuster von Befehl und Widerstand gefangen sind. Andererseits kann eine starke Neigung zu übertriebenem Zwang in einem beliebigen Bereich dazu führen, daß sich der resultierende Widerstand auf viele andere Bereiche ausbreitet.

Oft sind die Bereiche, in denen der übertriebene Zwang sich weiterhin durchsetzt, für das volle Genießen des Lebens und die Entwicklung des ganzen eigenen Potentials als Individuum wichtig. Übertriebener Zwang kann eine lähmende Behinderung erzeugen, die sich von Lähmungserscheinungen an gewissen Gelenken, hervorgerufen durch ein chronisches Leiden wie Arthritis, nicht so sehr unterscheidet. Die Frau, die heimlich trinken mußte, um ihre Hausarbeit tun zu können, ist ein Beispiel für diesen selektiven übertriebenen Zwang. Die endlosen Vorwürfe ihres Großvaters wegen ihrer kindlichen »Faulheit« und ihre »Pflichten« als Mädchen für alles führten — was das Reinemachen anbelangt — zu einem wildwütigen Kreislauf von Befehl und Widerstand.

»Er konnte es nicht ertragen, wenn er sah, daß ich spielte oder dasaß und ein Buch las oder einfach nichts tat«, erzählte sie mir. »Ich verbrachte meine Kindheit damit, Dinge abzustauben, die am gleichen Tag schon zweimal abgestaubt worden waren. Er machte mich oft zur Lügnerin. Ich meine damit, daß ich immer wieder vorgab zu arbeiten, indem ich ein Staubtuch in der Hand hielt und gelegentlich mal irgendwo drüberwischte, während ich versuchte, ein

Buch zu lesen«, fügte sie erbittert hinzu. Selbst als sie nach ihrer Heirat das eigene Heim wirklich sauber machen und Staub wischen wollte, konnte sie es nicht, ohne etwas getrunken zu haben, bis sie schließlich einsah, daß sie tatsächlich ihren eigenen kindlichen Widerstand gegen die groben Beschimpfungen ihres Großvaters fortsetzte. Ihre Eltern waren in ihrer eigenen Kindheit derartigem Zwang ausgesetzt gewesen, daß sie die Befehle des Großvaters fügsam befolgten und so seine Machtstellung verstärkten.

Im allgemeinen akzeptieren Eltern, die in der eigenen Kindheit übertriebenen Zwang an sich selbst erfahren haben, diesen als die rechte Handlungs- und Verhaltensweise für Erwachsene oder für Eltern und machen es selber genauso — oder aber sie lehnen sich in einigen Bereichen dagegen auf, um ihre eigene Individualität zu behaupten. Die Eltern z. B., die in ihrer Kindheit gezwungen wurden, »alles zu essen, was auf den Tisch kam«, bestehen gegenüber dem eigenen Kind entweder auch darauf — oder sie sind auf ihr heikles Kind stolz. Auf diese Weise triumphieren sie durch ihr Kind über den übertriebenen Zwang, dem sie selbst ausgesetzt waren, auch wenn das Kind dabei keine gesunden Eßgewohnheiten entwikkeln kann und ebenfalls zu leiden hat.

Aspekte des übertriebenen Zwangs

In jedem beliebigen Lebensbereich kann es Widerstände geben, angefangen von der Gesundheit, Reinlichkeit und Sicherheit bis hin zu Arbeit, Pünktlichkeit, Sexualität, Religion, Wissenschaftlichkeit, gesellschaftlicher Stellung und Unterhaltung. Das hilft uns verstehen, warum einige Menschen nicht in die Kirche kommen, warum viele Leute nicht pünktlich sind, warum sportliche und zwanglose Kleidung praktisch unsere Nationaltracht für Männer und Frauen ist und warum Teenager und Studenten schlampig aussehende alte T-Shirts und Bluejeans zu ihrer charakteristischen Kleidung gemacht haben. Das kann auch erklären helfen, warum das »Krankfeiern«, das uns jährlich Millionen Dollar an Produktionsausfällen kostet, die Industrie plagt. Besonders schwer geschlagen sind Fabriken mit Massenproduktion, in denen sich der Arbeiter ohnehin

schon durch den Charakter der Arbeit und die ständigen Anweisungen von Vorgesetzten und Meistern und die Forderungen nach Produktionssteigerung seiner Individualität beraubt fühlt. Diese Streiktaktiken des »Sitzstreiks« und des »Diensts nach Vorschrift« beruhen, psychologisch gesehen, auf dem Widerstand des »inneren Kindes von früher« gegen übertriebenen Zwang.
Andere Bereiche, in denen sich der haßerfüllte Widerstand des »inneren Kindes von früher« häufig äußert, sind:

UMGANGSFORMEN: Der Mensch, der andere nicht vorstellen oder normal höflich sein kann, ohne dabei in peinliche Schwierigkeiten zu geraten, reagiert häufig auf beharrlich autoritäre Eltern, die sagten: »So, mein Lieber, jetzt stell mal jedem hier im Zimmer deinen kleinen Freund vor — und mach es richtig! Denk daran, daß man einen Mann einer Dame vorstellt und nicht umgekehrt!«

LESEN: Die Unfähigkeit vieler Leute, zum Spaß und zur Freude oder zur Bereicherung ihres Wissens zu lesen, entsteht oft, weil eine gewisse anfängliche Langsamkeit im Lesen den Lehrer veranlaßt hat, den Eltern zum Drill des Kindes zu raten — was sie dann auch mit beträchtlicher Einschüchterung und mit bedrohlichem übertriebenem Zwang taten.

TRINKEN: Bier-, Whisky- und Kaffeetrinken ist in Wirklichkeit oft ein Akt des Protests und des Trotzes gegen spezielle elterliche Zwänge im Hinblick auf derartigen Konsum. Es kann auch eine Reaktion auf eine Kindheitsatmosphäre sein, in der die übertriebene Anwendung von Zwang die alles beherrschende Haltung war.

PROMISKUITÄT: In vielen Fällen entwickelt sich Promiskuität aufgrund von drohenden Warnungen und Verboten autoritärer Eltern. Die Oberschülerin, die das »Mädchen für alle« ist, der alle nachlaufen, hat oft Eltern, die sie ständig vor den Übeln des Küssens, Schmusens und des Pettings warnen und sie bestürmen, anständig zu bleiben. Auf den elterlichen Befehl »du darfst niemals ...« reagiert in solchen Situationen insgeheim die Stimme des Widerstands: »Ich kann und ich will mein eigenes Leben leben.« Andere Aspekte des Zwangs bei sexuellen und ehelichen Schwierigkeiten wollen wir in einem späteren Abschnitt diskutieren.

ESSEN: Der Kreislauf von Befehl und Widerstand tritt besonders deutlich in dem zutage, was viele Leute nicht (essen) mögen, sowie bei Frauen, die nach einer Diät zu leben versuchen. Wer hat nicht schon die einem Ritual ähnliche elterliche Aufforderung an sich selbst »ich darf wirklich nicht« beobachtet, auf die dann gleich ein wahres Versinken in kalorienreichen Kuchen oder Nachspeisen folgt?

GELD: Kinder, die jeden Pfennig zweimal umdrehen mußten und des Geldes wegen häufig ermahnt und geplagt worden sind, sind oft als Erwachsene dem Geld gegenüber völlig sorglos. Viele »Spontankäufe«, die zu unverhältnismäßigem Geldausgeben führen, sind eine Widerstandsreaktion auf die Fortsetzung dieser früheren zwanghaften Haltungen gegenüber dem Geld. Das »Ich kann es mir nicht leisten« wird von dem mächtigen Impuls überwältigt, um jeden Preis zu trotzen.

UNTERHALTUNGEN: Partygängerei, Unterhaltung, Kartenspielen und Fernsehen bis zum Sendeschluß beruhen oft darauf, daß man strikten Schlafenszeiten sowie übertriebenem Zwang trotzt, der sich gegen derartige Aktivitäten richtete; oft ist aber auch ein entsprechender Mangel in der Kindheit der Grund zu solchem Verhalten.
Sie müssen nicht unbedingt übertrieben autoritäre Eltern gehabt haben, bloß weil übertriebener Zwang so verbreitet ist. Nicht aller Widerstand stammt aus dem Kreislauf von Befehl und Widerstand — und Sie finden vielleicht heraus, daß Sie sich nicht so autoritär behandeln. Den besten Zugang zur Erinnerung an die besonderen Bereiche oder Tätigkeiten, in denen Ihre Eltern in übertriebener Weise Zwang ausgeübt haben, werden Sie in Ihren heutigen Schwierigkeiten finden. Bereiche, in denen Sie Ihren eigenen Bemühungen heimlich Widerstand leisten, sind gewöhnlich solche, in denen Sie als Kind übertriebenen Zwang erlebt haben. Sie entdekken vielleicht, daß Sie das ganze Leben so ansehen, als gäbe es darin nur Zwang — daß Sie gegen viele Aspekte des Lebens, also auch ge-

gen Sitte und Brauch, einen alten Groll hegen und sich widersetzen; Sie tun dies vor allem dann, wenn man von Ihnen erwartet, Sie sollten etwas tun, Sie sollten kochen, essen, pünktlich sein, arbeiten, sauber sein, höflich sein, heiraten, irgendeine notwendige Sache in Gang bringen und Verantwortung für sich und andere übernehmen. In einem solchen Fall würde alles darauf hindeuten, daß Sie als Kind unter äußerst übertriebenem Zwang zu leiden hatten und daß Sie sogar noch heute, lange nachdem die ursprünglichen Befehle ihrer Eltern und Lehrer verhallt sind, unentwegt Widerstand leisten.

Widerstand, sei er nun passiv oder aktiv, kommt nach dem Befehl. Damit man einem Befehl Widerstand leisten kann, muß er erst einmal vorhanden sein. Als Erwachsener erlegt man sich Forderungen fast immer selber auf, außer in bestimmten Bereichen, wie der Arbeit, in denen ein Befehl etwas Selbstverständliches ist. Wenn Sie verstehen, wie dieser Grundmechanismus von Befehl und Widerstand in Ihnen funktioniert, können Sie Ihren eigenen übertriebenen Zwang sich selbst gegenüber — sowie das entsprechende Bedürfnis, sich ihm zu widersetzen — leichter vermindern.

Versucht man die vielen Fragen zu lösen, die bei der Betrachtung von Widerstandsphänomenen zwangsläufig auftauchen, so muß man zunächst einmal erkennen, daß Widerstand nicht notwendigerweise Vereitelung der eigenen Bemühungen ist und Zwang nicht unbedingt von den Eltern stammt. Manchmal ist Widerstand der einzige Weg, auf dem der Individualität Ausdruck verliehen werden kann. Es gibt im Leben berühmter Leute ziemlich aufsehenerregende Beispiele dieser Tatsache. Glenn Cunningham erlitt als Kind schwere Verbrennungen, und man sagte ihm, er werde nie gehen können; aber er wurde schließlich einer der berühmtesten Langstreckenläufer der Welt, weil er sich diesem »Spruch« widersetzte. Theodore Roosevelt, der als Kind schwer asthmatisch war, widersetzte sich allen Bemühungen anderer Leute, ihn zur Aufgabe seiner leichtathletischen Aktivitäten zu bringen, ging in den Westen, um seine Körperkraft zu trainieren, und weigerte sich, den Rat der Erwachsenen anzunehmen, der ihn zum Invaliden gestempelt hätte. Franklin D. Roosevelts heroischer Widerstand gegen seine spinale Kinderlähmung wiederum ermöglichte es ihm, Präsident der Ver-

einigten Staaten zu werden. Ebenso war, auf nationaler Ebene, der Widerstand gegen Befehle, die mit Zwang und Gewalt durchgesetzt werden sollten, der Lebensnerv der Franzosen und anderer Völker, deren Länder im Zweiten Weltkrieg von den Nazis besetzt waren. Die Entwicklung und Weiterentwicklung des Individuums kann die Folge eines solchen Trotzes sein.
Aber wenn Sie sich selbst unerbittliche Forderungen auferlegen, dadurch die alten Haltungen Ihrer Eltern fortsetzen — und sich ihnen dann widersetzen, schließlich Zeit verschwenden und alles verzögern und hinausschieben —, dann schaden Sie sich selbst.

Die Auswirkungen des übertriebenen Zwangs auf Sexualität und Ehe

Erbitterter Haß und Chaos in einer Ehe in der Gegenwart können die Folge von übertriebenem Zwang sein, den man in der Vergangenheit erlebt hat. Weit öfter ist die Folge jedoch ein beharrliches und unglückseliges Gefühl der Sinnlosigkeit, des »Das führt doch nirgendwo hin«, ein unklarer Schmerz und eine Art von Erschöpfung, da nichts nach Plan zu laufen scheint. Die Ehe beinhaltet alle Arten von Erwartungen im Hinblick auf den Ehepartner und auf das, was die »Pflichten« und »Verantwortlichkeiten« des Mannes und der Frau ausmacht. Diese Erwartungen sind kaum je untersucht worden, außer vielleicht in einem höchst romantischen Licht. Dies macht die Ehe zu einem Nährboden, auf dem autoritäre Forderungen, unterdrückter Ärger sowie passiver und aktiver Widerstand bestens gedeihen. Da die Haltung des übertriebenen Zwangs in unserer Gesellschaft und in jeder Familie allgegenwärtig ist, entkommen nur sehr wenige Ehen dieser Art von Schwierigkeiten ganz.
Manchmal werden diese Probleme von Befehl und Widerstand nicht zur Kenntnis genommen oder übergangen, bis Kinder kommen. Und dann gibt es womöglich wegen der Kindererziehung ernsthafte Zusammenstöße und Krisen — wobei die Kinder oft den ganzen Groll aushalten müssen, der in Wirklichkeit dem Ehepartner gilt. Und oft werden die Kinder derselben Tyrannei des Her-

umkommandierens unterworfen, auf die Vater oder Mutter immer noch reagieren. Ein junger Vater oder eine junge Mutter, die an ihrer Zulänglichkeit als Eltern zweifeln, fallen oft auf jene Haltungen des übertriebenen Zwangs zurück, die in ihrer Erziehung im Vordergrund standen und die für sie eine sichere Methode darstellen, »gute Eltern« zu werden — wollen doch die meisten Eltern um jeden Preis »gute Eltern« sein und kennen oft keine andere Methode.

Der Partner wird in den autoritären Vater (die autoritäre Mutter) verwandelt

In der Ehe neigt der Partner, dessen »inneres Kind von früher« den »Geboten der Ehe« im allgemeinen mehr Widerstand leistet, oft dazu, den anderen Partner durch Trödelei und Verzögerungstaktiken in einen autoritären Elternteil zu verwandeln. Dann nämlich spricht tatsächlich *jemand bestimmter* die Befehle und Forderungen aus — und die Schlafmütze leistet Widerstand. Das hat mit dem Geschlecht des Partners vielleicht nichts zu tun. So jedenfalls kann man vermeiden, die Last der Verantwortung auf sich zu nehmen, und man kann — was noch wichtiger ist — die Sicherheit des alten Musters von Befehl und Widerstand aufrechterhalten.

So ist mancher Ehemann gezwungen worden, Zwang auszuüben und fordernd aufzutreten, wenn es um die mangelnde Sauberkeit im Haus ging, um die Unregelmäßigkeit der Mahlzeiten und um das ungepflegte Aussehen der Kinder — weil die übertrieben autoritäre Mutter seiner Frau sie der Möglichkeit beraubt hat, Haushaltsarbeiten freiwillig in Angriff zu nehmen und durchzuführen. Der Widerstand seiner Frau verlangt nach Zwang und Druck hinter den Forderungen, damit sie überhaupt irgend etwas tun kann. In ähnlicher Weise ist so manche Frau zur nörgelnden Xanthippe gemacht worden, weil ihr Mann trödelt und alles hinausschiebt und sich den Forderungen seiner Eltern, dies und jenes zu tun, immer noch widersetzt. Die Bitte, eine kaputte Jalousie zu reparieren oder ein Scharnier zu ölen, ruft augenblicklich ein Verhaltensmuster von

Widerstand und Verzögerung auf den Plan, das tagelang wirksam sein kann. Oft müssen die Ehefrauen dann Verantwortungen übernehmen, die normalerweise von den Ehemännern getragen werden, um entweder das Erforderliche zu erledigen oder einen Krach zu vermeiden.

Die Situationen, in denen übertriebener Zwang und der daraus resultierende Widerstand in der Ehe eine entscheidende Rolle spielen, sind unzählig. Der Mann, der sich weigert, Verantwortung zu übernehmen, zwingt oft seine Frau, dies zu tun — und kann sie in dieser Rolle dann nicht leiden. In vielen Familien will die Frau, daß man ihr sagt, was sie tun soll, und kann nichts tun, bis das geschehen ist — und dann paßt es ihr aber auch nicht. Jeder kennt die Frau, die sich einen neuen Hut kauft und schon weiß, daß er ihrem Mann nicht gefallen wird — und ihm dann seine Meinung über den Hut entlockt. Wenn er ihr seine ehrliche Meinung sagt, ist sie gekränkt und schmollt.

Erwartungen werden Pflichten: Es ist nahezu unvermeidlich, daß in die meisten Ehen Erwartungen eingebracht werden, was ein Ehemann oder eine Ehefrau *tun sollen.* Diese Erwartungen sind stets von unrealistischen Hoffnungen und Reaktionen auf die eigenen Eltern gefärbt und verzerrt. In der Ehe werden diese Erwartungen oft zu »Pflichten« — und provozieren vor allem passiven, oft aber auch aktiven Widerstand. Hinzu kommt, daß die sich wandelnde Rolle der Frauen — die eine Änderung der Rolle der Männer notwendig macht — in vielen Familien zur Verwirrung, zu den Reibungen und Ärgerlichkeiten in bezug auf Rollenverteilung beigetragen hat.

»Wenn ich nur bemerkt hätte, daß er es als meine Aufgabe ansieht, alles zu tun, hätte ich ihn nie geheiratet. Er überläßt alles mir, was zu tun ist.« — So haben viele Frauen protestiert. Viele Männer, die mit Abspülen und Staubwischen beschäftigt waren, hatten ähnliche Gedanken. In den meisten derartigen Fällen haben die Leute Partner, deren passiver Widerstand, Tagträumen und Verzögerungstaktik in der Jugendzeit offensichtlich waren, aber nicht als zukünftige Probleme erkannt wurden. Wenn nach der Heirat die Realitäten der Verantwortung, der Notwendigkeit, mit dem

Handeln zu beginnen und irgendwelche Funktionen stetig zu erfüllen, unabweislich werden, sind diese Ehepaare unfähig, sich ein zufriedenes Leben zu schaffen, und sind im allgemeinen elend und unglücklich.

»Manchmal denke ich mir, daß mein Mann gegen die Arbeit allergisch ist. Er hat immer einen Grund, warum er etwas nicht tun kann. Er geht zum Beispiel an einer zerbrochenen Fensterscheibe vorbei und sagt mir, daß sie zerbrochen sei. Aber er rührt keinen Finger, um sie zu richten. Das ist es, was mich so sehr verwirrt. Er bildet sich ein, daß seine Verantwortung aufhört, wenn er mir etwas gesagt hat«, beklagte sich eine Frau. »Wenn ich ihm sage, er soll etwas tun, dann ist er damit vielleicht schon einverstanden — und wird dann wütend auf mich, wenn ich ihn daran erinnern muß, daß es immer noch nicht erledigt ist.«

Der erste Schritt: Oft sind die Auswirkungen des Kreislaufs von Befehl und Widerstand bei einem Menschen in den sexuellen Aspekten der Ehe klarer sichtbar als anderswo, obwohl sicherlich noch viele andere Faktoren mitspielen können. Da die betreffende Person, die unter dem von den Eltern ausgeübten übertriebenen Zwang leidet, den ersten Schritt einfach nicht tun kann, wird die Frage, wer den ersten Schritt in der sexuellen Kommunikation tut, in der Ehe oft zu einem brennenden Problem. Ein entsprechender Mann z. B. mag vielleicht nur dann zum sexuellen Verkehr in der Lage sein, wenn er den ersten Schritt tut. Wenn seine Frau es tut oder ihm andeutet, daß sie es von ihm erwartet, schiebt sich sein widerspenstiges »Kind von früher« in den Vordergrund, und er weicht zurück. Versteckte Ressentiments wegen ihrer autoritären Rolle in anderen Bereichen — oft auch jenen, in denen sein Widerstand sie gezwungen hat, die Verantwortung zu übernehmen — können auch Impotenz verursachen.

Ebenso kann eine im Grunde abgelehnte Verantwortung für die Empfängnisverhütung bei jedem Partner verringerte sexuelle Reaktionsbereitschaft und Befriedigung mit sich bringen. Oft sind die Erwartungen, Widerstände und Enttäuschungen dergestalt, daß schwerwiegende Frustrationen und erbitterte Wut auf den anderen zum Verlöschen der Sexualität in der Ehe führen.

DIE »GUTE EHEFRAU«: Die vielleicht am weitesten verbreitete Schwierigkeit, die Frauen in diesem Bereich erfahren, rührt daher, daß man ihnen beigebracht hat, den Geschlechtsverkehr als »Pflicht« gegenüber ihren Männern anzusehen, als etwas, was von jeder »guten Ehefrau« erwartet wird. Wenn eine Frau die Sexualität so ansieht, fügt sie sich vielleicht — aber ohne Gefühl und mit beträchtlichem Haß im Hintergrund. Dieser Haß, den sie oft vor sich selbst versteckt, da er ihren Wunsch gefährdet, eine »gute Ehefrau« zu sein, kann zermürbende Kopfschmerzen, Rückenschmerzen und eine Reihe anderer Leiden erzeugen; auf diese Weise entzieht sich die Frau sexueller Intimität. So wird die Chance gegenseitigen Austauschs von Liebe durch das haßerfüllte »innere Kind von früher« zunichte gemacht.

Oft erkennt die Frau, deren widerspenstiges »Kind von früher« die Möglichkeit sexueller Befriedigung und gefühlsmäßigen Austausches zerstört, was da vor sich geht. Aber aufgrund des tiefen Eindrucks, den der übertriebene Zwang in ihr hinterlassen hat, und der Vorstellung, eine »gute Ehefrau« sein zu sollen und zu wollen, ist sie völlig verunsichert. Lassen Sie mich Ihnen einen Fall berichten, in dem folgendes passierte:

Ein attraktives und begabtes Mädchen, Mitte Zwanzig, dessen Mutter es als Kind äußerstem Zwang unterworfen hatte, begegnet einem Mann, dessen zuvorkommende Rücksichtnahme und Aufmerksamkeit ihm gut tun. Die junge Frau verliebt sich sehr in ihn, und als er ihr einen Heiratsantrag macht, nimmt sie voll Entzücken an. Froh und glücklich bereitet sie ihm ein angenehmes Zuhause, sucht nach neuen Zubereitungsarten für seine Lieblingsspeisen und hört seinen Berichten über die Arbeit aufgeschlossen zu. All das ist Teil ihrer Bestimmung und ihres Wunsches, eine »gute Ehefrau« zu sein. Jede sexuelle Annäherung seinerseits ärgert und erbittert sie jedoch, und sie stößt ihn weg, obwohl sie auch davon überzeugt ist, daß eine »gute Ehefrau« ihrem Mann sexuelle Befriedigung ermöglichen sollte.

Gelegentlich fügt sie sich und gibt nach, sagt aber, daß sie »nichts empfindet«. Sie hat das Gefühl, daß ihre Persönlichkeit ausgelöscht wird, wenn sie »kapitulieren« muß — wie sie es gegenüber den Befehlen ihrer Mutter mußte.

In dieser Situation übernimmt ihr Mann, der ein geduldiger, vernünftiger und langmütiger Mensch ist, nicht das Kommando — und so ist er auch nicht die Ursache ihrer widerspenstigen Frigidität. Die Annäherung ihres Mannes oder auch nur eine Andeutung davon löst unbeabsichtigt ihren heftigen Widerstand aus. Sie selbst übernimmt die Rolle ihrer Mutter und sagt sich: »Sei eine gute Ehefrau! Tu es! Du mußt eine gute Ehefrau sein!« So benutzt sie die sexuelle Seite ihres Lebens dazu, sich zu ermahnen, »eine gute Ehefrau zu sein« — und schafft so die Widerstandsreaktion.
Ihr Mann, der immer wieder abgelehnt und zurückgewiesen wird, hält sie nicht für besonders gefühlswarm und liebevoll. Er ist enttäuscht, frustriert und sieht ihre Reaktionen als ziemlich seltsam und unverständlich an.
Diese Frau muß lernen, daß es in der Liebe zwischen Mann und Frau unangebracht ist, sich etwas zu befehlen oder sich darauf zu »trimmen«, eine »gute Ehefrau« zu sein. Um volle sexuelle Befriedigung zu erreichen, muß man aus dem Kindheitszirkel von Befehl und Widerstand herauskommen.

Die Wurzeln des übertriebenen Zwangs

Sie brauchen Ihren Widerstand gegen Ihre eigenen Direktiven gar nicht in die Kindheit zurückzuverfolgen, um den Kreislauf von Befehl und Widerstand zu erkennen und seine Auflösung zu versuchen. Das Verständnis jedoch, wie und warum sich dieses lähmende Tauziehen entwickelt hat, kann Ihnen helfen.
Jedes Kind braucht als Säugling den Beistand seiner Eltern, damit es weiterleben und wachsen kann. Es braucht auch — und bekommt mit relativ seltenen Ausnahmen — die Anerkennung und das Angenommensein durch die Eltern. Während der Entwicklung des Kindes braucht es eine gewisse Überwachung, Führung und Anleitung. Dies ist für die Sicherheit, Gesundheit und Weiterentwicklung eines jeden Kindes wichtig.
In vielen Fällen jedoch artet diese Anleitung und Führung des Kindes in übertriebenen Zwang aus. *Ein* Grund dafür ist die Angst und Besorgnis der Eltern um die Entwicklung des Kindes. Ein weiterer

Grund ist die Angst der Eltern, sie könnten nicht fähig sein, die Rolle der Eltern angemessen zu spielen. Überdies können die Eltern oft nicht anders handeln — hatten sie doch selber Eltern, die in so übertriebenem Maß Zwang ausübten. Hinzu kommt, daß der Druck hinter den Anweisungen oft deshalb entsteht, weil die Eltern noch viele andere Verpflichtungen haben — und mit diesen Angelegenheiten verbundene Ängste. So überschütten Eltern ihre Kinder, oft ohne es zu merken, mit kritischen Bemerkungen, immer neuen Anweisungen, Ermahnungen und noch einmal Anweisungen — unter Seufzern der Erbitterung und Mißbilligung!

Was bei diesem Prozeß verlorengeht, ist die Fähigkeit des Kindes, selbst etwas anzufangen und zu erreichen, und zwar durch seine eigene Anstrengung. Es entwickelt kein Gefühl dafür, daß es in der Lage ist, sich selbst gemäß seinen Interessen zu leiten. Es hat keine Gelegenheit, sein Selbstwertgefühl aufgrund eigener Leistungen zu steigern. Unweigerlich reagiert es auf Anweisungen, die es von seinen Interessen abbringen, mit Trödelei, Tagträumen und Verzögerungstaktiken als seiner Art von Selbstbehauptung und Bestätigung der eigenen Individualität.

Wann beginnt diese Trödel-Reaktion? Es gibt bislang keine eindeutigen Anzeichen, die bei jedem Fall auftreten. Es ist jedoch im allgemeinen klar, daß das Kind seine Macht, den ständigen Befehlen der Eltern Trotz bieten zu können, zunächst beim Essen und insbesondere bei der Sauberkeitserziehung entdeckt. Es ist nicht so sehr die Freudsche Vorstellung von der »analen Fixierung«, als vielmehr dieser Kreislauf von Befehl und Widerstand, der die Sauberkeitserziehung zu einem Schwerpunkt in der Kindererziehung gemacht hat. Wenn es auf dem Topf sitzt, steuert das Kind, was passiert — und nicht die Eltern. Wenn das Kind auf die elterliche Forderung, es solle etwas machen, nicht reagiert, werden die Eltern bzw. der betreffende Elternteil immer erbitterter, ärgerlicher, fordernder, mißbilligender — und üben schließlich damit übertriebenen Zwang aus. Das Kind, das Stück für Stück entdeckt, daß es der Mutter oder dem Vater tatsächlich trotzen kann, geht vom Widerstand gegen Stuhlgang zu einem allgemeineren Gebrauch seiner Trödelei und Verzögerung über, wehrt sich so gegen die elterliche Anweisung und behauptet seine Individualität.

Erreicht das Kind das Schulalter, hat es bereits gelernt, die Verzögerung als »Taktik« auf viele Situationen anzuwenden — und in den Tag hinein zu träumen. Dies beschützt das Kind momentan vor dem übermäßigen Druck der Eltern. Aktiver Widerstand würde einen Verlust der elterlichen Anerkennung bedeuten, den das Kind ohne erhebliche Ängste nicht aushalten kann. Durch das Trödeln widersetzt sich das Kind den Eltern, vermeidet jedoch einen direkten Zusammenstoß. (Wenn der elterliche Zwang weniger ausgeprägt wäre, bräuchte das Kind keinen Widerstand zu leisten und könnte seine individuellen Interessen ohne Verlust der elterlichen Anerkennung äußern und realisieren.)

Somit wird bereits in verhältnismäßig jungen Jahren der Kreislauf von Befehl und Widerstand etabliert.

Diese Struktur ist im Leben des Erwachsenen immer noch wirksam — mit selbst auferlegten Direktiven nach Art der Eltern, denen nun von derselben Person Widerstand entgegengesetzt wird. Ein solcher Mensch hat im Leben vor allem eins gelernt: *Widerstand zu leisten.* Darin findet er die Sicherheit des Vertrauten.

Die Frage nach der Motivation

Wenn wir uns die fruchtlosen Bemühungen eines Menschen näher ansehen, taucht die Frage nach der Motivation auf. Ein Mensch dieser Art kann den echten Wunsch haben, seine Ziele zu erreichen. Indem er sich selbst gegenüber jedoch den gleichen ärgerlichen und kritischen Ton der Mißbilligung anschlägt, wie es die Eltern taten, und sich faul, unaufrichtig und wertlos nennt, setzt er den Widerstand in Gang, der ihn selbst zu Fall bringt. Dies alles führt meist zu erheblichen Schäden und ist keine Lösung für seine Unproduktivität.

Produktivität ist ein natürlicher Zustand des Menschen. Der Mensch ist von Natur aus produktiv — und es schadet uns, wenn wir nichts tun. Es schadet unserem Selbstwertgefühl, unserem Gefühl, gebraucht zu werden und nützlich zu sein — von dem unser Selbstvertrauen und das Selbstwertgefühl des Erwachsenen abhängig ist.

Das Gezeter der Mutter oder Vaters Befehle können niemals eine adäquate Motivation darstellen — sie sind nur Gezeter bzw. Befehle. Ebenso können die Befehle und das Gezeter, die wir als Erwachsene uns selbst gegenüber vorbringen, unsere Aktivitäten nicht angemessen motivieren. Sie sind bloß ein Echo der Vergangenheit. Wenn Sie daran denken, daß zuerst die Befehle da sein müssen, damit der Kreislauf von Befehl und Widerstand angekurbelt wird — und wenn Sie sich dann weniger herumkommandieren —, können Sie Ihr Bedürfnis nach Widerstand automatisch verringern. Die Neigung, sich selbst herumzukommandieren, ist jedoch Ihr altes Verhaltensmuster, in dem Sie »daheim« sind; Sie werden sich zunächst unwohl fühlen, wenn Sie versuchen, ohne es zu leben. Wenn Sie jedoch die Gewohnheit aufgeben, sich immer Listen zu machen: »Das sollte ich tun!« und »Jenes muß ich auch noch tun!«, und wenn Sie das tun, was Sie wirklich tun wollen, dann können Sie den ersten Schritt in Richtung auf erreichbare Ziele tun. Sowie Sie anfangen, befriedigt festzustellen, daß Sie handeln können, ohne sich selbst mit Zwangsmaßnahmen zu drohen, wird Ihr Widerstand weiter abnehmen — und Ihr Vertrauen in sich selbst und Ihre Handlungsfähigkeit werden wachsen.

12
Übertriebene Nachgiebigkeit —
Wenn Sie fordernd und impulsiv sind

VERDACHTSMOMENTE: *Wenn Sie zu Wutausbrüchen neigen, wenn Sie gerne schnell fahren und ohne Überlegung leidenschaftlich handeln; wenn Sie es nicht »der Mühe wert« finden, sich bei der Arbeit und anderswo beharrlich anzustrengen, und wenn Sie sich ungeliebt fühlen, falls man sich Ihren Wünschen nicht fügt, dann reagieren Sie wahrscheinlich immer noch auf die übertriebene Nachgiebigkeit Ihrer Eltern.*

Die übertriebene Nachgiebigkeit ist neben dem übertriebenen Zwang die am weitesten verbreitete pathogene elterliche Haltung in Amerika. Die Wirkungen von übertriebenem Zwang und von übertriebener Nachgiebigkeit existieren oft trotz ihrer Gegensätzlichkeit nebeneinander in ein und demselben Menschen. Dieser Dualismus kann sich entwickeln, wenn ein Elternteil gegenüber einem Kind übertrieben viel Zwang ausübt, während der andere übertrieben nachgiebig ist. In der Rolle Ihrer eigenen Eltern haben Sie diesen Dualismus vielleicht fortgesetzt und sind sich einmal mit übertriebenem Zwang und dann wieder mit übertriebener Nachgiebigkeit begegnet.

Wie Sie Ihre eigene übertriebene Nachgiebigkeit erkennen können

Der Mensch, der als Kind von seiten der Eltern übertriebene Nachgiebigkeit erfahren hat, ist im allgemeinen attraktiv, aufgeweckt, warmherzig und freundlich und »lebt den Augenblick«.

Wenn Sie impulsiv sind und sich im allgemeinen »unüberlegtem Handeln« nicht entgegenstemmen können, weil es doch »so viel Spaß macht« — selbst wenn Sie dies als kurzsichtig erkennen —, so setzen Sie wahrscheinlich die übertriebene Nachgiebigkeit Ihrer Eltern gegenüber Ihren unreifen Launen und Forderungen fort. »Aber es ist doch so natürlich, so spontan«, klagen impulsive Menschen manchmal, wenn sie ihre Impulsivität als eine Quelle von Unglück erkennen. »Wie kann man sonst handeln?«

Impulsives Verhalten ist bei einem Kind natürlich; seine mangelnde Reife und seine Unwissenheit machen es ihm unmöglich, irgend anders zu handeln. Aber im Leben des Erwachsenen führt impulsives Verhalten zu persönlichen Niederlagen und ist oft auch eine Grausamkeit gegenüber anderen Menschen; das Leben des Erwachsenen muß nämlich in unserer Gesellschaft von Fernzielen und nicht von unmittelbaren Befriedigungen geleitet werden. Wenn ein solcher Mensch die Rolle seiner eigenen Eltern übernimmt, gibt er seinen unreifen Launen und Forderungen ebenso nach, wie es seine Eltern taten. In einem gewissen Sinne hatte er nie die Gelegenheit, zu lernen, daß der Erwachsene seine Impulse beherrschen und lenken muß, um wünschenswerte Ziele zu erreichen. Ein impulsiver Mann drückte es in einem lichten Moment einmal so aus: »Ich fühle mich, als hätte mich meine Kindheit während meines ganzen Lebens als Erwachsener wie in einer Falle gefangengehalten.«

Menschen, die unter ihrer eigenen übertriebenen Nachgiebigkeit leiden, sind unbeständig, und auf immer und ewig treibt es sie, einen Ort zu finden, an dem das Gras noch grüner und der Himmel noch blauer ist. Sie neigen dazu, sich zu überfressen, zuviel zu trinken, zu schnell zu fahren, überall herumzuschäkern, Geld zu verschwenden und lebenswichtige Dinge zu mißachten. Sie platzen vor Wut, wenn man ihren impulsiven Forderungen nicht nachkommt. Wenn etwas eine geduldige und beharrliche Anstrengung erfordert, so finden sie es »erschöpfend« und »ermüdend«. Sie haben kaum gelernt, Befriedigung in dem zu finden, was sie selber, durch eigene Anstrengung, zustande gebracht haben, und erwarten von anderen, sie sollten für sie sorgen. Wenn man von einem impulsiven Menschen erwartet, anderen gegenüber beständig zu sein oder zu bleiben, wird er wütend und ärgerlich. In der Psychiatrie ist dieser

Typus insbesondere wegen seiner Tendenz beschrieben worden, die Behandlung abzubrechen. In der Therapie müssen solche Leute mit dem Psychiater arbeiten, ihrer mangelnden Rücksicht gegenüber anderen ins Auge sehen und ihrer Impulsivität Grenzen setzen. In der Therapie werden ihre unmittelbaren Befriedigungen beschnitten, weil der Therapeut ihrer Impulsivität Grenzen setzt. Sie sind befremdet, fühlen sich »nicht daheim« und benachteiligt — und das veranlaßt viele von ihnen, die Behandlung abzubrechen.

ARTEN DER SCHWIERIGKEITEN: Allgemein gesprochen, quälen den impulsiven Menschen zwei spezifische Arten von Schwierigkeiten — und die folgenden kurzen Zusammenfassungen stellen vielleicht einen Schlüssel dar, um herauszubekommen, ob in Ihrer Kindheit elterliche Nachgiebigkeit ein signifikanter Faktor war:

1. Impulsive Menschen verletzen oft die Gefühle und Rechte anderer. Da sie ihren Impulsen gewohnheitsmäßig uneingeschränkt folgen, sind sie oft erstaunt, wenn sie feststellen, daß sie durch ihre Wutausbrüche, ihre Untreue oder Rücksichtslosigkeit andere verletzt haben. Da sie »im Augenblick« leben, neigen sie in Wirklichkeit dazu, gegenüber den Gefühlen der anderen blind zu sein. In der Liebe sind sie meist die großen Diktatoren, während ihre Partner nichts als Sklaven sind; sie halten nichts von Gegenseitigkeit und sehen keinen Sinn darin. Ihre Völlerei, Sauferei, Schäkerei, ihre Wutausbrüche und leichtsinnigen geschäftlichen Abenteuer und ihre Geldverschwendung verletzen die Rechte anderer. Oft beuten sie andere einfach unverschämt aus.

2. Da sie impulsiv sind und von ihren Impulsen getrieben werden, sind sie häufig unfähig, einem Erwachsenen gemäße Ziele konsequent anzustreben — selbst wenn sie sie ernsthaft erreichen wollen. Sie lassen sich leicht von ihren Zielen ablenken und abbringen. Ihre Impulsivität bringt sie immer wieder vom Weg ab, da sie die Erkenntnis verhindert, daß die Ablenkung etwas ist, was das Erreichen eines angemessenen Zieles verhindern kann. Das offenkundige Beispiel dafür sind die ständigen Flirts, die eine dauerhafte Ehe in Frage stellen. Aber die meisten Ablenkungen sind nicht so offenkundig — der Impuls, einen Freund anzurufen, das Anhalten »auf einen Imbiß«, der »Spontankauf« von Neuheiten, der wichtigere

Anschaffungen verhindert. Diese Ablenkungen werden zwar stets von Rationalisierungen begleitet, die sie zu rechtfertigen scheinen, aber der impulsive Mensch erreicht am Ende selten sein Fernziel.
Da solche Menschen so leicht davon abgelenkt werden, im beharrlichen Einsatz ihrer Kräfte auf dem langsamen und oft schwierigen Weg zu einem gesteckten Ziel Befriedigung zu finden, jagen sie unaufhörlich irgendwelchen unmittelbaren Triebbefriedigungen nach. Andere nennen ihr Verhalten vielleicht »kindisch«, aber für sie ist dieses impulsiv-triebhafte Leben oft die einzige Möglichkeit, »sich lebendig zu fühlen«. Beharrlichkeit und Beständigkeit lassen ihnen das Leben als freudlos und eintönig erscheinen.

Besondere Kennzeichen: Menschen, denen man in der Kindheit zu sehr nachgegeben hat, besitzen besondere Kennzeichen, die sie sehr anziehend machen. Sie sind häufig körperlich attraktiv. Und ihre Impulsivität ist als solche höchst anziehend. In unserer Gesellschaft, insbesondere im Zeitalter der formierten Gesellschaft, wirkt dieser Mensch durch die ihm eigene Unmittelbarkeit und Impulsivität aufregend. Die Leute fühlen sich zu ihm hingezogen. Er sagt, was man nicht sagen darf, und handelt so, wie wir es auch gerne täten. Auf jeder Versammlung und Party gewinnt der Mensch, der impulsiv-triebhaft handelt, Aufmerksamkeit, Freunde und Bewunderung — obgleich das, was er sagt und tut, närrisch sein mag.
Dann sind solche Menschen, die impulsiv handeln, oft sehr schöpferisch und voll Selbstvertrauen. Sie stellen ihre Gefühle nicht in Frage, was ihnen hilft, in bestimmten Bereichen erfolgreich und vertrauenswürdig zu sein.
Schließlich haben impulsive Menschen die Fähigkeit, schnell und leicht enge persönliche Beziehungen anzuknüpfen. Wenn sie Liebe und Anerkennung gewinnen wollen, können sie außerordentlich einnehmend, bezaubernd und bewundernswert sein und einen gewissen untrüglichen Sinn haben, das Richtige zur rechten Zeit zu tun und im rechten Ton zu sagen. Andere Menschen, die Schwierigkeiten haben, enge Beziehungen zu knüpfen — und die deshalb jede Nähe besonders hoch einschätzen —, werden oft von ihm überrannt. Sie sind entzückt, mit einem so geringen Aufwand in eine so intime

Beziehung zu geraten — sie entdecken aber dann sehr bald, daß sie ohne auch nur einen weiteren Gedanken fallengelassen werden, wenn jemand anders auftaucht. Durch eine derartige Unbeständigkeit verletzt der impulsive Mensch oft die Leute, die ihm nah sind. Da er solche Beziehungen schnell und leicht herstellt, hat ihre Nähe und Intimität für ihn einen geringeren Wert als für Menschen, die nur schwer Beziehungen anknüpfen können und die sich dann oft an ihn klammern und sich in ihrer Verzweiflung ausnützen lassen.

Die Waffe: Der impulsive Mensch hat, zusätzlich zum Wutausbruch, eine oft benützte Waffe, die er einsetzt, um andere zur Unterwerfung unter seine unreifen Forderungen zu zwingen: »Du liebst mich nicht«, jammert er. »Wenn du mich lieben würdest, würdest du tun, was ich sage.« Das ist, wie ein späterer Abschnitt zeigen wird, eine sehr alte Waffe dieses Typus, und obendrein eine, die schon in der Kindheit als erfolgreich erkannt wurde. Aber gegen diese Waffe kann man nur schwer ankämpfen — wie manche Ehefrau festgestellt hat —, da ihren Träger und Benutzer nichts zufriedenstellen wird, was nicht totale Nachgiebigkeit gegenüber seinen Forderungen ist. *Während die Gleichsetzung von Liebe mit Nachgeben leicht als Torheit erscheinen kann, wird oft nicht verstanden, daß sich der impulsive Mensch wirklich zutiefst ungeliebt und unerwünscht fühlt, wenn man seine Forderungen nicht erfüllt.* Dies schafft ein schwieriges und oft schwerwiegendes Problem, das jedoch von anderen als dem Betroffenen selbst nicht gelöst werden kann. Es kann nur gelöst werden, indem der Impulsive seine Haltung sich selbst gegenüber ändert und seiner Impulsivität Grenzen setzt.

Sämtliche oben aufgeführten Kennzeichen kann man bei theatralischen Menschen oft beobachten. Im Theater kann die Impulsivität, die ungehemmte Fähigkeit, eine unvermittelte enge Beziehung herzustellen, und ein wacher Sinn für die Wahl des richtigen Zeitpunkts einen großen Schauspieler oder Komödianten hervorbringen. Viele solcher theatralischer Persönlichkeiten haben eine dauerhafte enge Beziehung zu ihren Müttern. Diese Mütter haben ihren Kindern oft beigebracht, sich als »besonders« und »ungewöhnlich« anzusehen, und haben ihnen in vielen Fällen die Inspiration und den Drang vermittelt, eine aufsehenerregende Karriere zu machen. Aber sie haben sich selbst auch oft zu Sklaven der impulsiven Forderungen der Kinder — und ihrer Karrieren — gemacht. Die Mütter solcher Menschen geben während des ganzen Lebens einen besonderen Stützpunkt ab. Während diese impulsiven Menschen auf der Bühne und beim Film spektakuläre Erfolge verzeichnen konnten, waren sie oft im Leben selbst, im untheatralischen Alltag, spektakuläre Versager.

Der Fall Fred

Die meisten impulsiven Menschen entsprechen im Leben nie dem Eindruck, den sie am Anfang machen. Fred zum Beispiel war überall für seine Intelligenz, seinen aufgeschlossenen Verstand und für seine Ausgeglichenheit bekannt. Er ist ein glänzender Gesprächspartner, und die Leute erwärmen sich sofort für ihn. Ihr erster Eindruck ist stets, daß er »es weit bringen wird, weil er so gescheit, ungewöhnlich und bezaubernd ist«. Oft jedoch hat sich ihr Bild von ihm geändert, noch ehe der Abend um ist, da Fred mit seinem klugen Köpfchen dem Drang nicht widerstehen kann, »wahrhaftig und aufrichtig« zu sein. Ganz wie nebenbei läßt er auf die Leute, die sich zu ihm hingezogen fühlen, sarkastische Hiebe heruntersausen und verletzt sie manchmal wirklich schlimm. Sie fangen an, seine Beschränktheit zu sehen.

Aber damit sind seine Schwierigkeiten noch nicht zu Ende. Fred hat das Geschäft seines Vaters geerbt. Aber sein Jahresumsatz ist ständig im Sinken, seit sein Vater tot ist, da er, der ständig mit irgendwelchen anderen Dingen beschäftigt ist, die aus einem spontanen Impuls entstehen und ihn ablenken, sich der notwendigen Kleinarbeit des Geschäfts nicht beharrlich genug widmen kann. Er kann auch seinem Impuls nicht widerstehen, gegenüber Angestellten und sogar gegenüber Kunden eine scharfe, beißende Sprache zu sprechen — und hat einige von ihnen an die Konkurrenz verloren. Seine Sekretärin lebt in ständiger Angst, weil er einfach auf den Tisch schlägt und »das will, was er will, wenn er es will«.

Er ißt und trinkt zuviel, was seine geschäftlichen Angelegenheiten noch komplizierter macht, da er oft nicht da ist, wenn Entscheidungen gefällt werden sollen. Wenn etwas nicht zu seiner Zufriedenheit ausgeführt wird, schiebt er gewöhnlich einem Angestellten oder seiner Frau die Schuld zu — und sucht, impulsiv wie er ist, seinen Trost bei einem zweiten, dritten, vierten Drink. Zuweilen beschimpft er seine Frau. Selbst darin folgt er einem kindlichen Verhaltensmuster. Als Fred aufwuchs, glaubte seine Mutter, er könne nichts Falsches und Unrechtes tun und sei zu etwas Höherem bestimmt. Sie fügte sich bereitwillig in seine Launen, da er für sie ein so besonderer Mensch war, auch wenn er sie heruntermachte. Sie war zwar dadurch stets gekränkt, aber sie setzte ihm keine Grenzen und maßregelte ihn nicht. Statt dessen entschuldigte sie sein Verhalten und gab ihm weiterhin nach.

Freds Frau ist wegen seiner Haltung ärgerlich und wütend und droht ihm, ihn zu verlassen. Was jedoch Fred noch mehr beunruhigt, ist der offenkundige Niedergang seines ererbten Geschäfts. Er weiß, daß er hier mehr Kleinarbeit leisten sollte und daß er aktiv nach neuen Umsatzmöglichkeiten suchen müßte. Aber er kann diese Art von beharrlicher Anstrengung einfach nicht aufbringen. Manchmal lenkt ihn eine angeregte Unterhaltung beim Mittagessen ab, und er bleibt noch bis in den späten Nachmittag aus; manchmal schlägt ihm jemand ein Golf- oder Tennismatch vor — er beherrscht Golf und Tennis ausgezeichnet —: Er *muß dann* spielen. Er sagt sich, er müsse sich »in Form halten« und werde wahrscheinlich im Club neue Geschäfte abschließen können. Aber dies kommt nie vor, und er macht sich wegen des Geschäfts immer mehr Sorgen. Er steht ständig vor der Frage, was er tun könne, um dem Abrutschen in die roten Zahlen Einhalt zu tun. Da er keine Lösung findet, wird er gegenüber seiner Frau und seinen Angestellten immer mürrischer. Er ist sich irgendwie darüber im klaren, daß er die Erwartungen der anderen Leute — oder seine eigenen — nicht erfüllt hat. Aber er erwartet weiterhin von anderen Leuten, daß sie alles tun sollten, was für seinen Erfolg vonnöten ist — und beschimpft sie, weil sie es nicht tun. Er jammert sich selbst etwas vor: »Warum zum Teufel muß ich alles tun?«

Der Fall Connie

Ein Kind, dessen Eltern übertrieben nachgiebig waren, sieht sich als Erwachsener schwierigen Problemen gegenüber, da nichts auf der Welt jenen Tagen der Kindheit ebenbürtig ist, in denen es wie ein absoluter Monarch regierte. Eine Frau mit einer solchen Vergangenheit kann ihrem Mann das Leben zur Hölle machen. Das ist bei Connie der Fall, die darauf besteht, einen Lebensstil zu haben, der weit über die Möglichkeiten ihrer Familie hinausgeht. Sie will unbedingt ein Hausmädchen, große Gesellschaften und lange Ferien. Sie findet ihre Kinder oft eher störend als unterhaltsam — und manchmal ist sie auf ihre Vorrechte eifersüchtig. Sie erwartet von ihrem Mann absolute Aufmerksamkeit und ist überzeugt, daß sie allein kraft ihres »Frauseins« einen Anspruch darauf hat, daß man ihr immer die Tür öffnet, ihr den Stuhl unterschiebt und ihr keine Fragen stellt.

Sie sucht gierig ihr Vergnügen und vernachlässigt dabei oft ihre Familie. Sie schwelgt in schwerem Essen und beklagt sich, weil sie zunimmt. Bei Gesellschaften sprüht sie vor Charme und flirtet gerne. Sie schließt schnell Freundschaften und ist aber ebenso schnell aufgebracht, wenn der Bridgeclub mit ihren Ansichten nicht übereinstimmt. Ihr Temperament geht leicht mit ihr durch — und wenn sie dann immer noch nicht ihren Willen bekommt, weint sie. Sie erteilt den sexuellen Annäherungsversuchen ihres Mannes oft eine Abfuhr, um ihn zur Unterwerfung unter ihre unreifen Launen zu zwingen. Ihre schnippischen und gehässigen Bemerkungen haben dazu geführt, daß sich andere Frauen von ihr distanziert haben. Schließlich ist es so weit gekommen, daß sie sie durch offene Feindseligkeit und kühle Nichtbeachtung ihrer Versuche, »wie ein Feuerwerk zu sprühen«, aus einem geselligen Kreis hinausgedrängt haben.

Meistens ist sie einsam, unzufrieden und unglücklich. Sie kann nicht verstehen, warum ihr Mann nicht mehr Geld verdienen kann und warum sie nicht in eine bessere Gegend ziehen können, »weg von diesen entsetzlichen Menschen«. Sie haßt die Arbeit im Haushalt, die sie als junges Mädchen nie tun mußte; ihre Mutter sagte immer zu ihr — und sie erinnert ihren Mann nur zu gern daran —: »Connie, du heiratest einmal einen reichen Mann und wirst das Leben einer feinen Dame führen.« Und dann setzt sie bissig hinzu: »Und schau, was aus mir geworden ist — auf den Knien muß ich den Boden schrubben!« Das ist eine ihrer beliebtesten Geschichten — und sie erzählt sie nur zu gerne auf Partys, manchmal, um andere Leute zu amüsieren, manchmal, um ihren Mann in Verlegenheit zu bringen, manchmal, weil sie sich mißbraucht fühlt. In einem gewissen Sinn sucht sie immer die Atmosphäre ihrer impulsiven Kindheit und versteht nicht, warum sich ihre schnellen Freundschaften so schnell verflüchtigen.

Zwei Faktoren machen es anderen Leuten schwer, jene zu akzeptieren, die sich selbst gegenüber übertrieben nachgiebig sind: 1. Die rücksichtslose Behandlung ihrer Gefühle durch den impulsiven Menschen kränkt sie, und sie entfernen sich von ihm. 2. Sie werden dessen überdrüssig, sich den Stimmungen des impulsiven Menschen ständig und total unterwerfen zu müssen, und fangen an, ihren Ärger darüber zu zeigen; niemand kann einem Menschen gegenüber, der Nachgiebigkeit fordert, immerzu willfährig sein, ohne allmählich in Wut zu geraten. Infolgedessen sehen sich impulsive Menschen gezwungen, eine Bindung nach der anderen einzugehen und aufzulösen — oder aber mit einem Menschen zu leben, der sich mit wachsender innerlicher Verärgerung ihren Wünschen unterwirft. So verlaufen viele unglückliche Liebesgeschichten und Ehen.

Wer für übertriebene Nachgiebigkeit besonders anfällig ist

Gleichgültig, welche schädlichen Haltungen unsere Eltern auch gehabt haben mögen — wir werden unweigerlich von ihnen beeinflußt und machen sie uns zu eigen, wenn wir die Rolle unserer eigenen Eltern spielen lernen. In einigen Fällen können jedoch bestimmte Umstände eine ohnehin schon übertriebene Haltung verstärken. Das erste Kind leidet mit größerer Wahrscheinlichkeit unter übertriebenem Zwang als die nachfolgenden Kinder, weil Eltern beim ersten Kind aus Angst, keine guten Eltern zu sein, ihr Kind meist antreiben; nachfolgenden Kindern gegenüber fühlen sie sich ent-

spannter, haben mehr Selbstvertrauen in ihrer Rolle als Eltern und lassen sich durch die verschiedenen Entwicklungsphasen weniger durcheinanderbringen. Aber das erste Kind ist oft, da es diese Phasen als erstes durchläuft, von Geburt an, in der Jugend und bis in die Reifezeit hinein übertriebenem Zwang ausgesetzt.
Geburtsumstände haben einen besonderen Einfluß auf die elterliche Haltung übertriebener Nachgiebigkeit gegenüber dem Kind. So kann es dem ersten Kind auch passieren, daß sich seine ängstlichen Eltern ihm in übertriebener Weise unterwerfen. Ähnlich haben Eltern oft schwierige Kämpfe durchzustehen, um zu vermeiden, daß sie den Forderungen ihres Kindes nachgeben, wenn sie nur ein Kind oder ein behindertes Kind haben. Das gleiche gilt für das letzte Kind in einer Familie, für das Kind, das nach dem Tod eines Geschwisterchens auf die Welt kommt oder für das Kind, das besondere Eigenschaften hat, wie z. B. ein ungewöhnlich begabtes Kind.

Die Wurzeln der übertriebenen Nachgiebigkeit

Das Verhaltensmuster der Impulsivität, das attraktive und begabte Menschen so oft zu Fall bringt, wurzelt in der Kindheit. In dieser Zeit unterwerfen sich die Eltern den unreifen Forderungen des Kindes, anstatt seiner Impulsivität Grenzen zu setzen. Auf keiner wichtigen Stufe seiner Entwicklung können die Eltern seinen Forderungen ein »Nein« entgegensetzen und seiner Impulsivität mit Erfolg den Riegel vorschieben. Da das Kind keine Grenzen kennengelernt hat, hat der spätere Erwachsene Schwierigkeiten, sie sich selbst aufzuzwingen. Wenn er es versucht, verliert er sowohl die Geborgenheit des alten und vertrauten kindlichen »Daheim«-Gefühls als auch die unmittelbaren Befriedigungen, die er sich verschafft, indem er sich von seinen Impulsen beherrschen läßt.
Warum unterwerfen sich Eltern den Launen eines Kindes? Warum erlauben sie diesem unreifen Kind, ihr Herr zu sein?
Die Eltern antworten, daß sie es »aus Liebe« tun. Zu dieser »Liebe« gehören gewöhnlich zwei wichtige Faktoren, die einzeln oder gemeinsam wirksam sein können:
Der eine Faktor ist, daß das Kind im Leben der Eltern eine beson-

dere Stellung einnimmt, besonders im Leben der Mutter. Wie schon oben angedeutet, kann es das erste Kind, ein Einzelkind, ein Nachzügler oder ein Kind sein, das nach dem Tod eines Geschwisterchens geboren wurde. Oft haben sich solche Eltern ganz verzweifelt nach einem Kind gesehnt, und wenn ihr Wunsch endlich in Erfüllung gegangen ist, setzen sie Nachgiebigkeit gegenüber den Launen des Kindes mit Liebe gleich.

Solche Eltern, die nur das Glück und das Wohlergehen ihres Kindes im Sinn haben, versuchen, ihm alles zu geben, »was sein kleines Herz begehrt«. Sie sind äußerst besorgt, sich die Liebe des Kindes zu erhalten. Wegen dieser Art von Ängstlichkeit können sie es nicht ertragen, im Gesicht ihres Kindes einen finsteren Blick, einen Ausdruck von Ärger oder Gereiztheit zu sehen, da sie darin die Drohung verspüren, das Kind werde ihnen seine Zuneigung entziehen. Ihre Art des Umgangs mit dem Kind ist infolgedessen die ängstliche Nachgiebigkeit gegenüber seinen Launen. Das Kind lernt schnell, daß es seinen Willen kriegen kann, wenn es nur genügend Lärm macht und sich aufregt. In späteren Entwicklungsphasen, wenn den Eltern vielleicht klar geworden ist, daß das Kind strenge Grenzen braucht, zwingen seine Wutausbrüche die Eltern zum Nachgeben, selbst wenn dies bedeutet, daß die Eltern große Opfer bringen und ihren eigenen Lebensstil sowie ihre Rechte aufgeben müssen. In eben diesen Jahren lernt das Kind eine Waffe gebrauchen, die bei seinen nachgiebigen Eltern mit Sicherheit wirkt: »Wenn ihr mich lieben würdet, würdet ihr tun, was ich sage.« Dies zwingt die Eltern, den Vater oder die Mutter, ihre Liebe zu beweisen — und nur die volle Unterwerfung unter die unreifen Forderungen des Kindes zählt.

Der zweite Faktor kann ebenfalls eine Hauptursache für die Haltung der übertriebenen Nachgiebigkeit bei einem Elternteil sein. Dieser kann in einigen Fällen so vorgeprägt sein, daß ihm die Nachgiebigkeit gegenüber einem Kind geradezu selbstverständlich ist. Der Typus der nachgiebigen Mutter besitzt eine starke matriarchalische Natur und neigt dazu, einen jeden zu »bemuttern«. Solche Frauen lieben es, sogar außerhalb ihrer familiären Rolle, anderen zu dienen und sie zu bedienen, und wollen ständig etwas für andere tun — Kuchen backen für die Nachbarn von nebenan, die ganze

Nacht aufbleiben, um für den Weihnachtsbasar der Kirchengemeinde Plätzchen zu backen, für eine kranke Freundin die Hausarbeit und das Kochen erledigen. Zudem sehen sie jeden gern glücklich und lächelnd — alles soll einfach gut klappen — und sie bringen fast jedes Opfer, um Mißstimmungen zu vermeiden.
In ihrer mütterlichen Rolle werden sie bereitwillig zu Sklaven ihrer Kinder, können und wollen ihnen nichts abschlagen — und die Kinder ziehen ihren Nutzen daraus. Sie können der Impulsivität ihrer Kinder keine Grenzen setzen, da ihre Befriedigung im Leben von der Billigung und zärtlichen Wertschätzung durch die Kinder abhängt.
Es gibt noch zwei weitere Typen übertrieben nachgiebiger Mütter:
1. Jene, die von sehr strengen und fordernden Eltern aufgezogen wurden, die ihnen keinerlei Rechte als Individuen ließen und sie dazu erzogen, ihren häufigen, elterlichen Forderungen stets nachzukommen. Als Mütter dienen Frauen mit einer solchen Vergangenheit ihrem Kind automatisch und ohne jeden Gedanken an sich selbst. Wenn irgendein Familienmitglied ihnen gegenüber fordernd auftritt, reagieren sie nur mit Unterwerfung unter die unreifen Launen des Kindes.
2. Andere haben ihre eigenen Gefühle so beharrlich und konsequent entwertet, daß sie überzeugt sind, keine Rechte zu haben. Sie stellen die Launen ihrer Kinder über jedes eigene Bedürfnis. Sie können zwar durchaus die Notwendigkeit erkennen, der Impulsivität ihrer Kinder Grenzen zu setzen, aber sie können ihre eigenen Rechte nicht genügend wahrnehmen, um angesichts der ungestümen Forderungen ihrer Kinder standhaft zu bleiben.
Diese Eltern verwechseln die Nachgiebigkeit gegenüber dem Kind damit, ihm Liebe und Geborgenheit zu geben. Ein Kind lieben und respektieren bedeutet nicht, sich jeder seiner Forderungen zu unterwerfen. Gerade durch eine derartige Nachgiebigkeit wird die Impulsivität des Kindes gefördert, und seine Geborgenheit ist in Wirklichkeit gefährdet, denn seine heftigen Gefühle flößen ihm selber Furcht ein. Es erwartet und will von seinen Eltern, daß sie solchen Gefühlen Grenzen setzen.

Der Kreislauf von Impulsivität und Nachgiebigkeit

Wenn die Eltern die Unterwerfung unter die Launen des Kindes damit verwechseln, ihm Geborgenheit zu geben, so schaffen sie damit die Grundlage für ein fortgesetztes impulsives Verhalten. Das Kind wächst auf und entdeckt, daß es alles bekommen kann, was es will, wenn es nur immer impulsiver und fordernder auftritt. Oft ärgern sich die Eltern deswegen, denn ihre Gefühle und Rechte werden mit Füßen getreten. Aber ihr Ärger hat nicht zur Folge, daß der Impulsivität des Kindes Grenzen gesetzt werden, sondern er führt zu Schuldgefühlen. Da die Grundlage ihres Handelns Schuldgefühle sind, die ihnen sagen, sie seien in Wirklichkeit keine guten Eltern und liebten dieses »besondere« Kind eigentlich gar nicht, verdoppeln sie ihre Anstrengungen, um dem Kind Liebe und Geborgenheit zu geben — indem sie ihm gegenüber nachgiebig sind. Und das Kind, das spürt, daß ihm seine verärgerten Eltern die Anerkennung vorenthalten, verdoppelt seine Anstrengung, um sie — auf die einzige ihm bekannte Art — zu gewinnen: indem es noch mehr fordert.

Dieser Kreislauf wiederholt sich, bis die Eltern (bzw. der betreffende Elternteil) vor angestauter Gereiztheit und Wut wegen irgendeiner Kleinigkeit schließlich »platzen« — wobei der Wutausbruch völlig unangemessen ist. Eltern und Kind erkennen an diesem Punkt, daß es so nicht geht. Dann haben die Eltern Schuldgefühle, das Kind beschimpft sie vielleicht und nennt sie gemein und ungerecht — und am Ende verdoppeln die Eltern ihre Bemühungen, dem Kind Liebe und Geborgenheit zu geben. Sie unterwerfen sich den Forderungen des Kindes — und der Kreislauf fängt von vorne an.

Wenn Sie sich als impulsiven Menschen erkennen, kann Ihnen das Verständnis der Geschichte Ihrer Impulsivität zur Einsicht verhelfen, daß Sie sich auf eine lange und mühsame Arbeit einstellen müssen, um sie in die Hand zu bekommen. Wenn Sie lernen, in der Rolle Ihrer eigenen Eltern sich selbst mehr zu helfen und zu nützen, müssen Sie sich weigern, Ihren eigenen Impulsen so nachzugeben, wie das Ihre Eltern früher getan haben. Was Sie brauchen, ist nicht, Ihre Impulse einfach auszulöschen oder zu verleugnen, sondern sie vielmehr selektiv zu steuern.

Die übertriebene Nachgiebigkeit im Zusammenhang unserer Kultur

Einer der Hauptgründe, warum erwachsene Leute ihre Impulsivität kaum in Schach halten können — und warum die übertriebene Nachgiebigkeit eine der am weitesten verbreiteten pathogenen Haltungen unter amerikanischen Eltern ist — ist die Tatsache, daß sie durch kulturelle Einflüsse erheblich verstärkt wird. Eben deshalb ist es auch nicht ungewöhnlich, daß Eltern sowohl übertrieben Zwang ausüben als auch dann stets versuchen, ihr ständiges Nörgeln und Antreiben wieder wettzumachen, indem sie anderswo übertrieben nachgiebig sind. Viele Menschen, die sich zur Arbeit zwingen müssen, sind beim Essen und Trinken sowie in sexueller Hinsicht triebhaft-impulsiv. Viele Leute lassen ihrer Impulsivität beim Autofahren freien Lauf — und eine solche Impulsivität beim Lenker von fast zwei Tonnen Stahl, die sich mit einer Geschwindigkeit von hundert Stundenkilometern auf der Autobahn vorwärtsbewegen, erklärt einen hohen Prozentsatz der tödlichen Autounfälle.

Diese kulturellen Einflüsse stehen auch hinter so mancher Verwirrung unter Müttern, was das Bedürfnis ihrer Kinder nach Liebe anbelangt. In den vergangenen fünfundzwanzig Jahren haben Tausende oft gutgemeinter Zeitschriftenartikel, Radio- und Fernsehsendungen sich mit allem möglichen befaßt, angefangen von der Kindererziehung und den Eheproblemen bis hin zur erschreckenden Anzahl von Verbrechen; dabei wurden sämtliche Schwierigkeiten den Müttern zugeschoben, die daran scheiterten, ihren Kindern »Liebe und Geborgenheit« zu geben. Diese Veröffentlichungen haben jedoch kaum klargemacht, daß man dem Kind nicht »Liebe und Geborgenheit« gibt, wenn man sich seinen Launen fügt.

Als Folge davon waren und sind viele Mütter so sehr besorgt darum, ihren Kindern nur ja genug »Liebe und Geborgenheit« zu geben, daß sie jedes Opfer bringen, um die Kleinen bei guter Laune zu halten — oder, um es anders zu formulieren, um eine Einschränkung der Impulsivität ihrer Kinder zu vermeiden. Sie verstehen nicht, daß es für das Geborgenheitsgefühl des Kindes notwendig ist, ihm Grenzen zu setzen; daß das Kind Grenzen gesetzt haben will, und daß es seine Eltern ständig auf die Probe stellt, um an diese

Grenzen zu stoßen, um zu sehen, »wie weit es gehen kann«. Grenzen setzen kann man mit Bestimmtheit und Strenge, jedoch auch mit Respekt, ohne Grobheit oder ständiges Bestrafen.
Viele Mütter erschreckt die Vorstellung, daß sie womöglich die nächste Generation jugendlicher Delinquenten heranziehen, wenn es ihnen nicht gelingt, ihren Kindern genügend »Liebe und Geborgenheit« zu geben. Sie verstehen dabei durchaus nicht, daß sie eben durch ihre Nachgiebigkeit gegenüber den Launen des Kindes das Verhaltensmuster der uneingeschränkten Impulsivität erzeugen, das eine Hauptkomponente und Triebkraft des delinquenten Verhaltens bei Erwachsenen und Jugendlichen ist. Schranken, die einem die eigenen Eltern auferlegen, schaffen die Grundlage für die Selbstbeherrschung, die jeder Erwachsene braucht, um leben und sich selbst verwirklichen zu können. Ohne eine solche Beherrschung ist der Mensch äußerst verletzlich, ständig von seinen Impulsen getrieben, unfähig, sich an die Situationen anzupassen, in die er als Erwachsener kommen wird.
In unserem kulturellen Zusammenhang hat es der Erwachsene schwer, der seine Impulsivität zu bremsen versucht, da viele unserer gesellschaftlichen Gewohnheiten und andere Elemente in unserer Gesellschaft darauf abzielen, eine solche Beherrschung abzubauen und der Impulsivität freien Lauf zu lassen. Unsere Werbung z. B. beruht großenteils nicht darauf, die besonderen Vorzüge eines Produkts im einzelnen darzustellen, sondern vielmehr auf dem Thema: »Mach mal Pause ... tu dir was Gutes.« Ganze Industrien bauen auf dem »Spontankauf« auf – und die Kaufhäuser legen es darauf an, daß der Kunde nicht nur kauft, was er braucht, sondern auch, was ihm sein Impuls gebietet. Von der Ware als solcher bis zu ihrer Verpackung und Darbietung zielt alles darauf ab, den Impuls des Habenwollens auszulösen. Die Ware selbst wird oft vernachlässigt. Angesprochen werden vielmehr die Ängste, Hoffnungen und Träume. Der Besitz der Ware verspricht einem gleichsam, daß man sich sicher und wohl fühlen wird, daß man gesund sein wird, auf sich stolz sein und geliebt werden wird, und daß man »wer« ist.
Unser amerikanisches System der Kreditkäufe mit seiner extrem niedrigen Baranzahlung für alle Waren, von Kofferradios und

Kleidung bis zu Autos und Urlaub, fördert den Impuls, Geld auszugeben, »sich etwas zu gönnen«. Infolge dieser »Spontankäufe« geben viele Familien das nächste Jahresgehalt bereits im voraus aus, wie das Magazin *»Fortune«* berichtet.
Alle Massenmedien regen die Impulsivität in Liebe und Sexualität an. Unsere Zeitschriften und Zeitungen geben zu praktisch jeder Art von Impulsivität Anreiz, betonen aber insbesondere die Sexualität. Unsere Schlager lassen die Impulsivität als lohnend und anziehend erscheinen. Unsere Literatur feiert im allgemeinen, ebenso wie unsere Theater, Filme und Fernsehspiele — vom Western bis zu ernsthafteren Produktionen — den impulsiven Charakter dessen, der etwas riskiert. Das Autokino ist oft nur ein riesiger Schauplatz der Impulsivität, angefangen von den Darstellungen auf der Leinwand bis zum Sex in den Autos. Der Stehimbiß — mit seiner ständigen Aufforderung, »sich was Gutes zu tun« — gedeiht auf dem Boden der Impulsivität, und für das Autokino stellt er oft eine Haupteinnahmequelle dar.
Wenn Sie verstehen, wie Ihre Impulsivität durch diese kulturellen Faktoren angeregt und ausgenützt wird, fällt es Ihnen vielleicht leichter, sich um Grenzen für Ihre Impulsivität zu bemühen. Dies bedeutet unweigerlich, daß Sie sich einige unmittelbare Befriedigungen und Vergnügungen versagen müssen; Sie werden dann rastlos und ängstlich sein und sich unwohl fühlen. Sie müssen sich unbedingt ein Fernziel setzen, damit Sie das Gefühl haben, diese geringfügigen Entbehrungen seien der Mühe wert. Ohne ein solches Ziel werden Sie glauben, die Anstrengung lohne sich nicht, und in Ihre alten Haltungen »zurückschlittern«.

Bereiche der Impulsivität

Impulsive Menschen sind im allgemeinen in den meisten Tätigkeiten impulsiv. So fühlen sie sich »lebendig«. Viele von uns haben sich jedoch — entweder durch die Bemühungen unserer Eltern oder durch eigene Erfahrungen — in einigen spezifischen Bereichen eine gewisse Selbstbeherrschung erworben; in anderen Bereichen wiederum sind sie hemmungslos. Oft erkennen wir auch den impulsiven Charakter unserer Handlungen nicht, da sie von der Aura gesell-

schaftlicher Billigung umgeben sind und, was noch wichtiger ist, da die unmittelbare Triebbefriedigung »so gut tut«.
Im folgenden werden einige der Bereiche dargestellt, in denen gewöhnlich eine übermäßige Nachgiebigkeit gegenüber den eigenen Impulsen auftritt:

Wutausbrüche: Selbst unter jenen Leuten, die sich nicht als impulsiv ansehen, ist es üblich, seiner Gereiztheit oder Wut in oft ungebührlich groben und beschämenden Ausdrücken recht impulsiv Luft zu machen, wenn man irgendwie enttäuscht oder frustriert ist. Oft sagt man irgend etwas Gemeines oder Verletzendes, das man später bereut, aber nicht leicht wiedergutmachen kann. Wenn ein impulsiver Mensch seinen Kopf nicht durchsetzen kann, bekommt er einen Wutanfall. Er berücksichtigt dann selten die Umstände, sondern rast und wütet vielmehr gegen denjenigen, dem er die Schuld an diesen Umständen zuschiebt. Solche Wutausbrüche weisen keinerlei Rücksicht auf die Gefühle anderer auf, die sich oft mächtig anstrengen, um willfährig zu sein und es aus Gründen, für die sie nicht verantwortlich sind, nicht tun können. Diese Ausbrüche sind häufig die Ursache von Unglück und großem Elend. Viele Leute haben im Lauf der Zeit gelernt, alles mögliche zu erfinden und zu unternehmen — bis zehn zählen, um den Häuserblock gehen usw. — um ihre Tendenz zu Wutausbrüchen einzudämmen. Der Wutanfall muß als das angesehen werden, was er ist: ein wütender Ausbruch, und keine echte tiefempfundene Wut wegen eines anhaltenden Mißstands oder eines kränkenden Übergriffs. Wenn Sie das einsehen, können Sie Ihre Äußerung der Wut und Gereiztheit wegen irgendwelcher Unglücksfälle und der gelegentlichen Frustrationen, die zum Leben gehören, leichter beherrschen und steuern.
Manche Menschen ziehen die psychiatrischen Konzepte der Verdrängung heran, um ihre Ausbrüche zu entschuldigen. »Ich mußte das einfach loswerden«, »ich mußte explodieren, ich habe innerlich vor Wut gekocht«, »ich wollte dieses Gefühl nicht länger verdrängen, und darum habe ich es geäußert«. So lauten beispielsweise die Aussagen dieser Leute. Aber der Mensch funktioniert durchaus nicht nach demselben Prinzip wie der Dampftopf. Wenn die Rechte anderer im Spiel sind, ist eine gesunde Verdrängung nur angemessen.

Fettsucht: Viele Menschen, die unter ihrer Beleibtheit schrecklich leiden, sind unfähig, ihrem Lebensmittelkonsum Grenzen zu setzen. Die Mütter solcher Menschen haben oft die Freßlaunen ihres Kindes uneingeschränkt befriedigt und waren ängstlich bemüht, »etwas in ihn hineinzubekommen«. In anderen Fällen veranlaßt den betreffenden Menschen eine echte Entbehrungssituation auf anderen Gebieten, z. B. Einsamkeit, Armut oder mangelnder gesellschaftlicher Status, sich dauernd zu überfressen. Andere können, ohne wirklich Mangel zu leiden, ihren Drang, einen »Happen« zu sich zu nehmen, nicht zügeln. An Abmagerungskliniken, wie der des verstorbenen Dr. Norman Jolliffe in New York, hat man festgestellt, daß die Bemühungen um Zügelung der Nahrungsaufnahme oft denselben impulsiven Charakter haben wie die übermäßige Fresserei — und stets scheitern, außer wenn der betreffende Mensch eine starke Motivation hat, sich einzuschränken. Diese Struktur von abwechselnder Einschränkung und Freßsucht findet man vor allem unter Frauen. Nach den Untersuchungen der genannten Klinik ist die stärkste Motivation zur »Fastenkur« bei Frauen der Wunsch, attraktiver auszusehen. Bei Männern ist es die Angst vor einem Herzinfarkt, die sie zum Fasten treibt.

Unsere Gebräuche und Feiertage bringen unsere Bemühungen, uns beim Essen Grenzen zu setzen, oft zu Fall. »An Weihnachten darf man schon sündigen« oder »heute, an Jackies Geburtstag — du mußt noch ein Stück nehmen« — solche Äußerungen und Einstellungen untergraben die Vorsätze und Bemühungen vieler impulsiver Menschen. Oft trägt auch die Befürchtung, den Gastgeber zu beleidigen, ihren Teil dazu bei — dabei bedarf es oft nur eines Wortes.

Wenn Sie Schwierigkeiten mit zu vielen Pfunden haben und immer wieder auf Abmagerungskur und Diät umsteigen, dann verstärken Sie unter Umständen die Folgen, die sich aus Ihrer Nachgiebigkeit sich selbst gegenüber ergeben — anstatt zu versuchen, dieses alte, von den Eltern übernommene Verhaltensmuster zu ändern. Sie müssen sich fragen, welche Art von Eltern Sie sich selber sind, und nicht, welche Diät nun am schnellsten zu einer Gewichtsabnahme führt.

Übermässiges Trinken: Das impulsive, unbeherrschte Trinken vieler Alkoholiker kann seine Wurzeln darin haben, daß es ihnen nicht gelungen ist, sich in dieser Richtung in der Kindheit Grenzen zu setzen. Der gesellige Umtrunk, der oft an Alkoholismus grenzt, hat in vielen Fällen diesen impulsiven Charakter. Bei einem impulsiven Menschen kann fast alles zur Entschuldigung für einen »Schluck« werden. Die tragischen Lebensschicksale, die die Folge dieser Unfähigkeit sind, zu den eigenen Impulsen »nein« zu sagen, sind so sehr alltäglich, daß sie keine Beschreibung verdienen. Da derjenige, der zu viel trinkt, seiner Impulsivität in der Kindheit keine Grenzen gesetzt hat, tappt er als Erwachsener hilflos im dunkeln und kann sein Problem eigentlich nicht verstehen: nämlich den Mangel an Schranken oder Einschränkung und nicht das, was in der Flasche ist. Aber seine Selbstbeherrschung wird mit dem ersten Glas auf chemischem Wege geschwächt.
Viele Leute, die Schwierigkeiten mit dem Alkohol haben, beschimpfen sich selbst dafür und fordern andere geradezu heraus, sie ebenfalls zu beschimpfen. Sie verstehen nicht, daß man nur in einer Atmosphäre der Achtung, in der der Kampf um die Gesundung anerkannt wird, Grenzen setzen kann. Wenn Sie begreifen, daß Sie das impulsive Kind, das Sie einmal waren, einschränken, werden Sie sich selbst eher achten und respektvoll behandeln können — und dies allein wird die Atmosphäre schon schaffen helfen, in der Sie mehr Selbstbeherrschung entwickeln können.
Der Verein »Anonyme Alkoholiker« hilft impulsiven Trinkern, indem er Gruppenkontrollen einrichtet, die so lange aufrechterhalten werden, bis der betreffende Alkoholiker eine ausreichend starke Selbstbeherrschung entwickelt hat. Dies geht in einer Atmosphäre größten Respekts vor sich. Nur in einer solchen Atmosphäre ist die Entwicklung starker innerer Grenzen möglich. Indem der AA ein Gerüst mit verschiedensten Stufen erfolgreicher Beherrschung der Trunksucht bereitstellt, an dem sich in einer Atmosphäre des Respekts innere Grenzen entwickeln können, hilft er vielen Leuten.

Geld ausgeben: Impulsives Ausgeben von Geld ist in den letzten Jahren, bei Vollbeschäftigung, mehr Freizeit und Sozialabgaben, die die Altersrente sichern, stärker in den Vordergrund getreten.

Zuweilen kann impulsives Geldausgeben förderlich und befriedigend sein. Aber wenn es die Erfüllung ernstzunehmender Verpflichtungen unmöglich macht, wird es zur offenkundigen Ursache vieler Schwierigkeiten.

Das Fundament für ein derartiges übermäßiges Geldausgeben bildet die wiederholte Nachgiebigkeit der Eltern gegenüber den sich impulsiv äußernden Wünschen des Kindes nach Spielsachen und anderen Dingen, Wünschen — gar Forderungen —, die durch Wutausbrüche im Kaufhaus mit ihren unangenehmen Folgen für die Mutter oder den Vater noch unterstützt werden können. Zahlreiche Studien und die wiederholten Äußerungen vieler Eheberater machen deutlich, daß das impulsive Geldausgeben die Hauptursache ehelicher Unzufriedenheit und Streitigkeiten ist. Oft sind diese Streitigkeiten so verbittert, daß sie schließlich zur Scheidung führen. In Spießerfamilien macht man sich gewöhnlich Vorwürfe, weil man Sekt trinkt, wo das Geld doch nur fürs Bier reicht.

Als wir Kinder waren, haben die Eltern unser Taschengeld verwaltet und festgesetzt. Wenn sich die Eltern nun den Wünschen des Kindes nach neuen Spielsachen immer beugten, handelt der Erwachsene heute sich selbst gegenüber vielleicht genauso. Fragen Sie sich, ob Sie in der Rolle Ihrer eigenen Eltern das Geld immer noch so ausgeben, wie es ein Kind tut. Kaufen Sie Dinge ein, weil Sie sie brauchen? Was für ein Bedürfnis haben Sie? Ist es ein echtes Bedürfnis? Oder ein Impuls, der Ihre Fähigkeit beeinträchtigen könnte, die echten Bedürfnisse zu befriedigen? Das impulsive Geldausgeben kann sogar dazu führen, daß Sie sich einen notwendigen Erholungsurlaub nicht mehr leisten können.

GROSSZÜGIGKEIT: Eines der anziehenden Merkmale impulsiver Menschen ist, daß sie im allgemeinen großzügig sind. Da ihnen von anderen so viel gegeben wurde, haben sie — im psychologischen Sinne — auch viel, was sie beisteuern können — und sie tun es auch reichlich. Aber sie sind in ihrer Großzügigkeit ebenso unbeständig wie in ihren anderen von Impulsivität geprägten Eigenschaften. Man kann sich auf ihre Großzügigkeit nicht verlassen. Ihre Impulsivität führt oft dazu, daß sie nicht berücksichtigen, was sie anderen schuldig sind — und ihre Großzügigkeit kann sich auf einmal in ein kaltes und abweisendes Nichtbeachten verwandeln. Oft übernehmen sie in ihrer impulsiven Weise eine Bürgschaft und wundern sich dann, wenn sie feststellen, daß andere Leute von ihnen erwarten, zu dieser Bürgschaft zu stehen. Auf ziemlich dieselbe Weise gehen sie enge Beziehungen ein und lösen sie unvermittelt wieder auf.

»Machen wir eine Party!«: Die zwanglose, oft spontan und ungeplante Geselligkeit ist der deutlichste Ausdruck von Impulsivität in unserer Gesellschaft. Dabei wird jede Art von impulsivem Verhalten, von übermäßigem Geldausgeben bis zum Saufen, Fressen, zur übersteigerten Großzügigkeit und zum Flirten nicht nur geduldet, sondern ausgiebig bewundert und gebilligt. Man versucht oft, sich gegenseitig an Tollkühnheit des impulsiven Verhaltens zu übertreffen, und sie bildet den Gegenstand von endlosen Unterhaltungen, von Neid und Stolz. Historisch gesehen, ist aus dem konventionellen geselligen Zusammensein die »zwanglose Party« geworden, und wir billigen diese Zwanglosigkeit in einem Maß, das eine frühere Generation erschreckt hätte. Da die Impulsivität der ganzen Gruppe Teil dieser Zwanglosigkeit ist, da sie auf so vielen Gebieten wirksam ist, von seiten der Gesellschaft gebilligt wird, bleibt vielen Leuten der Preis verborgen, den sie für eine solche kurzlebige Impulsivität bezahlen. Die Beliebtheit der »zwanglosen Party« ist ein bedeutsames Anzeichen dafür, wie sehr wir dem impulsiven Verhalten zunehmend freieren Lauf lassen.

Die Auswirkungen der übertriebenen Nachgiebigkeit auf Ehe und Sexualität

Impulsive Menschen heiraten selten ihresgleichen. In der Partnerschaft neigen sie dazu, einander Forderungen zu stellen und sich zu weigern, den Forderungen des anderen nachzukommen. Irgendwie sind sie blind dafür, daß es einen befriedigen kann, anderen zu dienen und ihnen zu helfen; die anderen existieren sozusagen nur, um ihnen zu Diensten zu sein, wie es ihre Eltern waren. Impulsive Menschen — wenn sie sich gegenseitig wirklich anziehen — entdecken über kurz oder lang, daß einer vom anderen erwartet, er solle ihm dienen — und lösen die Beziehung auf. Keiner von beiden ist ge-

nügend tolerant oder rücksichtsvoll gegenüber dem anderen, um die Beziehung aufrechtzuerhalten.
Dies liefert uns einige Hinweise auf den Charakter der Beziehungen, die impulsive Menschen in der Ehe herstellen, sowie auf die besonderen Schwierigkeiten, die sich entwickeln. Der impulsive Mensch, mit seiner Spontaneität und Leichtigkeit beim Anknüpfen enger Beziehungen, heiratet oft einen gehemmten und zurückhaltenden Menschen, der sich seinen Forderungen bereitwillig fügt, um zu einer engen Beziehung zu gelangen. Der zurückhaltendere und gehemmtere von beiden Partnern erhält die Beziehung aufrecht und hofft oft, daß er mit der Zeit die warmherzige, impulsive Spontaneität des anderen auch seinerseits lernen wird. Aber diese Hoffnung geht in Wirklichkeit selten in Erfüllung, und der zurückhaltende Partner entdeckt allmählich, daß er mit den Stimmungen und Launen seines impulsiven Partners auf und ab schaukelt, und fühlt sich unweigerlich von ihm mißbraucht. Eine Frau sagte zu mir: »Mit meinem Mann zu leben ist, wie wenn man auf einer emotionalen Achterbahn leben würde. Ihm ist es ganz gleich, wie es mir geht, für ihn zählt nur, wie es ihm geht. — Und ich soll immer mitfahren und dabei auch noch glücklich sein.«
Oft ist es das Bedürfnis nach einer engen und liebevollen Bindung, das den gehemmteren Partner hält. Der impulsive Mensch, der sich stets auf die nachgiebige Liebe seiner Eltern verlassen kann — was ihn seinerseits in die Lage versetzt, enge Beziehungen mit Leichtigkeit herzustellen —, hat kein derartiges Bedürfnis. Was für den gehemmteren Partner lebenswichtig ist, hat für ihn oft kaum Bedeutung. Der gehemmtere Partner, der durch die Rücksichtslosigkeit des Impulsiven verwirrt und gekränkt ist, versucht vielleicht, an ihn Forderungen zu stellen, denen dieser dann mit Wutausbrüchen begegnet. Oder er wendet sich einfach einem anderen Menschen zu und läßt seinen Partner stehen, der sich ihm nicht fügt. Diese Waffen zwingen den zurückhaltenden Partner zu Nachgiebigkeit. Aber die übertriebene Fügsamkeit führt andererseits allmählich zu einem gewaltigen Zorn, der erbitterte Querelen und Kämpfe zur Folge haben kann. Die Klage, die gegen den Impulsiven geführt wird, lautet fast immer: »Ich fühle mich ausgenützt.« Die Klage des Impulsiven heißt: »Er (sie) tut nicht, was ich sage.«

Für den impulsiven Menschen ist es sehr schwer, im Dienen Befriedigung zu finden, selbst wenn er es versucht. Darin läge nämlich eine fast völlige Umkehrung seiner sämtlichen Erlebnisse als Kind. Wenn er irgend etwas tut, erwartet er, auf großartige Weise belohnt zu werden: durch totale Fügsamkeit. Solche Leute erschrecken, wenn sie herausfinden, daß es sie befriedigen kann, anderen zu helfen. »Ich habe heute etwas getan für jemand, den ich nie zuvor gesehen habe, und ich werde nichts davon haben«, erzählte mir einmal ein impulsiver Mann, »und es ist mir wirklich schwergefallen. Aber was mich erstaunt, ist, daß ich ein gutes Gefühl dabei habe. Ich habe tatsächlich einmal jemand anderem geholfen, nicht nur mir.«

Auf sexuellem Gebiet wird die Klage, ausgenützt zu werden, am häufigsten vorgebracht. Eine Frau, die mit einem impulsiven Mann verheiratet ist, beschwert sich oft so: »Er nimmt auf mich und meine Gefühle keine Rücksicht. Er ist grob und sieht mich nicht als Person. Er denkt nur an eines: seine Befriedigung.« Eine andere Frau sagt: »Mein Mann behandelt mich tagsüber wie ein Stück Dreck, verlangt dies und jenes, und dann erwartet er von mir, daß ich am Abend freudig mit ihm ins Bett hüpfe. Ich liebe meinen Mann wirklich, aber ich fühle mich zu gekränkt, als daß ich das Gefühl hätte, ihm etwas zu schulden.«

Die impulsive Frau ist den Gefühlen ihres Mannes gegenüber ähnlich rücksichtslos und benützt die Sexualität als Waffe. Wenn er ihren Befehlen auf anderen Gebieten nicht gehorcht, verweigert sie sich ihm sexuell. Ein Ehemann beschreibt seine Frau folgendermaßen: »Sie ist gereizt und schmollt, weil ich nicht genug verdiene, um ihr jede Kleinigkeit zu kaufen, die sie gerade sieht. Und sexuell sagt sie ›nein!‹ zu mir, außer, ich tue, was sie sagt. Manchmal habe ich das Gefühl, ich werde ihr ein Diamantarmband kaufen müssen, damit ich sie dazu kriege, mit mir zu schlafen.« Oft sind diese Ehen stürmisch und ungestüm. »Wenn du mich lieben würdest« — dieser Ball geht hin und her, in Wut, unter Tränen, haßerfüllt, in Traurigkeit und Elend.

Für den impulsiven Menschen ist die Sexualität ein Nervenkitzel, den man sich »immer wieder holen muß«, und der Partner wird nur als Werkzeug benützt, das man braucht, um zu dem lustvollen

Nervenkitzel zu kommen. Da jedoch solche Menschen spontan und großzügig sind und zeigen, daß ihnen die Sexualität Spaß macht, kann das Erlebnis als solches für den Partner, der sich gerade dazu hergibt, befriedigend sein. Aber der impulsive und unbeständige Freund kann diese Nähe und Intimität oft nicht lange aufrechterhalten, und mit der Zeit fühlt sich der zurückhaltendere Partner »ausgenützt«. Wenn er sich nun bei seinem impulsiven Partner beschwert, ist dieser bloß verwirrt. Er lebt in seinen Augenblickssituationen und momentanen Nervenkitzeln und erwartet, daß die anderen das gleiche tun.

13
Übertriebene Verwöhnung —
Wenn Sie sich langweilen und bei keiner Sache länger bleiben können

VERDACHTSMOMENTE: *Wenn Sie meistens gelangweilt und träge sind, wenn Sie unfähig sind, sich so weit für etwas zu interessieren, daß Sie sich dafür engagieren könnten, wenn Sie feststellen, daß Sie gerade das nicht tun wollen, was andere Leute als befriedigend empfinden, wenn Sie merken, daß Sie sich ständig beklagen und immerzu jammern, wenn Sie sich keine echten Ziele setzen und sich auch nicht auf sie zu bewegen können, sondern sich treiben und gehen lassen und davon abhängen, daß andere für Sie sorgen — dann sollten Sie die Möglichkeit in Betracht ziehen, daß ein übertrieben verwöhntes »inneres Kind von früher« Ihr Leben beherrscht.*
Die übertriebene Verwöhnung unterscheidet sich wesentlich von der übertriebenen Nachgiebigkeit und führt beim Erwachsenen zu einer anderen Art von Schwierigkeiten. Während die übertriebene Nachgiebigkeit einen aktiven, fordernden kindlichen Erwachsenen zur Folge hat, bringt die übertriebene Verwöhnung einen gelangweilten und passiven, aber auch unzufriedenen kindlichen Erwachsenen hervor. Viele von uns sind auf manchen Gebieten viel zu sehr verwöhnt worden.

Wie Sie Ihre übertriebene Verwöhnung erkennen können

Wenn Sie das Opfer einer primären elterlichen Haltung der übertriebenen Verwöhnung waren, wird es Ihnen nicht schwerfallen, die Wirkungen dieser Behandlung zu erkennen. Wer so behandelt worden ist, hat zwei hervorstechende Merkmale:

1. Er ist müde und gelangweilt, er gibt sich blasiert und sogar angeödet, und doch ist er einsam, unzufrieden und rastlos. Diese Langeweile beruht nicht auf großem Wissen oder Erfahrung, sondern auf den Erlebnissen der Kindheit. Da er unfähig ist, sich irgendwie für die Aktivitäten zu interessieren, die um ihn herum vor sich gehen, sieht er die Begeisterung eines anderen Menschen oft mit Skepsis an.

2. Er erwartet, daß andere für ihn sorgen, ohne daß er auch nur einen Finger rührt, und sehnt sich nach jemandem, der ihn aus seiner einsamen inneren Langeweile, seiner mürrischen Unzufriedenheit und seinem mangelnden Interesse am Leben errettet. Seine Stimme hat oft einen jammernden Unterton.

Hinzu kommt, daß derjenige, der an übermäßiger Verwöhnung leidet, keinerlei Bemühungen in Gang bringen kann und auch kein Durchhaltevermögen hat; jede Anstrengung, und sei sie noch so gering, erschöpft ihn, selbst wenn sie ihm zugute kommen würde. Oft hat er kein erkennbares oder erreichbares Ziel. Und doch will er etwas, ist mit sich selbst und seinem Leben unzufrieden, kann aber nicht herausfinden, was er will, und sich darauf zu bewegen.

Oft sind solche Menschen durchaus intelligent und attraktiv, aber ihre passive Haltung und ihre gelangweilte Unfähigkeit, irgendeinen Anteil am Leben zu nehmen, macht sie meist einsam und isoliert. In einer neuen Umgebung, wie z. B. am College oder an einer neuen Arbeitsstelle oder in einer neuen Stadt, fühlen sie sich — wie jeder andere auch, der neu ist — angeregt und zu irgendwelchen Aktivitäten bereit. Aber im Gegensatz zu aktiveren Menschen, die sich in solche Aktivitäten meist mehr einlassen, hält ihre passive Haltung gegenüber dem Leben sie am Rand solcher Aktivitäten fest, und sie zögern und verzögern alles — sobald ihr augenblickliches Interesse geringer wird und aufhört. Nach kurzer Zeit hat sich die Langeweile ihrer bemächtigt; nichts ist ihnen neu, und sie spüren »es in den Knochen«, daß »nichts passieren wird«. Sie geben sich blasiert: »Es ist die gleiche alte Geschichte.« Sie sehen, wie andere freundliche, warmherzige und enge Beziehungen eingehen, sind oft eifersüchtig und unzufrieden, aber fühlen sich wie stets unfähig, die Worte zu sagen, das Lächeln zu wagen und die Schritte zu tun, die für sie zu solchen Beziehungen führen würden. Sie warten, entschuldigen sich — sind nachsichtig mit sich — und finden in allem, von der Höflichkeit bis zur herkömmlichen Rollenverteilung und dem Geldmangel, Gründe für ihre Passivität.

Ein wichtiger Schlüssel — Sich-treiben-Lassen: Manchmal nehmen sich solche Leute fest vor, sich zu ändern — wenn sie spüren, was sie aus dem Leben auszuschließen scheint —: Sie nehmen sich vor, auf Leute zuzugehen, zu lächeln, freundlich zu sein, begeistert zu sein, »sich hineinzustürzen«. Aber der Versuch, eine solche Haltung einzunehmen, erschöpft sie dermaßen, daß die Mühe oft nicht ausreicht. Der Hauch von Müdigkeit und dumpfer Langeweile, der sie immer umgibt, stößt andere Leute meist ab, und sie selber können ihre scheinbare Unfähigkeit, die Initiative zu ergreifen, oft nicht überwinden. Einsam, unzufrieden und gleichgültig, wie sie sind, warten sie und schauen zu, während das Leben an ihnen vorbeizieht; sie lassen sich weitertreiben und sind nicht imstande, bei irgendwem oder irgendwas zu ankern. Dieses bezeichnende Sich-treiben-Lassen ist ein wichtiger Hinweis auf eine Kindheit, in der übertriebene Verwöhnung geherrscht hat.

Menschen, die zu sehr verwöhnt worden sind, ziehen meist von einem Ort zum anderen: von einer Arbeitsstelle zur anderen, von einer Liebesgeschichte zur anderen — sogar von einem Ehemann zum anderen, von einem Haus in ein anderes oder von einer Stadt in die andere. Dies dient oft sowohl dazu, ihre hoffnungsreiche Erwartung aufrechtzuerhalten, daß sie doch noch einen Weg finden, wie sie am Leben teilhaben können, als auch dazu, ihre Unfähigkeit zu irgendeiner Art »Fortschritt« in einer Sache oder ihre Beziehungsfähigkeit vor sich und anderen zu verbergen. Werden sie älter, so werden sie oft bitter, beklagen sich und heucheln sich wegen ihrer passiven Abhängigkeit von anderen selbst etwas vor.

Irgendwie sucht der Mensch, der als Kind zu große Verwöhnung erfahren hat, kein Ziel im gewöhnlichen Sinne, sondern »jemanden, der mir das Leben interessant macht«. Diese Leute neigen dazu, andere für sich die Verantwortung tragen zu lassen — und sie zu einem Gefühl der Verantwortung ihnen gegenüber zu bringen. Sie können oft nicht glauben, daß sie selbst irgend etwas tun könnten, das sie befriedigen würde. In ihrer Einsamkeit und Passivität klammern sie sich an andere, die — wenn sie es merken — Schuldgefühle entwickeln, weil sie sie los sein wollen, obwohl der Verwöhnte nur wenig zur Aufrechterhaltung der Beziehung beiträgt.

Freunde in Eltern umwandeln: Irgendwie versucht derjenige, der als Kind zu große Verwöhnung erfahren hat, die Leute, die seine Freunde werden, in die Rolle der übertrieben verwöhnenden Eltern zu drängen — er läßt sie alles heranschaffen, was er braucht, und will, ohne sich zu einer Gegenleistung verpflichtet zu fühlen. Solche Menschen haben Schwierigkeiten, objektive Probleme einleuchtend zu erklären und damit den Umstand zu entschuldigen, daß sie nicht vorwärtskommen können; oft verwirren sie sich selbst und andere, die ihnen helfen wollen. Schließlich sind ihre echten Probleme oft schon schwerwiegend geworden. Sie haben sich in der gelangweilten und langweiligen Passivität und Abhängigkeit festgefahren, von der schon ihre Kindheit gekennzeichnet war. Sie kennen sich selbst gegenüber nur übertriebene Nachsichtigkeit, und oft wünschen sie offen jene Tage der Kindheit herbei, in denen man nichts von ihnen erwartete, während sie von anderen erwarten konnten, daß sie ihnen jeden Wunsch von den Augen ablesen würden. Für die Psychotherapie solcher Leute ist es bezeichnend, daß sie die Behandlung abbrechen, weil man von ihnen erwartet, sie sollten durch eigene Anstrengung ihre Abhängigkeit von anderen modifizieren. Die Psychotherapie bedroht ihre Geborgenheit im alten »Daheim« kindlicher Gefühle — dem Gefühl, daß sie immer verwöhnt werden —, es sei denn, sie entdecken, daß sie ihr eigenes Verhalten ändern können, und bereit sind, diese Anstrengung auf sich zu nehmen.
Die folgenden Fälle vermitteln Ihnen vielleicht einen Einblick in die vielen Formen, die die übertriebene Verwöhnung annimmt; womöglich können sie Ihnen helfen zu bestimmen, in welchem Ausmaß Ihr eigenes Leben von ihr beeinflußt und geformt worden ist.

Pappis kleiner Liebling

Linda, achtundzwanzig Jahre alt, ist eine intelligente, scheinbar ausgeglichene junge Frau, die — wenn sie sich nicht gerade langweilt — am Rand der Panik steht. Sie kam neun Jahre nach ihrem Bruder zur Welt, was sie praktisch zum Einzelkind machte. Sie wurde von ihrer freundlichen Mutter und ihrem Vater, der Rechtsanwalt war, in einem Haus in der Vorstadt im Mittleren Westen ständig und viel zu sehr verwöhnt. Sie sagt, sie habe eine »sehr, sehr glückliche Kindheit« gehabt, obwohl sie gleichzeitig betont, sie habe auch gelernt, etwas zu leisten, etwas »vorzustellen« — plötzlich unendlich viel zu arbeiten, was ihr von seiten ihrer Eltern größere Belohnungen einbrachte.

Als sie das College-Alter erreichte, war sie geistig aufgeweckt, hatte wohlgeschliffene Manieren, war aber etwas korpulent. Auf dem College hatte sie die ersten zwei Jahre immer ausgezeichnete Noten, aber sie war unfähig, enge Freundschaften zu schließen; Lindas schon etwas ältere Eltern hatten früher immer versucht, sie von den Kindern ihres Alters fernzuhalten, und die Wohnsituation ihrer Familie trug das Ihre dazu bei. Auf dem College konnte sie es nicht verstehen, daß die anderen Mädchen nicht so viel Geld und Kleider hatten und so viel arbeiteten. Am Vorabend ihrer Abschlußprüfungen für den ersten Abschnitt (junior year) hatte sie das Gefühl, daß dies alles gar nicht der Mühe wert sei, und ging nicht in die Prüfungen.

Statt dessen ging sie heim und erzählte ihrer Mutter unter Tränen, sie hasse das alles, sie hasse die anderen Studenten, die Professoren, die ganze Schule. Die Arbeit habe sie gelangweilt, und sie könne keinen Sinn darin sehen. Während der folgenden drei Jahre saß sie zu Hause herum, genoß die lebhafte Geselligkeit ihrer Eltern und verbrachte den Sommer am nahegelegenen Strand. Sie hatte nur ein paar Verabredungen, denn sie lehnte es ab, sich für die Jungen näher zu interessieren, die sie am Strand traf — und ihre übermäßig plumpe Gestalt zog auch nicht viele von ihnen an. Ihr machte die aufgeregte Klatscherei der »jungen Leute« Spaß, und sie hatte ihr größtes Vergnügen an den aufwendigen Abendessen, die ihre Mutter gab. Ihr Vater brachte oft zu derlei Gelegenheiten junge Rechts-

anwälte mit nach Hause, und jeder redete lauter »gescheite und interessante Dinge«. Sonst war Linda meistens recht gelangweilt.
Eines Abends, als sich ihr Vater wegen der Kündigung einer Sekretärin beklagte, bot sie ihm ihre Dienste an; sie lernte Maschineschreiben und ging dann jeden Morgen mit ihm ins Büro. Dort war sie stets froh und aufgeweckt und arbeitete wie eine »Sondersekretärin« für ihren Vater. Da sie »Pappis kleiner Liebling« war, brauchte sie ihre Arbeitszeit nicht mit der Stechuhr zu bemessen, konnte rauslaufen, um irgend etwas einzukaufen, und hatte über die Erledigung der väterlichen Korrespondenz und einige Schreibarbeiten hinaus keinerlei reguläre Pflichten. Mit den anderen Mädchen im Büro »kam sie zurecht«, ging aber keine engeren Beziehungen mit ihnen ein. Im allgemeinen ging sie mit ihrem Vater zum Mittagessen und lernte noch mehr junge Rechtsanwälte kennen. In juristischen Dingen kannte sie sich bald genügend aus, um »im rechten Augenblick zu lachen und zu lächeln«, wenn sie ihre Geschichten erzählten. Sie hatte ein paar Verabredungen, aber ihre gelangweilte Art und ihre Unfähigkeit, sich von irgend etwas beeindrucken zu lassen, ließen es nicht zu, daß sich diese Beziehungen über gelegentliche gemeinsame Theaterbesuche oder Abendessen hinaus entwikkelten. So vergingen sechs Jahre.
Mittlerweile hatten ihre wenigen Freundinnen vom Strandclub geheiratet — und als eine dieser Frauen ihr zweites Kind bekommen hatte, geriet Linda in Panik. Sie hatte das Gefühl, als drehe sie sich nur im Kreis herum, und beschimpfte ihre Eltern voller Ungestüm, weil sie sie nicht auf ein besseres College geschickt hatten, während sie für die Ausbildung ihres Bruders zum Zahnarzt das Geld geradezu »verschwendet« hätten. Sie beschloß aus einem plötzlichen Impuls heraus, ihr Elternhaus zu verlassen, sich eine Arbeit zu suchen, unabhängig und selbständig zu werden, einen netten Akademiker kennenzulernen und ihn zu heiraten. Mit diesen Vorstellungen zog sie in eine große Stadt im Mittleren Westen.
Dort bekam sie schnell eine Arbeit als Sekretärin und fand ein Mädchen, das eine Mitbewohnerin für seine Wohnung suchte. Aber nachdem ihre erste Erfolgssträhne vorüber war, mochte sie ihre Arbeit nicht mehr. Sie haßte es, nach der Stechuhr zu arbeiten, nur eine Stunde zum Mittagessen zu haben und nicht rauslaufen zu dür-

fen, um etwas einzukaufen. Überdies war die Arbeit ein ständiger Druck, und ihr Gehalt reichte nur für die notwendigen Ausgaben. Sie war in der großen Masse der Städter einsam und verloren, vor allem am Abend. Ihre Zimmergenossin war oft nicht zu Hause — sie war mit ihrem »ständigen Freund«, den sie bald zu heiraten plante, zum Essen verabredet. Linda verbrachte ihre Abende mit Lesen und Briefeschreiben — oft, um finanzielle Unterstützung zu erbitten. Manchmal machte sie einen Schaufensterbummel, der sie mit Sehnsucht erfüllte.

Linda haßte es, ihren Anteil an der Hausarbeit tun zu müssen; ihre Zimmergenossin bestand nämlich darauf, daß sie erledigt werde, »damit Joe nicht denkt, ich sei eine schlampige Hausfrau, wenn er hierher kommt«. Insbesondere haßte Linda es, ihre eigene Wäsche zu waschen. All das war für sie zu Hause getan worden, entweder vom Hausmädchen oder von ihrer Mutter. Dagegen hörte sie gerne dem Geschwätz des Diskjockeys zu und wartete auf ihre Zimmergenossin. Dann wollte sie alles genauestens erzählt bekommen, was bei der Verabredung passiert war, und verhielt sich dabei recht ähnlich wie ihre Mutter. Aber die Mitbewohnerin schob nach den ersten beiden Malen ihre Fragen beiseite — und wollte wissen, warum das Frühstücksgeschirr immer noch nicht abgespült sei. Dann wieder redete sie überglücklich über ihre Heiratspläne. Jedesmal verbrachte Linda, die sich unaussprechlich leid tat, entweder eine schlaflose Nacht oder weinte solange, bis sie einschlief.

Stets kam sie zu spät zur Arbeit. Im Büro ließ sie der Personalchef wegen ihrer Säumigkeit hart an, was ihren Direktor veranlaßte, sich ihrer anzunehmen und ihre Probleme zunächst mitfühlend zu betrachten. Er schlug ihr vor, sie solle doch versuchen, andere junge Leute kennenzulernen, z. B. über die Kirchengemeinde, beim Tanzen, bei irgendwelchen Organisationen oder einfach dadurch, daß sie dorthin ging, wo sich die jungen Leute aufhalten; sie könne sich doch eine Freundin als Begleitung mitnehmen. Sie unternahm einige Versuche, sich mit Mädchen vom Büro zu befreunden, aber jede von ihnen lebte ihr eigenes Leben. Ihre Vergnügungen langweilten Linda, und sie glaubte, daß die Mädchen sie eigentlich zu sich nach Hause einladen sollten; taten sie es nicht, dann gab sie es auch gleich auf, Freundschaften zu schließen. Sie waren langweilig, sagte sie, weil ihre Unterhaltungen nicht so interessant waren wie die der Leute zu Hause.

Ihre Schlaflosigkeit — und infolgedessen auch ihr Zuspätkommen — wurde schlimmer, nachdem ihre Mitbewohnerin angekündigt hatte, sie werde demnächst heiraten und ausziehen. Zuerst gefiel ihr das, weil es bedeutete, daß niemand sie wegen der Hausarbeit belästigen würde. Dann sah sie ein, daß sie eine neue Zimmergenossin haben müßte — und als sich die Suche als zu schwierig herausstellte, wandte sie sich wieder an ihre Eltern um Geld, damit sie das Appartement »ohne diese blöde Ziege« oder eine andere ihrer Sorte halten könnte.

Anfangs ermunterte sie sich mit Phantasien, wie sie das Zimmer neu ausschmücken und junge Männer zu sich zum Essen oder zu »interessanten Gesprächen« einladen würde; das hielt sie regelmäßig bis zur Morgendämmerung wach — und dann kam sie wieder zu spät. Sie hörte den Wecker nicht, und als man ihr androhte, sie zu entlassen, ließ sie ihre Mutter jeden Morgen anrufen. Es war zwar nur ein kurzer Anruf, aber die Stimme ihrer Mutter stellte die Atmosphäre der Kindheit zum Teil wieder her, und eine Zeitlang kam sie rechtzeitig zur Arbeit. Als jedoch ihre Bemühungen, junge Männer kennenzulernen, in sich zusammenbrachen, weil sie von Nichtakademikern nichts wissen wollte, gewöhnte sie sich an, nach dem Anruf ihrer Mutter wieder ins Bett zu gehen, weil sie »erschöpft« war.

Sie nahm ihre Entlassung gleichmütig hin. Sie sagte, es sei sowieso eine blöde Stelle, und ging nach Hause zurück, wo sie wieder einen Sommer voller Langeweile am Strand verbrachte und die Abende mit Einsamkeit und Panik ausgefüllt waren. Sie beschimpfte ihre Eltern und die Leute am Strand und klammerte sich an die paar verheirateten Freundinnen, denen sie leid tut. »Die und ihre dummen Kinder langweilen mich«, sagt sie, »aber ich kenne sonst niemand, und sie laden mich ein — was soll ich tun?«

Die Geschichte von Sue

Sue, ein gutaussehendes und intelligentes Mädchen, das mit größter Lässigkeit teure Kleider trägt, erzählt von sich folgendes: »Vor zwei Jahren habe ich aufgehört, als Krankenschwester zu arbeiten. Ich dachte, es könnte mir Spaß machen, mich um andere Leute zu kümmern, kranken Menschen wirklich von Nutzen zu sein, aber ich konnte es einfach nicht mehr tun. Ich meine, es hörte einfach nicht mehr auf. Ich fühlte mich müde, wirklich müde, die ganze Zeit. Nachdem ich aufgehört hatte, habe ich beschlossen, Kunst zu studieren.

Dann habe ich eines Tages auf dem Campus diesen Jungen, Ralph, getroffen. Ich kannte ihn schon von der High School und war ein paarmal mit ihm ausgegangen. Na ja, er hat mich angerufen, und ich fing an, mit ihm auszugehen. Er rief mich immer an, und mir war er ganz recht, weil ich mit ihm reden konnte — über Leute natürlich, die wir kannten. Er wollte mich heiraten, und erst habe ich mir gedacht, das wäre ganz schön. Aber während des Sommers habe ich alles noch einmal überdacht. Ich glaubte, ich liebte ihn nicht genug und müßte bloß seine Freunde und seine Familie unterhalten und alles mögliche tun. Ich blies also unsere Heiratspläne ab und beschloß, das College zu verlassen. Ich hielt mich zu Hause auf, und während meine Eltern sich immerzu Sorgen machten und etwas für mich zu tun versuchten, wurde es mir bloß immer langweiliger. Als Ralph zu Weihnachten nach Hause kam, besuchte er mich, und wir redeten miteinander. Er hatte sich meinetwegen Sorgen und Vorwürfe gemacht, weil ich vom College abgegangen war; schließlich brachte er mich dazu, zurückzugehen und Musik zu studieren.

Ich sehe ihn immer noch, aber wir treffen uns nicht regelmäßig, und sonst ist auch nichts. Ich meine, da ist keine große Liebe oder so. Er mag mich immer noch sehr gerne und kann nicht begreifen, warum ich unsere Hochzeit abgesagt habe. Er ist sehr nett zu mir und tut, was ich von ihm verlange, aber in Wirklichkeit langweilt es mich, mit ihm herumzusitzen. Manchmal wünsche ich mir, daß er etwas Aufregendes sagt oder tut. Er erzählt mir bloß, was ihm andere Leute schon erzählt haben, oder wie er dies und jenes gemacht hat, und was ich davon halte. Na ja, meistens ist es mir einfach gleich-

gültig, und ich sage bloß ›Mhm, hm‹ oder so etwas. Ich weiß, daß ich schrecklich einsam wäre, wenn er nicht vorbeikäme, aber in Wirklichkeit langweilt er mich einfach.
Mir ist aufgefallen, daß die anderen Leute von einem erwarten, man solle über dies und jenes hellauf begeistert sein, über die Mannschaft, über das, was jemand gesagt hat, über etwas Neues. Ralph ist so, und ein jeder hier ist so. Aber ich bin an diesen Dingen eigentlich gar nicht interessiert. Es interessiert mich nicht, ob ich Musik studiere oder nicht, oder ob ich einen Abschluß mache. Das ist nur eine Art Zeitvertreib; anstatt zu Hause herumzusitzen und mir dort die Zeit zu vertreiben, studiere ich eben Musik. Ich mag nicht heiraten und dieses ganze Getue mitmachen und an Haus und Kinder gebunden sein. Noch vor einigen Jahren war ich ziemlich glücklich, aber es scheint, daß ich immer müder und teilnahmsloser werde, je älter ich werde. Ich stehe morgens auf, weil . . . na ja, wieder ein Tag. Aber eigentlich ist es mir gleichgültig. Meine Übungsstunden halte ich nicht ein; das ist mir zuviel Arbeit, und der Lehrer würde auch dann nörgeln, wenn ich üben würde. Das einzige, was ich gerne tue, ist, in einer Vorführkabine zu sitzen und per Kopfhörer Musik zu hören. Ich mache die Augen zu und halte mich ganz still; das läßt die einzelnen Töne so verschieden erscheinen, daß man wirklich jeden für sich hört. Aber wenn man eine Symphonie ein halbes Dutzend Mal gehört hat, langweilt sie einen auch.«

Vincent

Vincent war einmal ein körperlich anziehender Mann, der jetzt vom vielen Essen und Trinken einen dicken Bauch hat. Er wirkt ruhig, und einmal, auf einem Betriebsausflug, zog seine offenkundige Einsamkeit die Aufmerksamkeit eines redseligen und aufgeweckten Mädchens auf sich, das bei einer Tochtergesellschaft seiner Firma eine gute Stelle hatte. Es setzte sich eine Weile zu ihm, und dann forderte es ihn auf, mit ihm zu tanzen. Mit blasierter Miene, jedoch voller Nachsicht, sagte er, er könne darin keinen Sinn sehen — die Zivilisation habe das Tanzen zerstört. Er zitierte die Aussagen von Anthropologen und Philosophen. Die junge Frau, nennen

wir sie Edie, war beeindruckt — und fast schockiert, als sie feststellte, daß er eine unwichtige, geradezu niedere Beschäftigung hatte.
Als sie hörte, daß er auf dem College gewesen war, fragte sie ihn, warum er keine bessere Arbeit bekommen habe. Er sagte, er sei überzeugt, daß man in dieser Firma oder überhaupt in der Geschäftswelt einfach nicht vorwärtskommen könne; denn diese Bereiche würden von »Sie wissen schon, von wem, beherrscht — und ich lege keinen Wert darauf, diese Leute zu kennen. Und das sind sowieso Herdenmenschen, die nur dem Leithammel nachlaufen«. Edie blieb weiterhin bei ihm, hörte ihm zu, war von seinen blasierten Antworten beeindruckt und fühlte sich von seiner Gleichgültigkeit ihr gegenüber herausgefordert. Als der Ausflug zu Ende ging, war sie sowohl begeistert als auch entschlossen, diesen »Rohdiamanten« — als den sie ihn ansah — zurechtzuschleifen.
Sie lud ihn zum Abendessen in ihre Wohnung ein und war stolz, wie sie ihn über seine einsame Kindheit als einziger Sohn einer wohlhabenden Witwe ausholen konnte. Gegen ihre Vorschläge, sich eine bessere Arbeit zu suchen, hatte er endlose Einwände — aber sie fand die Antwort: Sie würde das Problem lösen. Also kümmerte sie sich darum, daß er, wenn er gegen eine bessere Stelle, die sie gefunden hatte, den Einwand brachte, er habe kein Auto, ein Auto bekam. Wenn eine Freundin meinte, sie habe Angst, einen Mann in ihre Wohnung einzuladen, den sie nicht so gut kennen würde, wie Edie ihren Vincent, so lachte Edie. »Vincent war ein vollendeter Gentleman«, erklärte sie — und er habe keinerlei Annäherungsversuche gemacht.
So ging es weiter; Edie löste die Probleme, bis sie Vincent heiratete. Sie brachte ihn sogar so weit, daß er sich anschickte, Karriere zu machen. Er beschloß, ein Hühneraugenoperateur zu werden. Wenn er seine Praxis eröffnet und praktische Erfahrungen gesammelt haben würde, sollte Edie ihren Beruf aufgeben. Er beendete den Lehrgang rechtzeitig, aber seine Praxis florierte nie. »Die Ärzte sind alle dagegen, bloß weil man kein ausgebildeter Mediziner ist«, sagte er. Er beschloß, fliegen zu lernen, bis die Patienten kommen würden. Er meinte: »Das Flugwesen wird immer wichtiger. Sie fliegen alles, was per Fracht geht.«

Edie ging weiterhin zur Arbeit, während er die Pilotenausbildung machte; es kam ihr sehr aufregend vor. Aber als er den Pilotenschein schließlich hatte, gefielen ihm die Regeln und Vorschriften nicht, und er klagte, daß sie »mir mein Alter vorwerfen«. Dann beschloß er, sich für Heiz- und Klimatechnik ausbilden zu lassen; letzten Endes arbeitete er praktisch nie in diesem Bereich. Er jammerte: »Man braucht Kapital, und diese riesigen Gesellschaften lassen dem kleinen Mann keine Luft.«

An diesem Punkt erkannte nun Edie, die schwer gearbeitet und ihn während seiner Studienjahre unterstützt hatte, daß er keinen einzigen seiner Pläne verwirklichen konnte. Sie spürte deutlich und schmerzhaft, daß sie von ihm ausgenutzt worden war. Sie wollte ihn verlassen, aber sie konnte sich nicht vorstellen, daß er ohne sie existieren könnte. Er saß zu Hause, aß und trank und ging am Abend ins Wirtshaus, um »Leute zu treffen«. Er war gleichgültig und jeden Abend voller Entschuldigungen für alles mögliche. »Du hast mich jahrelang mit deinem Geschwätz über dies und jenes gelangweilt. Was soll's? Kein Wort von dem, was du sagst, ist wichtig.« — Das pflegte er Edie zu sagen, wenn sie sich über seine abendlichen Wirtshausgänge beklagte. Innerlich fühlte er sich jedoch sehr einsam und voller Angst. Zeitweise hatte er den Wunsch, »einfach verschwinden« zu können, aber er brauchte Edies bequeme Unterstützung und ihr Mitgefühl andererseits auch, ja, er konnte gar nicht ohne sie existieren.

Die Lebensauffassung des übermäßig verwöhnten Menschen

Vielleicht können Sie diesen flüchtigen Einblicken in das Leben und die Probleme von Menschen, deren passives, erwartungsvolles und übertrieben nachsichtig behandeltes »inneres Kind von früher« immer noch das Leben des Erwachsenen beherrscht, einige Hinweise entnehmen, die Ihnen helfen zu bestimmen, ob Ihre Schwierigkeiten aus dieser pathogenen elterlichen Haltung und ihrer Fortsetzung entstehen. Viele von uns sind in der Kindheit in gewisser Hinsicht übertrieben nachsichtig behandelt worden, aber doch nicht auf diese umfassende Weise wie jene Menschen.

Der übermäßig verwöhnte Mensch kennt dem Leben und Leistungserwartungen gegenüber, die an ihn gestellt werden, kaum etwas anderes als Jammern und Klagen. Während des Zweiten Weltkrieges bezeichnete man viele unserer jungen Soldaten als »Muttersöhnchen«, da sie als Kinder zu sehr verwöhnt und behütet worden waren und sich nun bitterlich über alles beklagten, was sie als Soldaten tun sollten.

Da der sich selbst gegenüber allzu nachsichtige Mensch erwartet, daß alles für ihn getan werde, verstrickt er sich selbst immer mehr in eine Art von völliger Lähmung, die ihn schließlich zu Fall bringt. Die geringste Anstrengung geht seiner Ansicht nach über seine Kräfte weit hinaus oder ist ihm einfach unmöglich. Vor kurzem beschrieb ein junger Mann, der während seines ganzen Lebens von seiten seiner Eltern extremer Verwöhnung ausgesetzt war, was er vom Leben, von sich und seinen Problemen hält. Hier seine Äußerungen:

Ich bin ein Organismus, der Leben hat. Ich bin ein Produkt der amerikanischen Gesellschaft. Ich muß mich an gewisse Normen anpassen, da sie von der Gesellschaft als notwendig und sogar verpflichtend erachtet werden; d. h. ich würde nicht unbekleidet auf der Straße gehen, weil die Gesellschaft das Tragen von Kleidern als notwendig erachtet. Das Ziel des Lebens ist das Glück. Jedes Individuum erreicht das Glück, sein Glück, auf seine Weise.

Das Ziel des Lebens eines Menschen ist sein Glück.

Deshalb muß man für sich entscheiden, was einen glücklich macht oder was einem hilft, glücklich zu werden.

Nach meiner Ansicht ist in diesem Jahrhundert Glück unmöglich.

In diesem Jahrhundert kann man das vollkommene Glück nicht erreichen; nur kompensatorische Teilbefriedigung.

Warum bin ich so gelähmt? Es muß so sein, weil ich weiß, daß ich meine Ziele nicht erreichen kann.

Man könnte also diese Lahmheit mindern, wenn man die Ziele ändern würde.

Beim Erreichen meiner Ziele, auch wenn ich sie ständig verändere, spielt die Ausbildung eine hervorragende Rolle. Ich bin zu dem Schluß gekommen, daß ich mich nicht selbst ausbilden kann, und die Methoden der Ausbildung an den öffentlichen Institutionen machen mir das Erreichen meiner Ziele auch unmöglich.

Heute müßte ich also arbeiten, um meine Endziele zu erreichen. Das ist mir unmöglich.
Eine Alternative wäre ein Aufenthalt in der ...-Heilanstalt. Das wäre schwierig, aber nicht unmöglich.
Ich kann in der ...-Anstalt nur zwei Monate oder so bleiben.
Ich bin apathisch. Mein Leben ist hohl, leer. Ich mag nichts mehr tippen und höre deshalb auf. Es hat sowieso keinen Sinn.

Dies ist eine fast klassische Äußerung der Lebensanschauung eines Menschen, der zu sehr verwöhnt worden ist. Alles, was eine Anstrengung von ihm fordern würde, ist »unmöglich«. Die Leere eines solchen Lebens wird sich jedoch nur ändern, wenn der Betreffende eine derartige Anstrengung unternimmt. Nur dann kann er in seinem Leben Befriedigung empfinden, und nur dann wird die Erreichung von Zielen wahrscheinlich.

Die Wurzeln der übermäßigen Verwöhnung

Wie bei den meisten anderen pathogenen elterlichen Haltungen auch erscheint den Eltern die übermäßige Verwöhnung als die einzige Möglichkeit, ihre »große Liebe« zum Kind auszudrücken. Ständig überschütten sie das Kind mit Spielzeug, mit allen möglichen Sachen und Dienstleistungen, und dies gewöhnlich, noch ehe das Kind ein echtes Bedürfnis danach hat oder irgendein Interesse an dergleichen Dingen und Diensten äußert.
Die übertriebene Verwöhnung unterscheidet sich wesentlich von der übertriebenen Nachgiebigkeit. Die übertrieben nachgiebigen Eltern reagieren auf die Forderung oder Laune des Kindes und fügen sich. Die Eltern, die ihr Kind übermäßig verwöhnen, warten nicht, bis das Kind eine Forderung stellt, sondern kommen seinen Wünschen schon zuvor und bedienen es. Demzufolge ist das Kind übertrieben nachgiebiger Eltern impulsiv, fordernd und sorgt *aktiv* dafür, daß seine Wünsche erfüllt werden, während das Kind übermäßig verwöhnender Eltern mehr zur *Passivität* neigt, versorgt werden will und dabei gelangweilt und uninteressiert ist, weil man ihm eben so vieles »zusteckt«.
Das Füllhorn der verwöhnenden Eltern enthebt das Kind meist je-

der Notwendigkeit, sich anzustrengen und etwas von sich aus zu fordern, und es nimmt ihm auch die Möglichkeit, im eigenen Bemühen Befriedigung zu finden. Ein solches Kind lernt nie, die Initiative zu ergreifen oder sich beharrlich anzustrengen; es wird vielmehr in einem Zustand der Passivität und Abhängigkeit festgehalten. Dem Kind wird soviel »zugesteckt«, daß es die Dinge, die ihm gegeben werden, langweilen, und daß es davon übersättigt ist. Es ist unfähig, ein Interesse oder eine Anstrengung über längere Zeit hin aufrechtzuerhalten. Es erwartet, daß es die anderen versorgen, und kommt mit anderen Kindern, die sich nicht um es bemühen, kaum zurecht. Da es sein Interesse nicht wachhalten kann, kann es sich nicht vergnügen und will von den anderen unterhalten werden. Im Erwachsenenalter wird diese abhängige, gelangweilte und passive Erwartungshaltung fortgesetzt, die auf die Erfüllung der eigenen Bedürfnisse durch die anderen abzielt. Wenn ein solcherart verwöhnter Mensch in eine fremde Umgebung kommt, in der er gezwungen ist, sich auf sich selbst zu stellen, wird ihm angst und bange. Aber häufig ist er auch bloß verwirrt und enttäuscht, weil seine Freunde nicht für ihn gesorgt haben. Solche Freunde schreibt er dann meist als »unzuverlässsig« ab.

Gewisse Elterntypen neigen besonders dazu, ihre Kinder übermäßig zu verwöhnen:

1. Diejenigen, die in ihrer eigenen Kindheit benachteiligt worden sind und entschlossen verkünden: »Mein Kind soll nicht so leiden wie ich« oder: »Mein Kind soll nicht durchmachen, was ich durchgemacht habe.« Solche Eltern versuchen, ihre eigenen kindlichen Sehnsüchte dadurch zu erfüllen, daß sie ihre Kinder übermäßig verwöhnen. Oft hat es dieser Elterntypus gerade erst »geschafft«, was materiellen Reichtum anbelangt, und nun wird das Kind mit allem überschüttet, von ausgesucht teuren Spielsachen und Kleidungsstücken bis zu Ferienlagern, Autos mit Schiebedach, Pelzmänteln und Reisen ins Ausland. Das Kind läßt sich treiben — passiv, gelangweilt und gleichgültig, ohne sich anstrengen zu müssen. Es kann sein, daß es schließlich Schuldgefühle hat, weil es diese Annehmlichkeiten nicht verdient hat, d. h. »weil ich nicht das durchgemacht habe, was meine Eltern durchgemacht haben«. Es kann auch zum Hypochonder werden und Schmerzen und Wehwehchen

als Druckmittel einsetzen, um zu erreichen, daß die anderen für es sorgen.

2. Wohlhabende Eltern, deren Mittel es ermöglichen, alles heranzuschaffen, ohne daß irgend jemand auch nur einen Finger krümmen müßte — außer den Bediensteten. In dieser sozialen Schicht wird die übermäßige Verwöhnung leicht zu einem Lebensstil, weil man es nicht nötig hat, im eigenen Bemühen Befriedigung zu erfahren.

3. Ein dritter Typus von Eltern hat — oft grundlos — Schuldgefühle wegen seiner Vergangenheit, seiner Ehe, wegen der Qualität der eigenen Elternschaft, oder wegen des Kindes — und verwöhnt sein Kind, um auf diese Weise sein schlechtes Gewissen zu beruhigen. Solche Schuldgefühle sind oft Teil des elterlichen »Kindes von früher«, vor allem, wenn sie sich auf die Sexualität oder auf gewisse Umstände in der Ehe oder bei der Schwangerschaft beziehen.

4. Ein weiterer Typus von Eltern — und oft Großeltern — hat das übertriebene Bedürfnis, zu bemuttern und Zuwendung zu geben, was dann Verwöhnung und Übersättigung des Kindes mit Zuwendung, Spielsachen und Dienstleistungen zur Folge hat. »Vernarrtsein«, die übertriebene gefühlsmäßige Bewunderung des Kindes, führt zur Vorwegnahme aller seiner Wünsche und Bedürfnisse und zur übertriebenen Bewahrung vor den üblichen Gefahren der Kindheit. Oft tragen Unverträglichkeiten und sexuelle Schwierigkeiten der Eltern miteinander dazu bei, daß die Mutter ihre Aufmerksamkeit dem Kind noch mehr zuwendet, was wiederum zu übertriebener Verwöhnung und Zärtlichkeit führt.

Die Eltern befriedigen durch die übermäßige Verwöhnung ihres Kindes sehr unterschiedliche eigene Bedürfnisse. Das verwöhnte Kind kann sich jedoch nicht zu einem aktiven Menschen entwickeln, der etwas in Gang setzen und aus seinen eigenen Anstrengungen Befriedigung gewinnen kann.

Der Kreislauf der übermäßigen Verwöhnung im Leben des Erwachsenen

Die übermäßige Verwöhnung kann zwar bei den Eltern viele verschiedene Ursachen und Bedingungen haben, sie läuft jedoch stets auf die gleiche Weise ab.

Wenn ein Kind verfrüht mit Spielzeug, Geschenken, Gegenständen und Dienstleistungen überhäuft wird, wird es passiv, gelangweilt und anspruchsvoll; es hat sich dies alles weder gewünscht noch ausgesucht. Die Befriedigung, die das Kind hätte erleben können, wenn es all das hätte wünschen, fordern oder erkämpfen müssen, fällt dem Gefühl der Eltern zum Opfer, daß »sie für alles sorgen« und ihre große Liebe zum Kind beweisen. Desgleichen wird das Bedürfnis des Kindes unterbunden, das Ergreifen der Initiative zu lernen; es lernt statt dessen, daß die anderen es immer versorgen.

Trotz seines augenblicklichen Interesses an neuen Spielsachen oder Geschenken oder Kleidern ist das Kind irgendwie unangenehm unruhig, gelangweilt, unzufrieden und unbefriedigt. Die Eltern, die den Mangel an Interesse und die Unruhe des Kindes bemerken, versuchen dieser Unzufriedenheit zu begegnen — indem sie es noch mehr verwöhnen. Dies verstärkt freilich nur die Entwicklung der Passivität und Gleichgültigkeit beim Kind. Es spürt keine Notwendigkeit, irgend etwas aktiv zu suchen oder eine beharrliche Anstrengung in irgendeiner Richtung zu unternehmen. Dabei bleibt es jedoch weiterhin unbefriedigt und gelangweilt, und jammert und klagt. So geht der Kreislauf weiter, und es fällt dem Kind immer schwerer, die Initiative zu ergreifen oder sich beharrlich anzustrengen.

Der Erwachsene, der als Kind zu sehr verwöhnt worden ist, behält sein kindliches Verhaltensmuster bei. Der Erwachsene kann sich in einem bestimmten Bereich, z. B. beim Essen, übermäßig verwöhnen; die wesentlichen Merkmale sind jedoch die Passivität, eine Abhängigkeit von anderen, die für ihn sorgen sollen, und die Unfähigkeit, ein Arbeits- oder Studienprogramm durchzuführen. Ein solcher Mensch hat z. B. nur wenig oder keine Fähigkeit, die Initiative zu ergreifen. Er kann keine Stelle finden; er beklagt sich und ist abhängig davon, daß andere eine Beschäftigung für ihn finden. Bei der Arbeit taugt er im allgemeinen nicht viel; er kann ihr keine

Befriedigung abgewinnen und beklagt sich über alles, was man von ihm verlangt. Seine Abhängigkeit von anderen äußert sich oft in seiner Überzeugung, er könne in eigener Leistung keine Befriedigung finden. Er ist von Langeweile, Einsamkeit und Unzufriedenheit geplagt und beschimpft andere, daß sie nicht für ihn sorgen — daß sie ihn nicht aus seiner Not erretten. Er erwartet, daß jeder sich um ihn kümmert.

»Du solltest meine Gedanken lesen können!«

Eines der hervorstechendsten Merkmale des übertrieben verwöhnten »inneren Kindes von früher« ist, daß ein solcher Mensch von anderen erwartet, sie sollten »seine Gedanken lesen können«, sollten wissen, was er will — und es ihm verschaffen. Wenn seine Wünsche und Wunschgedanken nicht vorweggenommen werden — wie das in der Kindheit der Fall war —, beklagt er sich bitter — und dies oft nur, wenn er mit sich allein ist, weil er nicht einmal gelernt hat, zu klagen oder zu fordern. Oft hat der Betreffende, der sich so um ihn kümmern soll, keine Ahnung von dem, was erwartet wird, aber das verwöhnte »innere Kind von früher« erwartet, daß seine Wünsche automatisch vorweggenommen und erfüllt werden.
Die Klagen solcher Leute laufen immer darauf hinaus, daß man ihre Gedanken lesen soll:
»Meine Frau sollte wissen, daß ich zum Frühstück am Morgen gern jedesmal etwas anderes möchte. Es sollte auch eine angenehme Überraschung sein . . .«
»Mein Mann sollte mich auf ein paar Wochen nach Florida schikken. Das tun schließlich viele Ehemänner . . .«
»Meine Frau sollte wissen, daß ich gerne am Kopf massiert werde, wenn ich Kopfschmerzen habe; meine Mutter hat mich immer massiert, und ich habe meiner Frau schon gesagt, wie es meine Mutter immer gemacht hat . . .«
»Mein Mann sollte mich küssen und mir vor allen Leuten sagen, wie sehr er mich liebt . . .«
»Mein Mann sollte abspülen und mich mit den anderen Frauen ins Kino gehen lassen. Er weiß, daß ich nach dem Kochen immer müde bin und es einfach hasse, aufzuräumen . . .«

Der übermäßig verwöhnte Mensch, der sich dergestalt beklagt, hat in Wirklichkeit das Gefühl, daß er nicht geliebt wird, weil in der Kindheit seine Wünsche immer von den Eltern vorweggenommen wurden — und so haben sie gewöhnlich ihre Liebe demonstriert. Darum fühlt er sich als Erwachsener ungeliebt, wenn nicht alles nach diesem Schema abläuft.

Da diesen Erwartungen selten entsprochen wird, leben solche Menschen in einer inneren Welt der Unzufriedenheit. Unfähig, für sich selbst zu handeln oder auch nur ein passives Interesse aufrechtzuerhalten, sind sie nie über lange Zeit hin glücklich. Sie sind unfähig, irgendeine Art wesentlicher Befriedigung aus eigenen Bemühungen zu gewinnen, da jede Anstrengung unangenehm und manchmal mit Angst verbunden ist. Indem sie ihre Passivität aufrechterhalten, bleiben sie, so unzufrieden, gelangweilt und geschmerzt sie auch sein mögen, weiterhin das verwöhnte Kind von früher und erhalten den kindlichen Zustand des Verwöhntseins aufrecht. Solche Menschen jammern stets, wenn die Umstände sie zum Handeln bringen. Oft können sie, wenn sie sich selbst nur zuhören und sozusagen die Worte und den Tonfall wieder »rückwärts abspielen«, die sie in entsprechenden entscheidenden Augenblicken gebraucht haben, selbst bestimmen, ob das eigene »innere Kind von früher« übermäßig verwöhnt worden ist. Die Stimme des verwöhnten »Kindes von früher« hat nämlich einen weinerlichen, schmollenden Ton, der unverkennbar ist.

Wenn dieses verwöhnte Kind erwachsen wird, hat es Schwierigkeiten, mit den Anforderungen der Realität fertig zu werden. Es schiebt den andern die Schuld daran zu, daß es des Füllhorns seiner Kindheit beraubt ist. Wegen der in der Kindheit vorhandenen engen Beziehungen neigt der nun Erwachsene dazu, anziehend und reizend zu sein, und kann meist schnell und leicht enge Beziehungen eingehen. Er erwartet aber mit Selbstverständlichkeit, daß er wie in der Kindheit unbegrenzt beschenkt und bedient wird. Wenn die Beziehung einen Beitrag von ihm fordert, kann er sich dem nur schwer anbequemen und wendet sich in seiner Enttäuschung gegen den Partner. Oft verletzt der verwöhnte Mensch gerade die, die ihm am nächsten sind.

Bereiche übermäßiger Verwöhnung

Wir verwöhnen uns alle zuweilen in gewisser Weise. Eine solche Verwöhnung ist jedoch nicht immer und nicht notwendigerweise das Ergebnis von übertriebener Verwöhnung in der Kindheit. Zum Beispiel kann jede Art von Deprivation, ob sie nun in der Kindheit oder im gegenwärtigen Leben des Erwachsenen liegt, übermäßige Verwöhnung verursachen. Die verwöhnenden Eltern, die versuchen, durch die Verwöhnung des eigenen Kindes die Deprivationen ihrer Kindheit wettzumachen, sind ein anderes Beispiel.

Im allgemeinen kann man herausbekommen, ob die eigene Verwöhnungshaltung ihre Wurzeln in einer früheren Mangelsituation oder in einem elterlichen Verhaltensmuster der Verwöhnung in der Kindheit hat, da die Mangelsituation deutlich erkennbar und real ist. Ein Mädchen z. B., das auf einem Bauernhof aufgewachsen war, hatte als Kind immer davon geträumt, wirklich schicke Schuhe zu haben und nicht immer dieses »abgetragene Zeug«. Als das Mädchen heranwuchs, war es fest entschlossen, sich schöne Schuhe zu verschaffen — und zwar in Menge. Als die junge Frau mit der High School fertig war, nahm sie in einer Fabrik eine Stelle an und kaufte sich jede Woche ein neues Paar Schuhe, bis sie schließlich an die zwanzig Paar Schuhe hatte. Dies ist übertriebene Verwöhnung, die auf echtem Mangel beruht.

Andererseits fühlt sich das übermäßig verwöhnte »innere Kind von früher« in einem Erwachsenen ständig benachteiligt, kann aber kaum eine echte Notlage vorweisen. Außerdem ist der betreffende Erwachsene nicht willens zu arbeiten — was dieses Mädchen wohl war —, um sich selbst zu verwöhnen. Er erwartet einfach, daß die anderen ihn versorgen. Die Existenz dieser alles durchdringenden Haltung kann in gewissen Bereichen und Tätigkeiten aufgedeckt werden. Meist stellt man auch Schwierigkeiten fest in bezug auf Selbstverwirklichung und die Aufrechterhaltung fester Beziehungen. Übermäßige Verwöhnung finden wir in folgenden Bereichen am häufigsten:

Essen: Fettsucht und »Freßsucht«, die beide durchaus verschiedene Gründe haben können, sind häufig die Folge einer Kindheit, in der übertriebene Verwöhnung herrschte. Viele Eltern, die in anderer Hinsicht oft gar nicht so nachgiebig sind, glauben, dem Kind ihre Liebe zu zeigen, indem sie es mit Essen, Süßigkeiten, Leckereien und doppeltem Nachtisch verwöhnen. Sie fügen sich den Vorlieben und Abneigungen ihres Kindes und erlauben ihm oft, ernährungsphysiologisch vernünftiges Essen zugunsten von Leckereien stehen zu lassen. Da Vorlieben und Abneigungen in bezug auf Speisen sowie Eßgewohnheiten im allgemeinen in der frühen Kindheit festgelegt werden, ist diese Art von Verwöhnung schwierig zu steuern und enthüllt oft die generelle elterliche Haltung der Verwöhnung im Elternhaus. In vielen Fällen benützen Menschen, die aus einem solchen Elternhaus stammen, die »Leckerbissen« als Ausgleich dafür, daß sie Verantwortung tragen müssen und sich bemühen, beharrlich zu arbeiten; sie haben so leicht das Gefühl, mißbraucht zu werden. Ihre Anstrengungen geben ihnen das Gefühl der Benachteiligung — und die »natürliche« Folge davon ist die Verwöhnung. Wenn solche Menschen nicht erkennen, daß ihre Bürde sich in Wirklichkeit von der anderer nicht unterscheidet und auch nicht schwerer ist als die der anderen, die sie willig tragen, kann das Gefühl der Benachteiligung — und die daraus folgende Verwöhnung — grenzenlos werden. In vielen Fällen können Menschen, die in der Kindheit übermäßig verwöhnt worden sind, Einsicht in ihre ungerechtfertigten Mangelgefühle gewinnen, und zwar in einem fest umrissenen Rahmen — wie z. B. dem Militärdienst, in dem sie erleben können, daß sie nicht mehr und nicht weniger Mangel leiden als irgend jemand anderer, und in dem sie ihren Arbeitsanteil schon aus Achtung vor sich selbst übernehmen müssen.

Trinken: Alkoholismus kann eine Form der ständigen Selbst-Verwöhnung sein. Er wird zwar durch andere Faktoren oft kompliziert, kann aber durchaus eine Möglichkeit sein, wie der als Kind verwöhnte Erwachsene seine Langeweile, Einsamkeit und Passivität zu überwinden versucht. Es kann sein, daß dieser Mensch schließlich den Alkohol braucht, um sich »lebendig zu fühlen«. Diese Wirkung ist jedoch nur von begrenzter Dauer, und der Alkoholismus fordert einen hohen Tribut für seine augenblickliche Linderung der rastlosen Langeweile.

GELDAUSGEBEN: Der Erwachsene, dessen »inneres Kind von früher« übermäßig verwöhnt worden ist, ist oft extravagant und kann mit Geld nicht realistisch umgehen. Sein Interesse an neuen Dingen flaut schnell ab, und Langeweile und Unzufriedenheit treten an seine Stelle. Er geht mit seiner Unzufriedenheit so um, wie es seine Eltern getan haben, und versucht, seine rastlose Unbefriedigtheit durch Neuanschaffungen zu beschwichtigen. Da jedoch seine Fähigkeit, ausdauernd zu arbeiten, oft schwer gestört ist, sind seine Geldmittel entsprechend begrenzt, und er muß sich oft von anderen abhängig machen, um zu Geld zu kommen. Wenn die anderen sein unrealistisches Geldausgeben beschneiden, reagiert er mit Erbitterung. Bezeichnenderweise verschleudert er sein Geld für irgendwelchen neuen Kram, um seine stets gegenwärtige Unzufriedenheit zu befrieden, und er denkt nicht an Sparen, um sich eine größere Anschaffung leisten zu können.

KLEIDER: Viele Frauen, die sich in anderer Hinsicht durchaus nicht verwöhnen, können einem Kleiderkauf nicht widerstehen. Die allgemeine Einstellung in unserer Kultur, daß »eine Frau nicht genug Kleider haben kann«, unterstützt diese Art von Verwöhnung als einen »weiblichen Zug«. Modeschmuck und andere Accesoires werden stets neu kreiert, um diese allgemeine Einstellung zu fördern. Die Modeindustrie erzeugt in den Frauen das Gefühl, sie seien benachteiligt, wenn ihre Kleider »dieses Jahr aus der Mode« seien; sie stützt sich darin gleichermaßen auf die übermäßige Verwöhnung wie auf das Bedürfnis, sich angemessen zu kleiden.

AUTOS: Der durchschnittliche Autobesitzer reist in Wirklichkeit nur etwa 16 000 km pro Jahr, wie entsprechende Untersuchungen ergeben haben. Vom Gesichtspunkt des Verkehrsspezialisten aus ist ein luxuriöses 200-PS-Auto für diesen Zweck nicht nötig. Das Auto gehört wahrscheinlich zu den auffallendsten Beispielen für die übermäßige Verwöhnung im Leben der Amerikaner und wird erst neuerdings durch die Einfuhr von ausländischen Kleinwagen und durch kompakte einheimische Autos in Frage gestellt. Es gehen jedoch in dieses Bild so viel komplizierte Faktoren ein, daß es — außer auf individueller Ebene — schwierig wäre zu bestimmen, wann nun in diesem Bereich eine übermäßige Verwöhnung in der Kindheit eine wesentliche Rolle spielt.

Die Auswirkungen der übermäßigen Verwöhnung auf Sexualität und Ehe

Wir haben gesehen, daß Verwöhnung in der Kindheit im Individuum eine passive Erwartungshaltung erzeugt: Die anderen sollen es liebevoll mit allem versorgen, und es selbst muß nichts tun, um sich diesen Segen von Zuneigung, Geschenken und Dienstleistungen zu sichern. Diese Haltung verursacht, wenn sie im Erwachsenenalter immer noch wirksam ist, in der Ehe und in sexuellen Beziehungen große Angst, Einsamkeit und Unglück. Die Folgen dieser Haltung sind oft Ehelosigkeit und ein fehlendes Sexualleben.

Ein Mann z. B., der in seiner Kindheit zu sehr verwöhnt worden war, ergriff immer dann die Flucht, wenn es offenkundig wurde, daß seine augenblickliche Freundin »mehr erwartete als bloß eine gemeinsame Nacht«, um ihn zu zitieren. Er sehnte sich verzweifelt nach Liebe, aber er brachte es immer nur soweit, sich mit einem Mädchen zu verabreden. Sie mußte ihn anrufen, sie mußte sogar arrangieren, wohin sie beide gehen würden. Wenn das Mädchen sexuell die Initiative ergriff, ließ er es sich gefallen und verzog sich anschließend. Er beklagte sich: »Diese Mädchen sind alle auf Liebe aus; ich kenne sie doch kaum.« Und doch jammerte er, daß ihn niemand liebe — wenn sie es täten, würden sie nichts von ihm erwarten.

Die Intimität und Emotionalität der Ehe und der sexuellen Beziehungen erzeugen oft unangenehme und äußerst schmerzhafte Verwicklungen sowohl für den »Verwöhnten« als auch für seinen Partner. Das verwöhnte »innere Kind von früher« erwartet in einer Liebesbeziehung die gleiche unbegrenzte Gefühlszuwendung, all die Dinge und Gegenstände, die es von seinen Eltern erhalten hat. Vor allem in dieser Beziehung erwartet es, daß sein Partner »seine Gedanken lesen kann«, daß er weiß, was es will, und für es sorgt — angefangen von regelmäßigen Mahlzeiten und anderen »Annehmlichkeiten«, bis hin zu sexuellen Liebkosungen.

Der Verwöhnte empfindet es aber nicht als notwendig, seinerseits für etwas zu sorgen. Das hat man in seiner Kindheit nicht von ihm erwartet — und er spürt das Bedürfnis seines Partners nach Anerkennung und Zärtlichkeit nicht oder will nichts davon wissen. Wenn es seinem Partner nicht gelingt, seine Erwartungen zu erfüllen, ist er enttäuscht, verärgert, unruhig und »frustriert«. Der Mensch, der immer noch von seinem übermäßig verwöhnten »Kind von früher« beherrscht wird, klagt unablässig über das Scheitern seines Partners: er könne ihm keine Liebe geben, könne ihm seine Lieblingsspeisen nicht kochen, er gebe ihm kein Geld, mache ihm das Leben schwer und könne ihn sexuell nicht zufriedenstellen.

Er schiebt die Tatsache beiseite, daß er seinen Partner enttäuscht, und sieht sie nicht als seine »Angelegenheit« an; er behauptet unter Umständen sogar, er könne daran nichts ändern. Wenn der Partner verlangt, er solle gefühlsmäßig etwas zu der Beziehung beitragen und für ihre Aufrechterhaltung Verantwortung übernehmen, so findet der betreffende verwöhnte Mensch seinen Partner »ermüdend und langweilig«. Er sucht nach Mitteln und Wegen, um der Anstrengung zu entkommen, die solche »Beiträge« erfordern.

Stets hat der Partner dann das Gefühl, mehr als seinen Anteil an der gemeinsamen Bürde zu tragen und betrogen und ausgenützt worden zu sein. Er möchte wohl gerne die Beziehungen auflösen, kann aber nicht, weil sein verwöhnter Partner so hoffnungslos abhängig von ihm geworden ist, daß der Gedanke an eine Beendigung der Beziehung heftige Schuldgefühle in ihm hervorruft. Dies ist, in Kürze, die erschöpfende und unglückliche Situation, in der sich beide Partner oft befinden. Eine solche Beziehung kann Jahre dauern und ist eine Art von gegenseitiger Versklavung, der jegliche Befriedigung und Zärtlichkeit fehlt.

Oder die Beziehung hört auf. Der »Versorger«, der die Initiative ergreifen kann, entscheidet sich vielleicht, der Beziehung ein Ende zu setzen. Aber häufiger noch entschlüpft der übermäßig verwöhnte Mensch, der von den armseligen Angeboten seines Partners enttäuscht ist und durch dessen Erwartungen unter Druck steht, und sucht einen neuen Partner, der ihn wirklich »liebt« (ihn versorgt). Dieses Phantom von einem Partner sucht er vielleicht in zufälligen, bloß sexuellen Beziehungen und oberflächlichen Kontakten. Aber diese Suche ist meist passiv und von Anfang an zum Scheitern verurteilt, da der Verwöhnte nur selten die Initiative ergreifen kann.

»Die Flitterwochen sind vorbei« — das ist der beliebte Ausdruck dafür, daß man nun das Ende der übermäßigen Verwöhnung wünscht und fordert, es solle nun wieder die Verantwortung übernommen werden, wie sie erwachsenen Ehepartnern gemäß ist — oder daß man dies alles beklagt. Bedeutet der weitverbreitete Gebrauch dieses Ausdrucks, daß wir in der Kindheit alle übermäßig verwöhnt worden sind? Die Antwortet lautet: Nein! Nichtsdestoweniger gibt es in fast jeder Ehe und in fast allen sexuellen Verhältnissen die Tendenz, sich übermäßig verwöhnen zu lassen. Da in diesem Bereich im allgemeinen die Zärtlichkeit eine Rolle spielt (wie eben auch in der Kindheit), kann man hier die Rolle des übermäßig verwöhnten »Kindes von früher« klar von der vorübergehenden Verwöhnung unterscheiden — und zwar durch die aufmerksame Beachtung folgender Gesichtspunkte:

Die Unfähigkeit, einen Anfang zu machen: Übermäßige Verwöhnung in der Kindheit erklärt nicht alle Formen der Passivität, die manchmal auf so unterschiedliche Faktoren wie Müdigkeit, Befürchtungen oder sogar Zerstreutheit zurückgeht. Sie beeinflußt jedoch in erheblichem Maße die Fähigkeit, emotional einen Anfang zu machen, insbesondere in bezug auf die Zärtlichkeit und in sexuellen Situationen. Der Erwachsene, der als Kind übermäßiger Verwöhnung ausgesetzt war, ist infolgedessen gezwungen, sich darauf zu verlassen, daß andere an ihm genügend Interesse finden und sich seiner Bedürfnisse genügend bewußt sind, um diese Rolle des Initiators auf sich zu nehmen und ihm Liebe und Zärtlichkeit zu geben. Er, der an die Verwöhnung gewöhnt ist, braucht dies um jeden Preis, denn seine diesbezüglichen Launen sind sehr stark ausgeprägt und wirken wie echte Bedürfnisse.

Er entwickelt im Rahmen seiner allgemeinen Passivität vielleicht viele einnehmende, sentimental ansprechende Züge, die solche Menschen anziehen, die in dieser Hinsicht gerne den Anfang machen. Er wird ein Künstler im Erwecken von Mitgefühl, indem er nämlich seine eigene traurige Lage auf die Fehler der anderen zurückführt. Oft jedoch veranlassen seine Passivität, sein gelangweiltes Gehaben und sein Desinteresse an anderen die Menschen, die er mag, sich von ihm zu distanzieren; sie glauben, er sei an nichts interessiert, weil er auf ihre Initiativen nicht eingeht. Je mehr man den Verwöhnten verwöhnt und sich um ihn bemüht, desto passiver wird er.

Übermäßige Verwöhnung in der Kindheit erzeugt die passive Erwartung, daß die anderen stets und automatisch den Anfang machen, wenn es um Lieben und Zärtlichsein geht, ohne selbst irgend etwas dafür zu erwarten. Oft kann man an der eigenen Unfähigkeit, emotional oder sexuell die Initiative zu ergreifen, und an der ständigen Annahme oder Erwartung, das »Anfangen« sei Sache des Partners, erkennen, ob das eigene »innere Kind von früher« übermäßig verwöhnt worden ist. Wenn Sie sich dergestalt auf Ihren Partner verlassen und sich ärgern, wenn Sie Verantwortung übernehmen oder einen Beitrag zur Beziehung leisten sollen, der dem des Partners gleichkommt, so haben Sie darin einen wichtigen Hinweis auf die Möglichkeit, daß Sie als Kind zu sehr verwöhnt worden sind.

Abhängigkeit: Gegenseitige Abhängigkeit ist ein Merkmal der meisten stabilen Ehen. Wer jedoch als Kind zu sehr verwöhnt worden ist, hat sich noch nie für irgend jemand verantwortlich gefühlt oder es als notwendig erachtet, auf irgend jemand anderen Rücksicht zu nehmen. Die Erwartung, daß er dies tun sollte, ist ihm äußerst zuwider. Gleichzeitig ist aber seine Abhängigkeit klar, offen und fordernd. Immer und an allem, was passiert, ist der Partner schuld, und er, der Verwöhnte, übernimmt weder für sich noch für die gemeinsame Beziehung Verantwortung. Er trifft z. B. eine Verabredung und hält sie dann nicht ein, weil er sich nicht von seinen Arbeitskollegen losreißen kann, mit denen er zu Mittag ißt. Der Grund dafür ist das verzweifelte Bedürfnis des Verwöhnten nach Wärme, Zuneigung und Anerkennung, von denen er nach seiner Ansicht so wenig bekommt, daß er keine entsprechende Gelegenheit versäumen kann. Sein Bedürfnis ist so groß, daß er in einem gewissen Sinne die freundliche Wärme gelegentlicher Bekanntschaften nicht von der Emotionalität der Beziehung zu seinem Ehepartner unterscheiden kann. Wenn dieser erwartet, gleichermaßen von ihm Liebe zu bekommen und von Verantwortung entbunden zu werden, zieht sich der Verwöhnte auf die Ebene beiläufiger Freundschaft zurück, die außer seinem Gelächter nichts erwartet.

Trotz dieses Verhaltens klammert sich der Verwöhnte an den Partner, den er ausnutzt, indem er ihn deutlich spüren läßt, wie sehr er ihn braucht. »Aber er braucht mich doch so sehr, er würde einfach zugrunde gehen, wenn ich ihn verlassen würde«, lautet oft der abschließende Satz vieler Frauen, nachdem sie ausführlich berichtet haben, wie ihr Partner sie in der Ehe ausgenutzt hat. Verwöhnte Leute werden oft zu Manipulationsexperten: Sie gängeln andere meisterhaft, indem sie ihnen Schuldgefühle machen oder ihr Mitleid erregen. Das ist die Kunst des »Schnorrers«, wie man sie in jedem Gasthaus beobachten kann.

Sie können durch aufrichtiges Nachdenken über sich selbst das Maß Ihrer eigenen Abhängigkeit bestimmen; Sie können dadurch auch feststellen, ob Ihre Haltung sich selbst gegenüber Ihnen erlaubt, für sich selbst Verantwortung zu übernehmen und die Bedürfnisse und Befriedigungen Ihres Partners zu berücksichtigen. Abhängigkeit als solche ist jedoch nicht notwendigerweise die Folge übermäßiger Verwöhnung.

Vom einen zum andern: Übermäßig verwöhnte Menschen, die nie den Anfang machen können — was ihrem Leben eine gewisse Richtung geben würde —, sind in ihren Beziehungen zu anderen Menschen »die wahren Trittbrettfahrer«. Da sie keine Verantwortung für diese Beziehungen übernehmen und sich in einem gewissen Sinne eigentlich nichts aus ihnen machen, bringen sie viele oberflächliche Beziehungen hinter sich, ohne zu erkennen, daß ihr ständiges Unglück und ihre gelangweilte Unzufriedenheit in der eigenen fortgesetzten Selbst-Verwöhnung ihren Grund hat.

Oft sagen solche Leute, sie »verbrächten damit nur ihre Zeit«. Der übermäßig verwöhnte Mann hat wegen seiner Männlichkeit oft so schwerwiegende Probleme, daß er zu dem Schluß kommt, er sei ein »geborener Junggeselle«. Beide Geschlechter haben größte Schwierigkeiten, eine dauerhafte und sinnerfüllte Beziehung aufrechtzuerhalten.

Infolge solcher Schwierigkeiten schränken solche Menschen ihre sexuellen Beziehungen auf oberflächliche Begegnungen ein und geben oft jeden Versuch auf, eine enge Beziehung herzustellen. Sie sind enttäuscht, gelangweilt und ärgern sich über die Erwartungen anderer, die vielleicht versuchen, zu ihnen zärtlich zu sein. Sie schlittern in eine einsame und leere Existenz hinein — und sehen nur noch dem Leben anderer Leute zu. Einige füllen ihr Leben — sofern es die Umstände erlauben — mit gesellschaftlichen Aktivitäten aus, in denen sie letzten Endes keinen Sinn sehen. Sie erkennen vielleicht nie, was das übermäßig verwöhnte »innere Kind von früher« ihrem Leben antut. Sylvia z. B. ist so jemand.

SYLVIA UND DIE DREI EHEMÄNNER: Sylvia, eine kleine, aber ausmend schöne Frau, die dreimal verheiratet war, macht zunächst den Eindruck, niemand könne so zart, so zerbrechlich und — dementsprechend — so puppenhaft sein. Ihre dunklen Augen und Haare und ihre Schmollippen geben ihr ein gekränktes, von unterdrücktem Mißmut gekennzeichnetes Aussehen, das früher Oberschüler, dann Studenten, dann Geschäftsleute, Makler, Kaufleute, Unternehmer und Schauspieler veranlaßt hat, ihr mit reichen Geschenken nachzulaufen.

Sylvia erwartete stets, daß man alles für sie tue. Als ihr erster Mann um sein Vorwärtskommen kämpfte und ihr mitfühlendes Verständnis und ihre Unterstützung erwartete, konnte sie ihm beides nicht geben. Ihre Eltern, die mit ihrer Heirat nicht einverstanden gewesen waren, weil ihr Mann noch kein erfolgreicher Geschäftsmann war und weil die Heirat sie ihres »Stolzes« und ihrer »Freude« beraubte, untergruben auf subtile Weise ihre ersten beiden Ehen. Sie bestärkten Sylvia in ihrer Haltung der übermäßigen Verwöhnung; dies sei ihr »Recht«. Erst zu spät erkannte ihre Mutter, daß Sylvia nie glücklich werden könne, wenn sie weiterhin von ihren Eltern abhängig bleiben würde. Ihre zweite Ehe dauerte folglich länger als die erste. Aber schließlich wurde es ihr zweiter Mann müde, sie immer bewundern zu sollen, sie von allen Pflichten und jeglicher Anstrengung zu entbinden und auch noch die emotionale Seite der Ehe allein zu bestreiten — was Sylvia als »mich glücklich machen« ansah. Ihren Mann glücklich zu machen — daran dachte sie nicht; die Leute waren da, um sie glücklich zu machen.

Gewöhnt, »nur das Beste« zu haben, spielt Sylvia die feine, extravagante Dame. Wegen dieser Extravaganzen zerbrachen ihre beiden ersten Ehen. Ihre Eltern, die allmählich alt werden, machen sich deshalb Sorgen; Sylvia desgleichen. Gemeinsam haben sie, ohne darüber offen zu reden, eine Möglichkeit ersonnen, wie man es verhindern kann, daß es zum drittenmal zu einer Scheidung kommt — sie haben den Geschäftspartner von Sylvias Vater zu ihrem Ehemann gemacht. Dies hat zwar bestimmte wirtschaftliche Aspekte von Sylvias Ehe verbessert, aber es hat ihre Selbst-Verwöhnung keineswegs geändert oder unterbunden. Ihr Mann ist wegen ihrer unausgesetzten Klagen über Langeweile gereizt. Im Familienunternehmen hat er keine wirkliche Macht.

Sylvias Kindheit war nicht viel anders. Ihre Eltern, wohlhabend und erfolgreich, versorgten Sylvia und ihre Schwester mit allem Erdenklichen. Die Schwester, die nicht so ausnehmend schön war wie Sylvia, war nicht das »ein und alles« ihrer Eltern; Männer hat sie nie angezogen, und sie lebt ein müdes, gelangweiltes Einzelgängerdasein. In der Schule und später auf dem College brachte Sylvia, die nicht gerne arbeitete und tatsächlich nicht weiß, wie man das macht, entweder ihre Eltern oder die Jungens dazu, alles für sie zu tun, vom Büchertragen bis zum Aufgabenmachen. Sie kam nur mit Mühe durchs College und schrieb ihre Prüfungsantworten schamlos von den Jungen ab, die verrückt nach ihr waren. Sie sagt, sie sei sowieso nur wegen der Geselligkeit aufs College gegangen.

Sie hat ihre körperliche Zartheit benutzt, um auf die Einhaltung herkömmlicher Höflichkeitsformen zu dringen, wie z. B. die, daß der Mann die Türe öffnen soll. Sie gibt vor, viel schwächer zu sein als sie wirklich ist, und versucht es zu vermeiden, auch nur einen Finger zu rühren. Eigentlich mag sie nur tanzen; obwohl sie ihren Partnern kaum bis zur Hüfte reicht, hängt sie sich einfach wie in Trance an sie. Am liebsten sitzt sie am Rand einer Tanzfläche am Tisch und läßt sich bewundern, bedienen, zuvorkommend und höflich behandeln und umschwärmen — wobei sie die Wirkung ihrer Schönheit auf andere beobachtet. Ihr Gesicht hat bei aller Schönheit einen fast unmerklichen, aber beständigen Ausdruck von Unzufriedenheit, der diejenigen, die um sie herum sind, insbesondere die Männer, veranlaßt, ihr den Hof zu machen in der Hoffnung, dadurch ihre Zuneigung zu gewinnen. Sie findet kein Glück in der Ehe, vor allem, weil ihre Ehemänner sie verwöhnt haben. Ihr jetziger Mann glaubt immer mehr, sie habe ihn »herumgekriegt«. Er redet

mit Sylvia davon, in eine andere Stadt zu ziehen und sich selbständig zu machen; sie lehnt dies als Verrücktheit ab, als etwas, an das man nicht einmal denken dürfe, denn »hier sind doch alle meine Freunde«. Er ist es auch müde, die ganze Last der Beziehung zu tragen. Während er z. B. ursprünglich Sylvias Version vom Scheitern ihrer ersten beiden Ehen mitfühlend gegenüberstand und ihre früheren Ehemänner als gemein und in ihren Forderungen unvernünftig einstufte, sagt er jetzt: »Endlich verstehe ich, warum zum Teufel die sich davongemacht haben!«
Sylvia versucht ihren Mann dazu zu bringen, daß er sich »entspannt und das Leben genießt«, was bei ihr heißt, daß er sich so »verwöhnt, wie ich das tue«. Trotz dieser Ermunterung ihrerseits strebt er immer noch danach, »etwas aus mir zu machen«. Aber wenn seine Selbstverachtung wegen seiner »Gigolo-Rolle« weiterhin anwächst, verläßt er sie vielleicht doch. Sylvia weiß das, aber »Ken und seine Klagen langweilen mich«, sagt sie. »Er hatte es noch nie so gut.« Was ihr wirklich Sorgen macht, ist der Umstand, daß ihre Schönheit schwindet, und manchmal wünscht sie sich, einem Mann zu begegnen, »der alles von mir verlangen würde, was er wollte, und der mich schlagen würde, wenn ich es nicht täte«. Als gelangweiltes und verwöhntes Kind hatte sie auch immer solche Wünsche: Man solle sie zwingen, etwas zu tun. Aber das tat damals niemand — und wahrscheinlich tut es auch jetzt niemand. Obwohl ihr Leben jetzt mit bedeutungslosen gesellschaftlichen Aktivitäten ausgefüllt ist und ihre Hauptbefriedigung in der narzißtischen Beobachtung der Wirkung ihrer Schönheit auf andere besteht, hofft sie weiterhin, daß sie irgendwer — selbst wenn er sie schlägt — zum Leben bringen wird. Sie will immer noch durch andere ihre Bedürfnisse befriedigt haben, anstatt sich selber anzustrengen.

Wie man das Verhaltensmuster des verwöhnten »inneren Kindes von früher« ändern kann

Es ist schwer, für Menschen wie Sylvia, die so sehr verwöhnt wurden, viel Mitgefühl zu empfinden, wenn man nicht erkennt, daß dieses Verhaltensmuster der Verwöhnung etwas ist, das ihnen in der

Kindheit von ihren Eltern aufgezwungen worden ist. Sie hatten nichts damit zu tun. Nichtsdestoweniger und obwohl sie das passive, sich anklammernde Kind spielen, sind sie unzufrieden und oft voller Verachtung und Haß gegenüber sich selbst und ihrer Passivität.
Wenn sie schließlich einsehen, daß sie in der Tat die alte Verwöhnungs-Haltung ihrer Eltern sich selbst gegenüber fortsetzen, stehen sie vor einem schweren und angsterfüllten inneren Kampf. Sie dürfen dem Drang nicht nachgeben, sich in fruchtloser Selbstkritik und Selbstverachtung zu ergehen, sondern müssen lernen, auf respektvolle Weise die unbefriedigten Forderungen des übermäßig verwöhnten »Kindes von früher« nach noch mehr Verwöhnung zu akzeptieren.
Dann müßten sie, indem sie die Rolle freundlicher, aber strenger und wirklich hilfreicher Eltern übernehmen, ihrer Tendenz, »sich keine Mühe zu machen«, sich zu verwöhnen und von anderen abhängig zu machen, strikte Grenzen setzen. Sie müssen sich bemühen, zu ihren Beziehungen zu anderen einen aktiven Beitrag zu leisten — in dem Maß zu geben, wie sie bekommen, anstatt in die alte gelangweilte Passivität zurückzufallen.
Indem sie geduldig und stetig vorgehen, so, wie eine Mutter (ein Vater) einem Kind das Laufen beibringt, ohne sich selbst gröblich zu kritisieren oder herabzusetzen, können sie anfangen, tiefere Befriedigungen zu finden als die, die sie in ihrer alten passiven und abhängigen Rolle gekannt haben.
Wenn sie eine solche neue elterliche Haltung sich selbst gegenüber annehmen, sind schwere innere Kämpfe unvermeidlich. Sie verlieren dabei die Sicherheit des vertrauten »Daheim«-Gefühls, das sie in ihrer passiven, abhängigen Rolle hatten — und müssen Verantwortung übernehmen und Anstrengungen machen, die in der Vergangenheit immer als »ermüdende« Mühsal erschienen. Sie müssen erkennen, daß es in diesem inneren Kampf keine raschen Belohnungen gibt. Die wirklichen Befriedigungen lassen vielleicht lange auf sich warten.
Aber ebenso, wie ein Kind, das immer getragen worden ist, gehen lernen kann, ist auch eine solche Umstellung möglich.

14

Hypochondrie —

Wenn Sie sich ständig Sorgen um Ihre Gesundheit machen

VERDACHTSMOMENTE: *Wenn Sie an keiner Veranstaltung teilnehmen können, weil Sie sich nicht wohlfühlen, wenn Sie leicht ermüden und ständig an sich selbst »herumdoktern«, auch wenn Ihr Arzt keine körperliche Grundlage für Ihre Beschwerden finden kann, und wenn Sie Ihre Körperempfindungen und -funktionen mit möglicher Erkrankung in Verbindung bringen, sollten Sie sich fragen, ob Ihr »inneres Kind von früher« der Hypochondrie Ihrer Eltern ausgesetzt war — einer lähmenden Beschäftigung mit Schmerzen und Wehwehchen und Krankheit.*

Ein großer Teil der Millionen Dollar, die die Amerikaner jedes Jahr für Arzneien ausgeben, ist in Wirklichkeit ein Tribut an das klagende »Kind von früher«, das die Furchtsamkeit seiner Eltern gegenüber Bazillen und möglicher Krankheit übernommen hat. Aber der finanzielle Aspekt ist von geringerer Bedeutung, verglichen mit dem Elend und der bedauerlichen Behinderung Tausender, die sich, obwohl sie offensichtlich gesund sind, so schwach und krank und müde fühlen, daß ihnen das Leben keinen Spaß macht.

Eine solche übersteigerte Beschäftigung mit körperlichem Leiden und das »An-sich-herum-Doktern« können zu echter Krankheit führen. In Dänemark z. B. hat der Konsum von Arzneien bis 1962 eine solche Größenordnung erreicht, daß eine medizinische Zeitschrift* berichtete, dieser Konsum sei nach den Herzkrankheiten die zweitwichtigste Ursache für Einlieferungen ins Krankenhaus.

* The New York Times, 27. Januar 1962.

Wie Sie Ihre eigene Hypochondrie erkennen können

Wenn Sie feststellen wollen, ob Ihre Beschwerden realistisch oder hypochondrisch sind, sollten Sie sich zuerst einmal einer gründlichen Untersuchung bei Ihrem Hausarzt unterziehen, wobei Ihre spezifischen Beschwerden besonders berücksichtigt werden müssen. Auf dieser Grundlage können Sie Ihre Beschwerden objektiv einschätzen.

Wenn Sie überhaupt dazu neigen, sich hypochondrisch zu verhalten, haben Sie das wahrscheinlich — u. U. mehrmals — schon getan, ohne einen organischen Grund für Ihre Beschwerden zu »schaffen«. Sie glauben vielleicht sogar, die Untersuchung sei nicht gründlich gewesen. Es ist nicht ungewöhnlich, daß Patienten, bei denen der Arzt keine körperlichen Krankheitssymptome gefunden hat, zeitraubende Tests, medizinische Behandlung und sogar chirurgische Eingriffe verlangen. Unglücklicherweise »lassen sich Ärzte oft in eine Kollaboration mit den Wünschen und Forderungen des Patienten hineinziehen«, wie Dr. R. L. Faucett von der Mayo-Klinik festgestellt hat*.

Wenn dies geschieht, gibt der Arzt seiner eigenen Angst, er könnte vielleicht kein »guter Doktor« sein, und seiner Frustration nach, daß er die Ursache des geheimnisvollen und meist recht vagen Symptoms nicht finden kann.

Wie Sie mit sich selbst umgehen: Wenn Sie wissen wollen, wie Sie mit sich selbst umgehen, ist es von grundlegender Bedeutung, wie Sie sich fühlen; erst dadurch können Sie bestimmen, welche Art von Eltern Sie sich selbst gegenüber spielen. Wer in der Kindheit der ängstlichen und furchtsamen »Krankenzimmer«-Atmosphäre ausgesetzt war, die die hypochondrischen Eltern geschaffen haben, kann nur selten umhin, die geringsten Schmerzen oder Krankheitsanzeichen zu übertreiben. Er ist voller Beschwerden — sein Kopf tut ihm weh, sein Magen knurrt, er hatte am Morgen nicht rechtzeitig Stuhlgang, seine Hände sind kalt, seine Füße schmerzen, sein Rücken ist müde, seine Augen machen ihm zu schaffen, seine Knie

* R. L. Faucett, Minnesota Medicine 41/691, 1958.

sind überanstrengt, seine Nerven sind überstrapaziert, er spürt jeden Luftzug. Überhaupt fühlt er sich einfach krank und müde.
Da der Hypochonder glaubt, entweder krank zu sein oder aber kurz vor einer Krankheit zu stehen, geht er mit sich behutsam und vorsichtig um. Er ist um seine völlig normalen Organfunktionen ängstlich besorgt, übertreibt die Bedeutung irgendeiner Unregelmäßigkeit und wehrt seine mögliche Krankheit und seine chronische Müdigkeit mit Stärkungsmitteln und Tabletten ab. Wer der elterlichen Hypochondrie schon früh ausgesetzt war, bleibt als Erwachsener das Kind, das er einmal war, und kümmert sich um sich selbst genauso ängstlich und furchtsam wie seine Eltern. Infolgedessen glaubt der Hypochonder, er könne nicht viel leisten; lahm wie er ist, gibt er oft viele Beschäftigungen und Tätigkeiten auf, so auch Arbeit, Sexualität und Erholung, die andere als das eigentliche Leben ansehen.

Was ist das Besondere am Hypochonder? Wir kennen alle Zeiten, in denen wir uns nicht wohl fühlen oder »nicht auf der Höhe« sind, in denen wir mit Erkältungen, Kopf- und Muskelschmerzen und Müdigkeit geplagt sind, erschöpft sind und uns selber leid tun. Trotzdem versuchen die meisten, weiterzumachen. Wer jedoch als Kind hypochondrischen Haltungen ausgesetzt war, übertreibt seine Schmerzen und Wehwehchen *und* gibt ihnen nach. Er liefert sich seinen vagen Symptomen aus und erlaubt ihnen, ihn aus der Teilnahme an den Aktivitäten des Lebens herauszureißen.
Dem Hypochonder wird der geringste Schmerz zum Anlaß, sich ins Bett zu legen; dadurch unterscheidet er sich von anderen Menschen, deren Eltern in bezug auf Krankheit *und* Gesundheit nicht übertrieben furchtsam waren. Mit der Zeit wird die Besorgnis um die Gesundheit zu einer wichtigen Komponente der chronischen Hypochondrie, weil der Hypochonder, wenn ein tatsächliches organisches Leiden oder eine Dysfunktion ausgeschlossen werden können, ängstlich besorgt ist, ob er gesund bleiben wird. Er fühlt sich schwach und hilflos, weil er Verantwortung für sich selbst übernehmen muß, wozu er als Kind nie Gelegenheit hatte. Deshalb entwickelt er oft neue und andersartige, fast immer jedoch vage Symptome, und zwar ebenso schnell, wie die vorhergehenden sich als

nicht organisch fundiert erweisen. Der Grund dafür ist, daß er in der emotionalen Atmosphäre seiner Kindheit gelernt hat, von sich selbst Krankheitszustände zu erwarten — und nicht, gesund und lebhaft zu sein. So scheint es viel angenehmer, sich krank und leidend zu fühlen und sich diesen Gefühlen ständig zu unterwerfen, als an normalen Tätigkeiten, am Leben, teilzunehmen. Er fürchtet sich geradezu vor der Gesundheit.

Wenn Sie herausfinden, daß Sie von sich erwarten, krank zu sein, daß Sie nach Schmerzen oder anderen Symptomen Ausschau halten, die es Ihnen unmöglich machen, eine gesellschaftliche Funktion zu übernehmen oder zur Arbeit zu gehen, so haben Sie damit ein deutliches Anzeichen, daß Ihr »Kind von früher« hypochondrischen Einflüssen ausgesetzt war.

Oft erkennt der Hypochonder, daß seine Schmerzen übertrieben sind — und schämt sich seiner Pillen, Pulver und seiner Lebensuntüchtigkeit. Wir alle haben in Witzblättern, Filmen und Fernsehsendungen satirische Karrikaturen der Befürchtungen und Klagen des pillenschluckenden Hypochonders gesehen. Diese Beschwerden und Klagen können zwar objektiv durchaus grundlos sein, aber man übersieht oft, daß diese übersteigerten Schmerzen für den Hypochonder wirklich und schmerzhaft sind. Wenn er ihre Abkunft aus den Haltungen seiner Eltern und den Mechanismus nicht versteht, der ihn diese Haltungen fortsetzen läßt, hat der hypochondrische Mensch nur geringe Chancen, ihnen zu entkommen oder aber sie zu bekämpfen. Im allgemeinen muß er ihnen nachgeben und sich »um sich kümmern«.

Viele Leute sind sich ihrer hypochondrischen Tendenzen und der Art, wie sie sie einsetzen, kaum bewußt, weil ihre Schmerzen für sie eben Wirklichkeit sind. Nur durch eine aufmerksame Beachtung dessen, was sie alles »nicht leisten können« — und wie oft sie dies ihrer mangelhaften Gesundheit zuschreiben —, können sie allmählich die volle Wirkung erkennen, die diese alte elterliche Haltung auf ihr Leben ausübt. Eine Frau beschrieb ihre Erkenntnis dieser Tatsache folgendermaßen:

»Eines Tages hörte ich mir einfach selbst zu — hörte allen Klagen und Beschwerden zu, dem, was ich beim Aufstehen zu mir sagte, was ich zu meinem Mann sagte, zu meinen Nachbarn, meiner Tante

und meinen Kindern — und am Abend dieses Tages schrieb ich sie alle auf ein Blatt Papier, mit der Überschrift »Die Beschwerden von heute«.
Ich notierte jeden, mit dem ich redete — und worüber ich zu klagen hatte. Als ich die Liste aufschlug, sah ich, daß ich die ganze Zeit übertrieben hatte. Stellen Sie sich vor, ich fand sogar heraus, daß ich dem Postboten gesagt hatte, meine Augen hätten mir schwer zu schaffen gemacht. Ich sah ein, daß ich, wenn all das bei mir nicht in Ordnung wäre, in ein Krankenhaus gehören würde.
Wenn aber jemand zu mir gesagt hätte: ›Geraldine, wir bringen dich ins Krankenhaus‹, dann hätte mich das höchst unangenehm überrascht — und ich hätte mich geweigert, dort hinzugehen. *So* krank war ich auch wieder nicht!«
Warum ist also das Leben so vieler körperlich gesunder Menschen mit einer Art Klagegemurmel von »schlechter Gesundheit«, vagen Schmerzen, Operationen und Elend angefüllt? Bei den meisten Leuten gibt dieses Gemurmel bloß die Atmosphäre ihrer Kindheit wieder und gibt ihnen das angenehme Gefühl der Sicherheit des Vertrauten, das alte »Daheim«-Gefühl. Hinzu kommt, daß derjenige, der über Schmerzen klagt, das Mitgefühl und die vermehrte Zuwendung der anderen gewinnt, eben weil Krankheit weit verbreitet ist und Achtung verdient. Diese Befriedigungen sind jedoch geringfügig, wenn man sie mit jenem Gewinn an Selbstwertgefühl vergleicht, den man durch die eigene Anstrengung erzielen kann.
Wenn Sie den Verdacht haben, daß Sie Ihre Schmerzen und Wehwehchen übertreiben, müssen Sie zwei spezifische Phasen Ihres Lebens untersuchen:

Ihre Kindheit: Welche Haltungen hatten Ihre Eltern gegenüber Krankheit? Erfreuten sie sich einer guten Gesundheit? Klagten sie über schlechte Gesundheit? Verlangten sie von Ihnen besondere Vorsichtsmaßnahmen gegen Kälte und regnerisches Wetter, Maßnahmen, die einschneidender waren als bei Ihren Schulkameraden? Behielten sie Sie oft von der Schule zu Hause, weil sie glaubten, Sie wären krank? Können Sie sich genau erinnern, was sie Ihnen über »Krankheitserreger« sagten und welche Maßnahmen sie ergriffen, um Sie und sich vor ihnen zu schützen? Erinnern Sie sich, ob Sie die

Sorge Ihrer Eltern um Ihre Gesundheit ausgenützt haben, um Arbeiten im Haushalt, Schularbeiten oder gesellschaftlichen Pflichten zu entkommen? Von einem Arzt kann man mit Recht sagen, der Kampf gegen die Krankheit sei seine Hauptbeschäftigung; seine Kinder sind aber nicht notwendigerweise hypochondrisch. Würden Sie die Sorge Ihrer Eltern um die Gesundheit — ihre eigene und die Ihre — jetzt, als Erwachsener, als übertrieben charakterisieren?

IHR GEGENWÄRTIGES LEBEN: Sind Sie von Schmerzen und Wehwehchen geplagt, die keine organische Ursache zu haben scheinen? Sind Sie stets in Unruhe wegen Ihrer Gesundheit? Treffen Sie Verabredungen meist unter dem Vorbehalt, »wenn es mein gesundheitlicher Zustand erlaubt«? Kümmern Sie sich mehr um Ihre Gesundheit als andere Leute? Machen Sie sich Gedanken, wenn Sie von einem Bekannten hören, er sei krank, ob Sie sich seine Krankheit nicht vielleicht auch schon geholt hätten? Hält Ihre »schlechte Gesundheit« Sie davon ab, etwas zu tun, das Sie gerne tun würden? Klagen Sie häufig? Nehmen Sie regelmäßig Medikamente? Ist Ihre Hausapotheke mit Mitteln gegen alle Arten von Krankheiten gefüllt? Wenn Sie einen Artikel über eine bestimmte Krankheit lesen oder Fernsehsendungen über irgendein Gebiet der Medizin ansehen, bilden Sie sich dann ein, das betreffende Leiden selber zu haben? »Doktern« Sie mit Hausmitteln an sich »herum«?
Wenn Sie nun aus Ihren Antworten auf die Fragen über Ihre Kindheit ersehen, daß sich Ihre Eltern in übertriebener Weise um das Problem »Gesundheit« Sorgen gemacht haben und überall die Gefahr der Krankheit lauern sahen, werden Sie wahrscheinlich feststellen, daß Sie ihre hypochondrischen Haltungen übernommen und fortgeführt haben — vollends klar wird Ihnen dies, wenn Sie die meisten Fragen zu Ihrem gegenwärtigen Leben positiv beantworten.

Hypochondrie in einer berühmten Familie

Intelligenz, sozialer Status und wirtschaftliche Sicherheit können die Hypochondrie weder verhindern noch ihre Stärke vermindern. Wenn man in diesen Lebensbereichen nichts zu befürchten hat, so

kann tatsächlich eine gesteigerte Furcht vor Krankheit auftreten. Ganz allgemein gesehen, besteht das Leben aus Konflikten und Problemen. Wenn die Finanzen und das Ansehen gesichert sind, steht im Mittelpunkt der Konflikte und Probleme häufig die Gesundheit; sie zieht daher mehr Aufmerksamkeit auf sich.
In der Geschichte der Familie von Charles Darwin kommt dies sehr deutlich zum Ausdruck. Sie zeigt, wie die elterliche Hypochondrie sogar in einer Familie von Generation zu Generation weitergegeben werden kann, die sich in allen einschlägigen Studien über die Familien von Genies findet. Darwin, der durch seine ausgezeichneten Forschungen zum Problem der Evolution zu einem der hervorragendsten Wissenschaftler des 19. Jahrhunderts wurde, war ein ausgeprägter Hypochonder. Selbst wenn er bei guter Gesundheit war, trug er stets einen Schal, um sich gegen Zug zu schützen. Er und seine Frau hatten zehn Kinder, von denen sieben das Erwachsenenalter erreichten. Von fünf Söhnen machten drei eine glänzende Karriere und ein weiterer war ein führender Genetiker und Präsident der Royal Geographical Society. Von den sieben Kindern blieben jedoch nur zwei vom Übel der Hypochondrie verschont, und fast alle übernahmen das Familiensymbol der Kränklichkeit und fingen als Erwachsene schon Jahre vor ihrem Tod an, sich Schals um den Hals zu binden. Dr. Douglas Hubble hat in einer Aufsatzreihe in der englischen medizinischen Zeitschrift *Lancet* dieses Erbe der Hypochondrie dargestellt und dokumentiert*. Dr. Hubble hat aus Tagebüchern, Briefen, Autobiographien und einer Familienbiographie ein klares Bild von der Übertragung dieser pathogenen Haltung zusammengestellt.
Charles Darwin war der Sohn eines bekannten Arztes in Shrewsbury, Robert Darwin, eines autoritären Mannes, dessen selbstsichere Art ihn zu einer Zeit, in der die wissenschaftliche Medizin gerade ihren Anfang nahm, zu einem wohlhabenden praktischen Arzt machte. Er war zwar freundlich, duldete aber keinen Widerspruch gegen seine Ansichten und liebte es, stundenlang zu reden — ohne daß er irgendwelche Reaktionen oder Antworten erwartete oder gestattete. Charles war sein fünftes Kind. Als das Kind knapp neun

* Douglas Hubble, in: Lancet, 2/1351, 26. Dezember 1953.

Jahre alt war, starb seine Mutter. Die Erziehung von Charles wurde seiner Schwester übertragen, und Charles berichtet, daß er immer wieder vor ihrer Tür stand und sie fragte: »Wofür wird sie mich jetzt wieder tadeln?«
In seiner wohlmeinenden, aber hochfahrenden Art beschloß Dr. Darwin, seine Söhne sollten Ärzte werden. Er schickte sowohl Charles als auch dessen Bruder Erasmus an die Universität nach Edinburgh, obwohl keiner von beiden eine medizinische Laufbahn einschlagen wollte. Aus der Gesamtheit der Berichte läßt sich zu Recht folgern, daß sie in einer Atmosphäre aufgewachsen sind, in der die Beschäftigung mit Krankheiten im Vordergrund stand — dies in einer Zeit, in der man über Krankheiten wenig wissenschaftlich Exaktes wußte und alle Leute ständig auf Krankheitsanzeichen hin untersuchte. Eine zu Besuch weilende Kusine schrieb über die Atmosphäre des Zwangs, die im Hause der Darwins herrschte: »Wir aßen um ein Uhr dreißig zu Mittag, zogen uns anschließend um und saßen dann an die drei Stunden in Erwartung der Flut herum, die gegen Abend hereinkommen sollte; und es war ein ziemlich steifer und entsetzlicher Abend.« (Die »Flut« war wahrscheinlich Dr. Darwin und sein zweistündiger Monolog über Leben, Tod, Patienten und Krankheiten.)
Der Tod der Mutter trug zweifellos zu den Gefühlen der Hilflosigkeit und Furcht unter den Kindern bei. Sowohl Charles als auch Erasmus haben zwar ihre medizinischen Studien und Lehrgänge abgeschlossen und sich pflichtbewußt zur Ausübung des Arztberufes qualifiziert, aber keiner von beiden hat seinen Beruf jemals ausgeübt. Nach Dr. Hubble »hielt sich jeder der beiden Brüder von anstrengender Arbeit fern, weil sie wußten, daß Robert (ihr Vater) für ihren Unterhalt aufkommen würde«. Nach dem Examen zog sich Erasmus in ein ruhiges Junggesellendasein zurück. Charles schreibt über ihn in einer Passage, die verrät, womit sich die Familie hauptsächlich beschäftigte: ». . . seit seiner Kindheit kränkelte er leicht, und infolgedessen mangelte es ihm an Energie.« Aber so schwach und krankheitsanfällig war er auch wieder nicht, wurde er doch 72 Jahre alt. Nach dem Medizinstudium wandte sich der neugierige und nachdenkliche junge Charles, der es nicht nötig hatte, sein Brot zu verdienen, dem Studium der Geologie und der Natur

und schließlich der Frage zu, wie die verschiedenen Arten entstanden sind und sich entwickelt haben. Dies führte ihn zu der heute berühmten Reise auf der *Beagle*. In seiner Autobiographie berichtet Darwin, daß er, während er auf die Abfahrt der *Beagle* wartete, starkes Herzklopfen bekam. Obwohl er tüchtig erschrak und sich elend fühlte, schenkte Charles seinen alarmierenden Symptomen keine weitere Aufmerksamkeit. Er sagte niemandem etwas davon und beschloß, keinen Artz aufzusuchen, aus Furcht, man könnte ihm die Reise untersagen. So zwang er sich, trotz seiner Befürchtungen abzureisen — und diese Reise brachte ihm Beobachtungen ein, die die Grundlage für seine berühmte Arbeit über den Ursprung der Arten bilden sollten.

Nach seiner erfolgreichen Reise heiratete er etwas unbedacht eine entfernte Cousine Emma Wedgwood, deren Familie bereits einen festen Platz im gehobenen englischen Mittelstand hatte und sich durch die Herstellung des Porzellans, das den Namen der Familie trägt, ein Vermögen erworben hatte. Charles wandte sich frohgemut dem Studium der auf seiner Reise zusammengetragenen Forschungsobjekte zu. Als jedoch seine Frau schwanger wurde, wurde Charles krank. Er klagte über Schlaflosigkeit, Magenschmerzen und kalten Luftzug. Er legte sich ins Bett und war in den darauffolgenden zwei Jahren unfähig, irgendeine kontinuierliche Arbeit zu tun. Alles erschöpfte ihn. Emma bediente und pflegte ihn in seinem Weh und Ach mitfühlend. Wegen seiner angegriffenen Gesundheit zogen sie sich von jeglichem gesellschaftlichen Verkehr zurück. Dr. Hubble stellt fest: »Schon in einem frühen Stadium ihrer Ehe wurden die lebenslangen Rollen ... festgelegt. Er war der Invalide, der zu keinerlei gesellschaftlichem Verkehr in der Lage war ... und sie war die vollkommene Krankenschwester.«

Darwins Vater entschied, daß Charles nur dann seine Gesundheit wiedergewinnen könnte, wenn er mehrere Jahre in aller Stille auf dem Land leben würde. Dieser Rat bewog die Familie, auf ein Landgut — Down House — zu ziehen. Mit der finanziellen Unterstützung sowohl durch die Darwins als auch durch die Wedgwoods bot dieses Refugium Schutz vor Freunden und Besuchern, Ruhe und die Möglichkeit der ausgiebigen Pflege der beiden Hauptbeschäftigungen von Charles — nämlich seiner wissenschaftlichen Arbeit und der Sorge um seine Gesundheit. In dieser Einsamkeit kam Charles, der von seiner Frau verwöhnt wurde und von seinen Kindern aufgeheitert, langsam wieder zu Kräften. Er las, studierte, klassifizierte und dachte in seinem kleinen Laboratorium jeden Tag ein paar Stunden. An bestimmten Tagen, wenn er sich stark genug fühlte, konnte er sogar im Garten spazierengehen.

Aber er getraute sich nur selten, seinen Schal abzulegen, und das Problem seiner Gesundheit beherrschte die ganze Familie. Er sah gut aus, aber er klagte ständig über schlaflose Nächte, einen verdorbenen Magen und fühlte sich elend, schwach und erschöpft. Nie wagte er eine Reise zu den wissenschaftlichen Tagungen in London oder besuchte irgend jemand. Seine Freunde, die seinem guten Aussehen als Zeichen seiner Gesundheit mehr vertrauten als seinen endlosen Litaneien über zermürbende Nächte, diagnostizierten seine Schwierigkeiten als Hypochondrie. »Jeder sagt mir, ich sähe geradezu blühend aus«, schrieb er, »und die meisten glauben, ich mache ihnen etwas vor.«

Aber seine Frau klagte nie. Obwohl sie mehrmals schwanger war und die ganze Last der Haushaltsführung dieser immer größer werdenden Familie trug, hatte sie Mitgefühl für seine schwierigen Kämpfe mit seiner »labilen Gesundheit«. Frau G. Raverat, eine Amerikanerin, die einen Nachkommen Darwins geheiratet und eine Geschichte der Familie Darwin — *Period Piece* — geschrieben hat, sagt an einer Stelle: »Ich habe manchmal geglaubt, sie müsse wohl viel zuviel Mitleid mit ihren kranken Angehörigen gehabt haben.« Dr. Hubble faßt ihre Beziehung so zusammen: »Die perfekte Krankenschwester heiratete den perfekten Patienten.«

Während seiner schlaflosen Nächte beschäftigte sich Darwin im Geiste mit wissenschaftlichen Spekulationen und bildete seine Theorien, die er dann am anderen Morgen im Laboratorium anhand seiner empirischen Beobachtungen überprüfte. Er las und schrieb, aber an den Diskussionen wissenschaftlicher Kreise konnte er aufgrund seiner Müdigkeit und seines allgemeinen Unwohlseins nicht teilnehmen*. Befreundete Wissenschaftler besuchten ihn; er fühlte

* Dr. Jay Tepperman bemerkt: »... Darwin benutzte seine Krankheit, um sich die Art von Abgeschiedenheit zu sichern, die er zur Konzentration

sich nie wohl genug, um andere zu besuchen. Sein monumentales Werk stellte er schließlich erst zusammen und veröffentlichte es, nachdem ihm ein Freund, der ihm bis dahin erfolglos dazu geraten hatte, eröffnet hatte, ein anderer Wissenschaftler sei dabei, ähnliche Ideen zu publizieren. Die Absonderung von anderen machte Darwin sowohl naiv als auch unempfindlich; er war sich nicht über den Meinungsstreit im klaren, den seine Ideen entfachen würden. Als seine Arbeit angegriffen wurde, unternahm er nichts, um sie zu verteidigen; er überließ die Verteidigung seiner Theorien befreundeten Wissenschaftlern wie Thomas Huxley, der ihn gegen erbitterte Feinde wütend verteidigte.

Als Vater war Darwin zärtlich und verwöhnte seine Kinder über die Maßen. Wenn er gelegentlich eines seiner Kinder scharf anredete, konnte er vor Zerknirschung nicht schlafen. Eines Tages versetzte er seinen ältesten Sohn in Erstaunen, als er ihn für einen Tadel um Verzeihung bat. Im Gegensatz zu seiner Frau, die mitfühlend, aber ruhig und pragmatisch war, hatte Darwin ein übermäßiges Bedürfnis zu lieben und geliebt zu werden und war in jeder Hinsicht ein in seine Kinder vernarrter und gefühlvoller Vater.

Darwins ständige gesundheitliche Beschwerden und seine Angst vor kaltem Luftzug und Krankheitserregern wurden von seinen Kindern aufgenommen und nachgeahmt. Seine Angst um ein erkranktes Kind war so groß, daß dieses bat, man möge ihn vom Krankenzimmer fernhalten, weil seine händeringende Verzweiflung schwerer zu ertragen sei als die Krankheit selber.

Nur zweien der Kinder blieben offenkundige hypochondrische Ängste erspart. Annie, das älteste Mädchen, starb im Alter von zehn Jahren. Nach diesem Ereignis wurden alle Kinder von der Haltung ihres Vaters äußerst nachhaltig beeinflußt. Vier Jahre später erkrankte Henriette, damals zwölf Jahre alt, an einem unerklärli-

---

auf sein großes Problem brauchte. Er war in keinem Ausschuß, mähte keinen Rasen, spülte nicht ab und ging nicht zu den Pfadfinder-Gruppenstunden seiner Kinder. Er arbeitete — nur zwei bis drei Stunden täglich, wie aus vielen Berichten hervorgeht. Aber man kann kaum glauben, daß er den Rest des Tages nicht damit zubrachte, über irgendwelche Aspekte der Evolutionstheorie nachzugrübeln.« (In: Perspectives in Biology and Medicine, 4/445, 1961)

chen Fieber. Sie war ein Jahr lang krank, ein weiteres Jahr rekonvaleszent und für den Rest ihres Lebens invalide. Ihr Arzt empfahl ihr, im Bett zu frühstücken, und sie befolgte diesen Rat bis zu ihrem Tod im Alter von 86 Jahren.

Die beiden Kinder, die anscheinend nicht hypochondrisch wurden, waren Elizabeth und William. Elizabeth war geistig zurückgeblieben und ohnehin zeit ihres Lebens von anderen abhängig. William entwickelte offenbar deshalb nie hypochondrische Züge, weil er im Alter von zwölf Jahren in ein Internat geschickt wurde, in dem er eine andere Einstellung zu Krankheit und Gesundheit lernte.

George, später Professor der Astronomie an der Universität Cambridge, »erbte« die Hypochondrie und die Symptome seines Vaters — »ein ständiges zermürbendes Kränkeln«. Nach Frau Ravarets Biographie heiratete er eine Amerikanerin, die »das Kränkeln nicht leiden konnte, sondern wollte, daß er gesund würde; und er wurde tatsächlich gesünder«. Ein anderer Sohn, Leonard, ging auf die Militärakademie von Woolwich, was den Einfluß seines Vaters verringerte; dennoch schied er mit 40 Jahren aus der Armee aus, weil er »nicht sehr gesund war«. Und doch wurde er 93 Jahre alt. Sir Francis Darwin, der für seine hervorragenden wissenschaftlichen Leistungen geadelt wurde, litt sein Leben lang an Depressionen, »seiner Form der familiären Hypochondrie«, wie Dr. Hubble meint.

Sir Horace, der eine berühmte Firma für Laboratoriumsgeräte gründete, war schwach und entwickelte sich so langsam, daß man ihn anfangs für geistig zurückgeblieben hielt. Leonard sagt über Horace, dem späteren Präsidenten der Eugenics Society: »Von allen meinen Brüdern war Horace derjenige, von dem ich am wenigsten geglaubt hätte, daß er einmal im Leben erfolgreich sein würde.« Die hypochondrische Haltung der Familie wird in einer Bemerkung deutlich, die die Mutter über Horace niederschrieb, als dieser im Alter von *38 Jahren* sich von einer Krankheit erholte: »Ich habe den lieben alten Mann gesehen. Seine armen Hände sind ganz durchsichtig.« Und Henrietta, die ihr Leben lang krank war, hatte geradezu ihre Freude am Umgang mit Krankheit. »Jeder Kranke ist wie Sekt für mich«, schrieb sie einmal.

William, der bei guter Gesundheit war und dem Übel der Hypochondrie hatte entgehen können, teilte nichtsdestoweniger die Angst der Familie vor Zugluft. Bei der Beerdigung seines Vaters in der Westminster Abbey spürte er einen Luftzug — und bedeckte während der Trauerfeier seinen kahlen Kopf mit den schwarzen Handschuhen!

In einem Kommentar über diese bemerkenswerte Familie sagt Dr. Hubble: »Hier gab es wirtschaftliche Sicherheit in einem Maß, das das Auge des modernen Menschen neidisch macht, und Liebe in Überfülle — irdischer und himmlischer Gaben Fülle. Sicherheit und gefühlsmäßige Zuwendung sind — darüber sind sich die Psychologen aller Schulen einig — die beiden wichtigsten Bedürfnisse heranwachsender Kinder; wird man als Kind ihrer zuteil, verschwindet das Böse; fehlen sie, sind sie durch keinerlei Geschenke zu ersetzen. Die Geschichte von Downe House zeigt aufs neue, daß Kinder zu viel des Guten bekommen können. Zuneigung im Übermaß erzeugt Angst, und Sicherheit als solche schafft die Furcht vor Unsicherheit.«

Oberflächlich gesehen, könnten die abschließenden allgemeinen Aussagen von Dr. Hubble gewisse Wahrheiten enthalten, aber in Wirklichkeit macht er denselben Fehler, den viele Eltern machen — er hält nämlich eine übertriebene elterliche Haltung für »Liebe und Zuneigung«. Was die Darwinsche Familie wirklich plagte, war eine Einstellung zur Krankheit und zum Leiden, die als solche ungesund und pathogen war und auf Furcht sowie auf einer zermürbenden Nachgiebigkeit gegenüber irgendwelchen Krankheitsanzeichen aufgebaut war. Zudem war sie mit übertriebener Verwöhnung gepaart, sowohl bei Charles als auch bei seinem Bruder Erasmus und bei den Kindern von Charles; im Fall von Charles und Erasmus war die Lage noch komplizierter, weil sie gezwungen wurden, eine medizinische Ausbildung zu absolvieren.

Wenn man allgemein vom »Zuviel des Guten« spricht, wie das Dr. Hubble tut, so verschleiert man das Problem und verhindert die Erkennung der spezifischen pathogenen elterlichen Haltungen, Haltungen, die in jedem Fall zu Schwierigkeiten führen. Wenn man diese spezifischen Haltungen erkennen und unterscheiden kann, kann man sie — wenn man sich wirklich anstrengt — einschränken, modifizieren, beherrschen und ändern; dies erlaubt dann dem betreffenden Menschen, am Leben aktiver teilzuhaben und seine Möglichkeiten mehr zu entfalten. Die eigentliche Frage lautet, ob man die pathogenen Haltungen der eigenen Eltern übernimmt und beibehält, wenn man sich selbst gegenüber die Rollen der eigenen Eltern spielt.

Es ist nicht das Problem von »zu viel Liebe und Zärtlichkeit«, das Angst erzeugt, wie Dr. Hubble meint. Übertriebene und pathogene Haltungen erscheinen den Eltern gewöhnlich als eine Form von »Liebe und Zärtlichkeit«, als echte Sorge um das Wohl des Kindes. Eben diese Form nehmen der Perfektionismus, der übertriebene Zwang, die elterliche Nachgiebigkeit, die Verwöhnung und andere derartige problemschaffende Haltungen oft an. Wer spezifische pathogene Haltungen nicht erkennen kann, gerät in Verwirrung und versucht, das Problem ausschließlich durch Selbstbeschuldigung anzugehen — was meist nicht weit führt.

Die Bekämpfung von »Liebe und Zärtlichkeit« scheint z. B. die zugrundeliegenden menschlichen Bedürfnisse zu verleugnen, ohne zu erklären, was nun falsch ist oder was getan werden kann. Während des Zweiten Weltkriegs bezichtigte man viele unserer jungen Soldaten im eigenen Land als »Muttersöhnchen«. Übermäßige Nachgiebigkeit, Verwöhnung und Hypochondrie warf man in einen Topf und nannte das Ganze »Muttersöhnchentum« (momism); und dies Übel mußte bekämpft werden. Tausende verwirrter junger Soldaten und ängstlicher Mütter wurden durch diese Anschuldigungen gekränkt und vor den Kopf gestoßen. Dieser Angriff trug weder zur Klärung des Problems bei, noch verhalf er den Betroffenen zu einem Verständnis ihrer Lage und zu der Gewißheit, daß man gegen diese spezifischen Haltungen etwas tun kann — sowohl als Soldat wie auch als Mutter.

Liebe und Zärtlichkeit sind vollkommen in Ordnung — außer wenn sich dahinter Haltungen verstecken, die Probleme schaffen.

Bereiche, in denen die Hypochondrie wirksam ist

Die Hypochondrie invalidisiert den, der an ihr leidet, in dem Maße, wie dieser es zuläßt. Die Arbeitsfähigkeit ist vielleicht am

schwersten beeinträchtigt, aber normalerweise ist die Fähigkeit zu geselligem Kontakt und sexueller Betätigung mit betroffen.
Wir haben kaum den Schimmer einer Ahnung davon, wie teuer uns die Hypochondrie zu stehen kommt und welche Ausmaße sie hat. Fast jeder Arzt kennt Patienten, die sich selbst durch ein »Herzleiden« invalidisiert haben, das nicht zu finden ist. Eine der großartigen Fortbildungsbemühungen der *American Heart Association* war ein Programm, durch das Ärzten beigebracht wurde, sie sollten, während sie mit dem Stethoskop die Brust des Patienten abhorchten, auf keinen Fall »Mhm« machen, weil so viele Patienten dann sofort meinen, sie hätten ein Herzleiden, und der freundliche Doktor wolle ihnen nur nicht die Wahrheit sagen. Oft schränken Patienten aufgrund dieses »Mhm«, manchmal auch wegen ihres Herzklopfens, das sie aus Angst und Verspanntheit bekommen, ihre Aktivitäten ein, hören auf zu arbeiten und lassen sich in ein hoffnungsloses Leben fallen.
Es ist für den gesunden Menschen oft schwer zu verstehen, daß der Hypochonder keinem etwas »vormacht«, wie Darwin sagte. Sein Weh und Ach und alle anderen Symptome, wie Müdigkeit und Schwindelgefühle, sind für ihn real und können durch verächtliche Äußerungen oder Aufmunterung nicht überwunden werden.
Manch einer, der im allgemeinen frei von der invalidisierenden Hypochondrie ist, nimmt in bestimmten Situationen diese Haltung unnötigerweise ein. Auch dies ist eine Folge hypochondrischer Befürchtungen, die die Eltern in einem solchen Fall äußern. Zum Beispiel haben manche Leute Angst vor nassen Füßen und können ohne Überschuhe, Regenmantel und Schirm nicht hinaus in den Regen gehen und haben das sichere Gefühl, daß sie sich eine Lungenentzündung holen werden. Andere haben ähnliche Befürchtungen in bezug auf das Händewaschen vor dem Essen, auf Insekten, auf das Tragen von Kopfbedeckungen, auf Anstrengung, die zu Schweißausbrüchen führt.
Solche Vorsichtsmaßnahmen können zwar im allgemeinen vernünftig sein, schränken aber manchmal die Aktivität unnötig ein oder blockieren die Genußfähigkeit. Es ist z. B. durchaus vernünftig, sich vor dem Essen die Hände zu waschen. Dies kann aber zuweilen sehr unpraktisch oder sogar unmöglich sein, wie z. B. bei einem

Picknick. Aber manche Leute geraten aus der Fassung, wenn sie dieses Ritual nicht durchführen können. Wenn sie nichts essen, sind sie hungrig — und wenn sie essen, fühlen sie sich nicht wohl dabei, sind durcheinander, und es wird ihnen vielleicht sogar übel.

Da die Hypochondrie die zur Verfügung stehende Energie erheblich einschränkt, wirkt sie sich in den folgenden Bereichen am schlimmsten aus:

Arbeit: Bei der Arbeit hat der Hypochonder seine größten Schwierigkeiten. Er fühlt sich so krank, schwach und erschöpft, daß er sich entweder häufig krank schreiben läßt oder kaum genug tut, um seine Stelle zu halten. Er vollbringt selten hervorragende Leistungen, obwohl es zuweilen vorkam, daß wissenschaftliche und literarische Meisterwerke von Hypochondern hervorgebracht wurden, wie z. B. von Darwin und Marcel Proust, die nur dadurch arbeitsfähig waren, daß sie sich eine ihrer Hypochondrie entsprechende Umgebung schufen. Im allgemeinen kann sich jedoch der Hypochonder nicht an eine tägliche Arbeitsroutine halten.

Viele Hypochonder versuchen, ihre Kräfte für die Arbeit aufzusparen, weil sie sich ihren Lebensunterhalt verdienen müssen. Mit Hilfe von Markenarzneien und Mitgefühl von seiten der Arbeitskollegen und der eigenen Familie kämpfen sie sich durch. Sie erleben jedoch selten Befriedigung in ihrer Anstrengung, weil sie nur geringe Leistungen erbringen und die Arbeit als solche als eine entsetzliche Last ansehen. Die Arbeit ist ihnen eine tägliche Pein, die sie aushalten müssen, und sie übertreiben die Mühsal ihrer Arbeit ebenso wie ihre Symptome und Schmerzen.

Geselligkeit: Der Hypochonder kann wegen seiner gesundheitlichen Labilität an geselligen Zusammenkünften keinen Spaß finden. Er möchte es oft gerne, kann jedoch »auf seinen gesundheitlichen Zustand nicht bauen«. Daher ist das soziale Leben hypochondrischer Menschen eingeschränkt. Wenn jedoch andere Leute die Initiative ergreifen, sie besuchen und ihrer Litanei über ihr Elend mitleidsvoll zuhören — dann sind sie sehr zufrieden. Viele hypochondrische Männer und Frauen verlassen das Elternhaus auch als Erwachsene nie. Sie suchen weiterhin den Schutz ihrer hypochondrischen Eltern.

Der vorgebliche Grund für ihr Verbleiben im Elternhaus ist jedoch oft, daß sie sich um ihre Eltern »kümmern müssen«.

Die Auswirkung der Hypochondrie auf Sexualität und Ehe

In vielen Fällen verhindert die Hypochondrie eine Eheschließung. Viele potentielle Ehepartner, die den Klagen ihres hypochondrischen Partners voller Mitgefühl zuhören, ahnen schon, daß sie in der Ehe mehr die Rolle der mitleidsvollen Krankenschwester als die des Lebensgefährten spielen müßten. Überdies wird durch die Passivität und Trägheit des Hypochonders, die er mit gesundheitlichen Beschwerden »erklärt«, deutlich, daß man von ihm nicht erwarten kann, er werde die Initiative ergreifen und seinen Anteil zu der Beziehung beitragen. All dies treibt den potentiellen Partner wahrscheinlich dazu, einen weniger unzufriedenen und fähigeren Menschen zu suchen. Oft spricht jedoch die Rolle der »Krankenschwester« zunächst einmal die Mütterlichkeit vieler junger Frauen und die Artigkeit junger Männer an. Später dann, wenn sie die Last eines hypochondrischen Partners zu tragen haben und einsehen, wie sie sich auf ihr eigenes Glück auswirkt, fühlen sie sich vielleicht normaler ehelicher Freuden beraubt und ausgenützt.

Die Hypochondrie eines der Partner führt daher in der Ehe im allgemeinen zu einer Verschlechterung der Beziehung und oft bis zu einer starken Einschränkung des sexuellen Lebens. Die hypochondrische Frau mit ihren endlosen Klagen, sie fühle sich für eine Party nicht wohl genug, mit ihren Kopfschmerzen, Rückenschmerzen und ihrer Müdigkeit, empfindet u. U. auch den Geschlechtsverkehr als schmerzhaft und sogar unerträglich. Oder sie sieht ihn als ihre »Pflicht« an und fügt sich lustlos und ohne Befriedigung. Ihr Mann, der durch ihre märtyrerhafte Fügsamkeit in die Rolle des Peinigers gedrängt wird, fühlt sich frustriert, kommt nicht an sie heran, ist unglücklich und wird vielleicht wütend und verbittert. Er will, daß sie gesund wird — aber keine einzige Behandlung scheint zu helfen, und so verschlechtert sich die Ehe immer mehr.

Oft ist die hypochondrische Frau nicht in der Lage, ihre Hausarbeit zu tun, einzukaufen und zu kochen. Auch dies bringt eine Verschlechterung der ehelichen Beziehung mit sich. Oft ist der Mann gezwungen, die Hausarbeit zu übernehmen. Ebenso kann die Frau des hypochondrischen Mannes gezwungen sein, den Lebensunterhalt zu verdienen.

Der chronische, unerklärliche und anscheinend nicht zu bessernde Charakter der wechselnden Symptome der Hypochondrie erzeugt eine Situation, die sich — außer in wohlhabenden Familien — von der durch eine echte organische Krankheit oder Krise erzeugten Situation wesentlich unterscheidet. Der Wirkung einer echten Krankheit können beide Ehepartner ohne eine entscheidende Verschlechterung ihrer Beziehung entgegentreten, wie Tausende von Menschen täglich beweisen.

In einer Ehe, in der einer der Partner an Hypochondrie leidet, spielen Schuldgefühle oft eine wichtige Rolle bei der Fortsetzung der Beziehung. Der hypochondrische Partner erkennt die schwere Bürde und die Verweigerung der Befriedigung, die er dem anderen auferlegt, und hat deswegen Schuldgefühle und Depressionen, die zu den schon bestehenden Belastungen hinzukommen. Ähnlich möchte der gesunde Partner das Verhältnis vielleicht auflösen, eben weil er so frustriert ist und so viel mehr zu tragen hat. Er tut es aber nicht, weil er Schuldgefühle bekommt, wenn er daran denkt, jemanden, der »krank« ist, verlassen zu wollen. So dauern solche Ehen vielleicht jahrelang, obwohl sie geradezu Brutstätten um sich greifender Frustration, Not, Schuldgefühle und Glücklosigkeit sind.

Wenn der Mann hypochondrisch ist, hindern ihn seine Beschwerden und Erschöpfungszustände nicht nur daran, den Unterhalt der Familie zu sichern und seiner Frau zu helfen, sondern er ist auch nur selten ein zufriedenstellender Arbeiter oder Angestellter. Oft wird er nicht befördert, dafür aber entlassen. Häufig hält den Hypochonder nicht viel bei seiner Arbeit, und nur das ständige Mitgefühl seiner Frau hilft ihm, dabeizubleiben — wie auch seine Furcht, er werde diese Unterstützung verlieren, wenn er seine Stelle verliert. Er erwartet und fordert, jedes Familienmitglied solle ihm besondere Beachtung schenken.

Die Hypochondrie ist in mancher Hinsicht eine Form der Verwöhnung und ähnelt ihr auch. Die Passivität und die Erwartungshaltung des Hypochonders — »die anderen werden schon für mich sorgen« — erscheinen auch in der pathogenen elterlichen Haltung der übermäßigen Verwöhnung. Der Hypochonder setzt jedoch anstelle von Langeweile und Desinteresse, die den übermäßig Verwöhnten charakterisieren, die »mögliche Krankheit« als Entschuldigung für seine Passivität ein. Er sucht ständig das Mitgefühl der anderen und manipuliert sie, indem er an ihr Schuldgefühl rührt. Aber er leidet nicht an der Unfähigkeit, sein Interesse wachzuhalten, die für den Verwöhnten so bezeichnend ist, und spürt deutlich, wie sehr er invalidisiert ist.

Der Fall der Frau Rae

Man übersieht bei der Hypochondrie leicht, daß die Schmerzen und Erschöpfungszustände so deutlich empfunden werden, als wären sie wirklich durch eine organische Störung verursacht. Dies kommt im Fall der Frau Rae ganz klar zum Ausdruck. Frau Rae war eine zarte, verspannte junge Frau von 25 Jahren, die ihre Geschichte mit den folgenden Worten erzählte:

»Ich war etwa elf Monate krank. Man hat mich körperlich gründlich untersucht, geröntgt und getestet, aber keiner der Ärzte war in der Lage, irgendein Anzeichen von Krankheit zu finden. Das macht mich jetzt langsam sehr nervös . . ., es scheint ja wohl alles in meinem Kopf zu sitzen oder so, und ich muß damit jetzt wirklich fertig werden. Manchmal fühle ich mich sehr krank. Ich habe Schwindelanfälle. Ich weine viel. Ich bin sehr niedergeschlagen. Ich muß mich einfach hinlegen, wenn ich über mich nachdenke. Ich werde so deprimiert! Verliere ich den Verstand, wenn ich meine, daß ich so krank bin? Ich schlafe viel. Ich habe immer Angst und bin nervös, aber ich weiß nicht, wovor ich Angst habe. Ich bin immer angespannt und nervös, ein Nervenbündel, wie man sagt.

Die letzten paar Monate ließ ich mir immer Vitamin B 12 spritzen, um meine Nerven zu stärken, aber ich habe nicht das Gefühl, daß es viel geholfen hat. Mein Mann sagt auch, daß man etwas tun muß. Vor einem Jahr sah es so aus, als würde ich zusammenbrechen. Ich war so von Unruhe erfüllt. Meine Nerven waren zum Zerreißen gespannt.

Ich war drei Monate lang im Bett, völlig hilflos. Ich konnte nichts als weinen. Ich bin jetzt acht Monate lang auf, aber ich bin so schwach, daß ich nichts tun kann. Ich kann mit meiner Hausarbeit überhaupt nicht fertig werden.
Vor ungefähr einem Jahr fing das Ganze an. Ich hatte Grippe. Aber als sie wieder nachließ, und ich wieder aufstehen wollte, juckte es mich überall, und ich fühlte mich sehr schwach. Das Jucken wurde schlimmer. Der Doktor gab mir eine Spritze gegen das Jukken, und dann brach ich erst richtig zusammen. Alles wurde schlimmer. Vier Monate lang konnte ich nicht aus dem Bett aufstehen, ohne daß mir schwindlig wurde. Meine Nerven waren einfach kaputt. Dann bestand mein Mann darauf, ich solle mich untersuchen und alle möglichen Tests machen lassen. Man fand nichts, aber ich fühle mich immer noch krank und schwach.
Jedesmal, wenn ich aus dem Haus gehe, fürchte ich mich. Mir wird schwindlig. Ich habe Angst, mir könnte so schwindlig werden, daß ich auf der Straße zusammenbreche, und keiner kennt mich. Ich komme einfach nicht zur Ruhe. Immer denke ich nach und bin unruhig, aber das hilft nicht.
Ich bin nun fünf Jahre verheiratet. Mein Mann ist Vorarbeiter auf dem Bau. Ich habe als Buchhalterin gearbeitet, bis das Ganze passierte. Ich mochte meinen Job, aber ich war nicht glücklich. Ich glaube, ich habe viel zuviel gearbeitet. Ich habe im Büro geschuftet und dann noch versucht, mein Haus auf Hochglanz zu halten, und das war einfach zuviel für mich.
Bevor ich die Grippe bekam, konnte mich nichts aus der Ruhe bringen. Kurz vor dem Ausbruch der Grippe kam eine Cousine zu uns zu Besuch. Einerseits war sie eine angenehme Gesellschaft, aber ihr Besuch bei uns brachte natürlich auch Verantwortung mit sich, zusätzliche Mahlzeiten usw.
Wir haben geheiratet, kurz nachdem mein Mann eingezogen wurde. Als er vom Militärdienst zurückkam, nahm er diese Stelle an. Bis dahin lebte ich in meinem Elternhaus. Dann gründeten wir einen eigenen Hausstand. Wir haben beide sehr viel gearbeitet, besonders Carl. Er half mir immer bei der Hausarbeit und tut das auch heute noch. Während dieser ganzen Zeit meiner Krankheit hat er eigentlich die meiste Hausarbeit getan. Aber allmählich wird er meiner

überdrüssig. Er ist jetzt so schwermütig, sitzt einfach da und sagt nichts. Er hat sonst immer versucht, mich aufzuheitern, aber ich glaube, ich bin ihm eine solche Last, daß ich ihn jetzt auch fertiggemacht habe. Immer wenn ich jetzt mit ihm reden will, sagt er bloß »aha« und nickt und macht dann das weiter, womit er gerade beschäftigt war, selbst wenn er nur dagesessen ist. Langsam falle ich ihm wohl fürchterlich zur Last. Ich bin ihm keine Ehefrau. Jeder mag ihn, und gewöhnlich ist er auch lustig und liebevoll, aber ich mache ihn anscheinend fertig. Ich muß dieses Gefühl, krank zu sein, wirklich überwinden.«

In Frau Raes Erzählung von ihrer Kindheit kam deutlich zum Ausdruck, daß die Hypochondrie eine vorherrschende Haltung ihrer Eltern war. Ihre Kindheitserlebnisse stellte sie so dar:

»Ich war etwa bis zu meinem zehnten Lebensjahr ziemlich oft krank. Ich hatte alle Kinderkrankheiten und war wegen einer Lungenentzündung im Krankenhaus. Später hatte ich noch einen Blinddarmdurchbruch mit Bauchfellentzündung.

Meine Eltern waren sehr liebevoll, und mein Bruder und meine Schwester sind es auch. Die ganze Familie war sehr lieb zu mir, wenn ich krank war. Eigentlich wurde ich dann sogar verwöhnt. Ein jeder tat alles für mich — was ich nur wollte. Ich hatte wirklich eine glückliche Kindheit.

Meine Mutter ist ein wunderbarer Mensch — sehr gutherzig. Sie hat immer an sich gespart, um ihrer Familie etwas zustecken zu können. Am glücklichsten war sie, wenn sie etwas für uns tun konnte. Wir haben uns immer an sie gewandt. Sie machte sich ständig Sorgen um meine Gesundheit.

Mein Vater war oft krank. Er war ziemlich nervös und aufgeregt und mürrisch. Er ist immer noch von meiner Mutter abhängig; das war immer so. Er sagte oft, er könne ohne sie niemals weiterleben. Er machte sich auch immer Sorgen um meine Gesundheit. Bei beiden konnte ich immer meinen Willen durchsetzen.«

Einige der einschlägigen Hinweise auf Hypochondrie waren in der Geschichte dieser Frau: »... Man hat mich körperlich gründlich untersucht, geröntgt und getestet, aber keiner der Ärzte war in der Lage, irgendein Anzeichen von Krankheit zu finden. ... Ich bin immer angespannt und nervös, ein Nervenbündel. Als sie (die

Grippe) wieder nachließ und ich wieder aufstehen wollte, juckte es mich überall, und ich fühlte mich sehr schwach ... Ich fühle mich immer noch krank und schwach ... Ich war etwa bis zu meinem zehnten Lebensjahr ziemlich oft krank ... Die ganze Familie war sehr lieb zu mir, wenn ich krank war ... Sie (die Mutter) machte sich ständig Sorgen um meine Gesundheit ... Mein Vater war oft krank ... machte sich auch immer Sorgen um meine Gesundheit.«
Können Sie Ihrer eigenen Kindheitsgeschichte ähnliche Hinweise auf Krankheit und die Haltungen Ihrer Eltern gegenüber Krankheit entnehmen?
Ohne Zweifel hat Frau Rae im Büro und als Hausfrau und Ehefrau schwere Arbeit geleistet. Sie brachte ihr »inneres Kind von früher« mit strenger Miene zum Schweigen, bis sie die Grippe bekam. Damals hat sich das etwas verhätschelte »Kind von früher« in den Vordergrund geschoben — und als sie aufstehen wollte, bekam sie ihren Juckreiz und brach schließlich zusammen, als man sie deshalb behandelte.
Als sie einmal eingesehen hatte, daß sie in Wirklichkeit die alten sorgenvollen und hypochondrischen Ängste ihrer Eltern übernommen und beibehalten hatte, begann sie einen entschlossenen Kampf, um sich von diesen alten elterlichen Haltungen zu befreien. Es war nicht einfach. Zuerst trieb sie sich buchstäblich von einer Hausarbeit zur andern — und ihr kreischendes, jammerndes »Kind von früher« gleich mit. Sie hat jetzt einen Punkt erreicht, an dem die Mitarbeit ihres Mannes im Haushalt nicht mehr erforderlich ist, bis auf das Einkaufen, das er immer noch erledigt. Sie bereitet sich auf diese Aufgabe vor, indem sie sich zwingt, jeden Tag auszugehen, trotz ihrer Neigung zu Schwindelgefühlen und ihrer Angst vor einem Zusammenbruch. Sie sagt: »Ich bleibe einfach stehen und mache die Augen zu und sage mir, daß ich bloß so handle wie damals, als ich von meinen Eltern wie ein Baby behandelt werden wollte. Ich verstehe das, weil meine Eltern eben so mit mir umgegangen sind, und ich sage zu mir, es ist alles in Ordnung mit dir und es wird dir nichts passieren, aber ich denke nicht daran, dich zu kritisieren oder dir nachzugeben. In der Zwischenzeit ist dann das Schwindelgefühl vorbei, und ich kann weitergehen.«
Sie ist mit ihren Fortschritten sehr zufrieden. Sie ist nicht mehr de-

primiert und niedergeschlagen. Ihr Mann hat, ermutigt durch ihre Bemühungen, seine frühere lustige und liebevolle Art wiedergefunden. Ihre sexuelle Beziehung haben sie auch wieder aufgenommen. »Mein Mann kann sehen, daß es mir immer besser geht, und sein Stolz auf mich macht mich noch entschlossener, mehr für mich zu tun«, sagt Frau Rae. »Ich bin immer noch erschöpft, wenn ich mir zuviel aufgebürdet habe, aber ich versuche, jeden Tag ein bißchen mehr zu tun, weil ich entschlossen bin, ein wirkliches, echtes Leben zu führen.«

Frau Rae hat durch das Erkennen und Akzeptieren ihres »Kindes von früher« und durch die Einsicht, daß sie es nicht nötig hat, sich so zu behandeln, wie es ihre verzärtelnden hypochondrischen Eltern taten, die Grundlage geschaffen, auf der sie ein neues, zufriedenstellenderes Leben aufbauen konnte. Die alltägliche »Kleinarbeit« an dieser Grundlage — die Entwicklung dieses Lebens Tag für Tag, Topf um Topf und Teller um Teller und Zimmer um Zimmer — hat geradezu heroische Anstrengungen gekostet. Heute nun leistet Frau Rae jeden Tag mehr und beklagt sich nicht mehr, sie »könne nicht«.

Niemand sollte die Anstrengung unterschätzen, die der Hypochonder auf sich nehmen muß. Das überempfindliche »Kind von früher« wird nach wie vor die geringsten Schmerzen, Beulen und Quetschungen immer übertreiben und mit großem Geheul neue Symptome hervorbringen, die zärtliche Fürsorge, Mitleid und Verwöhnung erforderlich machen. Der Hypochonder, der sich selbst gegenüber die Elternrolle einnimmt und die Wurzeln dieser Klagen erkennt, muß sie zwar respektieren, aber ihnen nicht nachgeben, und weiterhin auf die Suche nach Befriedigungen gehen, die ihm als einem Erwachsenen gemäß sind. Wenn diese Klagen wütend oder verächtlich weggeschoben, ignoriert oder abgewiesen werden, werden sie immer mehr — und wenn sich dann eine echte Krankheit entwickelt, wie die Grippe von Frau Rae, werden sie unersättlich. Das alte Verhaltensmuster der Kindheit stellt sich wieder ein — und ist dann mit Sicherheit nur sehr schwer zu überwinden.

Die Wurzeln und Mechanismen der Hypochondrie

Wir müssen die Hypochondrie als pathogene elterliche Haltung sorgfältig von allen anderen pathogenen Haltungen unterscheiden, damit wir mit ihr umgehen können.

Die Hypochondrie unterscheidet sich in ihrer Hartnäckigkeit von einem psychosomatischen Symptom wie z. B. Kopfschmerzen, Sodbrennen oder Müdigkeit, die sich bei einem sonst gesunden Menschen als Ergebnis eines inneren Konflikts, einer Frustration oder eines Ärgers entwickeln können. Fast jeder von uns hat schon einmal solche psychosomatischen Symptome gehabt, ohne auch nur im geringsten hypochondrisch zu sein.

Der Hypochonder kann jedoch übertriebene, ja sogar alarmierende Symptome entwickeln, wenn er versucht, Dinge zu unternehmen, von denen ihn seine Hypochondrie abgehalten hat. Diese Symptome sind der Aufruhr unseres hypochondrischen »Kindes von früher«. Darwins Herzklopfen, während er auf die Abfahrt der *Beagle* wartete, ist ein Beispiel dieser Art von Symptom.

Oft sind die Bitten und Forderungen des Hypochonders nach Mitleid und Versöhnung so offenkundig und seine Symptome so oberflächlich, daß es anderen schwerfällt zu glauben, sein Leiden sei etwas anderes als bloßes »Vormachen«, um Darwins Ausdruck zu gebrauchen. Der »Krankheitsgewinn« erweckt bei denjenigen Menschen oft Ärger und Gereiztheit, die sich genötigt fühlen, dem ängstlichen Hypochonder zu geben, was er braucht. Das kann den unverblümten Vorwurf des Simulierens nach sich ziehen, der natürlich beim Hypochonder das Gefühl der Hilflosigkeit und bereits bestehende Schuldgefühle vertieft. Ein solcher Vorwurf trägt natürlich zur Überwindung der Hypochondrie nicht bei. Ähnlich hat auch Aufmunterung wenig Sinn, und Mitleid stärkt nur die Überzeugung des Hypochonders, er sei krank.

WURZELN: Die Hypochondrie wurzelt in den meisten Fällen in einer Angst vor der Krankheit, dem Leiden, wie sie die Eltern äußern und wie das Kind sie hört. Das Kind, das von seinen allwissenden Eltern hilflos abhängig ist, nimmt die Ängstlichkeit seiner Eltern in sich auf, macht sie sich zu eigen und ahmt die Eltern somit

nach. Das hilft ihm, sich ihnen nah und bei ihnen geborgen zu fühlen — sich buchstäblich wie sie zu fühlen, sind sie doch seine Beschützer und die einzigen Erwachsenen, die es kennt. Wenn nun der Erwachsene sich selbst gegenüber die Rolle der Eltern übernimmt, behält er diese alten elterlichen Haltungen bei, denn *so* hat er gelernt, sich um sich selbst zu kümmern und sich geborgen zu fühlen.
Da die Hypochondrie, wie andere Haltungen auch, von den Eltern auf das Kind übertragen wird, äußern sich in ihr oft Befürchtungen, die vor vielen Jahren »in Umlauf« waren, als man in naturwissenschaftlicher Hinsicht noch wenig über Krankheit wußte und solche Befürchtungen verbreiteter waren als heute. Die Haltung der Hypochondrie wird in zweiter Linie auch durch den Zugewinn an Mitleid und Verwöhnung verstärkt, die der »Kranke« von den Menschen seiner Umgebung bekommt.

Was kann man tun, wenn man ein hypochondrisches »Kind von früher« in sich hat?

Der Hypochonder, der unter seiner Haltung leidet, muß sie selbst angehen und mit ihr fertig werden, um sie zu überwinden. Er muß sich dessen bewußt werden, daß er seine Schmerzen und Wehwehchen übertreibt. Er muß tief und deutlich spüren, daß er aufgrund seiner passiven und restriktiven Haltung dessen, der »die Waffen streckt«, vieles versäumt, was das Leben an Befriedigung und Glück zu bieten hat. Er muß bei seinem Kampf entschlossener sein, seiner Müdigkeit nicht nachzugeben, und er muß darauf vorbereitet sein, mit neuen Symptomen fertig zu werden, wenn er die alten mit aller Achtung beiseite geschoben hat.
Um diesen Kampf erfolgreich durchstehen zu können, muß er folgendes tun:
1. Er muß die objektiven Befunde und die Beurteilung seiner Symptome durch den Arzt als vernünftig und wissenschaftlich akzeptieren. Er muß sich mit Hilfe der modernen naturwissenschaftlichen Medizin überzeugen, daß seine Beschwerden in Wirklichkeit auf einer Haltung der Furchtsamkeit und Angst beruhen.
2. Er muß die hypochondrischen Personen in seiner Kindheit auf-

finden, die diese Haltungen in ihm zur Entfaltung angeregt haben — seine Eltern, Großeltern oder andere Erwachsene, die in seiner Entwicklung eine wesentliche Rolle gespielt haben.

3. Er muß darauf vorbereitet sein, die *Übertreibung* seiner Symptome als das zu erkennen, was sie ist — als die Fortsetzung hypochondrischer Haltungen, die in der Kindheit übernommen wurden. Wir alle haben häufig irgendwelche geringfügigen Symptome. Wir können uns z. B. nicht übermäßig anstrengen, ohne zu ermüden. Wir wissen und akzeptieren das, aber wir lassen es nicht zu, daß wir dadurch invalidisiert werden. Es ist die Übertreibung, die den Hypochonder invalidisiert.

4. Er muß bereit sein, gegen die Pflege und Übertreibung seiner Symptome anzukämpfen, und sich konsequent bemühen, sich am Streben nach Zielen, die einem Erwachsenen gemäß sind, aktiv zu beteiligen.

5. Er muß seine Versuche, das Mitleid und die Nachsicht der anderen durch sein Jammern zu gewinnen, erkennen und aufgeben. Solche Versuche steigern nämlich die Schuldgefühle. Er muß einsehen, daß die Befriedigung, die das aktive Erreichen selbstgesetzter Ziele bringt, größer ist als das Mitleid und die Nachsicht der Freunde.

6. Er muß einsehen, daß dieser Kampf lange dauern wird und daß er manchmal in anstrengenden Situationen Rückschläge erleben wird. Er braucht vielleicht die verständnisvolle Unterstützung seines Arztes, der den Charakter neuer Symptome erkennen kann, die bei seinem Bemühen entstehen, die verinnerlichte hypochondrische Atmosphäre der Kindheit zu überwinden. Wenn der Hypochonder erkennt, daß er es mit den Befürchtungen eines Kindes zu tun hat, das in der Übernahme und Imitation solcher Befürchtungen seinerzeit Geborgenheit gefunden hat, dann kann er — als Erwachsener — sich selbst gegenüber die Elternrolle besser spielen, als es seine furchtsamen Eltern konnten.

Der schwierigste Teil dieses Lernprozesses, bei dem man gegenüber seinem »inneren Kind von früher« eine neue Elternrolle spielen lernt, liegt darin, gegenüber diesen kindlichen Gefühlen *Respekt* zu entwickeln. Da wir doch reif sein wollen, kommt es leicht vor, daß wir uns dieses kindlichen Teiles unserer selbst schämen oder ihn verachten. Wir versuchen vielleicht zu drängen und eine Änderung

herbeizuzwingen und ignorieren diese Gefühle oder schüchtern uns selbst ein. Wenn Sie das tun, dann sind Sie schon auf dem Weg ins Unglück und in die Selbstentfremdung. Sie müssen statt dessen erkennen, daß Sie — damals und heute — Verlauf und Charakter Ihrer Kindheit nicht bestimmen konnten. Welche Haltungen Ihre Eltern auch hatten, ob sie nun hypochondrisch oder perfektionistisch waren oder Sie übermäßig verwöhnt haben, diese Haltungen konnten Sie nicht beeinflussen; sie werden immer eine Rolle in Ihrem Leben spielen, in dem, wovor Sie sich fürchten, was Sie fühlen und worauf Sie hoffen.
Deshalb werden Sie in Ihrem Leben nur dann Befriedigung finden, wenn Sie Ihr »Kind von früher« respektvoll akzeptieren. Was Sie ändern können, sind die elterlichen Haltungen, die Sie sich selbst gegenüber einnehmen und die Ihnen heute noch Schmerzen und Unglück verursachen und Ihre Bemühungen um Befriedigung einschränken.

15
Bestrafungszwang —
Wenn Sie ständig Rache für die Vergangenheit suchen

VERDACHTSMOMENTE: *Wenn Sie häufig das Gefühl haben, »nichts zu taugen« oder »schlecht« zu sein, und sich dabei ertappen, wie Sie sich selbst bestrafen — oder von anderen bestraft werden, wenn Sie dazu neigen, sich eine Arbeit zu suchen, bei der man etwas »ertragen« und »aushalten« können muß, und wenn Sie oft voller haßerfüllter Wünsche sind, sich zu rächen und »Satisfaktion« zu bekommen, so besitzen Sie darin deutliche Anzeichen, daß Ihr »inneres Kind von früher« in einer strengen, groben und von ständigen Strafen erfüllten Atmosphäre lebte.* Dieser Haltung entgingen nur wenige von uns ganz und gar; in Schule und Familie war sie vorherrschend. Diese strenge, züchtigende Haltung erklärt weitgehend die Schuldgefühle, die Erwachsene wegen ihrer Freizeit und ihrer Vergnügungen haben. Dieses Schuldgefühl ist die immer noch vorhandene Reaktion des Kindes, das eine Bestrafung erwartet, wenn es sich eben mal ein Vergnügen bereitet. In ähnlicher Weise lassen sich viele bittere, verallgemeinerte Rachegefühle gegenüber »der Welt«, die das Leben so vieler Menschen »versengen«, auf einen elterlichen Bestrafungszwang und auf das kindliche Rachebedürfnis zurückführen.

Erkennen Sie Ihren Selbstbestrafungszwang

Geben Sie sich ständig »eins drauf«? Viele Leute erkennen die eigene Selbstbestrafungstendenz und die Haltung, sich dauernd zu tadeln, die sie sich selbst gegenüber einnehmen, gar nicht. Sie wurden in einem Kulturraum erzogen, in dem man überzeugt war, daß die Eltern ihre Kinder verziehen, wenn sie »mit der Rute sparen«. So sparen sie auch als Erwachsene sich selbst gegenüber nicht mit der Rute. So hat man sie als Kinder gelehrt, mit sich selbst umzugehen — und das »Kind von früher« hat Angst und Schuldgefühle, wenn es die übertriebene Bestrafung vermißt, die für seine frühe Kindheit charakteristisch war.

Ein solches ständiges Bestrafen muß nicht körperlich gewesen sein. Es konnte endloses strenges Moralisieren sein — was im Kind Schuldgefühle und das Gefühl seiner Wertlosigkeit wegen seines unreifen Verhaltens in einem Alter erzeugt, in dem es von Natur aus unreif ist. Das Kind, das impulsiv handelt und stets neugierig ist und unterwegs, um sich selbst und seine Umwelt zu entdecken, kann in einer Familie, in der ständig gestraft wird, nicht ohne »Schwierigkeiten« bleiben. Weder erkennt es seine Impulse noch kann es die Notwendigkeit verstehen, sie zu beherrschen, da ihm sowohl das Wissen als auch der Horizont des Erwachsenen fehlen. Der große Tadel, die wuterfüllten Schläge und das feierlich tönende Moralisieren tendieren durch ihre Anhäufung dazu, es zu überzeugen, daß es, tief unten, eigentlich »schlecht« ist. Ist es denn nicht immer schuldig? Macht es nicht immer »Schwierigkeiten«? Könnte sein Betragen nicht stets besser gewesen sein?

Mit diesem groben Bestrafungszwang vermischen sich immer auch Liebe und Zärtlichkeit. Strafe kann — selbst schwere und brutale Schläge — für ein Kind eine Form der Sicherheit werden, seine Art der Welt- und Selbstkenntnis.

Als Folge dieser Faktoren und der tiefen Wurzeln kindlicher Sicherheit und Zärtlichkeit, die sich an ihnen befestigen, ist es oft sehr schwierig für Menschen, die als Kinder häufig bestraft wurden, die eigene Selbstbestrafungstendenz zu erkennen und zu sehen, wie sie ihre Fähigkeit zerstört, das Leben zu genießen. Solche Menschen können sich bitterlich beklagen, wie schwer sie arbeiten, wie grausam sie in der Kindheit behandelt wurden, wie unfähig sie sind, Zärtlichkeit zu geben und anzunehmen, wie unwohl sie sich in Gesellschaft fühlen und wie schlecht sie sich entspannen können. Dennoch verbinden sie ihre Schwierigkeiten nicht mit der Tatsache, daß sie sich im Grunde immer noch so behandeln, wie es ihre Eltern mit ihrer Straffreudigkeit ihnen gegenüber taten. »Sie sagen, ich würde

mich selbst bestrafen?« sagt ein solcher Patient vielleicht. »Natürlich bestrafe ich mich. Ich verdiene es. Aber ich kann nicht verstehen, warum ich diese blauen Flecken habe.«
Die besten Hinweise darauf, ob Sie sich tendenziell stets selbst bestrafen, liegen in Ihren gegenwärtigen Gefühlen als Erwachsener. Die bedeutsamsten Gefühle sind: *Schuldgefühle, Vergeltungsbedürfnis, Furcht.*

SCHULDGEFÜHLE: Die elterliche Strafwütigkeit erfüllt das Kind mit einem Gefühl seiner »Schlechtigkeit«; es fühlt sich wie ein »kleiner Teufel«, ein »schlechter Schauspieler«, wie einer, der sich ständig schlecht benimmt und der eine »anständige Tracht Prügel braucht, damit er richtig wird«. Als Erwachsener fühlt sich ein solcher Mensch ständig irgendwie »schuldig«, ohne irgend etwas Falsches getan zu haben. Dieses Schuldgefühl tritt vor allem dann auf, wenn er etwas genießt. Wenn er an irgendeiner Sache Gefallen und Freude findet oder sich bei etwas entspannt, empfindet sich sein »Kind von früher« als »schlecht«. Er muß daher — in der Rolle seiner Eltern — streng, moralisierend und strafwütig sein. Er sagt sich — so wie damals seine Eltern —, er sei »schlecht«, unanständig, eine Schande, ein Taugenichts und einfach wertlos. Obwohl er in Wirklichkeit nichts Unrechtes tut, hat er Schuldgefühle — und muß »dafür büßen«, indem er sich selbst bestraft.
Oft nimmt diese Bestrafung die Gestalt anstrengender Arbeit an. Die Hausfrau, die sich in der Routine unnötigen Saubermachens erschöpft, bestraft sich oft selbst. Warum? Sie hat nichts Unrechtes getan, aber sie hat Schuldgefühle. In der entsprechenden Situation verbindet sie ihre Schuldgefühle vielleicht mit einer momentanen »Bummelei«, sie führt sie auf eine Vernachlässigung ihrer Arbeit zurück, auf das Versäumen von Gottesdiensten, auf Geldverschwendung oder ähnliches. Objektiv gesehen erklärt jedoch keine dieser »Sünden« die Tiefe ihrer höchst unangenehmen Schuldgefühle. Nur die Bestrafung, die in der täglichen Routinearbeit liegt, verschafft ihr eine Erleichterung. Nur dann fühlt sie sich wohl. Sie war schlecht, aber sie hat sich auch dafür bestraft. In ähnlicher Weise können Männer, die als Kinder viel bestraft wurden, nicht das zufriedene Gefühl haben, »eines Tages Arbeit« getan zu haben,

wenn die Haut ihrer Knöchel nicht aufgerieben, ihre Muskeln nicht überanstrengt sind und ihre Gelenke nicht weh tun. Andernfalls haben sie das Gefühl, daß sie gebummelt haben, ihren Chef betrogen haben — und schuldig sind. Die Formen, die diese Art von Selbstbestrafung annehmen, unterscheiden sich oft enorm und reichen von unnötigen Versagungen bis zu Selbstzerfleischung und körperlicher Selbstverwundung.
Solche Schuldgefühle, die in der Kindheit durch Schläge und Bemerkungen wie »du machst mich krank« tief eingegraben worden sind, nehmen beim Erwachsenen oft die Form der Selbstherabsetzung an: »Ich bin einfach ein Schandfleck ... Ich bin so schlampig und häßlich ... Ich bin ein lausiges Weib ...« Objektiv betrachtet stimmen solche Aussagen nur selten. Gewöhnlich sind sie eine Form der Selbstbestrafung. Ein Mensch mit Schuldgefühlen hat wenig oder keine Selbstachtung. Er starrt auf seine Schwächen oder Unzulänglichkeiten und mißachtet seine Leistungen, denn *so* haben ihn auch seine Eltern gesehen. Wenn jemand seine Leistungen lobt, erinnert ihn sein »Kind von früher« daran, daß derjenige eigentlich nicht wissen kann, wie »schlecht« er ist. Oft prügelt sich der Betreffende selbst bis zur Erschöpfung, um Schuldgefühle abzuwehren, die aus der Kindheit herrühren.
Wenn Sie rot werden und sich unwohl fühlen, sobald Ihnen jemand ein Kompliment macht, liegt das gewöhnlich daran, daß Ihnen Ihr »inneres Kind von früher« keinerlei Gefühl der Zufriedenheit mit sich selbst gönnt. Oft ist dieses kindliche Schuldgefühl so gründlich und tief eingefleischt, daß sich manch einer zu überhaupt nichts »tauglich« fühlt. Sie müssen sich selbst bestrafen und heruntermachen, weil Sie jegliches Gefühl der Befriedigung erschreckt. Viele verheiratete Frauen nennen sich »Huren«, wenn sie den Geschlechtsverkehr genießen, wenn sie sich einmal zeitweise von anderen Männern angezogen fühlen oder schöne Kleider tragen wollen. Bei beiden Geschlechtern kann dieses kindliche Schuldgefühl die sexuelle Antwortbereitschaft lähmen, und nur ein geduldiger Zuspruch und Bestärkung von seiten eines Erwachsenen, den sie respektieren, kann diese Schuldgefühle und Hemmungen beseitigen.
Oft treten diese kindlichen Schuldgefühle beim Erwachsenen als Angst auf. Die Angst entsteht, weil der Erwachsene, der von der

Strenge und Bestrafungs- und Verbotsluft des Elternhauses befreit ist, versucht, sich als Erwachsener zu akzeptieren und das Leben als Erwachsener zu genießen. Dies erfüllt jedoch das »Kind von früher« mit Schuldgefühlen und Angst, und es erwartet eine Bestrafung. Angst vor dem, was die Nachbarn denken werden, Angst wegen finanzieller Dinge und in bezug auf die Sexualität ist oft eine Form der Selbstbestrafung.

Diese Angst- und Schuldgefühle heften sich insbesondere an das, was in der Kindheit verboten war; der elterliche Bestrafungszwang hat jedoch am meisten Verwüstung angerichtet, indem er ein derart tiefsitzendes Gefühl der Schuld und der Wertlosigkeit erzeugt hat, daß jeglicher Genuß unmöglich ist. So schränkt er manches Leben ein und verursacht schlimme Depressionen.

Ein Mensch mit einem solchen »Kind von früher« ist vielleicht nicht in der Lage, einfache Freuden, wie freie Tage, Feiertage oder gesellige Abende, zu genießen. Es kann ihm schwerfallen und es kann lange dauern, bis er seine eigenen schöpferischen Fähigkeiten zu akzeptieren gelernt hat. Eine Frau, die in der Kindheit unter häufiger Bestrafung zu leiden hatte, schmückt vielleicht durchaus ihre Küche — aber sie hat Angst, dafür gelobt zu werden und durch das Lob Befriedigung zu erleben. In einem solchen Augenblick wird sie von ihrem »Kind von früher«, das sie herabsetzt und bestraft, beherrscht — und bekommt Schuldgefühle, weil das Lob sie befriedigt hat.

Vergeltungsbedürfnis: Wenn Sie als Kind im Übermaß bestraft wurden, haben Sie wahrscheinlich schon herausgefunden, daß es eines Ihrer größten Probleme ist, einen wahnsinnigen unspezifischen Haß unter Kontrolle zu halten, der in Ihnen aufflammt. Dies kann sich als ständiges Kritisieren und Nörgeln, als Protest und wütende Klage, als Eifersucht oder Neid oder als ein überwältigendes Bedürfnis nach Rache an der Welt, als ein Bedürfnis nach »Satisfaktion« äußern.

Kinder, die von ihren Eltern geliebt werden, können im allgemeinen deren Tadel und Bestrafung akzeptieren. Sie können allmählich die Notwendigkeit, ihre Impulsivität zu beherrschen, und die Notwendigkeit von Regeln, die das Verhalten steuern, akzeptieren.

Aber die Reaktion des Kindes auf ungerechte und übertriebene Bestrafung ist ein heftiges Bedürfnis, sich zu rächen, zurückzuschlagen. Es lernt, den strafenden Elternteil zu hassen. Jetzt kannst du mich ja bestrafen, sagt es im stillen, weil du größer bist als ich, aber warte nur, bis ich stärker bin, dann werde ich mich wenigstens an dir rächen. Je ungerechter die Bestrafung, desto heftiger lodert dieses Feuer der Rache. Das Kind lernt zu lügen — um der Strafe zu entgehen — und verachtet sich selbst zutiefst, weil es lügt, weil es noch nicht groß genug ist, um den betreffenden Elternteil zu bestrafen. Ein schwer bestraftes Kind träumt von Rache. Es ist unfähig, die Notwendigkeit von Tadel und Regeln einzusehen, und spürt keinerlei Zärtlichkeit.

Als Erwachsener kann ein solcher Mensch immer noch von einem tiefsitzenden Rachebedürfnis erfüllt sein, das sich gegen die richtet, die ihn so ungerecht und grausam behandelt haben. Da seine Eltern im allgemeinen von der Bühne des Lebens als Erwachsener abgetreten sind, kann sich sein Rachegefühl auf anderen Wegen Luft machen. Es kann sich zum Beispiel gegen andere richten, die kleiner und schwächer als er sind und die er bestraft, so wie auch er selbst bestraft wurde. Es kann auch die Form der Enttäuschung und Verletzung seiner Eltern annehmen, und zwar durch das Übertreten sämtlicher Regeln, die im Elternhaus gelten, vom Stehlen bis zur Promiskuität. Oft ist es auch ein heftiges Verlangen, das Verbotene zu tun, was immer es auch sei und von wem es auch ausgehe.

Der Mensch, der als Kind von Haß und dem Bedürfnis nach Vergeltung erfüllt ist, kann als Erwachsener nur schwer Befriedigung finden. Sein Leben ist dem Bedürfnis seines »Kindes von früher« gewidmet, »Satisfaktion« zu bekommen. Oft haben solche Menschen das Gefühl, daß sie eigentlich Liebe weder geben noch empfangen können; sie befriedigt ihr Rachebedürfnis nicht. Sie erkennen den Ursprung ihres Vergeltungsbestrebens und ihrer oft grausamen Impulsivität nicht und können »diesen Drang« oft nur teilweise beherrschen. Ihre Haltung des Bestrafens läßt andere sich von ihnen distanzieren, die sie fürchten und ihnen aus dem Weg gehen. In engen Familienbeziehungen können diese Haltungen oft alles zerstören. Die Geschichte von Eleanor, die wir im Abschnitt »Der Fall einer eifersüchtigen Frau« berichten werden, zeigt die zerstöre-

rische Wirkung solcher Vergeltungsbedürfnisse. Die auffallendsten und eindeutigsten Beispiele von Vergeltungsstreben finden wir im Leben junger Krimineller. Ursprünglich sind ihre Verbrechen oft von Rache getriebene Schläge für die übertriebene und grausame Bestrafung, die sie als Kinder nicht verdient haben. In ihrem blindwütigen Haß auf ihre Eltern sehen sie die Gesellschaft und ihre Regeln als eine Art universeller Eltern an — und dürsten danach, sich zu rächen, mit ihnen »fertig zu werden«. Aber ihre Verbrechen steigern — wie die meisten Vergeltungsschläge — ihre Schuldgefühle und stellen sie nicht zufrieden. Solche Verbrechen verstärken ihre »Schlechtigkeit«, vertiefen ihre Schuldgefühle und machen sie zu Gejagten. Manchmal verraten sich solche Kriminelle selber; sie suchen dann in Wirklichkeit die öffentliche Brandmarkung ihrer Person als »schlecht«, um ihre Schuldgefühle zu mindern sowie die Notwendigkeit der eigenen Beherrschung ihres Vergeltungsdranges zu reduzieren.
Dieser Vergeltungsdrang drückt sich in mannigfacher Weise aus — in frecher Unverschämtheit, in Kritik und Selbstgerechtigkeit, in einer Haltung des Strafens gegenüber anderen, in Eifersucht und Neid, in Flirts und außerehelichen Affairen. Viel Energie, die in produktive Anstrengungen einfließen könnte, welche das eigene Selbstwertgefühl wirklich steigern würden, wird an die Erfüllung von Vergeltungsträumen der Kindheit verschwendet.

FURCHT: Ein Mensch, der in einer Atmosphäre ständiger und übertriebener Bestrafung erzogen wird, wächst in dem Gefühl auf, schuldig zu sein — und er fürchtet sich. Er kann keinem Menschen vertrauen. Er befürchtet, ertappt zu werden — und bestraft zu werden. Er fürchtet seine eigenen Rachegedanken und Vergeltungsträume (die seine Schuldgefühle und sein Gefühl der Wertlosigkeit auch steigern) und er fürchtet die Entdeckung dieser Vergeltungsbedürfnisse und -gefühle. Sein Bedürfnis, »Satisfaktion zu bekommen«, ist darüber hinaus so mächtig und mörderisch, daß er befürchtet, die Beherrschung zu verlieren, was ja doch wieder nur mächtigere Autoritäten auf den Plan ruft, um ihn zu bestrafen. So ist der Mensch, der als Kind ständig für sein unreifes Verhalten bestraft wurde, obschon er nach außen hin trotzt und prahlt, oft innerlich vor Furcht wie gelähmt. Durch den Versuch, all diese Impulse, Furcht und Schuldgefühle zu beherrschen und zu verbergen, befindet er sich auch in einem Zustand beinahe unerträglicher Spannung und Angst.

Da er von Kindheit an durch die grobe Art seiner Eltern im Grunde überzeugt ist, er sei »schlecht« und »tauge nichts«, besteht seine einzige Erleichterung in der Strafe — im Strafen und im Bestraftwerden —, und die Selbstbestrafung ist nicht nur der sicherste Weg, sondern auch oft der einzige, den er in der Rolle seiner Eltern sich selbst gegenüber einschlagen kann. Aber er weiß auch, daß er *nicht schuldig* ist, entweder schon als Kind oder als Erwachsener, und daß die Strafe übertrieben ist. Sein Vergeltungsbedürfnis wächst und seine Spannung und die Angst, seine Rachegelüste nicht mehr beherrschen zu können, drücken in Wirklichkeit seine wachsende Furcht aus.

Wenn Sie diese versteckten Schuldgefühle und Bedürfnisse nach Vergeltung, diese Furcht und Spannung als ständig ringende Kräfte in sich erkennen, können Sie sicher sein, daß in Ihrer Kindheit und in Ihrem Elternhaus eine Atmosphäre dauernder und übertriebener Straffreudigkeit herrschte. Sie können immer noch das Bedürfnis haben, Ihren Eltern für ihre Grobheit und Strenge zurückzugeben, aber Sie können jetzt anfangen, sich selbst freundlicher zu behandeln.

Manchmal sucht das viel bestrafte Kind die Anerkennung der Eltern dadurch, daß es die Haltung seiner Eltern sklavisch nachäfft und annimmt, sich selbst bestraft und verzweifelt versucht, gut zu sein. Als Erwachsener wird es selbstgerecht. Seine Vergeltung besteht dann darin, auf die anderen als auf »schlechte Menschen« herabzuschauen. Sein ständiges Moralisieren macht ihn den anderen fremd und läßt sie sich distanzieren, weil er ihnen Schuldgefühle macht — so, wie seine Eltern ihm.

Aber in erster Linie zerstört der Bestrafungszwang die Spontaneität. Wer schwer bestraft wird, kann nicht ohne weiteres spontan sein, da so viel Energie im Gefühl der eigenen Wertlosigkeit und Schuld gebunden ist und in das Bedürfnis zurückzuschlagen sowie in die Furcht eingeht. Spontaneität verlangt die Fähigkeit, sich selbst und anderen zu vertrauen. Menschen, die im Umgang mit ihren Eltern vor allem Strafe zu spüren bekamen, fürchten sich vor allen spontanen Impulsen; in der Kindheit zogen solche Impulse Strafe nach sich. Im allgemeinen haben die straffreudige Erziehung und die ständige Selbstbestrafung ihren Lebensgeist und ihre spontane Freude gebrochen. Sie können ihre Fähigkeit zu vertrauen, unmittelbar zu empfinden und sich spontan zu äußern nur wiedergewinnen, indem sie ihrem grob bestraften »Kind von früher« freundlich und verständnisvoll begegnen.

Der Fall einer Frau, die zweimal heiratete

Solange Sie nicht erkennen, daß Sie sich immer noch selbst für die gewöhnlichen und natürlichen Handlungen eines aufwachsenden Kindes bestrafen — nennen Sie sie »schlechtes Betragen«, wenn Sie es *immer noch nötig haben* —, können Sie sich nicht aus dem von Strafen erfüllten Kindheitsgefängnis Ihrer Schuldgefühle befreien. Sie können als Erwachsener, in der Rolle Ihrer eigenen Eltern, erkennen, was Sie veranlaßt hat, so zu handeln, wie Sie handeln, und sich so helfen, aus Ihrem dunklen Loch herauszukommen.

Niemand sollte die Schwierigkeit einer solchen Bemühung gegenüber einem »Kind von früher« unterschätzen, das heruntergemacht wurde und dem Schuldgefühle und das Gefühl der Wertlosigkeit eingeflößt wurden. Ich kenne eine Frau, die während ihrer Kindheit praktisch jeden Tag körperlich gezüchtigt wurde. Wenn ihr Vater am Abend heimkam, berichtete ihre nervöse und ängstliche Mutter mit anklagendem Tonfall die »Schlechtigkeiten« und schlimmen Dinge, die das Kind getan hatte — und der Vater schlug es, »um es eines Besseren zu belehren«. Wie es jedoch beim Strafen so der Fall ist, lernte das Kind nie — und noch als Teenager wurde das Mädchen geschlagen und grob gedemütigt.

Schließlich kam ihr lange erträumter Tag der Rache. Ein Mann redete in freundlichem Ton mit ihr, nannte sie »gut aussehend« und bat sie um ein Rendezvous — etwas, das ihr ihre Eltern ausdrücklich untersagt hatten; sie war geschlagen worden, wenn sie bloß mit Jungen redete, die ihre Mutter »schlecht« nannte. Sie hatte keine Erfahrungen mit Männern, und dieser Mann erschien ihr wie vom

Himmel geschickt, um sie von ihrem strafwütigen Vater zu befreien. Mehrmals stahl sie sich heimlich fort, um sich mit ihm zu treffen, und träumte davon, ihren verblüfften Eltern in dramatischer Weise zu eröffnen, daß sie sie auf immer verlassen würde. Bei ihren Rendezvous war sie jedoch so voll von Schuldgefühlen und Angst, daß sie zitterte. Aber der Mann behauptete, er liebe sie, was ihr ein Gefühl des Triumphes und der Rechtfertigung vermittelte; ihre Eltern hatten ihr noch nie gesagt, daß sie sie liebten. Sie hatte schreckliche Angst, ihre Rendezvous könnten entdeckt werden. Im Alter von siebzehn Jahren ließ sie sich dann entführen — und hatte zu große Angst vor der Macht ihres Vaters, als daß sie ihre dramatische und racheerfüllte Eröffnung hätte machen können.

Sie und ihr Mann bezogen eine kleine Wohnung in einer Stadt im Mittleren Westen. Sie stellte bald fest, daß ihr Mann, obwohl er sagte, er liebe sie, genauso grausam und gemein wie ihr Vater sein konnte. Er schlug sie wiederholt, dann tat es ihm immer leid und er bat um Verzeihung, schlug sie aber dann nach einiger Zeit wieder und hieß sie alles mögliche. Lange Zeit schienen ihr die Schimpfwörter, die er ihr an den Kopf warf, zu stimmen. Es waren jene Schimpfwörter, die ihr Vater benützt hätte, um ein Mädchen herunterzumachen, das sich insgeheim mit einem Mann getroffen hätte und dann mit ihm durchgebrannt wäre. So bestrafte sie sich selbst. Allmählich sah sie jedoch ein, daß keines dieser Schimpfwörter auf sie paßte — und daß ihre Befürchtung, nichts zu taugen und ein billiges Flittchen zu sein, der einzige Grund war, warum sie mit diesem grausamen und strafwütigen Mann immer noch zusammenlebte. Nachdem sie mit ihm acht Jahre zusammengelebt hatte, erkannte sie schließlich ihre eigene Unschuld und die Unfähigkeit dieses Mannes, ein freundlicher Ehemann zu sein. Sie verließ ihn und ließ sich unter einer Flut von Beschimpfungen von ihm scheiden.

Zwei Jahre lang arbeitete sie als Hilfslageristin in einem Kaufhaus, später als Stenotypistin. Sie war anziehend, aber in ihrem Verhalten still und gedämpft, immer bemüht zu gefallen, und sie bestrafte sich sowohl in der Arbeitszeit als auch in der Freizeit in ihrem winzigen Appartement mit Mehrarbeit; allabendlich schrubbte sie den Boden ihrer Wohnung. Sie bestrafte sich auch, indem sie alle Einladungen zu geselligem Beisammensein, ins Kino oder zum

Essen ablehnte. Wenn sie gerne eine Einladung zum Essen oder ins Kino annehmen wollte, verspürte sie einen Zwang, sie trotz ihres eigenen Wunsches abzulehnen, und bestrafte sich selbst und beschimpfte sich nach der Art ihres Vaters und ihres Ehemannes.

Aber ihre Einsamkeit war schmerzhaft und ihr Leben leer. Sie sah ein, daß sie ihr Leben so nicht verbringen wollte. Allmählich kam sie zu dem Entschluß, die eine oder andere Einladung doch anzunehmen und, wenn sie je wieder heiraten würde, einen Mann zu heiraten, der sie freundlich behandeln würde. Sie fing an, mit Kollegen zum Essen zu gehen, und lernte durch sie andere Leute kennen. Nach einer Weile kam sie zu der Überzeugung, daß der Mann, den sie am meisten mochte, ein sanftmütiger, fleißiger und rücksichtsvoller Mann war, der ihre Gefühle achtete. Er fragte sie des öfteren beiläufig, aber ernsthaft, ob er sie zum Abendessen oder ins Kino mitnehmen dürfe. Sie nahm diese Einladungen an, und es wurde ihr allmählich klar, daß er bestimmt nicht so wie ihr Vater oder ihr erster Ehemann war. Da er sie liebevoll und mit Respekt behandelte, heiratete sie ihn, als er sie darum bat.

Nachdem sie jedoch mit diesem Mann sechs Monate lang in einer angenehmen und hellen, freundlichen Wohnung zusammengelebt hatte, wurde sie immer depressiver und bedrückter. In einer dieser tiefen Depressionen kam sie zu mir; sie stellte sich selbst als »untauglich« und »nichtsnutzig« dar, als billiges Flittchen, als liederliche und absolut wertlose Kreatur. Insbesondere hatte sie das Gefühl, ihres Mannes nicht wert zu sein, der so gut und freundlich zu ihr war, nie im Zorn zu ihr sprach oder sie »durch den Raum prügelte«.

Wie man sieht, wurde diese Frau durch ihre Schuld- und Unwertgefühle ihres »inneren Kindes von früher« gezwungen, sich immer wieder die Umstände ihres punitiven Elternhauses zu schaffen, indem sie entweder einen ihrem Vater ähnlichen Mann heiratete oder sich ständig selbst bestrafte. Das Ausmaß ihrer Selbstbestrafung war ungewöhnlich. Sie bestrafte sich sogar während ihrer ersten Ehe, wo ihr Mann sie ohnehin oft genug schlug ... Als sie nach ihrer Scheidung allein lebte, bestrafte sie sich ebenfalls mit zusätzlicher Arbeit und mit Putz-Abenden, obschon sie zum Zeitpunkt ihrer Scheidung ihre »Unschuld« bereits erkannt hatte.

Als sie einen Mann heiratete, der sie nicht bestrafte, fühlte sie sich innerlich »nicht daheim«. Da er freundlich und rücksichtsvoll war und sie liebte, fühlte sie sich absolut wertlos, und zwar so sehr, daß es sie traurig und bedrückt machte. Sie glaubte, sie könnte niemals so gut sein, um einen so guten Menschen zu verdienen. Die alten kindlichen Schuldgefühle sagten ihr, sie sei ein Blender.
Die meisten von uns suchen im Ehepartner jemand, der uns hilft, einige in der Kindheit erlebten und bekannten Gefühle der Sicherheit wiederherzustellen. Indem diese Frau absichtlich einen Mann wählte, der freundlich, respektvoll und rücksichtsvoll war und sie liebte, schaltete sie ein emotionales Element aus — die Punitivität nämlich —, das in ihrem Leben stets von Bedeutung gewesen war. Folglich bestrafte sie sich selbst —; sie machte sich so klein, daß sie völlig depressiv wurde. Je besser sie ihren Mann fand, desto wertloser fühlte sie sich. Sie mußte einen schweren Kampf mit ihrer Selbstbestrafung und -herabsetzung führen, bis sie gelernt hatte, sich selbst zu achten und zu schätzen. Lange Zeit sah sie nicht ein, daß ihre Depressionen eine Form der Selbstbestrafung waren. Auch verstand sie nicht, daß sie mit der »Feststellung ihrer Unschuld« während der Zeit mit ihrem ersten Ehemann und mit der Suche nach einem Mann, der nicht strafwütig war, große Schritte nach vorne gemacht hatte, in Richtung auf eine Befreiung ihrer selbst von den kindlich-infantilen Gefühlsmustern des Unwerts und der Schuld, die ihre punitive Erziehung erzeugt hatten. Als sie dann einsah, daß sie diese Schritte allein und in einem elenden Zustand gemacht hatte, fing sie an, sich selbst zu respektieren und ihre infantilen Gefühle der Wertlosigkeit beiseite zu schieben. Das machte sie weniger depressiv. Sie weiß jetzt, daß sie die Freundlichkeit und Liebe ihres Mannes benützte, um ihre Selbstbestrafung und -herabsetzung in Gang zu bringen. Sie hat es allmählich auch eingesehen, daß sie den Respekt und die Liebe, die er ihr gibt, wirklich verdient.

Wurzeln und Mechanismen des Bestrafungszwangs

Wenn Sie die Wurzeln und grundlegenden Mechanismen Ihrer Selbstbestrafungstendenzen bei sich verstehen, kann Ihnen dies helfen, diesen groben, selbstvernichtenden Umgang mit sich selbst in Schach zu halten.

WAS IST BESTRAFUNGSZWANG (PUNITIVITÄT)? Punitivität ist eine strenge, unnachgiebige und mit groben Bestrafungen verbundene Einstellung gegenüber einem Kind. An diesem Kind lassen die Eltern (oder ein Elternteil) ständig ihre eigenen wiederkehrenden persönlichen Feindseligkeiten und Aggressionen aus. So wie »Liebe« und »Haß« die *zwei* Seiten *einer* Medaille sind, lieben punitive Eltern gewöhnlich ihr Kind und kümmern sich durchaus um es. Vielleicht sieht der Vater (oder die Mutter) sein ständiges Strafen als notwendig an, um dem Kind das für seine Sicherheit und sein Wohlergehen richtige Verhalten »beizubringen«. Er schreit vielleicht: »Das ist nur zu deinem Vorteil«, während seine Beschimpfungen und Schläge auf das Kind niederprasseln, das sich voller Furcht zusammenzieht. Da das Kind nicht nur in bezug auf Ernährung und Schutz, sondern auch hinsichtlich der elterlichen Liebe und Anerkennung von seinen Eltern abhängig ist, zerstört ein derartiges Verhalten die Selbstachtung des Kindes sowie seine Fähigkeit zur Entfaltung der eigenen Persönlichkeit. Die ständige aggressive Bestrafung gibt ihm das Gefühl, wertlos, nichtsnutzig, schlecht und nicht liebenswert zu sein. Jene Haltung achtet seine Gefühle oder Interessen nicht und zwingt es oft, zu lügen und etwas vorzutäuschen, um Strafen für Verhaltensweisen oder Handlungen zu entgehen, die zwar unreif, aber seinem Alter gemäß und natürlich sind.

Es gibt, wie wir später zeigen werden, gesunde Alternativen zur Haltung des permanenten Strafens und Schimpfens. Aber in unserem Kulturkreis wird die Punitivität im allgemeinen gebilligt und als Elternrecht formuliert und juristisch sanktioniert. Es ist *für Sie selbst* wichtig einzusehen, daß die Punitivität Ihrer Eltern und Ihre eigene Selbstbestrafungstendenz keine individuelle Angelegenheit darstellen. Wahrscheinlich wurden Ihre Eltern ähnlich schlecht behandelt und Millionen Kinder ebenfalls. Wir haben es hier mit einer kulturspezifischen Haltung gegenüber Kindern zu tun. Die Eltern dienen als »Überträger« dieser Haltung.

Wie sieht Punitivität faktisch aus? Punitive Handlungen der Eltern oder eines Elternteils realisieren sich im allgemeinen auf zweierlei Weise:

1. Sie können auftreten, wenn die Eltern, oft aus irgendeiner Enttäuschung heraus, aus verletztem Stolz, aus Frustration oder wegen eines ungelösten persönlichen Problems, ihre Wut und Aggressionen im Namen der Disziplin am Kind auslassen. Das Kind kann die Strafhandlung durch ein unreifes Verhalten auslösen, das es manchmal nur zeigt, um die Aufmerksamkeit der vielbeschäftigten Eltern zu gewinnen — und wird dann zur Zielscheibe der aufgestauten Wut des Erwachsenen. Vielleicht tut das Kind zunächst aber auch gar nichts. Irgendein Vorfall im Leben des Vaters (der Mutter), wie Ehestreitigkeiten, Ärger am Arbeitsplatz, Steuererhöhungen oder sogar ein Zeitungsbericht über irgendein Verbrechen in einer entfernten Stadt, führt u. U. dazu, daß sich die Aggressionen in neuen und noch strengeren Regeln und Verboten äußern; diese wiederum rufen beim Kind vielleicht Protest und Trotzreaktionen hervor, was dann zur Bestrafung führt. Viele Eltern sind voller Feindseligkeit gegenüber ihren Kindern, weil diese unbequem sind, sie in Verlegenheit bringen können, viel Aufmerksamkeit fordern und die Eltern von Dingen abhalten, die sie gerne tun möchten. Deshalb wird das Kind oft zur Zielscheibe der elterlichen Aggression. Das Kind kann sich auch nicht wehren. Da es äußerst abhängig ist, kann der Vater (die Mutter) seine eigenen häßlichen Gefühle »gefahrlos« an ihm auslassen. Da er (sie) das Kind als eine Erweiterung seiner selbst ansieht, gerät er (sie) oft wegen irgendeines Zeichens von Unreife beim Kind in Verlegenheit und bestraft es wütend — als ob er selbst dabei ertappt worden wäre, wie er auf den Rasen des Vorgartens pinkelt. Er schreit das Kind an: »Das tut mir mehr weh als dir!«, während er es durchprügelt.

Junge Eltern sind oft selbst unreif, sie hassen die Probleme und die Verantwortung der Elternschaft und nehmen häufig ihre Zuflucht zum Strafen. Oft ist ihre Punitivität eine unmittelbare Rache für die am eigenen Leib erfahrenen elterlichen Strafen.

2. Während der obige Typus von Punitivität mehr oder weniger spontan auftreten kann, je nach der Gefühlslage der Eltern, kann der Bestrafungszwang auch eine Folge der elterlichen Überzeugung sein, es sei die unerläßliche Pflicht der Eltern und die rechte Art der Erziehung, dem Kind weh zu tun. Diese Überzeugung lautet — irrigerweise —, daß schmerzhafte Lektionen gute seien, weil man das Schmerzhafte im Gedächtnis behält. Solche Eltern sind — normalerweise selber so erzogen — übertrieben streng. Sie versuchen vielleicht, ihre Persönlichkeit beim Strafen herauszuhalten und kalt zu bleiben; sie sagen dann: »Du kennst die Regeln. Du kennst die Strafen. Du hast gegen die Regeln verstoßen und mußt nun bestraft werden. Es tut weh, ja, aber das liegt an dir. Deine Schuld!« Tatsächlich ist das Kind gewöhnlich zu unreif, als daß man von ihm erwarten könnte, diese Regeln zu befolgen. Aber die Regeln werden kaum einmal abgeschwächt — aber Strafe muß sein, und zwar wie! In einer solchen Familie berichtet die Mutter dem Vater am Abend häufig die Verstöße des Tages, und der Vater schreitet dann zur Bestrafung. Solche Familien sind im psychologischen Sinne oft nicht viel mehr als Gefängnisse.

Ungeachtet ihrer Entstehung heißt die Bestrafung meistens »Lehre«. Sie wird dem verletzten und abgewiesenen Kind erteilt, damit es, wie man ihm sagt, »lernt, wie man sich besser benimmt«. So wie es ist, taugt es nichts. Dieses vernichtende Urteil, in wiederholter Bestrafung immer wieder bestärkt, ist eine der Grundlagen der Herabsetzung der eigenen Person, mit der sich viele Menschen ihr Leben lang selbst bearbeiten und bestrafen.

Strafen, die aus Gründen elterlicher Unzufriedenheit vorkommen, sind vielleicht weniger häufig als solche, deren Grund die elterliche Überzeugung von ihrer Notwendigkeit ist. Aber in ihrem Übermaß ist die Straffreudigkeit oft explosiv. Die Eltern sehen oft sofort ein, daß das Vergehen des Kindes geringfügig war und seine Bestrafung ungerecht. Daraufhin verwöhnen sie vielleicht das Kind, um die eigenen Schuldgefühle wegen ihrer »Mißhandlung« des Kindes zu verringern.

Selten beherrscht die Straffreudigkeit eine Familie so, wie dies beim

Perfektionismus oder bei der übermäßigen Anwendung von Zwang der Fall ist. Obwohl sie sehr verbreitet ist, ist sie gewöhnlich nur eine sekundäre pathogene Haltung, die neben und mit anderen existiert. Wenn etwas schiefgeht, aus der Sicht des Vaters (der Mutter) freilich, so kommt die Straffreudigkeit ins Spiel. Eine punitive Haltung kann zum Beispiel das Endergebnis übermäßig zwanghafter oder perfektionistischer Haltungen sein, und man flüchtet sich in sie, wenn das Kind gegen überzogene Forderungen aufbegehrt, oder man setzt sie ein, um das Kind zu größerer Anstrengung zu bringen. Sie kann sich, wie oben schon gesagt, mit übermäßiger Verwöhnung verbinden. Sie kann aber auch eine verspätete Auflehnung des übertrieben nachgiebigen Elternteiles gegen die Forderungen des Kindes darstellen. Übertrieben nachgiebige und verwöhnende Eltern haben gewöhnlich starke Schuldgefühle wegen ihrer punitiven Haltung und erneuern dann diese schon exzessiven und pathogenen Haltungen nur noch einmal. Punitivität verbindet sich zuweilen auch mit Ablehnung und Zurückweisung; in diesem Fall wird das Kind als ärgerlich und lästig angesehen und für seine bloße Existenz bestraft. Straffreudigkeit, die aus einer Enttäuschung oder Frustration im Leben des Erwachsenen entsteht, ist häufig sehr unbeständig. Ihr Ausmaß hängt mehr vom Auf und Ab des elterlichen Innenlebens ab als vom Kind. Es kann durchaus sein, daß das »schlechte Benehmen« des Kindes einmal mit einem Lachen hingenommen wird — und das andere Mal Haßtiraden und körperliche Züchtigung nach sich zieht. Da das Ausmaß der Bestrafung mit dem Vergehen des Kindes nichts zu tun hat, ist sie nahezu immer übertrieben.

Eltern, die die punitive Behandlung des Kindes als Methode ansehen, sind vielleicht beständiger in ihrer Straffreudigkeit. Sie versuchen, ihre strengen Regeln klarzustellen, und setzen sie rigoros durch. Viele versuchen, das »Strafmaß« der »Schwere des Vergehens« anzugleichen. Trotz solcher Bemühungen beeinflussen jedoch ihre persönlichen Stimmungen die Schwere der Bestrafung. Solche Eltern übersehen oft, daß sie selbst so erzogen worden sind und die Welt als einen grimmigen, strengen Ort ansehen, an dem man seine »Pflicht tun muß«. Ihre restriktiven Regeln und übertriebenen Strafen sind oft nichts anderes als Rache für die Punitivität ihrer Eltern.

Viele ihrer rigiden, unnötig restriktiven Regeln schaden der möglichen Entfaltung des Kindes. Ein Kind kann zum Beispiel gezwungen werden, um 9 Uhr abends im Bett zu sein, obwohl es eine derartige festgesetzte Bettgehzeit längst nicht mehr braucht. Gesellige oder sportliche Unternehmungen werden elterlicherseits verboten oder nur mit derart weitgehenden Einschränkungen erlaubt, daß sie dem Kind gar nicht mehr wünschenswert erscheinen. Kurz gesagt, die sozialen und emotionalen Bedürfnisse des Kindes werden in einem bedenklich geringen Maß befriedigt.
Eine beständige Straffreudigkeit erlaubt es dem Kind zwar, zu wissen, wann es etwas Strafbares tut, seine eigene Entwicklung treibt es jedoch ständig dazu, Verbotenes zu tun — und zu betrügen, zu lügen und sich schuldig zu machen. Ein verbreitetes Beispiel dafür ist ein unvernünftiges elterliches Verbot eines Rendezvous' — die Folge davon ist oft Promiskuität.
So manche punitive Eltern erklären voller Stolz, daß sie »nie an ein Kind Hand angelegt haben«. Dieser Elterntypus praktiziert eine höchst schädliche Form von Punitivität — ein übertriebenes, maßloses Moralisieren. Wenn an das Verhalten des Kindes moralische Wertmaßstäbe angelegt werden und seine unreifen Handlungen als »schlecht« und »böse« etikettiert werden, so hat dies dieselbe Wirkung wie körperliche Züchtigung. Viele Kinder erzählen einem in der Tat, daß dies schwerer zu ertragen sei — denn die Bestrafung wird auf der Stelle zur Selbstbestrafung und kann vom Kind endlos fortgesetzt werden. So ist diese Art von Bestrafung auf jeden Fall exzessiv — und das »Beschimpfen« wird entsetzlich gefürchtet, auch wenn es nur: »Ich muß mit dir reden!« heißt. Ein derartiges Moralisieren erzeugt im Selbstgefühl des Kindes eine gründliche Störung; sie besteht darin, daß das Kind sich selbst ständig herabsetzt und »klein macht«. Eltern, die ihr Kind ohnehin körperlich bestrafen, moralisieren obendrein oft noch.
Die Wirkung jeglicher Straffreudigkeit liegt in der Erzeugung übersteigerter Schuld- und Unwertgefühle im Kind; es empfindet sich als schlecht, wertlos, verächtlich, nicht wert, geliebt zu werden. Die Schwarzweißmalerei der Moral, ihre Etiketten von »gut« und »schlecht« sind ein zu starrer Rahmen, als daß sich ein Kind in seinen Grenzen gut entwickeln und ein gesundes Selbstwertgefühl

bekommen könnte. Die Eltern machen ihren eigenen Aggressionen im ständigen Moralisieren sowie in anderen Formen der Bestrafung Luft und projizieren ihre eigenen Schuldgefühle auf das Kind. Oft werden die Religion und das Bedürfnis des Kindes nach Anerkennung mißbraucht, um dem Kind bösartige psychische Schläge zu verabreichen.

Walter Lippmann, der bekannte Kolumnist, beschrieb einmal einen solchen Vorfall in seinem Leben: »Ich kann mich an eine Geburtstagsparty für zwei oder drei Freunde erinnern, die in einen Tumult ausartete. In der Aufregung benützten wir den Kuchen als Munition und hinterließen den Teppich in einem schockierenden Zustand. Dies ärgerte das Hausmädchen, das für die Ordnung in meinem Zimmer verantwortlich war, so sehr, daß da nur noch die Religion zu helfen schien. Am späten Nachmittag fing sie mit feierlicher Stimme an, zu mir zu sprechen. Ich hätte dieser Stimme im kümmerlichen Licht der Gaslaterne, das die Wohnungen ins Dämmerlicht hüllte, bevor der Mittelstand vom elektrischen Strom erreicht wurde, tausend Ohrfeigen vorgezogen. Die flackernden Schatten auf dem kuchenübersäten Teppich waren unerträglich und klagten mich an, voll von dunklen Vorzeichen des Loses, das die in Sünden verstrickten Knaben ereilen würde. Ich brach angesichts des drohenden Gotteszorns in Tränen aus. Und über Jahre hinweg war Gott der Schrecken der Dämmerung*.«

Ich bin sicher, daß Sie — wie ich auch — meinen, Gott sei kein Werkzeug und Mittel, um in Kindern Schuldgefühle zu erzeugen und sie in Furcht und Schrecken zu versetzen. Viele straffreudige Leute benutzen ihn jedoch in der Tat so. Nicht nur einmal, wie es bei Walter Lippmann der Fall gewesen zu sein scheint, sondern alle Tage. Und: das Hausmädchen war zwar streng und grausam, wenn diese Bestrafung jedoch von den eigenen Eltern gekommen wäre, wäre sie für Lippmann noch schwerer zu ertragen gewesen. Was im Leben von Millionen von Menschen widerhallt, sind jene Worte Lippmanns: »Ich hätte dieser Stimme tausend Ohrfeigen vorgezogen.«

---

* Walter Lippmann: Drift and Mastery. New York 1914, Verlag Mitchell Kennerly.

Der Kreislauf von Strafe und Vergeltung: Vielleicht können Sie aus den folgenden kurzen Zusammenfassungen entnehmen, welche Art von Punivität das Kind ertragen mußte, das Sie einmal waren. Und in Ihrer jetzigen Rolle als Ihre eigenen Eltern finden Sie vielleicht in diesen Darstellungen einige Ihrer Verhaltensweisen der fortgesetzten Selbstbestrafung wieder. Sie neigen mit Sicherheit dazu, sich selbst nach der Art Ihrer Eltern zu bestrafen. Wenn deren Straffreudigkeit beständig vorhanden war, so ist das bei Ihnen auch so. Wenn sie strenge Ge- und Verbote aufgestellt haben, die Ihre eigenen Bedürfnisse außer acht ließen, so tun Sie selbst wohl das gleiche — und fühlen sich durch Ihre Bedürfnisse immer genötigt, gegen die eigenen Regeln zu verstoßen, was Sie wiederum veranlaßt, sich selbst zu bestrafen. Sie behalten dieses Muster der Selbstbestrafung bei, verwöhnen sich dann wieder über die Maßen — was viele fettleibige Leute in bezug auf das Essen tun. Was jedoch am klarsten herauskommen kann, ist die Art und Weise, wie Ihre Selbstherabsetzung, eine Form von Selbstbestrafung, durch die Straffreudigkeit Ihres Elternhauses erzeugt wurde.
Ebenfalls in der Kindheit im Elternhaus wird ein Kreislauf von Strafe und Vergeltung in Gang gesetzt. Studien über die Wirkung von Strafe auf Kinder zeigen, daß ein Kind auf Strafe in folgenden Weisen (die auch miteinander kombiniert sein können) reagiert:

1. Es verhält sich so, daß es eine Bestrafung herausfordert.
2. Es hat Rachegelüste gegenüber seinen Eltern.
3. Es bestraft sich selbst mit Schuldgefühlen und Gefühlen der Wertlosigkeit.

Im Leben des Erwachsenen sind lähmende Selbsterniedrigung und Schuldgefühle sowie das Gefühl der Wertlosigkeit Hauptmerkmale eines Menschen, der sich selbst bestraft. Diese Selbstbestrafung setzt Rachegelüste frei, die oft noch durch den Haß wegen früherer Strafen geschürt werden. Oft wird sein Leben von Vergeltungsbestrebungen beherrscht, die ihn gegenüber anderen Menschen grausam und gemein sein lassen und ihn dazu treiben, sie zu verletzen, wie er selbst verletzt wurde. In der Rolle seiner eigenen Eltern bestraft er sich selbst *und* übt Vergeltung für diese Bestrafung. Seine Selbstherabsetzung kann ihn, wenn sie ein entsprechendes Ausmaß an-

nimmt, in Situationen bringen, in denen er von anderen bestraft wird.
Sie können in der Rolle Ihrer eigenen Eltern mit Hilfe einer Verminderung dieser Kräfte Ihre eigene Selbstbestrafung verringern. Wenn Sie zu erkennen vermögen, daß Ihre Rachegefühle einen großen Teil ihrer lodernden Hitzigkeit aus Strafen beziehen, die Sie als Kind erleiden mußten, können Sie Ihr Bedürfnis reduzieren, nach anderen Menschen — und nach sich selbst — »auszuschlagen«. Wenn Sie verstehen können, wie in Wirklichkeit Ihre eigenen Schuld- und Unwertgefühle in der Kindheit durch die elterliche Straffreudigkeit erzeugt worden sind und daß sie eine Form von Selbstbestrafung darstellen, so können Sie anfangen, eine neue Wertschätzung Ihrer selbst zu entwickeln, die sich auf das gründet, was Sie geleistet haben und zustande bringen können — dies wiederum wird Ihnen helfen, Ihr rachsüchtiges Bedürfnis nach Vergeltung zu verringern.
Und diese Bemühungen werden Ihnen helfen, Ihr Bedürfnis nach Selbstbestrafung und danach, Situationen zu suchen, in denen Sie wieder einmal beweisen müssen, daß Sie »es aushalten« können, einzuschränken.

Bereiche, in denen sich die Punitivität gemeinhin auswirkt

Der Bestrafungszwang kann sich in vielen Bereichen des Lebens auswirken, und die Menschen bestrafen sich auf verschiedenste Weise und für alles mögliche; der grundlegende Kreislauf von Strafe und Vergeltung ist jedoch stets der gleiche. Bestimmte Bereiche gehören aber vorzugsweise in den Wirkungsbereich der Punitivität. Davon sind zu nennen:

ARBEIT: Die verbreitetste Art der Selbstbestrafung ist wahrscheinlich die durch Arbeit. Manche Leute bestrafen andere, indem sie sie unerbittlich an die Arbeit treiben, um dadurch ihre eigenen, in der Kindheit erzeugten Rachegelüste zu befriedigen.
Viele Menschen versuchen, das immer wiederkehrende Gefühl ihres »inneren Kindes von früher«, sie seien schlecht und »nichtsnutzig«,

durch schwere, dreckige körperliche Arbeit auszuradieren. Die Hausfrau mit ihrer unnötigen und anstrengenden Reinemache-Routine ist ein Beispiel dafür.

Gewisse Beschäftigungen ziehen Männer an, die aus einem punitiven Milieu stammen. Diese Arbeiten erzeugen eine gewisse »Schlagen- und Geschlagenwerden«-Atmosphäre, wie sie sie in der Kindheit gekannt haben. Die sogenannte »Knochenarbeit« zum Beispiel, wie die eines Caisson-Arbeiters, wie der Bergbau, die Hafenarbeit, das Lastwagenfahren und sonstige schwere körperliche Arbeit, zieht Männer an, die — wie man herausgefunden hat — in der Kindheit oft schweren, brutalen körperlichen Züchtigungen ausgesetzt waren. Auch der amerikanische Profi-Football und das Boxen ziehen solche Männer an. Ihre Arbeit ist die Fortsetzung der Bestrafung, die sie als Kinder erlebt haben.

Viele Geschäftsleute machen ihren Rachegefühlen Luft, indem sie erbarmungslos danach trachten, »die Konkurrenz auszuschalten«. Diese Gefühle veranlassen sie oft zu ihrem Geschäft. Sie sind mehr daran interessiert, die Konkurrenz auszuschalten, als Gehälter zu kassieren, Karrieren zu machen oder Dienste zu leisten. So wie sie als Kinder mit Träumen und Vergeltungsvorstellungen wach lagen, hält sie heute der Traum wach, die konkurrierenden Firmen zu zerschmettern. In unserer Wettbewerbsgesellschaft steigen solche Männer oft in führende Positionen auf.

Der Druck früherer Bestrafungen treibt Menschen oft in eine Arbeit, in der ein solcher Druck »gefahrlos« nach außen hin freigesetzt werden kann. Menschen zum Beispiel, die als Kinder streng und punitiv behandelt worden sind, neigen häufig zu Polizei- und Armeeberufen und anderen, die disziplinierende Funktionen haben. Ihr infantiler Haß veranlaßt sie, gegen jene Vergeltung zu üben, die sie einschüchtern, erniedrigen oder mißhandeln können — wie ihre Eltern es mit ihnen gemacht haben.

Viele Leute, die aus einem Milieu ständiger Bestrafung herkommen, neigen zu Arbeiten, in denen sie sowohl ausgenützt als auch mißbraucht werden. Sie hatten zwar oft keine Möglichkeit, etwas zu lernen, der wahre Grund dieser Situation liegt jedoch in ihrer eigenen andauernden Selbstherabsetzung und in dem Gefühl der Wertlosigkeit. Sie meinen, sie taugten nichts, sie hätten keine Rechte, und mißhandelt zu werden sei ihr Schicksal — ein alter kindlicher Glaube. Viele Wanderarbeiter und Landarbeiter sitzen so in der Falle ihres eigenen geringen Selbstwertgefühls, das andere ausnützen, um sie auszubeuten und zu mißbrauchen. An die Stelle eines echten Selbstwertgefühls setzen sie den Stolz darüber, einiges »aushalten« zu können.

Familie: Viele Menschen, die in ihrem Beruf und ihren Beziehungen zu anderen — außer Haus — keineswegs punitiv sind, werden höchst straffreudig, sobald sie nach Hause kommen. Die Gründe dafür sowie weitere Aspekte des Bestrafungszwangs in der Ehe werden wir in dem Abschnitt über die Ehe besprechen.

Moralisieren: Manchmal übernimmt ein Kind, das in einer strengen, moralisierenden Familie erzogen wurde, die Standards und Haltungen seiner Eltern; nach deren moralischen Vorstellungen ist es »gut« oder auch nicht. So sichert es sich die Wärme und Sicherheit, die es als Kind braucht, denn eine Mißbilligung von seiten der Eltern hält es nicht aus. Als Jugendlicher jedoch, wenn die andern ihre ersten Rendezvous haben, hebt die eigene Selbstgerechtigkeit ihn von den andern ab. Er ist stolz darauf, sich gewöhnliche gesellige Freuden und Unterhaltungen zu versagen und flößt den Leuten um ihn herum Schuldgefühle ein — in Vergeltung für die unvernünftigen Einschränkungen seiner Eltern.
Seine aggressive Selbstgerechtigkeit läßt nicht nur die andern sich distanzieren, sondern verbirgt — oft auch vor ihm selbst — sein Interesse am anderen Geschlecht, ein Interesse, das durch die elterliche Haltung mißbilligt wird. Die eigene Selbstgerechtigkeit hat ihn gelehrt, auf das »blöde Treiben« der anderen verächtlich herabzublicken. Er rächt sich, indem er die Freuden und Vergnügungen der anderen durch seine scharfe Kritisiererei und seine Selbstgerechtigkeit zerstört. Oft bestrafen sich solche Jugendliche mit schwerer Arbeit, was sie mit Rachegedanken, Haß und Gemeinheit erfüllt. Sie glauben, daß ihnen »alle Ehre und Aufmerksamkeit« zuteil werden solle, da sie doch »so sehr gut« waren. Sie werden oft eifersüchtig, wenn andere Aufmerksamkeit und Zuwendung erhalten, die nach ihrer Ansicht gemein, gewöhnlich, schlecht und nichtsnutzig sind.

Betty zum Beispiel war so. Sie schaute auf die Mädchen im Büro herab, weil sie »bloß über Jungen, Rendezvous und so Zeug« redeten.
Betty leistete in einem Büro einer großen Versicherungsgesellschaft schwere Arbeit, und ihre fleißige, gewissenhafte Arbeit gewann ursprünglich das Lob der anderen, sowohl ihrer Vorgesetzten als auch der Mädchen, die eine ähnliche Arbeit taten. Wenn sie die andern lobten, fühlte sie sich sehr glücklich. Aber ihre Selbstgerechtigkeit machte sie den andern fremd, und die Isolation, in der sie sich bald befand, verletzte sie zutiefst. Sie wurde auf andere Mädchen sehr eifersüchtig, die zwar bei der Arbeit nicht so sorgfältig waren, die aber wegen ihrer guten Laune zur Stimmung im Büro beitrugen und denen die Vorgesetzten deshalb oft ihre Aufmerksamkeit schenkten.
Betty war in einer strengen und religiösen Familie aufgewachsen, in der die Straffreudigkeit die Form von ständigem Moralisieren annahm. Jegliche Unterhaltung wurde — nach ihren eigenen Aussagen — als Dummheit und Zeitverschwendung »heruntergemacht«, die nur »Schlimmes anrichtet«. Sie durfte nur in Begleitung der Eltern ins Kino gehen — und diese Filme waren dann meist besonders ausgesucht und hatten gewöhnlich religiöse Themen. Mädchen, die sich mit Jungen trafen, waren genauso »heruntergekommen«, und die Eltern nannten sie verächtlich »bös«, schlecht, dumm, »lose« und »schockierend«. Betty wuchs in dem stolzen Gefühl auf, daß sie wirklich ein »gutes«, »anständiges« Mädchen sei.
In der Schule hatte sie gute Noten, aber ihre distanzierte und rechthaberische Art machte sie sehr einsam. Sie hatte große Angst vor Jungen, und wenn sich einer für sie interessierte, schob sie ihn mit abfälligen und prüden Bemerkungen über Kino, Tanzen und »Zeitverschwendung« im Schülertreff von sich. Wenn sie sich von einem Jungen angezogen fühlte, bekämpfte sie unerbittlich »den Teufel« in sich.
Als sie älter wurde, erkannte sie, daß ihre Haltung die anderen Leute abstieß. Sie hatte den Eindruck, sie werde für ihr »Gutsein« bestraft. Sie rächte sich an ihren Eltern, indem sie sie verließ und aus dem Elternhaus auszog; sie schob ihnen die Schuld an ihrer Einsamkeit zu. Dann versuchte sie, andere junge Leute kennenzulernen

und gelegentlich ihre Gesellschaft zu suchen. Aber sie konnte ihre selbstgerechte Haltung nicht eindämmen und war eine Weile einsamer als je zuvor, noch dazu, weil sie die Wärme ihres Elternhauses verloren hatte. Gelegentliche Rendezvous mochte sie nicht; sie wollte formelle Einladungen zu formellen Zusammenkünften. Wenn sie mit einem Jungen ins Kino ging, kritisierte sie die Story unerbittlich und beurteilte ihre Moral und das gezeigte Verhalten; das tat sie aber vor allem deshalb, weil sie »nichts anderes zu sagen wußte«. Natürlich verloren die Jungen bald das Interesse an ihr. Sie wurde immer strenger und korrekter. Gleichzeitig suchte sie zunehmend ernsthafter nach einem Freund. Langsam und mit der Hilfe anderer erkannte sie, daß es ihr »Kind von früher« war, das ihr die Gelegenheiten durchkreuzte, Freundschaft und Zuneigung zu finden.

Bettys Erfahrungen kann man im Leben von Tausenden von Männern und Frauen wiederfinden. Viele sind verwirrt. Waren sie denn nicht »gut« gewesen? Sie erkennen nicht, daß die von den Eltern übernommene Haltung der Straffreudigkeit, die sie sich selbst und anderen gegenüber an den Tag legen, der hauptsächliche Faktor in ihrem »Gutsein« ist — und gleichzeitig das hauptsächliche Hindernis dafür, Freunde zu finden, Freundschaft zu schließen und bewahren zu können.

Wenn die Punitivität in Ihrer Familie die Form von moralisierender Rechtschaffenheit hatte, so müssen Sie prüfen, ob Sie sich auch heute noch in jener moralisierenden Weise selbst bestrafen, sich von anderen absondern und sich gegen viele Freuden und Vergnügungen des Erwachsenseins sperren.

Wie sich der Bestrafungszwang auf Ehe und Sexualität auswirkt

Eine der Eigenarten des Bestrafungszwangs ist sein unterschiedliches Auftreten: Leute, die bei der Arbeit oder außer Haus durchaus vernünftig sind, sind in ihren ehelichen und familiären Beziehungen zuhause oft punitiv und aggressiv. Bei solchen Leuten scheint der Kreislauf von Strafe und Vergeltung auf die Familie beschränkt zu sein.

Solchen Leuten passiert oft folgendes: Sie werden in einer punitiven Familienatmosphäre erzogen und entziehen sich der Punitivität und den Beschränkungen später, wenn sie studieren oder in die Arbeit gehen. In der neuen Umgebung verlieren die Vergeltungsbedürfnisse, das Zurückschlagenwollen, an Dringlichkeit, da die ärgerlichen Restriktionen verschwunden sind und da es nicht immer neue Strafen gibt. Sie können sich auch ihre eigene Ordnung geben und ihre eigenen Interessen und spontanen Bedürfnisse befriedigen. Man muß natürlich, um sich eine solche Ordnung geben zu können, die eigenen Bedürfnisse, Vorlieben und Abneigungen berücksichtigen und sich in gewisser Weise anpassen. Die Erkenntnis der Notwendigkeit solcher Regeln schafft auch neuen Respekt vor der Elternrolle, die man sich selbst gegenüber spielt, und dies wiederum verringert meistens die Rachegefühle. Wenn der betreffende Mensch sich nicht dieselben restriktiven und punitiven Regeln auferlegt, wie dies die Eltern taten, so mag es erscheinen, als verschwänden seine Rachgefühle ganz und gar.

Wenn jedoch dieser betreffende Mensch heiratet und eine Familie gründet, entsteht eine völlig neue Situation — eine, die der eigenen früheren Familie im Elternhaus sehr ähnlich ist. Die Saiten all der alten Gefühle werden wieder angeschlagen — nicht nur die der Zuneigung, sondern auch die der Rachegelüste, die sich gegen restriktive Haltungen richten. Was an Verhaltensweisen in der Familie oder an der Rolle des Partners als wünschenswert oder nicht angesehen wird, entspricht oft dem in der Kindheit Erlebten. In der Tat sind solche Haltungen in Wirklichkeit oft die des »inneren Kindes von früher«, das die Geborgenheit des Elternhauses sucht. Wenn strenge Regeln und häufiges, übertriebenes Bestrafen Teil der Kindheit eines Menschen waren, so werden sie von seinem »Kind von früher« wieder gesucht.

Ein Mensch aus punitivem Milieu fühlt sich oft nur »daheim«, wenn er brennende Rachegelüste verspürt — die sich gegen selbstauferlegte Regeln oder Haltungen richten. Sein »Kind von früher« kann sich gleichermaßen wertlos fühlen und Schuldgefühle haben, weil es diese Regeln verletzt, um die eigenen Rachegelüste zu befriedigen. Der Mann, der sagt, er müsse in die Kirche gehen, und dann seiner Erziehung trotzt, indem er nicht hingeht, und dann

Schuldgefühle hat — er ist ein verbreitetes Beispiel für diese Tatsache. Häufig versucht der eine Partner, den anderen dazu zu bringen, Regeln oder Haltungen festzusetzen, die erwünschtes Verhalten betreffen — damit sein »Kind von früher« sich gegen sie auflehnen und ihnen trotzen kann. So spielt ein Ehepartner oft die Rolle des restriktiven, straffreudigen Elternteils von früher.

Manchmal scheinen gerade die Zuneigung und Liebe in der ehelichen Beziehung die alten Wunden, Haßgefühle und Rachegelüste der Kindheit wiederzubeleben. Das Kind spürt den krassen Gegensatz zwischen Liebe und übertriebener Bestrafung sehr deutlich, und er sagt ihm eigentlich, daß es der Liebe nicht wert sei. Der Erwachsene fordert dann durch sein »Kind von früher« Liebe, um die frühere Bestrafung wettzumachen. Da jedoch in der Kindheit Liebe und Bestrafung gekoppelt waren, hat es immer das Gefühl, daß etwas fehlt — die groben Schelten, Strafen und die eigenen Rachegefühle nämlich.

Viele Erwachsene werden gegen ihre Partner wegen Kleinigkeiten aggressiv und befriedigen dabei die Rachegelüste ihres »Kindes von früher« und leben sein Gefühl, mißbraucht worden zu sein, aus. Jene Rachegelüste nehmen mancherlei Gestalt an. Eine Frau ist zum Beispiel im Haushalt schlampig, weil sie als Kind immerzu mit dem Schrubben von Fußböden bestraft wurde. Sie rächt sich also, indem sie nicht sauber macht. Aber diese mangelnde Ordentlichkeit provoziert bei ihrem Mann, daß er sie wütend anknurrt, und erinnert sie selbst, daß sie »nichts taugt«, so wie es ihr die Mutter ständig vorgesagt hatte. Dann schrubbt sie in einem Anfall wildwütiger und erschöpfender Selbstbestrafung den Boden und macht großen Hausputz, was ihre Schuldgefühle und das Gefühl, nicht zu taugen, lindert; daraufhin nimmt sie ihrem Mann die übertriebenen Bemerkungen übel. Der grausam-strafende Charakter seiner Bemerkungen rührt von seinen eigenen Rachebedürfnissen her, die er für den Tag aufgehoben hat, an dem er endlich der »Herr im Haus« sein würde.

Was bei all diesem Bestrafungszwang und dieser Rachsüchtigkeit schließlich herauskommt, ist ein Zusammenstoß nach dem andern, eine Auseinandersetzung nach der andern, ein Krach nach dem andern, mit übertriebener Bestrafung, die auf übertriebene Vergeltung folgt, bis schließlich die Ehe kurz vor dem Zusammenbruch steht. Von einem Scheidungsrichter bekommt man eine Geschichte nach der andern zu hören, und alle zeigen, wie der Kreislauf von Strafe und Vergeltung funktioniert. Man kann hören, wie eine Grausamkeit der andern folgte, was er getan hat, was sie getan hat, wie er zugeschlagen hat und sie mit irgendwelchen Gegenständen nach ihm geschlagen hat. Man hört jedoch nie jemanden davon reden, wie frühere Bestrafung und Vergeltungsgelüste diese »Hochöfen« exzessiver Straffreudigkeit allmählich aufbauten, die schon bei Kleinigkeiten und Mißverständnissen brennen.

Die provozierte Ohrfeige

In einigen Fällen provozieren Frauen, die aus einem punitiven Milieu stammen, Ohrfeigen von ihren Ehemännern, indem sie impulsive und freche Bemerkungen machen oder ein entsprechendes Verhalten zeigen. Dies ist oft nur eine Form von Selbstbestrafung. Diese Frauen wissen oft sehr genau, was ihnen eine Ohrfeige von ihrem Mann einbringen wird, und sie provozieren sie vielleicht sogar absichtlich. Dann sagen sie: »Was habe ich getan?« Sie versuchen, die alte punitive Familienatmosphäre wiederherzustellen, und zwar so, daß sie von anderen abhängig sind und beherrscht werden, wie es in ihrem Elternhaus der Fall war.
In vielen Fällen scheint eine dem reifen Menschen angemessene Selbstbeherrschung eine unerträgliche Last zu sein. Menschen, die aus einer straffreudigen Umgebung stammen, erlauben statt dessen dem impulsiven, rachsüchtigen »Kind von früher«, die Herrschaft über ihre Worte und Taten zu übernehmen. Dann haben sie Schuldgefühle, weil sie ihrer Impulsivität nachgegeben haben, bestehe sie nun darin, daß sie irgendetwas Überflüssiges gekauft haben oder frech und unverschämt waren. Die bestrafende Ohrfeige nimmt ihnen einiges von ihren Schuldgefühlen, obwohl sie sich bitterlich beklagen mögen, und eigentlich steckt in der Ohrfeige die elterliche Verantwortung und Gewalt über sie. Aber die Ohrfeige tut mehr als das — sie facht die Rachegelüste erneut an und erweckt aufs neue die tiefsitzenden Gefühle, schuldig und wertlos zu sein.

Ich kenne mehrere Männer, die in der Kindheit ziemlich grausam behandelt wurden, und die jetzt ihre Frauen regelmäßig als Boxbirne benutzen, um ihre Vergeltungsgelüste, die auf das punitive Elternhaus zurückgehen, abzureagieren. Als Kinder konnten sie diese Gefühle nicht äußern, aber jetzt, wo sie körperlich stärker sind als diejenigen, die mit ihnen in der Familie zusammenleben — ihre Frauen nämlich — können sie es sehr wohl.

Warum ist die Frau die Zielscheibe? Weil sie der einzige Erwachsene ist, der mit der Familienatmosphäre von »daheim« in enge Verbindung gebracht wird.

Diese Männer haben durchaus schwere Schuldgefühle, nachdem sie ihre Frauen geschlagen haben. Sie beschimpfen sich in jeder erdenklichen Weise. Sie bestrafen sich selbst und erinnern sich jeden Tag daran, wie schlecht sie in Wirklichkeit sind, wie unfair und brutal. Sie bestrafen sich mit Mehrarbeit und geraten außer sich vor Nettigkeit, um ihre Schuldgefühle zu verringern. In einem längeren Zeitraum erzeugt diese Selbstbestrafung allmählich wieder die alten Rachegefühle — und dann schlagen sie ihre Frauen wieder. In vielen der Fälle, die ich gesehen habe, waren die Ehefrauen ebenfalls in einem straffreudigen Elternhaus aufgewachsen. Haben sie ihre Ohrfeige erhalten, so scheinen sie vielleicht zu vergeben und zu vergessen, aber sie werden ihre Rache in knappen, scharfen Bemerkungen los, die auf subtile Weise untergraben, herausfordern und herabsetzen. Gewöhnlich ist es eine dieser kleinen, »unschuldigen«, hänselnden Bemerkungen, die die Vergeltungsohrfeige provoziert. Dann fängt alles wieder von vorne an.

Die Vergeltung kann oft die Form leichtsinnigen Geldausgebens oder sogar rücksichtslosen Autofahrens, von Alkoholismus oder Liebeleien annehmen; diese haßerfüllten Wünsche, »Genugtuung« zu bekommen, sind oft die Ursache von ehelicher Untreue. Eheliche Beziehungen verschlechtern sich unweigerlich, wenn der betreffende Partner nicht lernt, seine Rachegelüste in Schach zu halten.

Manche Ehen werden aber selbst dann fortgesetzt, wenn Grausamkeit mit Grausamkeit beantwortet wird. Es ist mir mehrmals aufgefallen, daß eine Frau, die sich über die Mißhandlungen und die Grausamkeit ihres Mannes bitterlich beklagte, sich trotzdem ein Kind nach dem andern anschafft, und es, wirtschaftlich gesehen, dadurch für beide unmöglich macht, sich zu trennen. Und so mancher Nachbar, der sich in einen lautstarken Ehestreit eingemischt hat, ist von beiden Ehepartnern *gemeinsam* hinausgeworfen worden. Was in solchen Situationen oft auf dem Spiel steht, ist die Möglichkeit, sich zu rächen — die durch eine Trennung zunichte gemacht würde.

Bestrafungszwang im sexuellen Bereich

Die Tendenz, zu verletzen und verletzt zu werden, spielt in sexuellen Beziehungen oft eine signifikante Rolle. Freud und andere Psychiater und Psychoanalytiker haben diese Tendenzen als sadistische und masochistische Beziehungen ausführlich beschrieben. Diese Begriffe und Erörterungen klären selten die Bedeutung von in der Kindheit erlebter Punitivität und Rachegelüsten für derartiges Sexualverhalen.

Der punitive Vater (die Mutter) vermengt Liebe und Zuneigung mit übertriebener Bestrafung. Dadurch werden körperlicher Schmerz und Mißhandlung unter Umständen mit dem Gefühl von Lieben und Geliebtwerden verflochten und verkettet. Wir haben alle schon einmal gesehen, daß Eltern ihre Zuneigung und Bewunderung für ihr Kind ausdrücken, indem sie es zärtlich kneifen und beißen, es so umarmen und an sich drücken, daß ihm die Luft wegbleibt, es necken und spielerisch klapsen. Diese Handlungen werden oft ein wesentlicher Bestandteil des Gebens und Nehmens in Liebe und Zuneigung. »Küß mich fester und drück mich«, verlangt manche Mutter. »Gib mir einen richtigen festen Kuß.«

Ein Mensch, der in dieser Weise an körperliche Grobheit, an Kneifen oder Schlagen bei der zärtlichen Zuwendung gewöhnt ist, fühlt sich vielleicht ungeliebt, wenn diese Empfindungen fehlen. Solche Menschen setzen das Geben oder Nehmen einer solchen Behandlung oft mit der Intensität ihrer Gefühle in Beziehung. Der Kreislauf von Strafe und Vergeltung kann in solchen Fällen zu einer Steigerung der sexuellen Spannung und Begierde verwendet werden. Das neckende oder ausweichende »Kind von früher« in dem einen Partner provoziert beim anderen unter Umständen Handlungen, die an Grausamkeit grenzen; er »bestraft« dann — wie die Eltern — mit

Liebe, auf die mit Vergeltungsakten geantwortet wird, und so fort.
Wie ich schon an anderer Stelle gesagt habe, neigt jedermann dazu, sein »Kind von früher« in das Schlafzimmer mitzubringen. Wenn Ihre Kindheit mit Strafen, vermischt mit Liebe, angefüllt war, so können sich in der intimen sexuellen Beziehung leicht Rachegefühle und Selbstbestrafungstendenzen entwickeln.

Der Fall einer eifersüchtigen Frau

Die Eifersucht ist eine der destruktivsten Emotionen, die man in der Ehe findet. In vielen Fällen kann man dieses mächtige Gefühl auf die nicht geäußerten, nicht entladenen, lodernden Rachegelüste und die Selbstherabsetzung einer von Strafen erfüllten Kindheit zurückführen. Eine solche Eifersucht hat mit Ereignissen im Leben des Erwachsenen wenig zu tun. Sie wird von der Vergangenheit genährt.
Ein Beispiel dafür ist die unselige Geschichte von Eleanor. Eleanor, eine attraktive junge Hausfrau, wurde von Eifersucht verzehrt. Sie erkannte dies selbst, behauptete jedoch, sie könne nichts daran ändern. Wenn ihr Mann Tänzerinnen in einer Fernsehshow mit Interesse betrachtet, geriet sie in blinde, kopflose und unvernünftige Wut, beschuldigte und bedrohte ihn in wilder Raserei.
Sie meinte, sie sei häßlich und ein abstoßender Anblick — obschon sie in Wirklichkeit hübsch und anziehend war. Sie glaubte, ihre zwei Schwangerschaften hätten ihre Figur ruiniert, und ihr Mann interessiere sich nicht mehr für sie, und ständig sprach sie den Verdacht aus, er interessiere sich für andere Frauen. Sie war voller Spannung und unterdrückter Wut und explodierte einmal, ein andermal war sie am Boden zerstört. Ihr Verhalten ihren Kindern gegenüber war entsprechend widersprüchlich: Sie konnte sie anschreien, in Schrekken versetzen und verprügeln — und dann, voller Schuldgefühle, übermäßig verwöhnen, sich ihren Wünschen unterwerfen und sie mit Liebe überschütten.
Ihr Mann liebte sie und interessierte sich nicht für andere Frauen. Er versuchte vergebens, sie davon zu überzeugen, und zeigte ihr

ständig seine Liebe und wendete ihr seine Aufmerksamkeit zu. Dennoch verließ sie ihn und die Kinder zweimal, weil sie sein »Interesse für andere Frauen einfach nicht aushalten konnte«. Als ich mit ihr redete, wurde klar, daß sie, die auf Grund ihres eifersüchtigen Verdachts, ihr Mann sei ihr untreu, der Überzeugung war, sie könne ihn nicht lieben und ihm nicht vertrauen, sich selbst gleichzeitig von ihrem Zahnarzt, von einem freundlichen und hilfreichen Nachbarn und von dem jugendlichen Ausfahrer der Lebensmittelhandlung angezogen fühlte. Gerade das Verbotene verlockte sie, und sie wollte keinerlei Verantwortung übernehmen.

Während unserer Gespräche erfuhr ich, daß Eleanor während ihrer ganzen Kindheit und Jugend, desgleichen auch ihre Mutter, ihre Schwestern und ein Bruder, in Furcht und Schrecken vor ihrem Vater gelebt hatten. Er war ein mächtiger Mann, der regelmäßig und viel trank. Er prügelte seine Frau und Eleanor — und jeden anderen, der in Reichweite war. Wenn er nüchtern war, behandelte er sie verächtlich, setzte sie herab und verhöhnte sie.

Als Erwachsene verhält sich Eleanor sich selbst gegenüber ebenso verächtlich und höhnisch wie einst ihr Vater — und überhäuft in Vergeltung für diese Selbstbestrafung ihren Mann mit Wut und Verdächtigungen. Da sie in ihrem Elternhaus liebevolle Aufmerksamkeit entbehren mußte, ist sie diesbezüglich jetzt so mißtrauisch, daß sie in ihrer eigenen Familie keinen lieben kann. Und doch sehnte sie sich nach Liebe und Aufmerksamkeit von einem Menschen außerhalb ihrer Familie. Sie verachtet sich selbst und die an sie gebundenen Personen, verteilt immerzu Schläge in Vergeltung für die bitteren Erfahrungen ihrer Kindheit und mißdeutet ihren Mann, als sei er wie ihr betrunkener, wütender und ekelhafter Vater.

Nach ein paar Gesprächen, in denen ich ihr zu nichts riet, verließ sie ihren Mann und ihre Kinder zum drittenmal. Sie zog in eine nahegelegene Stadt, wo sie eine Stelle als Bedienung bekam. Ihr verblüffter Mann bat seine Eltern, ihn und die Kinder bei sich wohnen zu lassen, was ihm bereitwillig gestattet wurde.

Durch ihre Arbeit als Bedienung sind Eleanors zwischenmenschliche Beziehungen mehr beiläufiger Art, und sie kann sie ihren Stimmungen mehr anpassen. Es gibt keine Verantwortung, vor der sie sich drücken müßte. Obwohl sie die »schwarzen Löcher«, in die sie fällt, jetzt »schwärzer« sieht, ist diese Lösung im Augenblick für sie, ihren Mann und ihre Kinder besser als die frühere Situation, in der sie ständig zwischen Wutausbrüchen und Depressionen hin und her schwankte, ihre Kinder einmal terrorisierte und verprügelte und sie dann wieder übermäßig verwöhnte. Erst wenn sie es weniger nötig hat, sich an ihren Angehörigen für die ihr in der Kindheit angetanen Grausamkeiten zu rächen, kann sie mit ihrem »Kind von früher« anders umgehen.

Die Rechtfertigung der Punitivität

Viele Leute glauben ernsthaft, Punitivität sei tatsächlich notwendig, um dem Kind »Zucht und Ordnung« beizubringen. Sie wollen, daß das Kind ihnen ohne Zögern gehorcht und tut, was sie für richtig halten — und daß es sie respektiert. Aber Punitivität als Methode, Zucht und Ordnung zu lehren ist fast völlig zum Scheitern verurteilt; mit einer Erfolgsquote von nahezu 100 % hingegen lehrt sie Respektlosigkeit, Haß und Furcht. Punitivität lehrt einen Respekt vor der Macht und erzeugt das Bedürfnis nach Macht, um Vergeltung üben zu können. Aber Eltern wollen liebevolle Achtung — und wenn sie haßerfüllten Respekt ernten, sind sie verletzt und strafen noch mehr. Wir zahlen einen phantastischen Preis für die Endergebnisse elterlicher Straffreudigkeit, wie sich aus den Betriebskosten und Aufwendungen für soziale Einrichtungen ergibt, die von Kinder- und Jugendfürsorge bis zu Nervenheilanstalten, ausgeklügelten Polizeiapparaten und Strafanstalten reichen. Finanziell gesehen, gehen die jährlichen Ausgaben dafür in die Millionen. Aber das reicht nicht einmal annäherungsweise an das Elend heran, das die Punitivität im Leben vieler Menschen anrichtet.

WARUM FÜHRT DIE PUNITIVITÄT NICHT ZUM ERWÜNSCHTEN ZIEL? Punitivität scheitert aus mehreren Gründen. Erstens beruht sie ausschließlich auf Macht — der Macht der Eltern. Dies scheint natürlich und notwendig, da das Kind anfänglich noch nicht mit Vernunft seine eigene Sicherheit und sein Wohlergehen wahren kann. Im allgemeinen jedoch nutzen die Eltern ihre Macht zur Befriedi-

gung ihrer eigenen Bedürfnisse und nicht der des Kindes. Man übersieht oft, daß das Kind Gefühle hat und, wenn es sie entwickelt, auch Interessen. Im allgemeinen respektieren die punitiven Eltern diese nicht; sie ignorieren sie vielmehr permanent zugunsten ihrer eigenen Gefühle; sie halten sich sogar dann für gute Eltern, wenn sie ihr Kind durch Strafen »disziplinieren«. Wenn sich das Kind dagegen auflehnt, überrollen es die Eltern mit Gewalt und geben ihm womöglich eine schallende Ohrfeige, um es zu »lehren«, sich nicht gegen eine derartige Mißachtung seiner Gefühle aufzulehnen. So kann das Kind gezwungen werden, seinen Protest zu ersticken und gehorchen — und in diesem Moment lernt es zu hassen.
Wenn dieser Prozeß so weitergeht, wird die Auflehnung des Kindes immer heftiger. Wenn es nicht wagt, sie zu äußern, kann es zum Betrüger werden und sich damit gleichzeitig Schuldgefühle und Selbstverachtung schaffen. Aber wenn es sein haßerfülltes Vergeltungsbedürfnis offen auslebt, sind die Eltern verletzt und geraten in Panik. Sie befürchten, die Gewalt über das Kind zu verlieren. Schuldgefühle wegen früherer übertriebener Strafen bahnen ihrer Panik einen Weg zu neuen Strafen. »Ich werde dich lehren, mich zu respektieren«, brüllt der Vater (die Mutter) und erzeugt dadurch lediglich das Bedürfnis, zurückzuschlagen. Schließlich setzt die Zunahme an Körperkraft beim Kind körperlicher Züchtigung ein Ende; der elterliche Bestrafungszwang kennt jedoch viele Formen. Das Bedürfnis des Kindes nach Vergeltung, nach Rache für die vielen und übertriebenen Strafen und die unnötigen Einschränkungen, die die Eltern dem Kind auferlegt haben, äußert sich dann vielleicht in Auflehnung, in offenem schlechtem Benehmen, in mangelhaften schulischen Leistungen, in Trotz und Frechheit, in Promiskuität und Delinquenz in allen ihren Formen. Die Punivität ist eine Sackgasse, die viele amerikanische Jugendliche — in Gesellschaft ihrer Eltern — entlangstolpern. Die Revolten der Jugendlichen und die jeden Sommer sich verstärkende Kriminalität, die sowohl durch die Sommerferien der Schulen als auch durch die Aussicht auf die Rückkehr in die schulischen Restriktionen gefördert werden, bekämpft man oft mit noch mehr Punitivität. »Sperrt die Kinder wieder in den Keller!« schreien die Zeitungen und fordern, die Polizei solle »härter durchgreifen« und die Eltern sollten strengere Maßstäbe anle-

gen. Studien, die an der Harvard-Universität und anderswo angefertigt wurden, zeigen, daß in Wirklichkeit zwischen 60 und 90 % der inhaftierten straffälligen Jugendlichen zum Zeitpunkt der Verhaftung bereits eine lange Geschichte ständiger körperlicher Züchtigung hinter sich hatten; nur 30 % einer Gruppe von Nicht-Straffälligen hatten eine solche Behandlung erfahren.
Da unsere Strafmaßnahmen das erwünschte Ziel verfehlen, folgern wir schließlich, solche Menschen seien »Taugenichtse«, »schlecht« und gefährlich. Am Ende ist ihr Vergeltungsdrang so unbeherrschbar, daß sie in der Tat gefährlich sind. Dann stecken wir sie ins Gefängnis. Diese Maßnahme soll sie noch einmal lehren, daß es besser sei, sich anständig zu benehmen.

Im folgenden Bericht eines ungebildeten jungen Mannes, der auf Grund von Vergeltungsakten, hervorgerufen durch Punitivität, im Gefängnis saß, kann man den Irrsinn einer solchen Überzeugung sehen:

»Die erste Institution, mit der ich Bekanntschaft machte, war die Erziehungsanstalt. Mit 11½ Jahren. Die Gesellschaft hat mir die Freiheit genommen, weil ich nicht gern in die Schule ging. Einmal haben sie mich beim Fluchen erwischt. Für das, was ich gesagt habe, haben sie mich eine Stunde lang ein Stück Seife im Mund behalten lassen. Ich habe versucht, auszubrechen; zur Strafe haben sie mich in ein leeres Zimmer gesteckt, mit vergitterten Fenstern, ohne Heizung, ohne Bett zum Draufliegen, ohne Pantoffeln und Schuhe, die ich hätte anziehen können. Tag und Nacht liefen die Mäuse um mich herum. Außer einem Nachthemd hatte ich nichts an. Und es war im Februar. Sie können sich wahrscheinlich vorstellen, wie es mir zumute war ...
Mein zweiter Platz war im Waisenhaus, mit dreizehn Jahren. Da war ich zwei Jahre. Ich war ungefähr zwei Wochen da, da lief einmal ein kleiner Bub hinaus, um sich ein paar Äpfel zu verschaffen. Ein anderer hatte ihn gesehen. Er ist hinaus und hat dem Aufseher alles gesagt. Ich hab den Petzer gefragt, warum er den anderen verraten hätte. Dafür, daß ich ihn gefragt habe, bin ich bestraft worden. Sie haben mich in die Aula geschleppt und fürchterlich verdroschen. Vier Tage lang konnte ich kaum gehen!
Dann war ich — mein dritter Platz — in der Besserungsanstalt, mit 16. Sie haben mich wegen groben Unfugs dahin gebracht. Ich war 9 Monate und 8 Tage da. Man kann da nichts Nützliches lernen. Was man lernte,

war das Verbrechen. Und Rache an der Gesellschaft üben. Das ist alles, was man von älteren Männern lernen kann. Nichts Gescheites ...
Mein vierter Platz war im ..., ein Jahr lang, ich war siebzehn. Ich ging mit einer Schußwunde in der rechten Hand hin. Zwei Monate lang haben sie mich behandelt. Und die Offiziere hatten Mitleid mit mir, weil ich als junger Kerl mitten unter die alten Männer geraten war. Sie fragten mich jeden Tag, wie es meiner Hand ging ...
Dann war ich im ...-Gefängnis, zweieinhalb bis fünf Jahre, 18 Jahre war ich alt. Sie sperrten mich mit einem Kerl zusammen, der jetzt im Irrenhaus ist. Ich war drei Nächte in der Zelle, da kam der Kerl und versuchte, mit mir anzubandeln; er wollte mir einen Antrag machen. Ich habe ihn abgewiesen. Ich hab zu ihm gesagt, er soll nie wieder mit mir reden. Ich habe noch in der selben Nacht dem Aufseher einen Zettel geschrieben und ihn gefragt, ob er mir nicht eine Einzelzelle geben würde. Das taugte so nichts. In der vierten Nacht wurde mir vom vielen Rauchen schlecht, da hat dieser Teufelskerl gemeint, er könnte das ausnützen. Kommt in mein Bett und will mich zwingen, es zu tun. Ich hab ihn einfach aus dem Bett und auf den Boden geworfen und angefangen, mit ihm zu kämpfen ...
... sie haben mich wie eine Bestie behandelt, also werde ich wie eine Bestie handeln ... Was bleibt mir anderes übrig. Ich hab im ... Zeit verloren, die ich nie zurückbekommen werde. Ich habe noch fünf Monate Bewährung. Wenn ich es schaffe, stecken sie mich von einer Hölle in die andere. Ich muß in die Besserungsanstalt, wenn ich hier durch bin. Kann die Gesellschaft von mir erwarten, daß ich mich bessere? In der ersten Anstalt hätte ich mich nicht bessern können, selbst wenn ich es versucht hätte. Sie haben es mir direkt ins Gesicht gesagt: wenn ich wirklich rauskomme, wird man mich schnurstracks wieder zurückschicken. Ich sag ihnen, wenn mir einer Schwierigkeiten macht, wenn ich draußen bin, dann wird ihm und mir das schlecht bekommen. Aber mir ist alles gleich. Entweder oder; Freiheit oder Tod. Ich nehme, was kommt. Ich hab es bis jetzt genommen und kanns jetzt auch ... Ich bin von einer Institution in die andere gewandert. Ich bin bloß ein Junge von 20 Jahren. Fünf verschiedene Plätze hab ich durchwandert. Ich geh jetzt durch den sechsten, und bevor ich ein freier Mann sein werde, werde ich sieben Anstalten hinter mir haben«*.

So schaffen Bestrafungszwang, Grausamkeit, Beschämung, Herabsetzung und demütigende Inhaftierung immerzu das von Rache

* Aus: Frank Tannenbaum, Crime and Community, Ginn and Co., Boston 1938.

erfüllte Verbrechen neu. Dieser Kreislauf — den die Kriminologen nun schon jahrzehntelang kennen und den sogar die Häftlinge durchschauen, wie der Bericht dieses Jungen bestätigt — fördert in Wirklichkeit nur die kindlichen Vergeltungsbedürfnisse gegenüber exzessiver Bestrafung und erhält sie am Leben.

Rachsüchtigen Menschen müssen unbedingt so lange Grenzen gesetzt werden, bis ihre Reaktionen weniger von Rache getrieben, vertrauensvoller und respektvoller werden. Wenn wir uns angewöhnen könnten, Gefängnisse als Krankenhäuser anzusehen, könnten wir ansatzweise die in ihnen praktizierte Straffreudigkeit ändern und in großem Maßstab in der Behandlung solcher Menschen die nötigen Experimente durchführen.

Wer Tuberkulose hat, ist eine Gefahr für die Gesellschaft. Wir bestehen auf Einschränkungen der Freiheit des Kranken und auf seiner Behandlung bis zur völligen Genesung. Aber wir setzen ihn nicht wiederholt Feindseligkeiten, Herabsetzung und demütigender Bestrafung aus. Wir würden sagen, daß er unter solchen Umständen nicht gesund werden könne. Ebenso kann man Menschen, die unter maßlosem elterlichen Bestrafungszwang zu leiden hatten, nicht in unseren Gefängnissen mit noch mehr Strafen heilen. Wir könnten einen bedeutenden Schritt in Richtung auf eine derartige Heilung machen, indem wir die Gehälter der Gefängniswärter erhöhen und ihre Ausbildung verbessern. Gegenwärtig wird oft derjenige Gefängniswärter, der selber ein Opfer elterlicher Strafwütigkeit ist und seinen Beruf ausnützt, um Vergeltung zu üben — durch den Umstand geschützt, daß er es im Namen der Gesellschaft tut.

Aber solange wir die elterliche Straffreudigkeit nicht im großen Maßstab an der Wurzel — nämlich innerhalb der Familie — pakken, werden wir die wahren Ursachen einiger der größten sozialen Probleme nicht fassen. Nur wenige elterliche Haltungen haben derart weitreichende Folgen und so verheerende Ergebnisse, die mit unserem demokratischen Lebensstil unvereinbar sind.

Während ich diese Zeilen schreibe, zum Beispiel, hat der Kommandant des Marine-Korps, General David M. Shoup, der von Trommelwirbeln begleiteten »Entlassung mit Schimpf und Schande« von in Unehren entlassenen Marinesoldaten in der Norfolk-Kaserne ein Ende gesetzt. Obwohl diese »Zeremonie« schon vor einigen Jahren

offiziell abgeschafft worden war, hatte sie der Kommandant dieser Kaserne um der »Disziplin« willen wiederbelebt. Bei diesem demütigenden Vorgang muß der in Unehren zu entlassende Marinesoldat, der bereits in einem Kriegsgerichtsverfahren verurteilt worden ist, unter den Klängen des langsam getrommelten »Todesmarsches« vor eine Truppenformation treten. Dann werden seine »Verfehlungen« und die unehrenhafte Entlassung laut verkündet. Dann brüllt ein Offizier: »Geleitet diesen Mann aus dem Gelände dieser Kaserne der U.S.-Marinestreitkräfte hinaus!«
Der ehemalige Marinesoldat muß dann an der Truppe vorbeimaschieren. Jedesmal, wenn er eine Einheit erreicht, befiehlt der Kommandant, »Kehrt, Marsch!« und der Ex-Soldat sieht sich einer weiteren Reihe von Rücken gegenüber.
Ein Ortskommandant hat diese unnötige und grausame Zeremonie im Jahre 1960 wiederbelebt, wie aus einem Bericht der Associated Press hervorgeht, und sieben ehemalige Marinesoldaten wurden auf diese Weise »entlassen«, bevor das Marine-Hauptquartier der Sache ein Ende setzte. Eine solche Zeremonie schafft nicht Zucht und Ordnung. Sie dient lediglich den Strafbedürfnissen desjenigen, der sie anordnet.
Obwohl diese Art von Punitivität von rachsüchtigen Menschen in Machtpositionen zuweilen geduldet wurde, wird sie von offizieller Seite nicht mehr gebilligt. Wir haben als Nation und in unseren Familien in der Erkenntnis der Unsinnigkeit von Punitivität Fortschritte gemacht. Sie können im Umgang mit sich selbst und anderen — insbesondere mit Ihren eigenen Kindern — einen wesentlichen Beitrag zur Verringerung dieses sich selbst verewigenden Elends leisten.

Kulturelle Faktoren, die die Punitivität unterstützen

Unsere Kultur unterstützt im allgemeinen die Punitivität, obwohl es in ihr legale Mittel gibt, um Kinder von Eltern zu trennen, die sie eindeutig mißhandeln — wie man es immer wieder entsetzlichen Zeitungsberichten entnehmen kann. Wenn Sie aus einem straffreudigen Milieu stammen, kann Ihnen diese gesellschaftliche Unter-

stützung der Punitivität bei dem Versuch, Ihrem eigenen Bestrafungs- und Vergeltungskreislauf respektvolle Grenzen zu setzen, beträchtliche Schwierigkeiten bereiten.
Oft schwört ein Vater (eine Mutter), der als Kind schwer bestraft worden ist, er werde sein eigenes Kind nie so bestrafen. Aber wenn er dann selber Kinder hat, findet er vielleicht heraus, daß er sich genauso verhält wie seine Eltern. Obwohl er vielleicht das Gefühl hat, daß sein Verhalten falsch ist, sind seine Reizbarkeit im Umgang mit dem Kind und sein Bedürfnis nach Vergeltung, der Wunsch, sein Kind so zu behandeln, wie er selbst behandelt wurde, fast übermächtig. Und an diesem Punkt unterstützt unsere Kultur seine Straffreudigkeit. Wenn er um sich schaut, sieht er auch bei anderen Eltern straffreudige Haltungen; er sieht, wie der Bestrafungszwang in der Schule und in der Armee gebilligt und praktiziert wird, wie er von vielen Religionsgemeinschaften und Politikern gefordert wird und schließlich von unserem Justizsystem und den Gefängnissen in die Tat umgesetzt wird.
An diesem kritischen Punkt wird der betreffende Elternteil, den seine Rache- und Macht- und Strafbedürfnisse, diese Reste aus seiner eigenen Kindheit, treiben, zum Überträger der kulturimmanenten Haltung. Die Maßlosigkeit der Strafe kann, wie weiter oben gezeigt, von verschiedenen Faktoren abhängen. Entscheidend ist, daß die Straffreudigkeit auf diese Weise von einer Generation zur anderen weitergegeben wird.

Mißtrauen: eine besondere Form von Straffreudigkeit

Es gibt eine gewisse elterliche Haltung, bekannt als »Mißtrauen«, die viele Psychiater kennen und gründlich erforscht haben. Zwar betrifft sie relativ wenige Menschen, sie ist aber doch von ganz eigener Art, leicht erkennbar, und sie stellt eine eindeutige Behinderung dar. Als Form des Bestrafungszwangs ist das »Mißtrauen« eine elterliche Haltung, die das Scheitern oder die Unzulänglichkeit des Kindes stets vorwegnimmt. Viele Eltern sind überzeugt, daß ihre Kinder ungehorsam sind, sobald sie ihnen auch nur den Rücken zuwenden. Kinder spüren dieses Mißtrauen und tun dann genau das, was ihre Eltern erwarten. Vielleicht haben Sie schon einmal mißtrauische Bemerkungen wie diese gehört: »Er sieht seinem Vater so ähnlich, und sein Vater ist rücksichtslos. Wie könnte er anders sein?«

Durch ihr Mißtrauen hindern Eltern ihre Kinder häufig, neue Fertigkeiten zu erlernen, da sie einen Mißerfolg des Kindes erwarten. Bemerkungen wie die folgenden hemmen die Entwicklung des Kindes: »Du bist noch zu klein für ein Fahrrad.« »Du kannst nicht singen, warum versuchst du dann, in den Chor zu kommen?« »Du kannst keinen Hund haben. Du würdest dich doch nicht um ihn kümmern.« »Ein Chemiekasten ist gefährlich; du könntest dir wehtun. So etwas bekommst du nicht.«

Elterliches Mißtrauen erzeugt eine besondere Art von Selbstherabsetzung. Wenn man sich selbst nicht vertraut, nimmt man seine eigene Unzulänglichkeit und sein Versagen vorweg; um eine alte Redensart zu verwenden: »Man ist von vornherein der Lackierte.« Ein Mensch, der sich selbst mißtraut, hat zwei ausgeprägte Merkmale — er hat ständig düstere, angsterfüllte Vorahnungen von Mißerfolg und Scheitern, die sich zu dem Gefühl steigern können, zum Scheitern *verdammt* zu sein, und er hat die Tendenz, sich in Bereiche hineinziehen zu lassen, in denen er sich höchst unzulänglich und mißtrauisch fühlt.

Das für das Mißtrauen charakteristische *Vorwegnehmen* des Scheiterns unterscheidet jenes deutlich von den meisten Formen der Selbstherabsetzung, die gewöhnlich frühere Bemühungen schmälert. Dieser Zeitfaktor ist wichtig; oft wird das Mißtrauen zur Ursache für das Unterlassen jeglicher Anstrengung. Daher stellt es eine besondere Behinderung dar.

Jeder von uns hat einmal die angsterfüllte Vorahnung drohenden Mißerfolgs erlebt. Selbst wenn wir versagen, werden dieses Gefühl und ein fortgesetztes Scheitern doch selten zur Lebensform. Eben dies geschieht jedoch dem Menschen, der in Fortsetzung der Haltung seiner Eltern sich selbst mißtraut. Die meisten von uns erkennen, daß der Mißerfolg auf einen gewissen Mangel an Vorbereitung oder Ausbildung zurückzuführen ist und daß wir die nötigen Kenntnisse und Fertigkeiten mit der Zeit erwerben können und werden, wenn wir uns nur darum bemühen. Wenn dazu Muskeln nötig sind, die wir nicht haben, geben wir vielleicht unsere Bemühungen ohne großes Bedauern auf. Das Opfer des Mißtrauens jedoch fühlt sich »zum Scheitern verdammt« — und scheitert dann auch. Darüber hinaus nimmt der von Mißtrauen erfüllte Mensch seine Bemühungen in Bereichen wieder auf, in denen er nahezu scheitern *muß*.

So scheut derjenige, der sich selbst mißtraut, bezeichnenderweise mit der Zeit vor Anstrengungen zurück, die seine Fähigkeiten beweisen könnten und zeigen würden, daß er nicht so unzulänglich ist, wie er glaubt. Ein solcher Mensch glaubt, er könne keine Stelle finden, er könne sich nicht mit einem Mädchen verabreden, er könne sich nicht anständig benehmen, er könne kein Examen machen, er könne nicht Autofahren, aus ihm »könne einfach nichts werden«. Wenn er auf Arbeitssuche geht, drückt sich sein generelles Selbstmißtrauen in den Vorgesprächen in unsicherem Verhalten und im Mangel an Selbstvertrauen aus; im Konkurrenzkampf setzt er sich schlecht durch. Und wiederum scheint sein Mißerfolg bei der Arbeitssuche seine Überzeugung zu bestätigen, daß er zum Scheitern prädestiniert sei.

Das zweite ausgeprägte Merkmal des sich selbst nicht vertrauenden Menschen ist seine Tendenz, in dem Bereich leben und arbeiten zu wollen, in dem er sich am meisten mißtraut. Dies ist keine bloße »Anziehung der Gegensätze«. Viele Fälle haben klargemacht, daß den Menschen, der sich selbst mißtraut, sein Mißtrauen als solches treibt, eben das zu tun, was er sich nicht zutraut.

Der Mechanismus des wiederholten Versagens: Mit der Zeit schaffen die wiederholten »Mißerfolge« des Menschen, der sich selbst nicht vertraut, sowie die daraus resultierenden Gefühle von Verzagtheit, Abhängigkeit und Not allmählich derart tiefsitzende Gefühle der Selbstverachtung, daß er sich getrieben fühlt, eben das zu tun, wozu er sich unfähig glaubt. Kurz gesagt, er lehnt sich gegen seine eigene Haltung sich selbst gegenüber auf, sich Niederlagen zu bereiten und sich zu mißtrauen. Mit dem Gefühl des »Ich werd' es ihnen schon zeigen« versucht er ungestüme, oft großspurige Kraftleistungen, eine »Riesenschau«. So hofft er, frühere Demütigungen und vergangene Not auszulöschen und sich nicht nur Selbstachtung zu erobern, sondern auch die Achtung der anderen vor seinen Fähigkeiten.

Da jedoch diese Anstrengung von seinen mächtigen, über lange Zeit hin angesammelten Gefühlen der Selbstverachtung bezüglich früherer Mißerfolge diktiert wird und nicht von einer realistischen Einschätzung der Schwierigkeiten und einer realistischen Vorbereitung der Faktoren, die zum Erfolg führen, findet sie unweigerlich zum falschen Zeitpunkt statt. Darüber hinaus wird durch seine früheren Mißerfolge automatisch eben der Bereich ausgewählt, in dem er seinen Fähigkeiten am meisten mißtraut, und nicht einer, in dem er sich vielleicht mehr zutrauen würde.

Das Ergebnis dieser rebellischen und geradezu unter einem Zwang erfolgenden Bemühung ist fast immer ein totaler Mißerfolg, der eine noch größere Verzagtheit erzeugt — und ein objektives Scheitern, auf das er als auf die Ursache seines Unglücks und den Beweis seiner Verdammtheit hinweisen kann. Dieser Mißerfolg wird der Grund dafür, gar nichts mehr zu versuchen. »Ich habe es versucht und bin gescheitert«, mag ein solcher Mensch sagen. »Versuchen nützt nichts. Ich kann nicht gewinnen.«

Diese schlecht geplanten und zum falschen Zeitpunkt unternommenen Anstrengungen sind verkrampft und hängen vom Überschäumen der Selbstverachtung ab; aber der sich selbst nicht vertrauende Mensch hat oft beträchtliche Fähigkeiten, und er weiß das auch. Er ist oft intelligent, empfindsam und wahrhaft begabt. Jedoch sein Mißtrauen verkrüppelt ihn. Zwischen diesen großspurigen Anstrengungen und dem unumgänglichen Mißerfolg sind stets zahllose Gelegenheiten zu weniger spektakulären Leistungen geopfert worden, die ohne weiteres im Bereich seiner Fähigkeiten liegen und aus denen er echte Befriedigung hätte gewinnen können. Diese Leistungen könnten, obwohl ursprünglich unbedeutend, sowohl sein Mißtrauen gegenüber seinen Fähigkeiten als auch seine Verzagtheit und Abhängigkeit in wirksamer Weise verringern. Darüber hinaus würden sie ihm helfen, den Sumpf von Selbstbestrafung und Mißtrauen trockenzulegen, in dem er sich nur wälzen kann, ohne vorwärtszukommen.

Wie man seinen Bestrafungstendenzen Grenzen setzt

Eine gesunde, wirksame und funktionierende Alternative zur Fortsetzung Ihrer selbstbestrafenden und rachsüchtigen kindlichen Gefühle besteht darin, diesen Gefühlen respektvolle Grenzen zu setzen. Wenn ich über dieses Thema mit Medizinstudenten, Sozialarbeitern, Pflegern und Ärzten des langen und breiten diskutiere, bekomme ich manchmal folgende Reaktion zu hören: »Herr Doktor, Sie haben jetzt eine Menge geredet. Was meinen Sie denn nun eigentlich?«

Lassen Sie es mich so erklären: Den Gefühlen des »Kindes von früher« respektvolle Grenzen zu setzen, heißt zuallererst, die eigenen Gefühle samt und sonders und ohne Unterschied erkennen, anerkennen und achten zu lernen, ob sie nun aus der Gegenwart oder der Vergangenheit herrühren, ob sie nun angsterfüllte, feindselige, schuldbeladene, selbstherabsetzende oder impulsive Wünsche sind, heißen sie nun Traurigkeit oder Empörung.

Meistens erkennen wir unsere Gefühle kaum. Wir reagieren nur auf sie. Wenn man klar herausfinden will, wie man sich fühlt und was einen beunruhigt, so muß man zuallererst seine Gefühle erkennen. Gefühle treten nicht spontan und als einzelne auf, sondern sie entstehen im Zusammenhang einer Reihe oder einer bestimmten Struktur von Ereignissen oder Situationen. Deshalb können Sie Ihre Gefühle leichter erkennen, wenn Sie zu entdecken versuchen, ob nicht eine ganze Reihe von Ereignissen beteiligt ist. Es kann sich dabei z. B. um eine ganze Reihe von Enttäuschungen, Frustrationen oder Benachteiligungen handeln. Es ist nicht der »Tropfen, der das Maß zum Überlaufen gebracht hat«, nach dem Sie suchen — diese Krise oder dieser Vorfall sind meist eindeutig erkennbar —, sondern es sind die vielen »Tropfen«, die vor diesem einen, letzten, das Maß immer mehr gefüllt haben.

Sie werden feststellen, daß es sehr hilfreich ist, wenn Sie Ihre Gefühle klären und erkennen. Dies hilft Ihnen, ein objektiveres Bild von jenem »letzten Tropfen« und dem Maß voller Tropfen darunter zu erhalten.

Die Achtung, die Sie diesen Gefühlen entgegenbringen, kann jedoch einen bedeutenden Unterschied bei der Entwicklung Ihres neuen

Umgangs mit sich selbst bewirken. Die meiste Zeit respektieren wir unsere Gefühle nicht. Sie dürfen sich nicht dafür bestrafen, daß Sie diese Gefühle haben. Wir setzen uns selbst herab und bestrafen uns dafür, daß wir sie haben, wir schimpfen uns »kindisch«, »dumm«, »schlecht« und glauben, wertlos und unnütz zu sein.

Diese Gefühle, von denen die meisten aus der Kindheit herrühren und sich größtenteils aus der Vergangenheit nähren, zu erkennen und zu achten, heißt nicht, ihnen nachzugeben. Wir müssen ihnen nicht erlauben, uns zu bestrafen, unser Leben als Erwachsene und die Verfolgung uns angemessener Ziele zu stören oder zu beherrschen.

Freundlich, aber streng, müssen Sie in der Rolle Ihrer eigenen Eltern zu sich, zu Ihrem »inneren Kind von früher« sagen: »Ja, ich merke, wie du dich fühlst. Du fühlst dich dumm und schlecht, weil sie dich früher dumm und schlecht genannt haben, wenn du einen Fehler gemacht hast; aber ich werde mich nicht bestrafen, weil ich einen Fehler gemacht habe. Ich will versuchen, aufzupassen und diesen Fehler wieder gutzumachen und in meiner Arbeit fortzufahren.« Das »Kind von früher« ist an herabsetzende Strafen gewöhnt. Sie werden sich deshalb vielleicht komisch und ganz verloren vorkommen, wenn Sie Ihrer Selbstherabsetzung Grenzen setzen. Aber allmählich werden Sie in der Lage sein, sich mehr zu entspannen und Ihre Aktivitäten als Erwachsener mehr zu genießen, weil Sie von den Gefühlen des »Kindes von früher« nicht so sehr geplagt sein werden. Sie werden sie anerkennen und achten, aber in die Schranken der Vergangenheit weisen, wohin sie in Wahrheit gehören.

Wenn Sie z. B. als Kind ausgesetzt waren, werden Sie in der Rolle Ihrer eigenen Eltern zwei Hauptprobleme haben. Das eine ist das Ergebnis der übertriebenen Strafen, die Sie als Kind erleiden mußten: Schuldgefühle, das Gefühl, unnütz, schlecht, nicht liebenswert zu sein und dergleichen selbstherabsetzende Gefühle mehr. Als Erwachsener bestrafen Sie sich wahrscheinlich weiterhin mit diesen Gefühlen. Vor allem, wenn Sie einen Fehler machen oder etwas in der Kindheit Verbotenes tun, oder wenn Sie enttäuscht werden oder Mißerfolg ernten.

Als freundliche Eltern sich selbst gegenüber müssen Sie diese Gefühle erkennen und achten. Sie müssen aber auch einsehen, daß diese Gefühle wiederkehren werden, wenn Sie voller Vergeltungsdrang nach allen Seiten ausschlagen. Sie müssen zu sich sagen: »Diese Schuldgefühle und die Selbstherabsetzung sind in meiner Kindheit entstanden und gehören nicht in mein heutiges Leben. Ich werde mich wegen dieses Fehlers nicht selbst verprügeln, sondern ihn wieder gutmachen und in Zukunft mehr aufpassen.«

Wenn Sie diese Gefühle nicht — bei allem Respekt für sie — einschränken, werden Sie sich immerfort selbst bestrafen, bis zu dem Punkt, an dem Sie einen Zwang verspüren, sich an jemandem, den Sie lieben, in einer impulsiven und verletzenden Weise zu rächen. Sie müssen diese Gefühle als dem »Kind von früher« zugehörig erkennen lernen, sie respektieren, aber lernen, sie einzuschränken, und sich darauf zu konzentrieren, zu achten, was Sie jetzt sind und was Sie als Erwachsener wirklich geleistet haben. Sie dürfen nicht zulassen, daß das Gefühl, »schlecht und unnütz« zu sein, Ihre Zufriedenheit mit dem, was Sie erreicht haben, zerstört.

Das zweite Hauptproblem eines Menschen, der eine punitive Erziehung erfahren hat, ist die Handhabung seiner Vergeltungsgelüste. Wenn Sie Ihre Tendenz, sich selbst durch Selbstherabsetzung zu bestrafen, reduzieren können, so haben Sie natürlich einem guten Teil Ihrer Rachegelüste den Boden entzogen. Wenn Sie sich und Ihre Gefühle respektieren können, brauchen Sie sich nicht an anderen zu rächen.

Ihre mächtigen Vergeltungswünsche wurden ebenso wie Ihre selbstbestrafenden Schuld- und Minderwertigkeitsgefühle durch die maßlosen Bestrafungen und Einschränkungen Ihrer Kindheit erzeugt. Sie müssen diese Gefühle, Ihr Bedürfnis, zu verletzen und zu zerstören, erkennen und respektieren. Diese Gefühle können in Ihnen schwelen und wild aufflammen, wenn jemand auch nur ein bißchen feindselig, unfair oder rücksichtslos gegen Sie ist. Eine Kleinigkeit wie eine gesellschaftliche Zurückweisung kann ein ganzes Inferno schaffen. Die Hitzigkeit und Wildheit dieser Rachegelüste kommen von der Maßlosigkeit der Strafen, die Sie als Kind erlitten haben. Und die Hitzigkeit und Wildheit vergangener maßloser Strafen treiben Sie nahezu unausweichlich in maßlose Rachegelüste; Sie sind »jetzt erwachsen«, sagen Sie, und Sie werden »denen schon zeigen, daß sie damit nicht weit kommen werden«.

Sie müssen diese Gefühle achten — ohne sich selbst herabzusetzen oder zu bestrafen, weil Sie sie haben. Aber Sie müssen verstehen, wie sie in Ihnen erzeugt worden sind, und Sie müssen Ihre Äußerung einschränken und erkennen, daß Vergeltung nur wieder Bestrafung einbringt; Sie bestrafen sich nämlich nur noch mehr, wenn Sie einsehen, wie maßlos Ihr Ausbruch ist.

Sie müssen in der Rolle Ihrer eigenen Eltern zu sich sagen: »Ja, ich verzehre mich wirklich vor Wut, aber ein großer Teil von diesem Haß ist bloß eine Äußerung meines »inneren Kindes von früher«, das sich über frühere Strafen aufregt, Strafen, die ich nicht verdient hatte. Aber zum Teil ist das auch Selbstbestrafung. Ich werde nicht außer Rand und Band geraten, Dinge tun und sagen, die bloß wieder in Bestrafung und Feindseligkeit enden, nur um diesem alten Groll zu genügen. Es kommt mir nicht so sehr darauf an. So habe ich früher gehandelt. Ich muß mir selber gegenüber nicht so strafwütig sein, wie es meine Eltern waren.«

Indem Sie in der Rolle freundlicher und akzeptierender Eltern Ihrem »Kind von früher« gegenüber so handeln, nämlich die Äußerung seiner wilden Rachegelüste einschränken, können Sie sachlicher sein und Ihre Gefühle als Erwachsener mit mehr Nachdruck äußern, jedoch ohne die Übertreibungen, die Ihnen später leid tun, Ihnen Schuldgefühle machen und die dazu führen, daß Sie sich herabsetzen.

Glaube niemand, dies sei leicht! Es erfordert außerordentliche Geduld. Es erfordert die Bereitschaft zu kämpfen. Entschlossenheit ist vonnöten. Denn Ihr »Kind von früher« wird Sie verhöhnen und sich sträuben, brüllen und Ihnen Angst einjagen und Ihre strengen Grenzen verachten. Es wird Ihnen sehr leicht fallen, seinen wütenden Vergeltungsforderungen nachzugeben. Sie können jedoch diese störenden Forderungen mit Respekt behandeln, beherrschen und einschränken.

Wenn Ihre Fähigkeit, diese Vergeltungsgelüste einzudämmen, wächst, wenn Sie in der Rolle Ihrer eigenen Eltern sich selbst gegenüber freundlicher sind, als Ihre Eltern sein konnten, so werden Sie sich selbst wachsen fühlen. Sie werden nicht in Fesseln geschlagen sein und Ihre Kräfte in dem Kreislauf von Bestrafung und Vergeltung verschwenden.

Und Sie werden sich, in eben dieser Rolle sich selbst respektierend, nicht mehr selbst bestrafen müssen.

16

Vernachlässigung —

Wenn Sie meinen, nicht »dazuzugehören« und nicht »dazugehören« zu können

VERDACHTSMOMENTE: *Wenn Sie Schwierigkeiten haben, sich anderen nahe zu fühlen und zu einer Gruppe zu »gehören«, wenn Sie ohne weiteres Beziehungen knüpfen und auflösen, weil Ihnen Menschen nicht viel zu bedeuten scheinen, wenn Sie einen Mangel an Identitätsgefühl verspüren, wenn Sie sehr unter Angst und Einsamkeit leiden und andere Menschen dennoch auf Distanz halten, sollten Sie Vernachlässigung als störenden und pathogenen Faktor in Ihrer Kindheit in Betracht ziehen. Auf Vernachlässigung weist weiterhin eine lang andauernde Trennung von den Eltern, insbesondere von der Mutter, verursacht durch Tod, Scheidung, Krankenhausaufenthalt oder, weil die Eltern durch eigene Aktivitäten und Interessen zu sehr in Anspruch genommen sind.*

Langzeitstudien über psychische Mangelerscheinungen, die Dr. John Bowlby in seinem Buch *»Maternal Care and Mental Health«** hervorragend zusammenfaßt, zeigen, daß emotionale Vernachlässigung in der Kindheit Narben im Gefühlsleben hinterläßt, die die Fähigkeit des Individuums, auf andere zu reagieren, sich ihnen nahe zu fühlen und sich mit Befriedigung an gesellschaftlichen Unternehmungen zu beteiligen, auf schwerste beeinträchtigt. Diese Untersuchungen zeigen, daß der Grad der Vernachlässigung in der Kindheit und ihre ausgeprägten und spezifischen Wirkungen im späteren

---

* John Bowlby: Maternal Care and Mental Health, W. H. O. Genf 1951. dt: Mütterliche Zuwendung und geistige Gesundheit, Kindler-Verlag München, 1973.

Leben in einem direkten und proportionalen Zusammenhang stehen. Sie werfen auch ein klärendes Licht auf die Probleme vieler Menschen, bei denen man nicht vermuten würde, daß sie in der Kindheit vernachlässigt worden sind. So ist nun vieles geklärt, was man bisher kaum verstanden hat.

Was ist Vernachlässigung?

Vernachlässigung ist gewöhnlich eine elterliche Haltung, die sich in vorwiegender Beschäftigung mit Arbeit oder »Verpflichtungen« äußert; sie hat zur Folge, daß der betreffende Elternteil für das Bedürfnis des Kindes nach fortwährender Bindung an einen Erwachsenen, an den es sich wenden kann, um Hilfe bei der Befriedigung seiner Bedürfnisse zu finden, wenig Zeit und Interesse hat und dessen kaum gewahr wird. Ein solcher Erwachsener kann den Bemühungen des Kindes, mit sich selbst zufrieden zu sein, keine interessierte und mitfühlende Unterstützung geben. So vermittelt er dem Kind auch nicht das Gefühl, daß jemand hinter ihm steht.
Oft vernachlässigt ein Vater, der tagsüber unterwegs war und zu Hause mit seinen eigenen Angelegenheiten oder mit »Ausruhen« beschäftigt ist, das Kind, ohne es zu merken; und selbst wenn man ihn darauf hinweist, versteht er das Bedürfnis des Kindes nach seiner interessierten Anteilnahme vielleicht nicht. In ähnlicher Weise kann auch die Mutter, die mit allem möglichen beschäftigt ist, von einem »Job« bis hin zur Arbeit in der Eltern-Lehrer-Vereinigung (P.T.A.) und zum Spendensammeln für Krankenhäuser, »zu beschäftigt« sein, um jedem Kind auf sinnvolle Weise ihre besondere Aufmerksamkeit zu schenken. Oft werden sich solche Eltern ihrer Haltung nicht bewußt, bis das Kind mit den Nachbarn oder dem Gesetz in Konflikt gerät und das Problem an die Öffentlichkeit gelangt. Wir alle kennen die absurde Geschichte jenes bekannten Bürgers, der sich mit Jugendkriminalität befaßte und dessen Sohn wegen eines Delikts eingesperrt wurde.
Vernachlässigung kann von allem verursacht werden, was ein Kind der liebevollen Zuwendung seiner Eltern beraubt, sei es nun deren sozialer Aufstieg, eine Krankheit, die Trunksucht eines Elternteils,

das Geschäft, der Tod eines der Eltern oder das Kegelvergnügen. Oft ist die Vernachlässigung das Ergebnis von Faktoren, auf die die Eltern keinen Einfluß haben, wie es z. B. beim Tod eines der Eltern der Fall ist; daher kann das Wort »Faktor« in einigen Fällen angemessener sein als das Wort »Haltung«. In vielen Fällen ist es jedoch eine Haltung der Eltern, die eine angemessene Berücksichtigung der Bedürfnisse des Kindes verhindert.

Viele von uns haben teilweise oder vorübergehend eine solche Vernachlässigung erfahren. Eine schwerwiegende emotionale Vernachlässigung in der Kindheit zeitigt, wie wir später zeigen werden, schlimme Wirkungen im Erwachsenen; die Folgen partieller oder vorübergehender Vernachlässigung sind jedoch, je nachdem, wann diese Benachteiligung erfahren wurde, entsprechend geringfügiger. Glücklicherweise ist die Vernachlässigung meistens nicht so extrem.

Wie man die Wirkungen der Vernachlässigung früher und heute erkennt

Im Rückblick auf Ihre Kindheit stellen Sie vielleicht fest, daß man Vernachlässigung nur schwer aufspüren kann. Emotionale Vernachlässigung ist ein Phantom, ein sich dem Zugriff entziehendes und leeres Etwas, aus dem einfachen Grund, daß sie die Abwesenheit von etwas ist. Aus eben diesem Grund kann man das Phänomen der Vernachlässigung beim Erwachsenen nur schwer erkennen und behandeln; wiederum ist es ein abwesendes Etwas.

Was dem Kind ursprünglich fehlt, ist die ständig vorhandene Gelegenheit, eine enge, das Kind bestätigende Bindung an einen Erwachsenen zu bilden und aufrechtzuerhalten, die dem Kind das Gefühl gibt, ein »besonderes«, einzigartiges und wertvolles Individuum zu sein. Fehlt dem Kind diese Beziehung, so entwickelt es in bezug auf sich selbst und andere dumpfe, unsichere, verzerrte und inhaltsleere Gefühle. Es vermag nicht zu fühlen, daß es wichtig ist, und es vermag auf andere und ihre Gefühle weder zu reagieren noch sich einzulassen. Dadurch wird der Kontakt mit anderen oberflächlich und unergiebig. Wenn Sie in der Kindheit gefühlsmäßig vernachlässigt wurden, so mag Sie dies immer aufs neue veranlassen, von einem Menschen zum anderen zu gehen, in der Hoffnung, irgend jemand werde Ihnen geben, was Ihnen fehlt. Vielleicht liegt Ihnen nicht so sehr viel an sich selbst, und Sie meinen, eine Heirat würde die Lösung bringen; und dann befinden Sie sich auf einmal in der beunruhigenden Lage, verheiratet, aber gefühlsmäßig ohne Bindung zu sein.

Da es sich um die Abwesenheit von etwas Ungreifbarem handelt — was man von Anfang an nicht erfahren hat —, erkennen viele Menschen, die als Kinder vernachlässigt worden sind, die Natur ihrer Schwierigkeiten nicht. In ihrer glücklosen Einsamkeit glauben sie vielleicht, ihre Probleme gingen auf ein traumatisches Erlebnis in der Kindheit zurück, auf Angst oder irgendeine schlimme Strafe, nach denen sie unter Umständen vergeblich suchen. Etwas Derartiges existiert gewöhnlich nicht und hat auch nie existiert. Einer hat es einmal so ausgedrückt: »Es ist gar nichts passiert.« Solche Menschen erwarten vielleicht ungeheuer viel von anderen, halten sie jedoch auf Distanz und werfen ihnen dann vor, ihnen nicht zu mehr Lebendigkeit verholfen zu haben.

Vielleicht verspüren Sie auch nicht das Bedürfnis, anderen nahe zu sein, und werden angesichts ihrer Bemühungen, Ihnen nahe zu sein, unruhig. Sie fühlen sich gefangen, geraten in Panik und versuchen mit aller Kraft, sich fernzuhalten. Wenn die andern sich dann in Reaktion auf Ihre kühle Distanziertheit zurückziehen, werden Sie vielleicht noch ängstlicher und depressiver. Da Sie in der Kindheit nie einem Menschen nahe waren, suchen Sie vielleicht diese Wärme unaufhörlich, erschrecken jedoch bei dem geringsten Anzeichen von Nähe und ziehen sich zurück. Vielleicht haben Sie in Ihrer Einsamkeit dieses Verhaltensmuster schon beobachtet, haben die Wärme und befriedigende Nähe zwischen anderen Menschen gesehen und sind zu der Erkenntnis gelangt, daß etwas fehlt.

Dieses Gefühl, daß etwas fehlt, ist oft das beste Anzeichen für eine emotionale Vernachlässigung in Ihrer frühen Kindheit. Wenn Sie dieses Gefühl haben, so können Sie die in der Kindheit erlebte Vernachlässigung eher beurteilen und Ihr Problem genauer erfassen. Auch können Sie dadurch leichter Wege finden, um das Bedürfnis nach Distanz zu verringern, das die Not Ihrer Kindheit verlängert.

Unser neues Verständnis des Phänomens »Vernachlässigung«

Seit dem Zweiten Weltkrieg haben sich unsere Einsichten in das Phänomen der Vernachlässigung sowie das Verständnis der Mangelerscheinungen erheblich verändert. Wir sehen heutzutage die Vernachlässigung als eine verbreitete pathogene Haltung in Familien an, in denen materieller Wohlstand herrscht und wo die Eltern gesellschaftliches Ansehen genießen. Charles Dickens zeichnete in seinem *Oliver Twist* ein klassisches Bild vernachlässigter Kinder, die nach Liebe und Aufmerksamkeit wie auch nach der dünnen Grütze des Waisenhauses hungern. Man weiß heute, daß die »dünne Grütze« von Aufmerksamkeit und Zuneigung, die Kindern in vielen geschäftigen Mittelstandsfamilien zuteil wird, dieselben Wirkungen emotionaler Vernachlässigung erzeugt, die man gemeinhin auch bei Heimkindern findet. Materielle Vernachlässigung ist zwar sicherlich eine Benachteiligung und häufig auch ein Zeichen von emotionaler Vernachlässigung, sie ist jedoch weder so verbreitet, noch beschneidet sie die Entwicklungsfähigkeit so sehr wie ihr psychisches Gegenstück. Die grundlegende Situation läßt sich einfach, aber klar beschreiben: Wenn Sie einen Vater hatten, der irgendwie kein Vater war, und eine Mutter, die irgendwie keine Mutter war, wenn Sie sie wirklich brauchten, haben Sie ein gewisses Maß an Vernachlässigung erlebt.

Was vielen von uns die Augen für den wahren Charakter und das verbreitete Vorkommen der emotionalen Vernachlässigung geöffnet hat, war die Erfahrung mit Kindern in England während des Zweiten Weltkrieges. Kinder, die bei ihren Müttern in den zerbombten Ruinen blieben, oft zu wenig zu essen und zu trinken, keine hygienischen Einrichtungen und Betten zur Verfügung hatten, waren trotz nächtlicher Bombenangriffe emotional weniger gestört als Kinder, die evakuiert und damit von ihren Müttern getrennt wurden.

Seither wird das Phänomen der Vernachlässigung gründlicher untersucht, und man hat festgestellt, daß es in allen gesellschaftlichen, religiösen, wirtschaftlichen und geographischen Bereichen vorkommt. Dr. R. N. Rapoport hat unlängst über die Wirkung der Vernachlässigung auf Kinder materiell erfolgreicher, »privilegier-

ter« Familien berichtet*. Diese Kinder, die unglücklich, fehlangepaßt und oft kriminell waren, hatten zu ihren Eltern wenig oder keine Beziehung. Die Eltern vernachlässigten ihre Kinder oft, weil sie an gesellschaftlich anerkannten Aktivitäten teilnehmen »mußten«. In einigen Fällen hatten sich die Eltern in der Gemeindearbeit unentbehrlich gemacht und arbeiteten an der Entwicklung notwendiger Einrichtungen für Kinder.
Doch ihr Kontakt zu ihren eigenen Kindern war sehr beschränkt und bedeutungslos. Diese Kinder konnten natürlich nicht verstehen, warum es notwendig war, neue Bauvorschriften zu entwickeln, Elendsviertel zu sanieren oder organisatorische Arbeit in der Verbesserung der Stadtverwaltung zu leisten. Sie wußten nur, daß sie ihre vielbeschäftigten Eltern selten allein sahen, daß man sie ermahnte, die Gespräche ihrer Eltern nicht zu unterbrechen, und daß man sie einer Reihe gleichgültiger Aufsichtspersonen, Kindermädchen, Dienstmädchen und anderer Erwachsener überantwortet hatte. Der Typus des »armen kleinen reichen Mädchens«, von Rapoport erwähnt, das »nach jener vertrauten Beziehung dürstet, die eine gesunde Gefühlsentwicklung fördert«, gehört zu den häufigsten. Oft schicken die Eltern ihre Kinder auf teure Schulen, machen sich vor, »das Beste« für sie zu tun, und erkennen nicht, daß auch dies eine Form von Vernachlässigung sein kann.
Vernachlässigung kann jedoch nicht nur bei den Reichen beobachtet werden. In allen gesellschaftlichen Schichten werden Kinder von »vielbeschäftigten Eltern«, die so »aktiv« sind, vernachlässigt. Und manchmal werden Eltern mit mißlichen Wendungen in ihrem Leben, wie z. B. Arbeitslosigkeit, längerer Krankheit, Überarbeitung und persönlichem Unglück, nicht fertig. Manchmal auch ist es einer überarbeiteten Mutter, die zu viele Kinder hat, einfach unmöglich, das einzelne Kind nicht zu vernachlässigen.

* R. N. Rapoport: American Journal of Orthopsychiatry, 28/656, 1958.

Perioden der Vernachlässigung

Jedes Kind braucht, von der frühesten Kindheit an und noch die ganze Jugendzeit hindurch, bei seinen Bemühungen, ein Individuum zu werden, stets Hilfe. Es muß das Gefühl haben, daß es jemandem etwas bedeutet, daß jemand »hinter ihm steht« und ihm bei seinen Bemühungen, »jemand zu sein«, den Rücken stärkt.

Fast ein jeder von uns hat Perioden von Vernachlässigung erlebt, Zeiten, in denen wir nicht das Gefühl hatten, die Aufmerksamkeit und Unterstützung unserer Eltern zu besitzen. Im allgemeinen waren diese Perioden von kurzer Dauer und besonderen Umständen zuzuschreiben, aber sie können auch länger gedauert haben und schlimme Wirkungen gehabt haben. Wenn Sie solche Zeiten von Vernachlässigung erlebt haben, so mag Ihnen eine gewisse Sichtweise dieser Perioden in Ihrer Kindheit bei der Entwicklung eines freundlicheren Elternverhaltens sich selbst gegenüber helfen.

Wenn Sie sich zum Beispiel an Zeiten erinnern können, in denen Sie das Gefühl hatten, niemandem wirklich etwas zu bedeuten in dem, was Sie waren und taten, in denen Sie sich unzulänglich vorkamen und es niemanden gab, an den Sie sich um mitfühlende Unterstützung hätten wenden können, so können Sie die besondere Art von Vernachlässigung und den Zeitpunkt (Ihr Alter), zu dem Sie es erlebt haben, erkennen und herausfinden. Oft hilft Ihnen vielleicht auch die Erinnerung an das, wonach Sie sich als Kind sehnten. Indem Sie sich an jene Zeiten erinnern, in denen Sie meinten, niemandem viel zu bedeuten, können Sie die Dauer dieser Phase mit Hilfe anderer Umstände bestimmen. Sie haben etwas derartiges vielleicht empfunden, als Ihre Mutter krank oder gar im Krankenhaus war. Oder zu einer Zeit, als Ihre Eltern mit dem Problem der Arbeitslosigkeit oder anderen Streßsituationen beschäftigt waren.

Solchen Erinnerungen können Sie entnehmen, ob die Periode von Vernachlässigung lang oder kurz war, und dies wiederum kann Ihnen eine neue Sichtweise für Ihr Problem vermitteln. Wenn Sie feststellen, daß die Zeit der Vernachlässigung relativ kurz war, so merken Sie vielleicht, daß Sie ihre Wirkung überschätzen. Wenn sie länger dauerte, so unterschätzen Sie vielleicht die Wirkung der

Vernachlässigung — da diese Abwesenheit von Aufmerksamkeit zu Ihrer bestimmenden Erfahrung wurde und die Art Ihres Erlebens prägte.

Eine solche Sichtweise Ihres Problems können Sie sich nicht auf »mechanische« Weise erwerben. Elterliche Schwierigkeiten bedeuten zum Beispiel nicht immer Vernachlässigung. Ich kenne einen Mann, dem gewisse Arten von Vernachlässigung, die er als Kind erlebte, weil seine Mutter immer mit den jüngeren Kindern beschäftigt war, heute noch weh tun und nachhängen. Sein Vater ging am frühen Morgen zur Arbeit, und wenn er nach Hause kam, beschäftigte ihn seine Arbeit immer noch, und außerdem mußte man ihn mit anderen »teilen«. Als Junge geriet dieser Mann in die Hände einer Tante, die — in dem Versuch, seiner Mutter zu helfen — der Überzeugung war, er solle sich um keinen Preis schmutzig machen, nirgendwo hingehen, wo es gefährlich und schmutzig sei, und sie nicht behelligen. Ihre Vorstellung war, er »solle ein kleiner Gentleman« sein, was bedeutete, gerade zu sitzen, zu antworten, wenn man ihn etwas fragte und etwas »Bildendes« zu lesen. Viele Jahre lang hat er ein einsames Dasein gefristet. Seine eigene farblose Existenz war im Vergleich zu den Taten der Ritter, über die er las, unbedeutend und erbärmlich. Er hatte kein echtes Selbstgefühl und kein Gespür dafür, was er tun konnte. Seine Tante bat ihn ständig, ihr »auszuhelfen«, kritisierte aber alles, was er tat. Seinen Vater sah er selten, abgesehen vom Abendbrot, und er hatte das Gefühl, ihn nicht zu kennen.

Einen Sommer jedoch war sein Vater, der eigentlich völlig überarbeitet war, ohne Arbeit und blieb zuhause. Obwohl ihn seine wirtschaftliche Lage beunruhigte, wandte er sich seinem Sohn liebevoll und interessiert zu. Er übernahm seine Erziehung und erlaubte ihm, alles mögliche zu tun, was zuvor verboten war, wie zum Beispiel das Spielen am Bahndamm oder am Fluß; er lachte freundlich, wenn sein Sohn schmutzig wurde und Fehler machte und ermutigte ihn, mit jedem zu spielen, mit dem er spielen wollte. Im Verlauf einiger Monate »gab mir mein Vater das Gefühl, jemand zu sein«, sagt der Mann heute.

Sie sollten also auf jeden Fall die Bestimmung der Perioden von Vernachlässigung sorgfältig überprüfen. Dieser Junge wurde mehr vernachlässigt, als es seiner Familie besser ging, denn zu der Zeit, als sein Vater arbeitslos war. Der beste Führer ist Ihre Erinnerung daran, wie Sie sich fühlten.

»Wer bin ich?«

Eines Tages überwies mir ein Internist eine junge Frau. Sie war gut gekleidet und sah freundlich aus und klagte, sich oft wacklig und »nicht im Gleichgewicht« zu fühlen, wenn sie ging. Sie sagte zu mir: »Manchmal zittere ich geradezu, ja, es schüttelt mich.« Ihre offensichtliche Angst ließ sie unruhig und angespannt erscheinen. Was sie tatsächlich sagte, klang ungefähr so:
»Wenn ich nur ein Gefühl der Identität haben könnte; wenn ich nur das Gefühl hätte, ein wirklicher Mensch zu sein! Wer bin ich? Ich kenne meinen Namen, meine Adresse und so weiter, aber das sagt mir nicht viel. Ich habe immer noch das Gefühl, irgendwie kein Mensch zu sein. Ich weiß zum Beispiel nie, was ich will, wenn ich in ein Restaurant gehe. Mir fällt anscheinend einfach nicht ein, was ich mag oder möchte. Ich habe manchmal Zeiten, in denen ich das Gefühl habe, in mich hineinzukriechen.
Andere Frauen beziehen ihre Befriedigung daraus, Familie und Kinder zu haben, aber mich befriedigt das nicht so sehr. Ich bin unruhig und unzufrieden. Ich denke, das kann doch jeder. Auf Parties kann ich mich manchmal nicht darauf konzentrieren, was die Leute zu mir sagen. Ich versuche einfach, so auszusehen, als ob ich sie verstünde, ich lächle oder nicke oder ziehe die Stirn hoch und versuche genau das zu tun, was man von mir zu erwarten scheint. Aber ich sehe diese Leute an und weiß, daß ich sie eigentlich nicht kenne und verstehe. Es sind Freunde, Leute, die ich sehr gut kenne, aber ich fühle mich ihnen nicht verbunden. Sie könnten genausogut Fremde sein. Ich habe tatsächlich das Gefühl, sie seien Fremde. Manchmal auf Parties bin ich umhergegangen und hatte das Gefühl, als ob in mir nichts als Leere wäre. Ich fühlte mich von allen abgetrennt, sogar von meinem Mann.«
Ihr Mann war ein ziemlich formeller Mensch, ein sehr gewissenhafter, etwas pedantischer Buchhalter. Er konnte die Unruhe und

Angst seiner Frau nicht verstehen. Es machte ihm Angst — und so vergrub er sich noch mehr in seine Arbeit, in der Hoffnung, sie würde eines Tages plötzlich »darüber hinweg sein«, wie er es ausdrückte.

Diese Frau beschrieb die Familie, aus der sie kam, auf folgende Weise:

»Ich wuchs in einer großen Stadt auf. Mein Vater war relativ ungebildet, und wir lebten in einem der ärmeren Viertel. Es war schäbig und häßlich dort. Ich erinnere mich, daß ich als Teenager darüber sehr unglücklich war. Die Jungen aus der Gegend waren frech und hatten eine schmutzige Phantasie, sie waren gemein und hatten immer etwas zu spotten. Sie sahen einen an, wie . . ., na ja, Sie wissen schon, irgendwie aggressiv und drohend.

Mit meinem Vater konnte ich nicht reden. Nicht nur über die Jungen, sondern über gar nichts. Es war immer dasselbe. Ich konnte einfach über nichts mit ihm reden. Jeden Abend ging er ins Wirtshaus, um seine Freunde zu treffen. Als ich mit der High School fertig war, meinte er, mehr Ausbildung bräuchte ich nicht. ›Wozu‹, sagte er immer. ›Du wirst irgendwann heiraten, und wozu brauchst du dann deine Bildung?‹ Und natürlich konnte ich ihm die Sache mit den Jungen und dergleichen einfach nicht klarmachen; er wurde immer gleich wütend und warf mir vor, mit ihnen zu flirten; und mir machte es doch Kummer.

Meine Mutter war genauso. Sie wollte nichts von dem wissen, was ich zu sagen hatte. Sie verbrachte viel Zeit bei Ärzten und war dauernd auf der Suche nach Beruhigungsmitteln für ihre Nerven. Immerzu beklagte sie sich über meinen Vater; sie tut es immer noch. Sie hat sich nie zu mir gesetzt und über irgendetwas geredet oder mich irgendetwas gefragt. Sie hat sich nie wirklich bewußt für eines von uns Kindern interessiert.

In der Schule war ich gut, weil mich Bildung eben interessierte. Der Lehrer fragte uns immer wieder, wer von uns aufs College gehen würde, und er war immer überrascht, wenn ich die Hand nicht hob. Ich schrieb Artikel für die Schülerzeitung und leitete einige Theateraufführungen an der Schule. Das hat mir von allem, was ich jemals getan habe, am meisten Spaß gemacht. Zuhause war ich immer auf meinem Zimmer und las, weil ich mit niemandem reden konnte.

Mein Bruder war viel älter und, wie mein Vater, tagsüber außer Haus. Und wenn ich unten im Wohnzimmer blieb, mußte ich mir die Klagen meiner Mutter anhören. Ich konnte sie nie dazu bringen, mir zuzuhören.«

Wie man ihrer Geschichte entnehmen kann, verbrachte diese Frau den größten Teil ihrer Kindheit isoliert und einsam, unfähig, irgend jemandem nah zu sein. Ihr Vater, ohnehin selten zu Hause, zeigte kaum aktives Interesse an ihr. Ihre Mutter war viel zu sehr mit ihrer Angst um ihre Gesundheit und ihren Mann beschäftigt, als daß sie eine warme, enge Beziehung zu ihrer Tochter hätte bilden können. Als die Patientin, in ihrer Einsamkeit, älter wurde, wurde sie in ihren alltäglichen Verrichtungen ängstlich und furchtsam. Nun, da sie erwachsen ist, setzt ihr »inneres Kind von früher« sowohl ihre Unfähigkeit, mit anderen zusammenzukommen und zu kommunizieren, als auch ihre Befürchtungen bezüglich des Zusammenlebens mit anderen Menschen fort — den groben Jungen aus der Nachbarschaft in den Tagen der Kindheit. Sie hat keine gute Beziehung zu sich selbst, weil es ihren Eltern nicht gelang, ihr als Kind das Gefühl zu geben, ein einzigartiger und wertvoller Mensch zu sein, dessen Gefühle und Interessen der Beachtung wert waren. Niemand schenkte dem je Aufmerksamkeit, was sie als Kind früher fühlte und dachte — um so wichtiger nimmt sie es heute.

Die Geschichte dieser Frau ist typisch für die Art emotionaler Vernachlässigung, an der Tausende von Menschen leiden. Gewöhnlich entgehen sie — wie auch diese Frau — einem verheerenden psychischen Schaden, weil ihnen irgend jemand außerhalb der Familie — in ihrem Fall ihre Lehrer — ein gewisses Selbstwertgefühl vermittelt und ihnen irgendwie Gelegenheit gibt, sich zu äußern. Eine der größten Schwierigkeiten emotional vernachlässigter Menschen ist es jedoch, daß sie eine so unklare Vorstellung davon haben, wie eine gefühlswarme, enge menschliche Beziehung ist. Sie verstehen kaum, was Befriedigung in einer solchen Beziehung bedeuten kann.

Die Kindheitsgeschichte emotional vernachlässigter Menschen zeigt gewöhnlich einen Vater, der eigentlich kein Vater war, und eine Mutter, die eigentlich keine richtige Mutter war. Folglich erhält das vernachlässigte »Kind von früher« im Leben des Erwachsenen die Sicherheit dieser vertrauten Leere aufrecht und verhindert die Bildung jeder tiefen, engen Beziehung. »Ich kenne eine Menge Leute, aber ich habe keine Freunde. Wenn es darauf ankommt, sind sie mir eigentlich ziemlich gleichgültig«, sagte einmal ein Patient zu mir.

In gewisser Hinsicht ähneln die Beziehungen von Menschen, die als Kinder emotional vernachlässigt worden sind, denen eines Schauspielers zu seinem Publikum. Als Kinder haben sie vielleicht entdeckt, daß sie den warmherzigen Beifall und die Anerkennung, die momentane Aufmerksamkeit und Liebe ihrer Eltern durch eigene Leistungen und gute Manieren gewinnen konnten. Oft fühlen sich solche Kinder getrieben, Hervorragendes zu leisten, in der verzweifelten Anstrengung, die Beachtung der Eltern zu gewinnen. Aber eine enge Beziehung und gegenseitiges Interesse entwickeln sie nicht.

Unter Umständen lernt ein Kind, nur Beifall zu erwarten. Mehr als momentane Herzenswärme und Liebe gibt es nicht. Als Erwachsener zieht der Betreffende weiterhin »seine Schau ab«, gewinnt Freunde und beeindruckt sie mit seinen Leistungen, einnehmenden Manieren und seiner scheinbaren Zuvorkommenheit.

Wenn ihm die Leute jedoch nahezukommen versuchen, bricht er die Beziehung ab — selbst wenn er sich in Wirklichkeit nach einer engen Beziehung verzweifelt sehnt. Die Nähe bedroht die »Sicherheit« des Vernachlässigtwerdens, mit der sein »Kind von früher« aufgezogen worden ist. Für einen solchen Menschen ist Nähe etwas Erschreckendes, sie fesselt ihn und hält ihn gefangen.

Die Tendenz, andere auszunützen

Menschen, die in der Kindheit emotional vernachlässigt wurden, werden oft zu Spezialisten im Ausbeuten anderer. Sie sind unfähig, mit irgend jemandem eine tiefere Beziehung und Bindung einzugehen und entwickeln sich daher zu Ausbeutern. Sie wissen nur, wie man bei anderen Interesse und Mitgefühl erregt. Und sie fordern Liebe und Zuneigung, ständige Aufmerksamkeit und emotionale Unterstützung für ihre Vorhaben — bis hin zu materieller Hilfe. Aber dies ist eine Einbahnstraße. Wenn man sie nämlich ihrerseits um derartige Unterstützung bittet, so brechen sie die Verbindung unvermittelt ab. In vielen Fällen von starker Vernachlässigung führt diese Tendenz, andere auszubeuten, bei Jungen dazu, daß sie kleine Diebe und Gauner werden; Mädchen werden unter Umständen promiskuös und schließlich zu Prostituierten. Solche Menschen neigen dazu, das Leben als »Glücksspiel« anzusehen, und für sich und andere empfinden sie wenig, es sei denn in einer oberflächlichen, ausbeuterischen Weise.

Viele Forscher haben darauf hingewiesen, daß Kinder — und Erwachsene —, in deren Vergangenheit Vernachlässigung eine Rolle spielte, gewissenlos sind. Dieser Mangel an Gewissen erleichtert es ihnen tendenziell, sich von einer Gelegenheitsbekanntschaft zur anderen treiben zu lassen, da sie in vielen Fällen keine tiefe Bindung an andere verspüren. Und eben dieser Mangel an Gewissen läßt sie die Ausnützung anderer als normal und sogar wünschenswert ansehen. Die Rechte, das Eigentum und die Gefühle anderer sind etwas, das man sich nehmen und benützen soll. Bowlby betonte in seinen Untersuchungen die Häufigkeit kleiner Diebereien unter Kindern, die emotional stark benachteiligt und vernachlässigt worden waren. Ein solches Schicksal ist jedoch den meisten Menschen nicht widerfahren.

Nach meinen eigenen Beobachtungen scheint es, als gäbe es häufig einen eindeutigen Zusammenhang zwischen den Schuldgefühlen, die ein Erwachsener hat, weil er etwas Unrechtes getan hat, und dem Grad der Vernachlässigung, die er als Kind erlebt hat. Wenn er häufig Schuldgefühle hat, hat es in seiner Kindheit jemanden gegeben, der ihm sehr nahe stand. Eine Ausnahme bildet der rücksichtslose Mensch, der keine Schuldgefühle hat, weil ihm seine Eltern, obgleich ihm nahestehend, in der Kindheit seine Rücksichtslosigkeit nachgesehen haben.

Impulsivität: Da Vernachlässigung Abwesenheit von etwas eigentlich nie Erlebtem ist, haben viele Menschen große Schwierigkeiten, ihre Auswirkungen im Erwachsenenalter zu erkennen. In vielen Fällen greifen sie auf ein impulsives Verhalten zurück, um zu spüren, daß sie lebendig sind. Sie rennen hin und her, stürzen sich in Liebesabenteuer, haben immer alle Hände voll zu tun. Aber ge-

wöhnlich ist diese ganze Aktivität im Hinblick auf ihre eigentlichen Bedürfnisse ziellos und verschafft ihnen daher nur augenblickliche Befriedigungen.
Oberflächlich gesehen scheinen die berühmte Filmschauspielerin mit ihren zahlreichen Eroberungen und Heiraten, der große Staatsmann und seine einsame, melancholische Weisheit und die Frau, deren Leben im Dienst am Nächsten besteht, als Kinder oder Erwachsene nicht besonders vernachlässigt worden zu sein.
In ihrer unausgesetzten Selbstvernachlässigung sind sie jedoch zutiefst unglücklich. Ungeachtet der Fassade, die sie der Welt bieten, empfinden sie sich kaum oder gar nicht als Personen; sie kennen nur das Gefühl der Hoffnungslosigkeit und Verzweiflung. Sie führen ein Schattendasein, anstatt zu leben. Viele solche Menschen, insbesondere Frauen, zieht es ans Theater oder zum Film, weil sie sich bei dieser Arbeit und in dieser Atmosphäre eine Phantasie-Identität schaffen können. Insgeheim sind sie so verzweifelt, daß sie glauben, diesen starken Gefühlen keine Aufmerksamkeit schenken zu können. Eine Frau hat dies einmal so formuliert: »Wenn man ein Garniemand ist, kann man nur jemand sein, indem man jemand anders ist.«
Ständiges Erfolgsstreben ist oft eines der Merkmale solcher Menschen. Dies kann zwar in einigen Fällen einen Versuch darstellen, eine frühere wirtschaftliche Benachteiligung auszugleichen, oft jedoch ist es der Versuch, das Gefühl der Leere wegzuschieben, indem man sich mit einem zur Schau gestellten Reichtum beruhigt oder sich den eindrucksvollen Ruf verschafft, man lebe nur für den Dienst am Nächsten.

Wie man den Grad feststellen kann, in dem man vernächlässigt worden ist

Wenn Sie als Kind vernachlässigt worden sind, müssen Sie so objektiv wie möglich feststellen, in welchem Ausmaß dies geschehen ist. Andernfalls können Sie das Problem mißdeuten. Sie erkennen vielleicht nicht, was Sie an Aktivposten haben, um mit Schwierigkeiten fertig zu werden, und Sie sind vielleicht nicht auf Rückschläge vorbereitet. Sie überlassen sich vielleicht unfruchtbarer Verzweiflung, leerem Selbstmitleid und schwarzer Hoffnungslosigkeit, ohne einzusehen, daß Sie einerseits das Problem überzeichnen und andererseits fähig sind, es zu bewältigen. Ungeachtet der Vernachlässigung, die Sie als Kind erlebt haben, können Sie sich heute helfen, wenn Sie Ihr »Kind von früher« akzeptieren, indem Sie in der Rolle Ihrer eigenen Eltern freundlich und liebevoll mit sich umgehen — so, wie Sie es selbst von seiten Ihrer wirklichen Eltern nicht erlebt haben.

Aus Untersuchungen über die schwersten Formen emotionaler Benachteiligung können Sie eine gewisse Einsicht in Ihre eigenen Schwierigkeiten gewinnen und demzufolge den Grad der Vernachlässigung besser einschätzen, die Sie in Ihrer Kindheit erlebt haben. Solche Untersuchungen geben einem einen Gradmesser an die Hand, mit dessen Hilfe man die erlittene Vernachlässigung einigermaßen objektiv beurteilen kann.

Die schwerwiegendste Art emotionaler Vernachlässigung, mit ihrer Wirkung auf die Beziehungsfähigkeit des betreffenden Menschen, wird durch den Tod der Mutter und die darauffolgende Hospitalisierung oder Heimeinweisung des Kindes für längere Zeit verursacht. Irgendwie wissen wir schon seit jeher, daß die Trennung von Mutter und Kind im Säuglingsalter dem Kind schadet; wir haben jedoch erst seit relativ kurzer Zeit adäquate wissenschaftliche Daten, die exakt beweisen, wie dies zustande kommt und warum.

Deprivation in den ersten Lebensjahren: Vor vielen Jahren hat Franz Boas, der berühmte amerikanische Anthropologe, gezeigt, daß sich Kinder, die in Waisenhäusern aufwuchsen, körperlich nicht so gut entwickelten wie die Kinder, die in Familien aufwuchsen. Es vergingen jedoch nahezu 50 Jahre, ehe Kinderärzte und Psychiater genügend Daten zusammentragen konnten, um zu beweisen, daß emotionale Vernachlässigung auf das Selbstgefühl des Kindes und auf seine Fähigkeit, sich mit anderen einzulassen, spezifische schädigende Wirkungen hatte. Unabhängige Untersuchungen vieler verschiedener Forscher, zu denen Harry L. Bakwin, R. A. Spitz,

William Goldfarb und andere* zählen, liefern die Beweise für diese wesentlichen Entdeckungen.
Diese Untersuchungen zeigen, daß das Kind, das zwar in den ersten Lebenswochen ohne schädliche Folgen von verschiedenen Menschen versorgt werden kann, im Alter zwischen einigen Monaten und fünf Jahren die stete Aufmerksamkeit ein und desselben Menschen braucht — seiner Mutter oder einer geeigneten und liebevollen Bezugsperson —, wenn es im späteren Leben persönlichen Schwierigkeiten entgehen soll.
Die untersuchten Kinder waren in erster Linie solche, die im Säuglingsalter infolge des Todes oder eines längeren Krankenhausaufenthalts der Mutter in ein Heim gekommen waren. Dr. John Bowlby analysierte und untersuchte die Arbeit all dieser Forscher und ergänzte sie durch seine eigene Arbeit. Er weist darauf hin, daß das emotional vernachlässigte Kind folgendermaßen reagiert:

»Auch hier ist die affektive Grundhaltung eine der Trauer und der Betrübnis; das Kind zieht sich so weit von seiner Umwelt zurück, daß man dies fast als Ablehnung betrachten kann; es macht keinen Versuch, Kontakte mit Fremden herzustellen, und zeigt kein Entgegenkommen, wenn ein anderer von sich aus Kontakt sucht. Die Aktivität ist weit zurückgeblieben, und das Kind sitzt oder liegt meist in betäubter Erstarrung da. Schlaflosigkeit tritt häufig auf, Appetitmangel ist die Regel. Das Kind verliert an Gewicht und neigt zu Infektionskrankheiten. Sein Entwicklungsquotient (ein Wert, um die Entwicklung zu messen und einzustufen) sinkt unaufhaltsam.«

Wenn das Kind jedoch zu seiner Mutter zurückkommt oder eine Ersatzmutter findet, verwandelt sich das Bild in sein Gegenteil.

---

* Harry L. Bakwin: American Journal of Diseases of Children, 63/30, 1940.
R. A. Spitz: »Hospitalism« in: Psychoanalytic Study of the Child, hrsg. v. O. Fenichel, N. Y., International University Press, 1945; ebenda 2/113; 2/313, 1946. Deutsch: »Hospitalismus I und II« in: Erziehung in früher Kindheit, Piper, München 1968, S. 77 ff.
William Goldfarb: »Effects of Early Institutional Care on Personality, Behavior« in: Child Development, 14/213, 1943; American Journal of Orthopsychiatry, 13/249, 1943; ebenda 14/162, 1944; American Journal of Psychiatry, 102/18, 1945.

Dr. Bakwin beschreibt einen derartigen Vorgang bei einem vier Monate alten Jungen, der zwei Monate im Krankenhaus lag und dessen Zustand kritisch war:

»Er sah aus wie ein bleicher, runzliger Greis. Sein Atem ging so schwach und flach, daß es schien, als würde er im nächsten Augenblick überhaupt aufhören zu atmen. Vierundzwanzig Stunden nach seiner Rückkehr ins Elternhaus lallte er fröhlich und lächelte. Ohne jede Umstellung der Nahrung nahm er umgehend zu und hatte am Ende des ersten Jahres sein Normalgewicht erreicht. Er schien ein in jeder Beziehung normales Kind zu sein.«

Diese Veränderungen sind so dramatisch und positiv, daß Bowlby, der ähnliche Fälle untersucht hatte, darauf hinweist, es sei »erstaunlich, daß man dieser Tatsache bisher so wenig Beachtung geschenkt« habe.

Bowlby und andere Forscher sind sich einig, daß die Heranziehung einer Pflegemutter zum frühest möglichen Zeitpunkt die Folgen der Trennung von der Mutter weitgehend ausgleicht. Die meisten Fachleute sind überzeugt, daß eine derartige Pflege eine emotionale Schädigung im ersten Lebensjahr verhindern kann. Sie stimmen darin überein, daß eine derartige ständige und anteilnehmende Pflege, selbst wenn sie nicht völlig zureichend ist, zur Verhinderung späterer emotionaler Probleme unentbehrlich ist.

Die meisten Forscher meinen, daß der Verlust der Mutter während der ersten fünf Lebensjahre für ein Kind die ernsthafteste Deprivation ist. Wenn Sie während dieser Zeit länger von Ihrer Mutter getrennt waren, so haben Sie unter diesem Verlust zweifellos schwer gelitten. Dieser Verlust wurde womöglich ausgeglichen, und zwar durch eine Person, die Sie vielleicht nicht so sehr umhegte, wie es Ihre Mutter getan hätte und die sogar dumm oder gemein war, Ihnen aber doch während dieser fünf entscheidenden Jahre Liebe schenkte und für Sie sorgte. Dadurch wurde Ihre Fähigkeit, sich anderen Menschen nahe zu fühlen, vielleicht nicht so stark beeinträchtigt, wie Sie es manchmal in düsteren Augenblicken meinen mögen. Gleichgültig, wie weit es Ihnen vielleicht auch an dieser Fähigkeit mangelt, Sie können sie verbessern, indem Sie sich gegenüber Ihrem »inneren Kind von früher« freundlich verhalten und Ihre Lage zu verstehen versuchen.

Der Verlust eines Elternteils durch den Tod ist natürlich für ein Kind jeden Alters ein schwerer Schlag. Dieser Verlust wird jedoch in seinen Folgen immer weniger schwerwiegend, wenn es das sechste Lebensjahr erreicht und älter wird, obwohl er sich sogar im Jugendalter häufig schlimm auswirkt.
Sie können Ihre eigene Deprivation in einer objektiveren Perspektive sehen, wenn Sie diesen äußerst schweren Verlust verstehen. Dies wird Ihnen auch in Ihrem Verhalten gegenüber Ihrem »Kind von früher« helfen. Sie können die alten Gefühle Ihres »Kindes von früher«, die Trostlosigkeit, Wut, Entfremdung und den Rückzug, besser erkennen. Diese Gefühle haben Sie veranlaßt, sich die Wärme und Nähe zu versagen, die Sie als Kind nie soweit kennengelernt haben, als daß Sie mit ihnen hätten vertraut werden können. Sie können diese Gefühle jetzt beiseitelassen, gehören sie doch der Vergangenheit an! Und Sie können es sich selbst gestatten, die Freundschaft und Vertrautheit mit anderen immer mehr zu genießen, bis Sie sich in diesem Gefühlen »daheim« fühlen. Wenn Sie sich immer wieder die Möglichkeit zu einem Rückzug in eine sichere Distanz verschaffen, können Sie dieses aus der Vergangenheit stammende Bedürfnis nach Distanz mit Geduld und Verständnis allmählich zum Verschwinden bringen.

Seelischer Schmerz: Protest, Verzweiflung, Absonderung

Bei dieser frühen Deprivation, durch die das Kind von einem der Eltern getrennt wird, spielen der seelische Schmerz, den das Kind erlebt, und die Trauerarbeit, die es im Zusammenhang mit diesem Verlust leistet, eine große Rolle. Selbst wenn der Verlust nur von kurzer Dauer ist, wie dies bei einem mehrere Monate langen Krankenhausaufenthalt manchmal der Fall ist, finden derartige Prozesse des Trauerns und des Erlebens von seelischem Schmerz statt. Der Verlust als solcher — und nicht dessen Ursache — setzt diese Prozesse in Gang.
Nach Dr. Bowlby, der seelischen Schmerz und Trauerarbeit bei Kindern intensiv erforscht hat, durchläuft das Kind in seinem Trauern drei wichtige Phasen: Protest, Verzweiflung und Absonderung.

Zuerst verlangt es unter Tränen und Wutausbrüchen lautstark die Rückkehr der Mutter (des Vaters), und es scheint durchaus voller Hoffnung zu sein, daß sein Protest Erfolg hat. Dies kann mehrere Tage dauern. Aber schließlich schwindet seine Hoffnung dahin, auch wenn es immer noch vorwiegend mit seiner abwesenden Mutter und seiner Sehnsucht nach ihrer Rückkehr beschäftigt ist — dies signalisiert den Anfang der Verzweiflungsphase. Es wimmert leise und verzweifelt nach seiner Mutter. Eine Zeitlang kann das Kind zwischen Verzweiflung und Protest hin und her schwanken.
Aber dann findet eine noch größere Veränderung statt. Das Kind scheint seine Mutter völlig zu vergessen. Wenn sie es wieder holen kommt, bleibt es vielleicht seltsam uninteressiert ihr gegenüber und scheint sie nicht zu erkennen. Dies ist die Phase der Absonderung.
»In jeder dieser Phasen«, schreibt Dr. Bowlby, »neigt das Kind zu Wutausbrüchen und Phasen destruktiven Verhaltens, das oft in beunruhigender Weise gewalttätig ist. Je nach der Dauer der Trennung kann dieses Nicht-Reagieren auf die Mutter wenige Stunden lang oder sogar wochenlang anhalten. Danach klammert es sich oft an seine Mutter und wird wütend oder bekommt einen plötzlichen Angstanfall, wenn sie sich auch nur einen Augenblick lang entfernt. Wenn das Kind lange Zeit von seinen Eltern getrennt war, kann es ein fortgeschrittenes Stadium der Absonderung erreichen, in dieser Absonderung verharren und nie wieder Zuneigung zu seinen Eltern verspüren.«
Was sind die Folgen dieses Verlustes beim Erwachsenen? — Dr. Helene Deutsch beschreibt einen Patienten dieser Art auf folgende Weise: »Er zeigte eine vollständige Affektblockierung, ohne die geringste Krankheitseinsicht ... Er hat keine Liebesbeziehungen, keine Freundschaften, keine echten Interessen irgendwelcher Art. Gegenüber jeglicher Erfahrung zeigte er die gleiche stumpfe und apathische Reaktion. Er hatte keinen Unternehmungsgeist und wurde durch nichts enttäuscht ... Beim Verlust von Menschen, die ihm nahe standen, zeigte er keinen Kummer, keine feindseligen Gefühle und aggressiven Impulse.«*
In seinem Kommentar zu diesem Fall bemerkt Bowlby, daß die

* Helene Deutsch in: Psychoanalytic Quarterly, 6/12, 1937.

Mutter dieses Mannes starb, als er 5 Jahre alt war. An Ereignisse, die vor ihrem Tod lagen, konnte er sich nicht erinnern; nach ihrem Tod ließ er die Tür seines Schlafzimmers in der Hoffnung offen, daß »ein großer Hund zu ihm kommen, sehr freundlich zu ihm sein und all seine Wünsche erfüllen würde.«

Dr. Bowlby weist darauf hin, daß dieser Mann, der vermutlich unfähig war, seinen Protest, seine Wut und Sehnsucht nach seiner Mutter im Zusammenhang mit ihrer scheinbaren »Fahnenflucht« zu äußern, sich rasch in einen Zustand der Absonderung begeben hatte, aus dem er sich und seine Gefühle nicht befreien konnte: »Die Sehnsucht und die Wut waren in ihm eingeschlossen, potentiell aktiv, aber von der Welt abgeschnitten ... Und nur seine übrige Persönlichkeit konnte sich weiterentwickeln. Infolgedessen war er in seiner Entwicklung äußerst eingeschränkt.«

Wenn es möglich ist, die Gefühle der Wut, Verzweiflung und Sehnsucht, die Teil der Trauerarbeit sind und seit der Kindheit aufgestaut worden sind, einem geliebten und vertrauten Menschen gegenüber voll zu äußern, kann häufig die ganze Persönlichkeit ein neues Gleichgewicht gewinnen und in Bereichen funktionsfähig werden, die bis dahin abgespalten waren.

Wenn Sie in der Kindheit Vater oder Mutter verloren haben, erinnern Sie sich vielleicht lebhaft an Ihren Protest, Ihre Wut, Ihre hilflose Verzweiflung und Ihre Sehnsucht — vielleicht haben Sie aber auch all die Jahre hindurch versucht, diese Gefühle zu leugnen. Wenn dieser Verlust zu einem Zeitpunkt eingetreten ist, zu dem Sie alt genug waren, um z. B. zu wissen, daß Ihre Mutter oder Ihr Vater nicht in der Absicht gestorben war, Sie zu verletzen, so haben Sie sich vielleicht dieser Wut geschämt und ihretwegen Schuldgefühle gehabt. Und das hat sich vielleicht nicht geändert. Aber Wut und derartige Gefühle sind doch sehr natürliche Reaktionen, und als freundliche Eltern gegenüber Ihrem benachteiligten »Kind von früher« sollten Sie dies erkennen und sich nicht schämen oder Schuldgefühle haben.

Oft verletzt der Verlust eines Elternteils das Kind so sehr, daß es in seiner Wut auf den Vater oder die Mutter, die es anscheinend verlassen haben, von Rachegefühlen erfüllt ist. Es will gegen diesen unfairen Schlag einen Gegenschlag führen — und wenn der Verlust andere schwerwiegende Probleme und Benachteiligungen verursacht, so häuft es vielleicht soviel Groll, Haß und Rachegefühle an, daß es seine Eltern nicht mehr als Menschen ansieht. Ein schüchterner und ruhiger Mann z. B. war mit einer intelligenten, aber dominierenden Frau verheiratet, die ihn hin und her stieß. Sie glänzte in ihrer Rolle als Mutter einer wachsenden Kinderschar; in deren Namen forderte sie ihn und kommandierte ihn herum. Schließlich rebellierte der Mann — und ließ die Familie im Stich. Die Kinder und die Frau empfanden sein Weggehen als einschneidend und schmerzlich. »Er war ein Taugenichts«, erinnerte sie immer wieder die Kinder, während sie sich mit Hilfe von Sozialfürsorge, unzureichendem Kleidergeld und unter vielen Benachteiligungen durchkämpften. Viele Verantwortlichkeiten und Pflichten, die der Vater auf sich genommen hatte, lasteten jetzt auf dem ältesten Sohn, der die stille Zuneigung seines Vaters besonders genossen hatte. Jetzt schob er voller Bitterkeit die Schuld an den wirtschaftlichen Schwierigkeiten und der oft verzweifelten Lage der Familie dem Vater zu. Er knirschte vor Wut mit den Zähnen und schwur sich, »eines Tages werde ich ihn kriegen und ihm sagen, was er für eine jämmerliche Kreatur ist, was er uns angetan hat —, und ich werde ihn fragen, was zum Teufel wir ihm denn getan hätten«.

Jahre vergingen, aber sein kindlicher Schwur blieb unvergessen — immer noch wollte er den Vater aus Rache vernichten. Nach mehr als zwanzig Jahren erfuhr er eines Tages, daß sein Vater in einer nahegelegenen Stadt lebte. Er fuhr unverzüglich dorthin und ging gleich in das Viertel, in dem sein Vater wohnte. Erst dann wurde ihm klar, daß er seinen Vater wahrscheinlich nicht erkennen würde, und umgekehrt sein Vater ihn auch nicht kennen würde; seine hitzigen und wütenden Fragen könnten dann ja eher lächerlich als verletzend sein. Er rief also seinen Vater an und sagte ihm, daß er ihn besuchen käme.

Sein Vater öffnete die Tür und grüßte ihn ruhig und irgendwie schuldbewußt. Weiter berichtete der Junge: »Ich sah ihn wie zum erstenmal in meinem Leben. Ich sah, daß er ein stiller, schüchterner kleiner Mann war, und in dem Augenblick, als ich ihn sah, wußte ich, warum er davongelaufen war. Er konnte die Forderungen meiner Mutter, ihre Herrschsucht, ihre Lautstärke und die vielen Kinder einfach nicht ertragen. Er war einfach nicht dafür gebaut. Ich wußte Bescheid, weil ich all das zu tragen hatte — und es nicht tragen konnte; und dieser kleine Mann konnte es nicht halb so gut wie ich. Und plötzlich schienen meine Träume sinnlos, ihn für all das Elend, das wir erfahren hatten, büßen zu lassen. Er hatte auch Schwierigkeiten gehabt. Auch ihm hatte man weh getan. Ich wußte, daß er uns als Kinder liebgehabt hatte.

Ich sagte also nur, daß ich ihn schon lange hatte sehen wollen, und wir standen einige Minuten irgendwie dumm und unbeholfen da. Schließlich fragte er: ›Wie geht's allen? Wie geht's deiner Mutter?‹ Ich sagte: ›Es geht ihnen gut‹, und fast hätte ich gesagt: ›Dir verdanken wir das nicht, Alter.‹ Aber ich habe es nicht gesagt. Er sagte: ›Tut mir leid, die ganze Geschichte, aber es mußte wohl so sein‹. Ich sagte: ›Ich weiß. Ich weiß.‹ Dann merkte ich, daß er mir wieder sagen wollte, wie leid es ihm tut, und ich wollte es nicht hören; aber ich hab' es ihn sagen lassen und kam mir saublöd vor. Ich sagte bloß immer: ›Ich weiß. Ja, ja. Ich weiß.‹ Ich nahm also meinen Hut und sagte: ›Also dann, ich wollte dich nur mal sehen‹, und dann ging ich. Ich ging hinaus und hatte keinen einzigen meiner bitteren Vorwürfe vorgebracht, die ich mir jahrelang aufgespart hatte. Ich sah ein, daß ich jetzt ein Mann war, und er war auch ein Mann, und ich verstand, daß er nicht bei meiner Mutter hätte bleiben und weiterleben können. Er mußte einfach da raus, um sich selbst zu retten, und ich werfe ihm nichts mehr vor, aber ich mußte ihn einfach sehen, um mich von dem ganzen Zeug zu befreien.«

Die lange aufgestauten Rachegefühle des »inneren Kindes von früher« dieses Mannes — vermischt mit einer übriggebliebenen Sehnsucht nach der Rückkehr seines Vaters — trieben ihn, seinen Vater nach zwanzig Jahren aufzusuchen. *Aber als er ihn wirklich sah, übernahm der Erwachsene — und nicht das »Kind von früher« — das Steuer, und er sah seinen Vater als Menschen.* Er erkannte, daß dieser stille, schüchterne Mann — der ihm in der Kindheit als liebevoller und mächtiger Riese erschienen war — mit seiner herrschsüchtigen, dominierenden Mutter nie wirklich glücklich hatte leben können. Auf diese Weise befreite er sich von seinen Rachegefühlen und gewann ein neues Verständnis seines Vaters als Person, mit Schwächen, aber auch mit Vorzügen, die ihn sogar liebenswert machten.

In vielen Fällen jedoch können sich Menschen, die in der Kindheit vernachlässigt worden sind, nie so von den Rachegefühlen ihres »Kindes von früher« befreien wie dieser Mann. Die Rachegefühle entstehen nicht so sehr aufgrund der Vernachlässigung durch die Eltern als vielmehr durch die Bestrafung, die das Kind als Folge der Vernachlässigung auf sich nehmen muß. Dieser Mann mußte übergroße Verantwortung auf sich nehmen, er mußte materielle Not und eine herrschsüchtige Mutter ertragen, die alle als Strafe wirkten. Oft verbindet sich Vernachlässigung mit Punitivität, und es entwickeln sich Rachegefühle, die jahrelang ungelöst bleiben können.

Wenn Sie erkennen können, daß solche Rachegefühle in Wirklichkeit dem Kind zugehören, das Sie einmal waren, und nicht dem Erwachsenen, der Sie geworden sind, können Sie im Umgang mit sich selbst einen wichtigen Schritt nach vorne machen. Wenn Sie Ihre Eltern als Personen akzeptieren können, werden Sie Ihre Energie nicht länger darauf verschwenden, verletzte Gefühle von früher zu nähren, und Sie werden das Elend der Vernachlässigung, die Sie als Kind erlebt haben, lindern können, indem Sie in der Rolle Ihrer Eltern pfleglich mit sich umgehen.

Dies ist insbesondere für die Kinder geschiedener Eltern ein Problem, die den »Verlust« ihrer Eltern zunächst deutlich empfinden und sich vielleicht sogar vorwerfen, ihre Eltern zur Scheidung getrieben zu haben. Auch sie verspüren Protest, Wut, Rachegefühle und Verzweiflung, welche bei jeder Art der Trennung von den Eltern auftreten; da jedoch der Verlust nicht endgültig ist und sich stets die Hoffnung auf die am Ende doch erfolgende Wiederherstellung einer warmen und engen Beziehung anbietet, ist die Verzweiflung nicht so groß und die Absonderung nicht so ausgeprägt.

Idealisierung des abwesenden Elternteils: Für einen Menschen, der aus irgendeinem Grund — Tod, Scheidung, Krankenhausaufenthalt, Inhaftierung — Vater oder Mutter verloren hat, ist es keineswegs ungewöhnlich, wenn er sich als Kind äußerst idealisierte Eltern in der Phantasie ausmalt. Dieser idealisierte und liebevolle Vater (die Mutter) räumt in der Phantasie des Kindes alle Schwierigkeiten, die es hat, stets aus dem Weg; immer anerkennt er (sie) seine

Bemühungen und verwöhnt es unablässig, ohne ihm je Grenzen zu setzen oder es zu bestrafen. Diese idealisierten Eltern können in der Kindheit vieles repräsentieren: die Sehnsucht nach Liebe, eine Form von seelischem Schmerz und Trauern, die Abneigung gegen oder Ablehnung von Stiefvater oder Stiefmutter oder die Abwehr gegen eine Zuneigung zu Stiefeltern, wenn eine solche Zuneigung Gefühle der Treulosigkeit im Kind hervorruft.

In der Kindheit verursacht diese Idealisierung des abwesenden Elternteils auch Anpassungsprobleme gegenüber Stief- oder Pflegeeltern. Eine solche Idealisierung kann das Kind von der Zusammenarbeit mit den Stiefeltern abhalten. Das Kind benützt diese idealisierte Vorstellung unter Umständen auch als Waffe, um eine Unterwerfung unter seine Forderungen und Wünsche zu erzwingen: »Wenn meine richtige Mutter hier wäre ...« Diese Vorstellung hindert oft selbst die aufrichtigsten und liebevollsten Stiefeltern, eine enge Beziehung zum Kind herzustellen, obwohl z. B. die idealisierte Mutter im allgemeinen allmählich aufgegeben wird, wenn die Stiefmutter geduldig ist und wartet, bis das Kind aus freiem Willen zu ihr kommt.

Wenn jedoch die idealisierte Phantasiemutter (der Phantasievater) im Jugendalter beibehalten und ins Erwachsenenalter mit hineingenommen wird, so kann sie (er) die Bildung enger Beziehungen zu Angehörigen des anderen Geschlechts verhindern. Die idealisierte, »heilige« und engelgleiche Mutter z. B. läßt alle anderen Frauen als gewöhnlich und oberflächlich, oft sogar als sündig erscheinen. Heilige haben kein Sexualleben.

So beraubt die Abwesenheit eines Elternteils das Kind der Möglichkeit, ihn als das zu sehen, was er wirklich war und ist — ein Mensch. Kinder neigen naturgemäß dazu, ihre Eltern zu idealisieren und sie als allmächtig anzusehen. Ohne die Chance, den Vater (die Mutter) von diesem aufgeblähten Status durch die tägliche Auseinandersetzung mit seinen (ihren) menschlichen Stärken und Schwächen auf ein menschliches Maß zu reduzieren, behält das Kind seine unangemessenen und unmenschlichen Maßstäbe, mit denen es sich und andere beurteilt. Ein Junge zum Beispiel, dessen Vater im Krieg gefallen ist, kann sich einen Phantasievater erschaffen, dessen Tapferkeit jedes menschliche Maß bei weitem übersteigt; ein solches Kind treibt sich dann vielleicht in alle möglichen irregeleiteten unbesonnenen Taten, weil es glaubt, es fehle ihm an Mut, es sei feige und nicht so gut wie sein Vater. Oder der Junge hält sich, wenn der Vater ein selbständiger Geschäftsmann war, ohne Rücksicht darauf, ob er nun tatsächlich Erfolg hatte, für unzulänglich, wenn er als »unselbständiger« Angestellter arbeitet.

Wenn der Junge seine Mutter nicht kannte, so kann es ihm schwerfallen, eine freie, intime Beziehung zu einer Frau zu bilden. Das Bild der idealisierten Mutter erzeugt einen unrealistischen Maßstab gegenüber der Frau. Er kann sich an diesem Ideal in romantischer Schwärmerei so sehr festhalten, daß einfach kein Mädchen an es herankommen kann und er an den Mädchen, die er kennenlernt, nicht interessiert und sogar von ihnen enttäuscht ist. In gleicher Weise idealisiert vielleicht ein Mädchen, das seinen Vater verloren hat, ihn zu einem Phantasiegebilde übermenschlicher Größe und lehnt andere Männer ab, die ausgezeichnete Ehepartner abgeben könnten, weil es glaubt, daß ihnen die edleren Eigenschaften eines vornehmen Herren und Gelehrten fehlen.

Wenn Sie einen Elternteil verloren haben, erkennen Sie nun vielleicht schon, wie Sie ihn idealisiert haben oder Erinnerungen an ihn erfunden haben. Sie verstehen vielleicht schon, wie diese Vorstellung Ihre Beziehungen zu anderen Menschen gestört hat, insbesondere die zu Ihren Stiefeltern. Solche Idealisierungen haben damals jedoch ein echtes Bedürfnis befriedigt, und Sie sollten sich nicht dafür herabsetzen, daß Sie sich einen Phantasievater (eine Phantasiemutter) erschaffen haben, der Ihre Hand hält. Die wesentliche Frage für Sie als Erwachsenen ist, ob diese frühere Idealisierung Ihre Fähigkeit, das Leben zu genießen, stört, indem durch sie unerfüllbare Maßstäbe gesetzt werden, an denen Sie sich selbst und andere Menschen, die Ihr Leben bereichern könnten, messen. Wollen Sie die Frauen auf einem Podest sehen? Erwarten Sie von einem Mann, er solle ein selbstloser Ritter sein? Ist Ihnen je klar geworden, daß Ihre eigenen Eltern Menschen waren, die einmal glücklich, einmal traurig waren, sich liebten und sich beschimpften, zuviel aßen und sich zu viele Sorgen machten?

Bevor ein Mensch erwachsen wird und eine gewisse eigene Lebenserfahrung hat, kann er seine Eltern durchaus nicht als Menschen erkennen und akzeptieren. Wenn er dies dann tut, wird er erwachsen, da er in solcher Erkenntnis volle Verantwortung für sich selbst übernimmt und sich in der Rolle seiner eigenen Eltern seiner besser annehmen kann, als dies seine Eltern je konnten.

Die Ursachen der Vernachlässigung

Alles, was die Eltern davon abhält, dem Kind angemessene Aufmerksamkeit zu schenken, kann Ursache von Vernachlässigung sein. In vielen Fällen liegen diese Ursachen außerhalb des Machtbereichs der Eltern, wobei das auffallendste Beispiel der Tod ist. Aber die Ursachen als solche sind, gleichgültig, welcher Art sie auch sein mögen, unwichtig. Weit wichtiger ist die Tatsache — an der sich auch etwas ändern läßt —, daß Vernachlässigung, wie andere pathogene Haltungen auch, meistens von einer Generation zur anderen weitergegeben wird. Der Vater oder die Mutter, die ihr Kind vernachlässigen, sind gewöhnlich auch selbst vernachlässigt worden. Sie sind in der besonderen Lage, diese lange Geschichte von Vernachlässigung und Unglück zu beenden, indem Sie zunächst mit sich selbst aufmerksam und rücksichtsvoll umgehen — und dann mit Ihren Kindern.

Viele Menschen, die als Kinder vernachlässigt worden sind, grübeln über der Vergangenheit und hängen ihr in Wunschgedanken nach. Sie meinen voller Sorgen, es habe in ihrer Kindheit etwas so Schreckliches gegeben, daß sie zutiefst verletzt seien und die Ursachen dafür nicht finden könnten. Wenn sie erkennen, daß sie vernachlässigt worden sind, meinen sie, etwas in ihnen habe ihre Eltern veranlaßt, sie zu vernachlässigen. Vielleicht bilden sie sich ein, sie warteten in Wirklichkeit nur darauf, von dem Prinzen entdeckt zu werden (oder von der Prinzessin) durch den (die) ihr Leben die entscheidende Änderung erfahren werde. Aschenputtel zum Beispiel ist eine Geschichte, in der übermäßige Bestrafung und Vernachlässigung eine Rolle spielen.

Grübeln und sich in Wunschvorstellungen ergehen hilft Ihnen nicht, Ihre Probleme als Erwachsener zu lösen; Sie verschwenden damit nur Ihre Kräfte und leiten sie in eine Sackgasse.

Was Ihre Eltern veranlaßt hat, gerade Sie zu vernachlässigen, ist heute unwichtig. Selbst wenn Sie die richtige Antwort wüßten, könnte dies Ihre gegenwärtigen emotionalen Schwierigkeiten nicht verringern. Es könnte Ihnen jedoch gewisse Einsichten in die Probleme Ihrer Eltern vermitteln, die doch auch gewöhnliche Menschen waren. Ihnen Vorwürfe zu machen, führt auch nirgendwo hin und wird Ihnen nicht weiterhelfen.

Wenn Sie die Mechanismen entdecken können, die Sie veranlassen, sich von anderen Menschen zurückzuziehen und zu distanzieren, können Sie sich viel besser helfen. Sie werden feststellen, daß gewisse Umstände Sie veranlassen, dies mehr zu tun als andere. Sie werden auch feststellen, daß Sie es zu anderen Zeiten, unter anderen Umständen, nicht nötig haben, sich innerlich zu distanzieren. Wenn Sie Ihre eigenen Gefühle und Reaktionen sorgfältig beobachten, werden Sie zweierlei tun können:

1. Sie werden jene Phasen erweitern können, in denen Sie nicht das Bedürfnis haben, sich von anderen abzusondern.
2. Sie werden dem Bedürfnis Ihres »Kindes von früher«, diese Distanz herzustellen, damit es sich wohlfühlen kann, Widerstand leisten können. Ihr »Kind von früher« wird dann Angst bekommen und sich unwohl fühlen. Da Sie jedoch diese Gefühle als der Vergangenheit zugehörig erkennen können, können Sie auch — mit viel Geduld — versuchen, sie Schritt für Schritt abzubauen. Mit der Zeit wird Ihre Fähigkeit, anderen nahe zu sein, wachsen, und Sie werden sich dabei immer wohler fühlen und entspannter sein.

Diese unmittelbar auslösenden Ursachen Ihres Rückzugs und Ihrer Absonderung sind im Umgang mit Ihrem »inneren Kind von früher« wichtiger als die ursprüngliche Ursache der Vernachlässigung, die Sie vor Jahren erlebt haben. An dieser Ursache können Sie nicht rütteln. Aber Sie brauchen nicht mehr in dieser früheren Atmosphäre von Vernachlässigung und Einsamkeit zu leben.

Kulturelle Faktoren, die die Vernächlässigung fördern

Unsere Kultur fördert eine Haltung der Vernachlässigung gegenüber Kindern nicht direkt. Unsicherheit, Unwissenheit und die Betonung des wirtschaftlichen, sozialen und materiellen »Erfolges« nehmen die Eltern oft so in Anspruch, daß die Kinder unweigerlich vernachlässigt werden. Das Streben nach wirtschaftlichem Erfolg und sozialem Status schwächt die familiären Bindungen oft merklich. So manches Kind wächst heutzutage auf, ohne eigentlich zu wissen, was sein Vater oder seine Mutter den ganzen Tag tun und wo sie zu finden sind. Und jedes Jahr bringen wir immer noch mehr Menschen hervor, die für Vernachlässigung besonders anfällig sind: Uneheliche Kinder, die in den USA heute insgesamt an die 200 000 pro Jahr ausmachen, und deren Mütter, häufig selbst vernachlässigte Teenager, die im allgemeinen gezwungen sind, ihr Kind oder die Arbeit aufzugeben, was sie in jedem Fall während der wichtigen ersten fünf Jahre von dem Kind trennt.

Erst seit kurzem weiß man in unserer Gesellschaft, daß Vernachlässigung sich nicht ausschließlich auf den Körper bezieht. Indem wir jedoch auf finanziellen und sozialen »Erfolg« größten Wert legen, berücksichtigen wir das Unglück und die emotionale Leere des Mannes und der Frau nicht, die »alles haben«.

Eines der schwierigsten Probleme, denen sich ein als Kind vernachlässigter Mensch gegenüber sieht, ist es, sich eigene Ziele zu setzen und sich ihnen immer mehr zu nähern. Seine Schwierigkeit, eine enge menschliche Bindung einzugehen, veranlaßt ihn meist, sich treiben zu lassen, ohne recht zu wissen, was er vom Leben will, beherrscht von seiner Impulsivität und von dem Bedürfnis nach Distanz.

Wenn Sie es sich leichter machen wollen, so versuchen Sie doch, Ihnen wertvolle Ziele auf dem Gebiet emotional-affektiver Befriedigung in einfacher Aufzählweise niederzuschreiben. Nehmen Sie sich jeden Tag Zeit für eine kurze Überlegung, ob Sie diesen Ihren Zielen näherkommen, und Sie werden Fortschritte machen. Wenn Sie diese Frage der eindeutigen Ziele als etwas aufschieben, was Sie irgendwann einmal »erledigen« müssen, so werden Sie keine Fortschritte machen. Statt dessen möchten Sie lieber auf den Prinzen oder die Prinzessin warten, die Ihnen Wärme und Nähe bringen.

Wie sich die Vernachlässigung auf Ehe und Sexualität auswirkt

Der Mensch, der als Kind vernachlässigt worden ist, hat in der gefühlsmäßigen Vertrautheit von Liebe, Sex und Ehe seine größten Schwierigkeiten. Tatsächlich sind erhebliche Probleme in sexuellen und ehelichen Beziehungen beim Erwachsenen häufig ein deutliches Zeichen für Vernachlässigung in der Kindheit. Diese Beziehungen erfordern Nähe und Wärme, eine sinnerfüllte Zuneigung und Identifikation mit dem Partner, damit sie Befriedigung geben können — dies sind aber eben jene emotionalen Eigenschaften, die ein in der Kindheit vernachlässigter Mensch nie gekannt hat.

Er ist mit seinen Beziehungen zu anderen Menschen stets unzufrieden. Er lernt, oberflächliche gesellschaftliche Beziehungen zu pflegen, sehnt sich aber immerzu danach, Menschen auf einer tieferen, näheren und vertrauteren Basis kennenzulernen. Diese unendlich große Sehnsucht nach Vertrautheit erschreckt ihn, ja sie versetzt ihn in Panik, da er erkennt, daß er eigentlich wie ein Kind bemuttert werden möchte. Dies würde sein Angepaßtsein als Erwachsener durcheinanderbringen — und so läuft er davon, wenn eine Aussicht auf Nähe und Vertrautheit besteht. Da sein Bedürfnis nach Nähe nie erfüllt wird, fühlt er sich ständig draußen. Er beneidet jeden, dem es leicht fällt, eine Beziehung zu einem anderen Menschen herzustellen, da er sich linkisch und unbeholfen fühlt. Er sagt tatsächlich zu sich: »Wenn mich die Leute wirklich kennen würden, würden sie mich völlig unannehmbar finden, weil ich mich eigentlich danach sehne, ein kleines Kind zu sein und umsorgt zu werden — und ich kann diesen Umstand in mir nicht akzeptieren, weil diese Sehnsucht meine Versuche, erwachsen zu sein, zunichte machen würde, wenn ich ihr freien Lauf ließe.«

So flieht der Mensch, der an Vernachlässigung leidet, vor jeder Gelegenheit zu Nähe und Intimität. Er reagiert mit seiner Vermeidungshaltung auf die machtvollen Forderungen seines »Kindes von früher« nach Bemutterung. Dieses Sichfernhalten und die Gefühlskälte, die er ausstrahlt, verringern in jedem Fall die Wärme, das Interesse und die Zuneigung seines Partners; das geht oft so weit, daß die Beziehung gar nicht wirklich entwickelt wird.

Und doch leiden solche Menschen oft entsetzlich, wenn sie versuchen, mit anderen Menschen in Kontakt zu kommen und emotional zu kommunizieren. Menschen, denen der Austausch von Gefühlen leicht fällt, erkennen oft nicht, daß die Vernachlässigten sich dabei ungeheuer anstrengen müssen. Ein Patient hat dies so formuliert: »Meine Schwierigkeiten scheinen aus meinem Innern zu kommen. Es strengt mich ungemein an, Gefühle zu äußern —, und ich gerate in Panik, wenn ich mich ihr nahe fühle und ihre Nähe spüre. Ich will nur noch davonlaufen.«

Gewisse Reaktionen, zunächst in der Kindheit entwickelt, zu denen später oft Ängste und Hemmungen hinzutreten, erhalten die Mauer aufrecht, die den »vernachlässigten Menschen« davon abhält, die Vertrautheit mit anderen zu genießen. Eine der verbreitetsten Reaktionen dieser Art ist der Versuch, das Bedürfnis nach Nähe zu leugnen — und dadurch dem Unbehagen zu entkommen, das es erzeugt. Diese Verleugnung kann dazu führen, daß man versucht, um jeden Preis nach Autonomie, Autarkie oder Unabhängigkeit zu streben. Solche Menschen kommen auf der Ebene oberflächlicher und gelegentlicher Kontakte mit anderen gut aus und genießen Achtung und Wertschätzung. Aber niemand kann ihnen wirklich nahekommen. Voll panischer Angst ziehen sie sich von jeder Beziehung zurück, die mehr als eine beiläufige Freundschaft werden könnte. Oft sind solche Menschen anziehend und begabt, leben nur für die Arbeit und haben sogar beträchtlichen Erfolg. Aber sie leiden sehr unter ihrer Einsamkeit und ziehen sich oft von gesellschaftlichem Umgang zurück oder versuchen, ihn aus ihrem Leben zu verbannen. Wenn sie sehen, wie andere gegenseitige Zuneigung und Gefühlswärme genießen, wächst ihre trostlose Einsamkeit und das Gefühl der Unzulänglichkeit, ihr schmerzliches Gefühl, daß etwas fehlt. Oft erkennen solche Menschen, daß es ihre eigene überstürzte Flucht vor der aufnehmenden Wärme anderer ist, die ihre Schwierigkeiten auslöst. Sie sträuben sich gegen die Abwehrhaltungen, die aus ihrer Vergangenheit stammen, und machen darin vielleicht sogar Fortschritte. Aber ehe dies möglich ist, sind ihnen die Gelegenheiten, die sie hätten ergreifen sollen, schon entgangen. Viele Menschen, die nie geheiratet haben, die nicht nur einsam, sondern auch melancholisch sind, haben eine solche Geschichte.

»Ein Leben mit der Musik«: George ist ein schlanker und sensibel wirkender junger Musiker. Er wurde als Kind von seiner vielbeschäftigten und überarbeiteten Mutter vernachlässigt; seinen Vater, der durch seinen Beruf ständig auf Reisen war, sah er selten. Als ältestes Kind hatte er unter jener schmerzhaften Vernachlässigung zu leiden, die sich ergibt, wenn die Mutter ihre Aufmerksamkeit dem jeweils neugeborenen Kind zuwendet. Als er noch recht jung war, entdeckte jedoch ein Musiker aus der Nachbarschaft, daß George musikalisch begabt war; er gab ihm Musikunterricht und ermutigte ihn. Der Musiker schenkte ihm seine Aufmerksamkeit und seine Freundschaft, er lobte ihn, aber er war ihm eigentlich nicht nahe. Die Freude jedoch, die George mit seiner Musik bei seinen Eltern und Geschwistern hervorrief, brachte ihm die momentane Aufmerksamkeit seiner Eltern ein.
All dies veranlaßte ihn, sogar schon als Kind, sich ganz der Musik zuzuwenden; dies war seine Art der Welteroberung. Er studierte und strebte und spielte Stücke, wie sie ihm eigentlich noch gar nicht angemessen waren. Er hatte keine Freunde. Um Geld für die Fortsetzung seines Studiums zu verdienen, spielte er schon als Jugendlicher auf Hochzeitsgesellschaften und Parties, wo es oft sehr herzlich, freundlich und anregend zuging. Aber in seiner Eigenschaft als Berufsmusiker gehörte er nicht dazu — und noch heute hat er für Geselligkeit nur eine Art bitterer Verachtung übrig. Er lebt ein einsames, zurückgezogenes Leben, widmet sich völlig dem Üben und dem Studium und versucht, Kontakte mit anderen zu vermeiden.
Seine Gleichgültigkeit hat jene Frauen verletzt, die sich von ihm angezogen fühlten. Er mag es, wenn sie ihm ihre Aufmerksamkeit schenken, aber er will nicht »in diesen Kram hineingezogen werden. Schließlich lebe ich mit der Musik. Wozu brauche ich diese Frau denn?«
Er hat seine musikalische Technik vervollkommnet, und obwohl er die Konzertreife erlangt hat, weisen die Kritiker darauf hin, daß seinem Spiel oft die Tiefe des Ausdrucks und die Farbigkeit fehlen, und daß es oft bloß brillante Technik ist. Dies verletzt ihn zutiefst. Er ist über die »dummen Kommentare« der Kritiker wütend und verzweifelt. Kürzlich sagte sein alter Freund und erster Musiklehrer, der ihm nähersteht als irgend jemand sonst, zu ihm:

»George, du kannst alles, was man auf dem Gebiet der Technik können muß. Aber Musik ist im wesentlichen Gefühl — und Gefühl kommt aus dem Leben, aus der Erfahrung.
Um Fortschritte zu machen, mußt du leben — nicht als Maulwurf, sondern als Mann, als Mensch — nicht als Probenmaschine, nicht als Heiliger. Das Üben macht dich auch nicht vollkommen. Du mußt ein wenig leben.«
Der Rat seines Freundes hat George in eine Krise gestürzt. Einmal ist er melancholisch, dann wieder rast er vor Wut. Er hat sich in eine Liebesgeschichte mit einer attraktiven Frau eingelassen. Aber er kann ihre Nähe nicht ertragen — und die Anmaßung, die er darin sieht, daß sie meint, sie habe etwas zu sagen und sie habe ein Recht auf Rücksicht. Er kämpft gegen sie an, und sein Bedürfnis, an jedem, der ihm nahekommt, Rache zu üben, kommt zum Vorschein. Er sieht sie als die Ursache für den Mangel an Gefühlsausdruck in seiner Musik. So hat er sie fortgetrieben. Niemand kann sagen, wie die Geschichte von George letztlich ausgehen wird.

Die Geschichte von Gretchen: Gretchen ist eine würdevolle und rücksichtsvolle Frau. Sie wuchs als Tochter frommer Farmer auf einer einsamen Farm im Mittleren Westen auf, und sie hatte dort wenig Gelegenheit zu Kontakten mit anderen Leuten. Ihre Eltern waren aufrichtig und streng und arbeiteten schwer vom Morgengrauen bis in die Dämmerung. Sie hatten wenig Zeit für ihre Tochter, während sie ihren kargen Boden bestellten. Sie trugen sie in einem Korb mit sich aufs Feld. Sobald sie laufen konnte, watschelte sie hinter ihnen her aufs Feld und arbeitete — anfangs in Nachahmung ihrer Eltern — neben ihnen her. Wenn sie nicht auf ihrer Farm arbeiteten, halfen sie beim Bau ihrer Kirche.
Aber Gretchen bekam nie besonders viel liebevolle Zuneigung, sie erlebte nie eine Vertrautheit im Spiel oder ein gegenseitiges Geben und Nehmen. Als sie älter war, beunruhigten sie ihre Eltern mit ihren Vorstellungen von Sünde, von fremden Leuten, von Gott. Sie erinnert sich an kein einziges Gespräch mit Vater oder Mutter über Gefühle, die sie füreinander empfanden. »Wenn ich es mit den Worten meiner Mutter sagen soll«, sagt sie, »wir haben ›füreinander nur getan, was unsere Pflicht war‹.«

Gretchen, die von Kindheit an gelernt hatte, schwer zu arbeiten, bezahlte ihre College-Ausbildung selber. Später hat sie sich eine Stellung in einer großen Firma erarbeitet. Ihre gewissenhafte Arbeit, ihre Intelligenz und ihr bescheidener Lebensstil haben aus ihr beinah die »vollkommene Angestellte« gemacht.

Aber sie leidet unter ihrer Einsamkeit und der Leere ihres Lebens, unter der Tatsache, daß sie jeden Abend in eine leere Wohnung zurückkommt. Sie sagt: »Wenn ich heimgehe, auf meinem Heimweg am Abend, da fühle ich mich am schlechtesten. Es ist das Wissen, daß niemand in der Wohnung ist, daß ich mich nicht beeilen muß, wo alle anderen es so eilig haben. Das tut weh. Aber sobald ich zuhause bin, macht es mir nicht mehr soviel aus.«

Gretchen konnte sich nie jemandem nahe fühlen, obwohl ihr aufgefallen war, daß es ihr sofort wärmer wird, und daß sie sich entspannter fühlt, wenn sie mit jemandem zusammen ist, der so spricht, wie es ihr aus ihrer Kindheit vertraut ist. Den größten Teil ihrer Freizeit widmete sie ihrer Kirchengemeinde und arbeitete unermüdlich als Mitglied in vielen Ausschüssen. Sie hat tatsächlich als Erwachsene meistens ihre Gefühle der Einsamkeit als einer Christin unwürdig empfunden, sie unterdrückt und sich durch kirchliche Arbeit zu trösten versucht.

Gleich nach dem College zog sie die Aufmerksamkeit mehrerer junger Männer auf sich, aber bei dem Gedanken an ein Rendezvous geriet sie in Panik, und so brach sie diese Beziehungen unvermittelt ab. Ihr übertriebener Eifer im Beruf und ihre unermüdliche kirchliche Arbeit haben ihre Heiratschancen in gewissem Maß herabgesetzt. Sie sagt manchmal selbst, sie habe sich damit abgefunden, eine »alte Jungfer« zu bleiben. Sie erkennt jetzt, daß sie immer schon jeden Mann, der irgendein persönliches Interesse an ihr zeigte, gemieden oder auf subtile Weise entmutigt hatte. Sie sagt: »Es ist mir aber aufgefallen, daß ich durchaus mit jemandem zusammenarbeiten kann, ohne diese Distanz zwischen ihm und mir nötig zu haben, und ich kann mich einem solchen Menschen dann nahe fühlen und meinen Spaß daran haben und mich wohl fühlen. Es bedeutet mir sehr viel, und wenn ich mich je häuslich einrichten und heiraten sollte, kommt wahrscheinlich nur jemand in Frage, der mit mir zusammengearbeitet hat. Es würde mir nichts ausmachen, mit ... zum

Essen zu gehen« — sie nennt den Namen eines Mannes, mit dem sie zusammenarbeitet — »aber wenn er nicht mit mir arbeiten würde und in einer anderen Abteilung beschäftigt wäre, würde ich zu Stein werden, ja erstarren, wenn er mich einladen würde.«

Da Gretchen das Problem klar erkannte — und klarer als die meisten Leute erkannte, die auch vernachlässigt worden sind — hat sie bereits einige wichtige Seiten ihrer Unfähigkeit, sich anderen Menschen nahe zu fühlen, entdeckt. Ihr »Kind von früher« konnte Nähe in einer »Arbeitsatmosphäre« ertragen; dies war die einzige Gelegenheit, bei der sich Gretchen als Kind ihren Eltern wirklich nahe gefühlt hatte. Daraus war eine »Brücke« entstanden, die es ihr erlaubte, einem Mann nahezukommen, den sie jetzt zu heiraten hofft — und die ihr verstehen half, warum sie immer noch Schwierigkeiten hat, sich anderen Menschen auf anderen Gebieten nahe zu fühlen. Mit der Zeit wird sie jedoch dieses anhaltende Bedürfnis nach Distanz immer weniger verspüren.

Liebe ohne Bedeutung

Einige Menschen versuchen, wie George und Gretchen, ihr Bedürfnis nach Zuneigung, Wärme und Nähe zu verleugnen; die meisten Menschen jedoch, die als Kinder vernachlässigt worden sind, schlagen einen anderen Weg ein. Sie suchen nämlich statt dessen aktiv gesellschaftlichen Anschluß, sexuelle Liebe und Zuneigung — sie können, nach den Worten eines solchen Mädchens, »nicht genug davon kriegen«. Sobald sie einmal eine anfängliche Schüchternheit überwunden haben, stürzen sie sich in jede Beziehung, die ihnen Kameradschaft, Zuneigung und erregende Intimität zu versprechen scheint.

Meistens wird die sexuelle Aktivität eines solchen Menschen von dem Mangel an Bemutterung in der Kindheit beherrscht. Was ihm wichtig ist und was er will, ist zärtliche, bemutternde Liebe — nicht Sexualität, und er neigt dazu, den Partner in eine Mutterfigur zu verwandeln, die ihn versorgt. Eine Frau, die als Kind von ihren Eltern einer Verwandten übergeben wurde, machte ihrem Mann nach der Hochzeit große Sorgen. Sie zeigte keine echten sexuellen

Reaktionen auf seine Liebkosungen, und sie bestand darauf, ein großes Spezialbett zu haben, das eigens für sie angefertigt werden sollte, und das tatsächlich einem Kinderbett ähnlich war; es war alles da, sogar Schleifchen und eine Wiegevorrichtung. Sie wollte, ihr Mann solle sie bemuttern, hätscheln und liebkosen.

In den meisten Fällen jedoch neigen Menschen, die als Kinder vernachlässigt worden sind, zu einer Überbewertung der sexuellen Befriedigung. Sie haben ihre Sehnsucht nach Abhängigkeit in erotische Bedürfnisse verwandelt und stellen sie nun in den Vordergrund. Da dieses Bedürfnis nach Abhängigkeit in der Kindheit nicht erfüllt worden war, können sie keine Befriedigung finden, und sie haben in dieser Hinsicht kein Unterscheidungsvermögen, weil ihr Bedürfnis so groß ist. Die Betonung der körperlichen Befriedigung durch Sexualität schließt jedoch den Austausch von Gefühlen meist aus, der notwendig ist, wenn die sexuelle Liebe von Bedeutung sein soll. Oft erleben sie eine Liebe ohne Bedeutung.

Wenn solche Menschen zu selbstkritisch werden, verlieren sie ihre Fähigkeit zum Geschlechtsverkehr. Sie verfallen auch in Depressionen, da ihre unerfüllte Sehnsucht, bemuttert zu werden, ihnen Qualen bereitet. »Ich habe diese Gefühle, diese Sehnsucht und diesen Wunsch, wie ein Baby versorgt und geliebt, bemuttert und liebkost zu werden. Ich will einfach wie ein kleines Kind behandelt werden«, sagte eine Frau zu mir. »Irgendetwas muß bei mir nicht in Ordnung sein.« Diese Reaktion kommt bei vielen Menschen vor, die nicht verstehen, auf welche Weise das vernachlässigte »innere Kind von früher« seine Gefühle äußert, und die sich wegen dieser Gefühle schämen und Schuldgefühle haben. Wenn Sie lernen wollen, mit Ihrem »Kind von früher« freundlicher umzugehen, müssen Sie unbedingt einsehen, daß Sie sich wegen dieser kindlichen Gefühle nicht zu schämen und keine Schuldgefühle zu haben brauchen. Sie brauchen sich ihnen aber nicht hinzugeben, sondern können ihrer Äußerung, bei allem Respekt für sie, eindeutige Grenzen setzen.

Die Unfähigkeit des Menschen, der als Kind vernachlässigt worden ist, einen gefühlsmäßigen Beitrag zu einer Beziehung zu leisten, ist oft der Grund für deren Auflösung. Die Aufrechterhaltung der Beziehung wird dem anderen Partner überlassen, der sich seinerseits zurückzieht, weil er es müde ist, diese Bürde zu tragen. Überdies ist der Vernachlässigte stets unruhig und ängstlich, da er in seinen Beziehungen gefühlsmäßig nicht auf seine Kosten kommen kann. Er will immer weiter, er will sich von einer Beziehung in die andere treiben lassen, in der Hoffnung, daß ihm die nächste nun wirklich das »fehlende Etwas« bringen wird. Diese unruhige und impulsive Bewegtheit ruft die Illusion hervor, ein Gefühlsleben zu haben. Aber gewöhnlich dauert die Befriedigung nicht lange. Solche Menschen können, wie in dem eben geschilderten Fall, verheiratet sein und sich ihrem Ehepartner und den Kindern trotzdem nicht nahe fühlen. Ihr eigener Mangel an Gewissen und ihre Untreue erschreckt und schockiert sie manchmal. Solche Leute können z. B. eine Verlobung eingehen und gleichzeitig mit zwei oder drei anderen Partnern sexuelle Beziehungen unterhalten. Jeder zieht sie an, der ihnen Bewunderung und Zuneigung entgegenbringt — und da ihr Bedürfnis nach Zuneigung so groß ist, gehen sie gleichsam wahllos Beziehungen ein. Daraus folgt viel sinnlose Promiskuität. Paradoxerweise erkennen die meisten die Bedeutungslosigkeit dieser sexuellen Aktivität und ihren Mangel an Gefühlsbefriedigung eine Zeitlang nicht, da die Täuschung entsteht, man sei zu liebevoller Intimität fähig; dies wiederum verhindert jegliche Einsicht.

Der bei der Vernachlässigung wirksame verborgene Mechanismus

Menschen, die in der Kindheit vernachlässigt worden sind und Benachteiligung erfahren haben, zeigen ein auffallendes Merkmal: Sie behalten in ihrem Kontakt mit anderen Menschen eine gewisse reservierte Distanziertheit bei. Oft nennen sie selbst — und andere — diese Absonderung eine »Art Mauer«. Wenn Sie den Sinn dieser »Mauer« verstehen, wenn Sie verstehen, warum und wozu sie nötig ist, brauchen Sie sie vielleicht immer weniger.

Wer als Kind schwer benachteiligt worden ist, ist von einer schrecklichen Sehnsucht nach einem Menschen erfüllt, der ihn versorgt; — dieses Sehnen ist seit der Kindheit unerfüllt geblieben. Wenn er sich dieses starken Wunsches bewußt wird, versucht er vielleicht, ihn zu

ersticken; dies ist aber im allgemeinen nur möglich, wenn man schnell den Schauplatz wechselt. Außerdem kehrt der Wunsch wieder. Oft fürchtet der Vernachlässigte diese Sehnsucht und schämt sich ihrer gleichzeitig. Er erkennt, daß sie so tief verwurzelt und so stark ist, daß ihre Äußerung der Forderung gleichkäme, ein Kind sein zu wollen und wie ein Baby versorgt zu werden. Er sieht möglicherweise ein, daß er seine Frau zu seiner Mutter machen möchte.
Deshalb versucht ein solcher Mensch, diese schreckliche Sehnsucht zu verstecken und einzuschränken. Er bricht jede Beziehung ab oder zieht sich aus ihr zurück, wenn sie tiefere Gefühle zu wecken droht. Wenn er z. B. einem Menschen begegnet, der ihn wirklich bemuttert, so kann dies seine ganze »erwachsene Angepaßtheit« gefährden. Er meint, man erlaube ihm, ja man ermutige ihn sogar, infantil zu sein — und das erschreckt ihn. Um seine Selbstachtung zu bewahren, muß er eine solche Ermutigung abwehren. Außerdem erkennt der distanzierte, abgesonderte Mensch in vielen Fällen, daß ihn seine schreckliche Sehnsucht nach Abhängigkeit verletzlich macht — so sucht er sich durch seine Reserviertheit gegen Leute zu schützen, die ihn ausnützen könnten.
Die »Mauer« verbirgt zwar diese Kindheitssehnsucht nach Zuneigung und zärtlicher Fürsorge oft sehr gut, sie verhindert aber auch den wechselseitig befriedigenden Austausch von Gefühlen, der zur Natur des erwachsenen Ehe- und Geschlechtslebens gehört.

Gegensätze ziehen sich an

Es sieht aus wie eine Anziehung der Gegensätze, daß ein Mensch, der in der Kindheit vernachlässigt worden ist, sich häufig zu einem Impulsiven hingezogen fühlt, dessen Eltern sich seinen Wünschen in der Kindheit zu sehr unterworfen haben, und der als Erwachsener diese Permissivität immer noch sucht. Oberflächlich gesehen, greifen die Bedürfnisse dieser beiden Typen ineinander. Der Impulsive ist schnell und leicht zu der Gefühlswärme und Nähe bereit, die der Vernachlässigte nicht aufbringt — dieser wiederum nimmt den Impulsiven mit Tränen der Erleichterung und Verzweiflung auf. Der Impulsive kann die Gefühle des Vernachlässigten äußern, der glaubt, daß endlich doch jemand die »Mauer« durchbrochen hat, hinter der er diese Gefühle hatte verstecken müssen. Diese Verbindung ist jedoch oft sehr unglücklich. Die Beziehung kommt z. B. sehr leicht aus dem Gleichgewicht, da sie für den Vernachlässigten unweigerlich viel mehr bedeutet als für den Impulsiven. Dem Vernachlässigten fällt es schwer, eine Beziehung aufzubauen. Der Impulsive andererseits stellt eine solche Beziehung leicht und schnell her. Diese unterschiedliche Fähigkeit erzeugt oft die unglückliche Situation, in der einer den anderen ausnützt. Der Vernachlässigte läßt sich oft bis zum Äußersten ausnützen, um sich die Wärme und Nähe zu erhalten, die ihm der Impulsive gibt. Der Impulsive ist jedoch daran gewöhnt, daß andere auf ihn reagieren — und er will dies auch —; eben das fällt dem Vernachlässigten aber nicht leicht. Der Impulsive, der immer dazu neigt, sich vom Augenblick treiben zu lassen und sich Situationen und Menschen zu suchen, auf die er impulsiv reagieren kann, geht im allgemeinen weg. So dauert eine derartige Beziehung, unbeständig und zerbrechlich wie sie ist, selten recht lange — und doch erkennt und versteht keiner der Partner die Rolle seines »Kindes von früher« bei der Entstehung dieser unglückseligen Lage.

Manchmal begegnen sich zwei Menschen, die beide in der Kindheit vernachlässigt worden sind und eine dauerhafte Beziehung nur schwerlich aufbauen können. Sie empfinden vielleicht ihr beiderseitiges Bedürfnis nach Distanz als annähernd gleich stark und heiraten. In dieser Situation erwartet jedoch im allgemeinen jeder vom anderen, er solle seine eigene »Mauer« der Absonderung überwinden und dem Leben des Partners Erfüllung und Glück bringen. Wenn dieses nicht geschieht — und es kann Jahre dauern, bis man es merkt —, schiebt jeder dem anderen die Schuld zu, und das gegenseitige Sich-Bekriegen, Nörgeln, die hinterhältige Untergrabung der Beziehung und die gegenseitige Verachtung nehmen oft schlimme Formen an. Jeder sieht den anderen als den Menschen an, der »mein Leben ruiniert hat«.

Ginger und Ken z. B. waren beide in der frühen Kindheit offenkundig vernachlässigt und benachteiligt worden. Beide hatten schon als kleine Kinder ihre Angehörigen verloren und waren im Waisenhaus aufgewachsen. Als sie sich kennenlernten, kaum zwanzig Jahre alt, war Ginger eine anziehende Verkäuferin in einem eleganten Geschäft in der Vorstadt, und Ken hatte gerade eine Mechanikerwerkstatt eröffnet. Was sie gemeinsam hatten, war, abgesehen von Gesundheit und körperlicher Attraktivität, ihre unglückliche Geschichte. Die Erinnerung ans Waisenhaus, an den Wunsch nach Familie, nach einem Menschen, der für sie sorgte, waren so lebhaft, daß sie heirateten. Lange Zeit schien dies die Lösung zu sein, von der sie beide immer geträumt hatten, und beide waren glücklich, wenn auch manchmal unruhig und ängstlich.

Es ging ihnen zwar wirtschaftlich gut, aber sie kamen allmählich dahinter, daß sie wenig gemeinsam hatten. Aus Mücken wurden Elefanten. Sie bauten erst ein Haus und dann noch eins, weil sie nicht recht wußten, was sie wollten. Eines Tages kam Ken nach Hause und fand Ginger im Wohnzimmer auf dem Fußboden liegend; sie hatte allein Alkohol getrunken und war ohnmächtig geworden. Als er sie mit kalten Umschlägen und schwarzem Kaffee wieder zum Bewußtsein gebracht hatte, erfuhr er Stück für Stück, daß sie schon seit langem trank, weil sie sehr deprimiert und unglücklich war. Nur der Alkohol schien ihr Elend und ihre Unfähigkeit zu lindern, irgend jemand anders, selbst Ken und den Kindern, nahe zu sein. Obwohl Ken die Ursache ihrer gemeinsamen Schwierigkeiten einigermaßen begriff, wurde er von Gingers Kummer überwältigt. Er konnte selbst niemandem nah sein und war insgeheim ganz verzweifelt darüber gewesen. Er wurde so nervös und deprimiert, daß er kaum arbeiten konnte.

Anfangs neigte jeder dazu, dem anderen die Schuld zuzuschieben. Durch eine lange und geduldige Untersuchung der Rolle ihrer »Kinder von früher« kamen sie beide zu der Einsicht, daß keiner die Sehnsucht des anderen erfüllen konnte, die auf der Vernachlässigung und Benachteiligung in der Kindheit beruhte. Sie hörten auf, eine solche Erfüllung voneinander zu erwarten. Heute erkennen sie auch, daß sie nicht unbedingt nur deshalb etwas gemeinsam haben, weil sie beide einmal Waisenkinder waren. Sie sehen ein, daß sie verschieden sind, einen verschiedenen Geschmack und unterschiedliche Interessen haben — und daß sie große Schwierigkeiten haben, sich einander nahe zu fühlen. Glücklicherweise können sie sich gegenseitig helfen, weil sie die Einsamkeit und die Benachteiligung, die sie als Kinder erlebt haben, verstehen. Sie haben unter anderem herausgefunden, daß sie die Zeiten akzeptieren müssen, in denen sie einander nicht nahe sind.

Der richtige Umgang mit einem vernachlässigten »Kind von früher«

Das vernachlässigte »innere Kind von früher« sehnt sich nach der uneingeschränkten Liebe und dem vollständigen Angenommensein, die eine Mutter ihrem Kind zuteil werden läßt. Da der Vernachlässigte diese Sehnsucht nicht äußern kann, fühlt er sich selbst dann »draußen«, wenn er einen scheinbar lebhaften gesellschaftlichen Umgang pflegt.

Ein Mensch, der ein solches vernachlässigtes »Kind von früher« in sich trägt, hat in mancher Hinsicht besondere Schwierigkeiten, in der Rolle seiner eigenen Eltern mit diesem Kind umzugehen. Das »Kind von früher« ist nicht genug bemuttert worden — und das Bedürfnis, bemuttert zu werden, kann nachträglich nicht erfüllt werden. Der Vernachlässigte muß lernen, mit diesem Schmerz zu leben. Er muß die Narbe, die die Benachteiligung in der frühen Kindheit hinterlassen hat, ebenso rücksichtsvoll akzeptieren, wie man sich einem Kind gegenüber verhalten würde, das schwer verletzt worden ist. Es ist wichtig, daß Sie sich nicht über sich selbst lustig machen und sich für »kindisch« halten, weil Sie dieses Bedürfnis nach Bemutterung haben; Sie dürfen sich auch nicht mit Selbstkritik und Forderungen überhäufen. Sie können diesen Bedürfnissen nicht entkommen. In der Rolle der Eltern Ihres vernachlässigten »inneren Kindes von früher« können Sie diese tiefverwurzelten Gefühle respektieren — aber Sie können diese aus früheren Zeiten stammende Sehnsucht nicht erfüllen, und Sie müssen jedem Versuch des »Kindes von früher«, jemand anderen in diese Mutterrolle zu drängen, einen Riegel vorschieben. Dieser »jemand« von heute kann die Zeit nicht zurückdrehen und Ihre unerfüllten Bedürfnisse der Vergangenheit befriedigen, selbst wenn er oder sie es wollte. Ihr Schatz kann nicht Ihre Mutter sein, ohne Ihre gegenseitige Beziehung als Erwachsene zu zerstören.

Wenn Sie es lernen können, diese kindliche Sehnsucht als Narbe zu akzeptieren, ohne ihr nachzugeben und ohne sie Ihr Leben beherrschen zu lassen, können Sie beginnen, im heutigen täglichen Leben Befriedigung zu finden. Ihrem »Kind von früher« gilt dieses kleine Glück nicht als das, was die »allgebende Mutter« verspricht, aber wenn Sie aufhören, der irrlichternden Vorstellung von der »allgebenden Mutter« nachzujagen, werden Sie allmählich Befriedigungen erleben, die tatsächlich erreichbar sind.
Und wenn Sie sich Gelegenheiten geben, sich zurückzuziehen und für sich zu sein — also auf die Nähe zu verzichten, die Ihr »Kind von früher« sowohl fordert als auch ablehnt — können Sie mit mehr Befriedigung an allen möglichen Aktivitäten teilnehmen.
All dies erfordert große Geduld, strenge Grenzen und ein umfassendes Akzeptieren des Kindes, das Sie einmal waren.

17
Ablehnung —
Wenn Sie sich absondern und darunter leiden

VERDACHTSMOMENTE: *Wenn Sie sich von niemandem akzeptiert fühlen und sich selbst auch nicht akzeptieren können, wenn Sie sich als eine Art einsamer Wolf oder Vogelfreier betrachten, wenn Ihnen manchmal von Freunden vorgeworfen wird, egoistisch zu sein, wenn Sie häufig verdrehen, was die andern tun oder sagen, die Ihnen nahestehen, und dann an ihnen Ihre Wut auslassen, wenn Sie unter Angst, schwerer Selbstherabsetzung und Niedergeschlagenheit leiden — dann sollten Sie die Vermutung wagen, daß Ihr »inneres Kind von früher« immer noch unter der Ablehnung durch Ihre Eltern leidet.* Diese elterliche Haltung der Ablehnung ist jedoch einigermaßen selten; ziehen Sie nicht voreilig den Schluß, es sei diese Ablehnung, die Ihr »Kind von früher« plagt.

Da die Ablehnung eine der ersten pathogenen elterlichen Haltungen war, die eingehend untersucht wurde, pflegte man noch vor Jahren nahezu alle seelischen Schwierigkeiten und das Unglück eines jeden Menschen dem Umstand zuzuschreiben, daß er als Kind »abgelehnt« worden war. Inzwischen haben exaktere psychiatrische Forschungen ergeben, daß Ablehnung eigentlich selten vorkommt und daß der Ausdruck »Ablehnung« häufig mißbraucht wird.

Ablehnung ist eine elterliche Haltung, die dem Kind keine Chance läßt, akzeptiert zu werden; man betrachtet und behandelt es als ein unmögliches Wesen und eine unerwünschte Last, als Ärgernis und als Ursache von Schwierigkeiten. Zwar können Eltern durchaus Haltungen haben, die Probleme schaffen, sie können ihre Kinder auch schlecht behandeln und einem Bestrafungszwang unterliegen; im allgemeinen tun sie jedoch ihr Bestes, um ihre Kinder zu akzeptieren und ihnen einen Teil ihrer Zuneigung und Achtung zu geben. Eine echte Ablehnung kommt selten vor. Die bloße Tatsache, daß die Eltern gewisse Verhaltensweisen verbieten oder Einwände gegen sie erheben, daß sie Triebforderungen des Kindes nicht zulassen oder es bestrafen, bedeutet nicht notwendig, daß sie es »ablehnen«, wie man einmal allgemein glaubte. In der Tat brauchen alle Kinder von ihren Eltern gesetzte Grenzen, um sich beschützt und sicher zu fühlen.

Wie man erkennt, ob man als Kind abgelehnt worden ist

Wenn Sie als Kind abgelehnt worden sind, wissen Sie das wahrscheinlich schon. Die feindselige Ablehnung ist sowohl unverkennbar als auch unvergeßlich, wie schon in dem Fall der Patientin klar wurde, den ich in einem früheren Kapitel beschrieben habe; sie wurde als Kind von ihrer Mutter »Schwein« genannt und aufgefordert, ins Meer hinauszugehen, so weit sie könne.

Die Ablehnung hat nichts Raffiniertes oder Hinterhältiges an sich. Man kann nicht umhin, sich unerwünscht zu fühlen. Eartha Kitt, die international bekannte Sängerin, hat in ihrer Autobiographie *Thursday's Child* einen klassischen Fall von Ablehnung geschildert. Unerwünscht und abgelehnt, wurde sie als kleines Kind abgeschoben, als ihre Mutter, die von Earthas Vater im Stich gelassen worden war, einen Mann heiraten konnte, der zur Vorbedingung machte, das Kind müsse verschwinden.

Eartha wurde einer Verwandten übergeben, die sie auch nicht wollte und die sie als beschwerliche Last ansah; so lebte sie in trostloser und hilfloser Einsamkeit, die noch durch schlechte Behandlung und Verachtung verschlimmert wurde. Schließlich entdeckte sie, daß sie bei ihrer Verwandten ein klein wenig Zuneigung und sogar Aufmerksamkeit gewinnen konnte, wenn sie in der Kirche sang. So wandte sie sich schon sehr früh dem Gesang und der Darstellungskunst als einem Mittel zu, um Zuwendung und Anerkennung zu gewinnen. Die tiefe Wunde der Ablehnung, die sie als Kind erlitten hatte, machte sie jedoch noch als berühmten Star unglücklich und elend; für »Freunde«, die sie ausnützten, war sie eine leichte Beute, weil sie immer noch ein so verzweifeltes Bedürfnis nach liebevoller Zuwendung hatte. Erst nach einem langen und mit Entschiedenheit geführten Kampf war sie fähig, ihr »inneres Kind von früher« zu verstehen und sich selbst als wertvollen Menschen anzusehen und anzunehmen.

Menschen, die in der Kindheit abgelehnt worden sind, sind meist leicht verletzbar und reagieren auf Verletzung verbittert und feindselig. Sie sind sich ihrer Unerwünschtheit so sicher, daß sie in jeder gewöhnlichen Unterhaltung schon eine Zurückweisung oder einen geringschätzigen Hieb entdecken. Manche solche Menschen sind tatsächlich gegenüber jedem freundlichen Annäherungsversuch mißtrauisch, weil sie das tiefverwurzelte Gefühl des »inneren Kindes von früher«, unerwünscht und abgelehnt zu sein, nicht überwinden können. Für diese Menschen ist ein freundlicher Annäherungsversuch ein Trick, der nur wieder zu einer schmerzvollen Ablehnung führt. Sie verhalten sich feindselig oder beleidigend, um die Aufrichtigkeit von Freunden »auf die Probe zu stellen«, die sie attraktiv oder interessant finden und mit denen sie gerne zusammen sein möchten. Diese Verhaltensweise zwingt die anderen meist, sie abzulehnen oder sich nicht mehr freundlich um sie zu bemühen. So schaffen sie es immer wieder, sich abgelehnt zu fühlen, und sie stellen dadurch das ängstliche, verbitterte »Kind von früher« zufrieden, das sich angesichts von Anerkennung, Zuneigung und Billigung nervös und unsicher fühlt.

Wenn Sie merken, daß Sie meistens in Situationen geraten, in denen Sie tatsächlich die Ablehnung durch andere herausfordern, sollten Sie nach weiteren Beweisen suchen, die bekräftigen oder ausschließen helfen, ob Sie in Ihrer frühen Kindheit abgelehnt worden sind. Manchmal werden Kinder abgelehnt, weil sie unehelich sind oder eine unerwünschte Hautfarbe haben, oder weil sie irgendeinen Körperschaden haben, wie z. B. Schielen oder eine Hasenscharte, oder weil sie zufällig nicht nach Wunsch der Eltern Junge oder Mädchen geworden sind. Ein solcher Schaden ist jedoch an sich kein Zeichen dafür, daß man ständig abgelehnt worden ist; viele solche Kinder werden von Anfang an geliebt. Andere, die ursprünglich in gewissem Maß abgelehnt worden sind, werden später von ihren Eltern sehr geliebt und ganz angenommen. Also haben die wichtigeren

Zeichen von Ablehnung beim Erwachsenen einen emotionalen Charakter: das Mißverstehen von Bemerkungen, die Freunde machen, das aggressive »Herausfordern« von Ablehnung, die ängstliche Überzeugung, man habe keine Liebe verdient, die leicht verletzlichen Gefühle und die selbstkritische Absonderung des abgelehnten »Kindes von früher«.

Manchmal kann auch Trunksucht ein Zeichen dafür sein, daß jemand in der Kindheit abgelehnt worden ist. Unter dem Einfluß von Alkohol kann ein solcher Mensch vielleicht seine kritische Selbstablehnung herabsetzen. In der aufgeräumten Gesellschaft anderer Trinker kann er einen Moment lang glauben, er sei eine interessante, liebenswerte Person. Sein abgelehntes »Kind von früher« fühlt sich jedoch inmitten all dieser Freundlichkeit und Wärme zutiefst unwohl, ängstlich und mißtrauisch — und wird leicht beleidigend oder aggressiv, weil es ausprobieren will, ob es wirklich angenommen wird.

Ein solches Fehlverhalten hat dann die Ablehnung durch andere zur Folge, und oft wird der Betreffende buchstäblich aus dem Freundeskreis hinausgeworfen. Das »Kind von früher«, das wieder einmal seine Unerwünschtheit bewiesen hat, wird sowohl deprimiert als auch von Haß erfüllt. Zu diesem Gefühl des Abgelehntwerdens kommen noch die ungeheuren Schuldgefühle, die mit der Trunksucht einhergehen. Die harte Selbstkritik des Alkoholikers, die ihn unbeweglich macht und ihn isoliert, erzeugt so abgrundtiefe Gefühle der Selbstverachtung und des Selbsthasses, daß nur noch größere Mengen Alkohol sein kindliches Gefühl, abgelehnt zu werden, betäuben.

Die Wurzeln der Ablehnung

Wenn Sie als Kind abgelehnt worden sind, so können Sie unter Umständen Ihr Bedürfnis, sich selbst abzulehnen, beträchtlich verringern, wenn Sie verstehen, wie sich diese Ihre Haltung der Ablehnung der eigenen Person entwickelt hat. Sie ist aufgrund persönlicher Probleme im Leben Ihrer Eltern entstanden — und hatte wenig mit Ihnen zu tun. Das verbreitetste Problem ist in diesem Zusammenhang die negative Einstellung der Mutter zur Ehe, die ihr eine Anpassung an die Realität unmöglich gemacht hat. Eine Untersuchung über eine Gruppe von Müttern, die ihre Kinder ablehnten, hat ergeben, daß 95 % von ihren Ehemännern enttäuscht waren. Oft waren die Mütter selbst als Kinder abgelehnt worden. Einige waren unreif und auf die Mutterschaft schlecht vorbereitet. In einigen Fällen z. B. war die Ablehnung eine Rache am Kind, weil die Mutter seinetwegen ihre gesellschaftlichen Aktivitäten hatte aufgeben müssen. Andere befürchteten, ohne jede Grundlage und ohne den Versuch zu machen, nach den Tatsachen zu forschen, eine Vererbung schlechter Anlagen. Andere hatten das Gefühl, die Schwangerschaft habe sie zur Ehe mit einem ungeliebten Mann gezwungen. Einige fühlten sich sowohl von der Sexualität als auch von der Schwangerschaft angeekelt. Andere schieben ihre ablehnende Haltung dem Umstand zu, daß ihre Ehemänner nur unzulänglich für die Familie sorgen konnten und streitsüchtig waren. Dr. W. H. Newell zufolge*, der auf diesem Gebiet gründliche Untersuchungen durchgeführt hat, nimmt in manchen Fällen eine Mutter oder ein Vater, der seinerseits Mutter oder Vater gehaßt hat, gegenüber einem Kind des betreffenden Geschlechts eine feindselige Haltung ein: Eine Frau, die ihre Mutter gehaßt hat, haßt vielleicht ihre Tochter; ein Mann, der seinen Vater gehaßt hat, haßt vielleicht seinen Sohn.

Sie können aus all dem die grundlegende Tatsache ersehen: Keines dieser Probleme hatte mit Ihnen persönlich viel zu tun. Wenn derjenge, den Sie am meisten bewundern, ein Kind Ihrer Eltern wäre, wäre er genauso behandelt worden wie Sie.

Eine weitere Untersuchung auf diesem Gebiet von Dr. A. J. Simon** kommt zu dem Schluß, daß viele Eltern, die ihre Kinder ablehnen, »gefühlsmäßig Kinder sind und dies dadurch bekunden, daß sie gegenüber ihren eigenen Nachkommen gleichgültig und aggressiv sind und sie nicht als Kinder annehmen können, die aufgezogen werden müssen.«

---

* W. H. Newell, American Journal of Orthopsychiatry, 4/387, 1934; ebenda 6/576, 1936.

** A. J. Simon, The Nervous Child, 3/119, 1944.

Dies ist wichtig und bedeutsam. Sie können, indem Sie mit sich selbst freundlich umgehen, die Feindseligkeit und Ablehnung, die Sie als Kind erlebt haben, und die immer noch in ihnen wirksam sind, abschwächen. Sie verdienen sie nicht — die Haltungen von Selbsthaß und Selbstablehnung gehören in Wirklichkeit gar nicht zu Ihnen, und Sie brauchen sie nicht unausgesetzt zu pflegen. Wenn Sie erkennen, daß die Ursache Ihres Abgelehntwerdens in der Kindheit das bittere Unglück, das Elend und die schlechte Ehe Ihrer Eltern waren, können Sie dahin gelangen, Ihre eigenen Gefühle und Ihre Leistungen richtig einzuschätzen. Sie geben Ihnen das Recht, sich selbst rücksichtsvoll zu behandeln und sich zu nehmen wie Sie sind.

Ihr Problem liegt darin, die Ablehnung zu überwinden, die sie früher erfahren haben, und zwar, indem Sie sich heute — erst Schritt für Schritt — so nehmen wie Sie sind. Was tun Sie in Ihrem gegenwärtigen Leben, das Ihnen der Mühe wert scheint? Schreiben Sie diese Tätigkeiten auf, vor allem jene, die Sie ganz besonders zufrieden machen. Jede ist eine Waffe, die Sie im Kampf gegen Ihre unausgesetzte Selbstablehnung einsetzen können.

Kulturelle Faktoren, die die Ablehnung fördern

In unserer Gesellschaft, insbesondere an unseren Schulen, wird zwar vielfach die Forderung laut, jedes Kind auf der Grundlage seiner eigenen Leistungen zu akzeptieren und anzuerkennen, doch wirken dem andere Faktoren entgegen. Diese wirken sich außerdem meistens auf das Kind aus, bevor es das Schulalter erreicht. Die gesamte Lage der ledigen Mutter ist von der Art, daß sie sowohl für die Mutter als auch für das Kind von vornherein Ablehnung erwarten läßt. Der Makel der Unehelichkeit macht ihr überall Schwierigkeiten; er verstärkt ihre Schuldgefühle und vermehrt ihre Probleme bei der Erziehung ihres Kindes. Oft ist die Unehelichkeit als solche die Folge des Umstands, daß die junge Mutter von ihren eigenen Eltern abgelehnt worden ist. Wer als Kind abgelehnt worden ist, hat ein so starkes und verzweifeltes Bedürfnis nach Liebe und Zuneigung, daß er oft nicht richtig unterscheiden kann, mit wem er es in sexuellen und ehelichen Beziehungen zu tun hat.

Unsere kulturspezifischen Haltungen gegenüber Geld, Erfolg und materiellen Besitztümern tragen in einigen Fällen auch zur Ablehnung von Kindern bei. Wenn ein Kind zu einer Zeit geboren wird, in der sich die Familie in einem scheußlichen finanziellen Engpaß befindet, kann es abgelehnt werden. Ähnlich neigen die Eltern, wenn sie miteinander nicht auskommen können, dazu, Kinder als Fesseln anzusehen, die sie zusammenschmieden — und lehnen sie ab. Unsere Gesellschaft betrachtet ihre Kinder im allgemeinen als wirtschaftliche Belastung. Oft tragen die wirtschaftlichen Schwierigkeiten der Familie und der Einkommensverlust, den der Umstand mit sich bringt, daß sich die Mutter dem Kind widmen muß, zur Gereiztheit und zum Ärger der Mutter gegenüber den Kindern bei. Man kann dies zwar nicht als die Ursache der Ablehnung bezeichnen, aber es verschlimmert doch oft eine ablehnende Haltung.
Manchmal kann die körperliche Erscheinung des Kindes der Grund für eine Ablehnung sein. Die Mutter lehnt ihr Kind ab, weil sie unfähig ist, ihren enttäuschten Wunsch nach einem ungewöhnlich schönen Kind zu verarbeiten. Unsere kulturbedingten Vorstellungen vom Wert der körperlichen Schönheit bringen es mit sich, daß wir diesen Aspekt überschätzen und den Wert gefühlsmäßiger und geistiger Qualitäten, die doch viel größere Befriedigung schenken können, außer acht lassen.

Wie sich die Ablehnung auf Ehe und Sexualität auswirkt

Da der Mensch, der als Kind abgelehnt worden ist, ein verzweifeltes Bedürfnis nach Zuneigung und Anerkennung hat — und nahezu jede Liebesbezeigung, die ihm entgegengebracht wird, ausschlägt und für unaufrichtig hält —, hat er oft große Schwierigkeiten, ein befriedigendes Geschlechts- und Eheleben zu führen. Oft bringt er sich soweit, die Tatsache anzuerkennen, daß ein bestimmter Mensch ihn liebt und begehrt. Da er sein Leben lang nach Liebe gedürstet hat, scheint er nun in seiner Forderung nach Zuneigung unersättlich. Er geht so sehr in seinen Glücksgefühlen auf und wünscht sich so dringlich, sein Partner solle sie auch äußern, daß es dem Partner zuviel wird; dieser hat ja nicht das gleiche starke Bedürfnis wie sein von Ablehnung gezeichneter Partner. Jedes Nachlassen der Intensität mißdeutet der Abgelehnte als Wiederholung der früheren Ablehnung; er ist erst verletzt und dann aggressiv.

Dieser Menschentypus hat tatsächlich einen eingebauten Kurzschlußmechanismus, der ihm die meisten Gelegenheiten zu einer stabilen und dauerhaften Beziehung zerstört. Wenn er in einer solchen Beziehung akzeptiert wird, sagt er in der Tat: »Na gut, du sagst, ich sei liebenswert, und du willst mich wirklich. Das soll mir schon recht sein, weil ich dich will — aber ich glaube dir nicht.« Dann stellt er die Liebe und Treue seines Partners ständig auf die Probe und sucht nach Versehen, Beleidigungen, nach Gleichgültigkeit und Untreue. Solange er keinen Grund zur Klage findet, wird er etwas entspannter und glücklicher. Aber das unangenehme Gefühl, irgendwann doch einmal abgelehnt zu werden, wächst ständig. Durch sein »Auf-die-Probe-Stellen« setzt er den Partner so sehr unter Druck, daß dieser schließlich gereizt reagiert. Der als Kind vernachlässigte Mensch zeigt sich nun zutiefst verletzt und sagt: »Jetzt ist es doch herausgekommen ... du liebst mich nicht und du hast mich nie geliebt.« Und dann isoliert er sich; seine Selbstkritik veranlaßt ihn schließlich, gegen andere aggressiv zu werden. Seine Feindseligkeit isoliert ihn natürlich noch mehr.

Ein Mann, der mit einer als Kind vernachlässigten Frau verheiratet war, klagte einmal: »Mit Vivian verheiratet zu sein, ist, als wenn man ein Jojo wäre. Entweder ist sie sehr zärtlich — und ich bewege mich aufwärts — oder ich falle, weil ihr irgend etwas nicht gepaßt hat, und sie sich einbildet, ich hätte ihr wieder einen gemeinen Hieb versetzen wollen. Wenn ich ihr sage, daß sich ihre Strumpfnaht verdreht hat, oder daß der Suppe noch ein wenig Salz fehlt, oder daß die Frau von Jim Baum ihren Reis mit Zwiebeln kocht, ist sie beleidigt. Sie faßt das alles als Kritik auf. Erst erhebt sie sich beleidigt und stillschweigend, dann verläßt sie das Zimmer und dann kommt sie zurück und feuert aus allen Rohren. Ich habe noch nie jemanden gesehen, der so schnell beleidigt ist. Ich kann mit ihr nicht leben, weil ich nicht mit einem Menschen leben kann, zu dem ich nur eines gefahrlos sagen kann: »Schatz, du bist ein Geschenk des Himmels, und du bist traumhaft.« Das kann vielleicht ein anderer, ich nicht.

Wenn ich irgend etwas sage, was nicht zu hundert Prozent Begeisterung ausdrückt — sowohl dem Inhalt als auch dem Tonfall nach — geht's los. Schon ein Wort ist eine Sintflut für sie. Als erstes gibt es kein Küßchen mehr an der Tür, dann darf ich nicht mehr mit ihr schlafen, und wenn ich nicht händeringend herumlaufe und um Verzeihung flehe und versuche, die Wogen wieder zu glätten, steht mir mit Sicherheit später eine Szene bevor. Das Schlimmste ist, daß ich nie wirklich weiß, was sie verletzt hat. Und dann wird sie schrecklich selbstkritisch. Sie sagt, sie wisse, daß sie nichts tauge und dumm und häßlich sei, und sie geht auf ihr Zimmer und redet nicht einmal mit mir.«

Die ungeheuren Stimmungsschwankungen, wie sie dieser Mann beschreibt, kommen in den engen Beziehungen von Menschen häufig vor, die als Kinder abgelehnt worden sind. Solche Menschen, die nach etwas zu suchen scheinen, worüber sie beleidigt sein können, sind dann auch wirklich zutiefst verletzt, schrumpfen innerlich zusammen und sondern sich ab. Diese Absonderung ist stets dadurch gekennzeichnet, daß die alten Wunden wieder aufreißen, die die Ablehnung in der Kindheit geschlagen hat; typisch dafür ist, daß der Betreffende sich selbst beschimpft und kritisiert und sich schließlich gegenüber anderen, insbesondere gegenüber nahestehenden Menschen, aggressiv, mißtrauisch und streitsüchtig verhält.

Menschen, die als Kinder abgelehnt worden sind, fühlen sich meistens von Leuten stark angezogen, die unfreundlich zu ihnen sind, die sie verächtlich behandeln und sie u. U. verprügeln, sie ständig verhöhnen und heruntermachen.

Diese Merkmale sind für den unbeteiligten Beobachter häufig klar erkennbar, aber der abgelehnte Mensch ist solchen Haltungen gegenüber fast völlig blind.

Diese ständig schlechte Behandlung verletzt ihn tief, aber er kann sich ihr nicht ohne weiteres entziehen. Ein Wort der Zuneigung von seinem unfreundlichen, oft grausamen und groben Partner bedeutet ihm alles. In den persönlichen Beziehungen solcher Menschen wird oft in der Tat die gesamte Atmosphäre der Kindheit wiederhergestellt, in der das Kind auf grausame Weise abgelehnt und häufig bestraft worden ist. Als Kinder haben sie unter dieser Behandlung schwer gelitten, waren aber verständlicherweise nicht in der Lage,

sich andere Quellen der Zuneigung, Aufmerksamkeit und Anerkennung zu verschaffen.
Als Erwachsener kann man sich jedoch zurückziehen und einen neuen Partner suchen. Aber jene Menschen scheinen oft die Atmosphäre der Ablehnung geradezu zu brauchen. *Der abgelehnte Mensch bindet sich stark an den Partner, der ihn ablehnen muß. Niemand anders ist so wichtig für ihn. Man hat den Eindruck, als sei die Aufrechterhaltung einer Atmosphäre der Ablehnung von entscheidender Bedeutung.* Man kann sich kaum eine schlimmere und unglücklichere Lage vorstellen.

Die Geschichte von Frau George

Eines der Hauptthemen dieses Buches ist der Umstand, daß elterliche Haltungen von Generation zu Generation weitergegeben werden. Im Erwachsenen »leben« diese Haltungen fort in dem Verhalten, das er in der Rolle seiner eigenen Eltern sich selbst gegenüber an den Tag legt. Dies ist besonders deutlich beim Phänomen der Ablehnung, die fast immer durch eine herabsetzende Selbstkritik gekennzeichnet ist.
Frau George z. B. ist eine attraktive junge Hausfrau von 25 Jahren. Sie ist zwar sehr gepflegt, aber ihr Gesichtsausdruck ist nichtssagend. Sie hat über sich gesprochen wie folgt: »Ich hatte lange Zeit Depressionen. Ich bin auch ängstlich und reizbar. Ich werde niedergeschlagen und kann mich nicht herauswinden. Mein Mann versucht, mich mit Späßen aufzuheitern, aber es gelingt nicht. Ich habe ein Kind von vier Jahren. Ich werde sehr leicht wütend, manchmal wegen Sachen, die mein Mann sagt. Immerzu denke ich, daß ich ein nichtsnutziger, oberflächlicher, egoistischer und dummer Mensch bin. Ich fühle mich einfach immer niedergeschlagen. Es ist blöd — aber so bin ich.
Ich glaube, daß jetzt alles gut wäre, wenn ich nicht schon vor meiner Ehe nicht in Ordnung gewesen wäre. Jetzt kann ich niemandem mehr in die Augen schauen. Ich bin meinem Mann immer treu gewesen, aber dadurch wird nicht wieder gutgemacht, was ich früher getan habe. Ich sehe mein Kind an und denke mir, deine Mutter ist nichts weiter als eine Hure.«

Diese Selbstkritik isoliert sie nur und ändert weder die Vergangenheit, noch behebt sie ihre gegenwärtige Mißstimmung und ihre Probleme. Frau George erzählte dann die Geschichte ihrer Kindheit und wie es zu ihrer gegenwärtigen Lage kam:

»Meine Mutter verließ meinen Vater, als ich fünf Jahre alt war. Ich lebte danach noch zwei Jahre lang bei ihr, aber ich sah meinen Vater nie wieder und weiß wirklich nicht viel über ihn, ich kann mich auch kaum an ihn erinnern. Das einzige, was sie mir je gesagt hat, war, daß er nichts taugte. Als ich ein Kind war, muß ich wohl ein ziemlicher Fratz gewesen sein, aber meine Mutter hat mir keine Zucht beigebracht. Manchmal, ja, da platzte sie ohne jeden Grund und schlug mich. Sie machte mir das Leben zur Hölle. Meistens wußte ich nicht einmal, warum. Sie war nicht zärtlich oder herzlich — ich glaube, es war ihr einfach gleichgültig oder es interessierte sie nicht besonders. Als ich sieben war, ging sie in eine andere Stadt, um sich eine Stelle zu suchen, und ließ mich bei einer Tante. Sie sagte, sie würde mich nachkommen lassen. Ich freute mich darauf, weil ich meinte, daß sich dadurch alles ändern würde. Aber sie hat mich danach nie wieder zu sich genommen.

Ich blieb statt dessen bei meiner Tante, bei der sie mich gelassen hatte; aber nur für ein paar Monate. Sie schickte mich auf ein Jahr in eine Klosterschule. Danach war ich bei einigen Pflegefamilien. Schließlich, als ich zehn war, kam ich zu einer anderen Tante. Ich blieb sieben Jahre bei ihr.

Meine Tante und mein Onkel waren alt und altmodisch. Meine Tante war krank und wollte von vorn und von hinten bedient werden. Ich war bloß das Dienstmädchen. Ich durfte mich nicht im Spiegel anschauen, sonst wurde ich gleich ›eitel und egoistisch wie deine Mutter‹ genannt. Das hat meine Tante dann immer gesagt. Wenn ... na ja, wenn ich mich mit einem Jungen treffen wollte, als ich schon älter war, sagte meine Tante immer: ›Auf keinen Fall, du willst dich bloß so sexy aufführen wie dein Vater, und du weißt doch, daß er nichts getaugt hat! Was hat er denn je für dich getan?‹ Ehrlich, als sie das die ersten paar Male sagte, wußte ich nicht einmal, wovon sie redete.

Sie kritisierte mich ständig und hackte auf mir herum. Ich konnte ihr nichts recht machen. Sie wurde so krank, daß sie geistig nicht mehr normal war. Sie wurde immer gereizter und mißtrauischer und hörte überhaupt nicht mehr auf zu jammern. Ständig beschuldigte sie die Leute in ihrer Umgebung, etwas Unrechtes getan zu haben. Schließlich nahm mich eine andere Verwandte zu sich; ich war in der letzten Klasse der High School und durfte bis zu meinem Schulabschluß bei ihr bleiben. Danach mußte ich mir eine Stelle besorgen und mir meinen Lebensunterhalt selbst verdienen.

Und ich kann Ihnen nur sagen, das ist noch lange nicht vorbei. Ich fühle mich immer noch genauso wie damals. Ich habe das Gefühl, daß ich Eltern hatte, die sich einen Dreck um mich gekümmert haben, die mich nicht haben wollten — und die mich los wurden. Meine Mutter hat sich eigentlich nie um mich gekümmert. Wenn sie es getan hätte, hätte sie mich nachkommen lassen. Ihr waren alle anderen Menschen gleichgültig; selber war sie sich am wichtigsten — das war es, was meinem Vater den Rest gegeben hat. Ich habe sie als Kind angebetet. Ich habe immer gehofft, daß sie einmal Zeit für mich haben würde, oder daß sie sonst irgend etwas für mich haben würde, ich weiß auch nicht, was. Aber das war nie der Fall. Ich kann nicht verstehen, daß sie einfach weggehen und mich allein lassen hat können. Jetzt hasse ich sie. Manchmal, wenn ich niedergeschlagen bin, habe ich das Gefühl, ich werde meinem Kind jetzt dann dasselbe antun, einfach in eine andere Stadt ziehen und diese ganze Scheiße hier vergessen — und diese Leute hier.

Vor älteren Leuten fürchte ich mich. Ich mag sie nicht und habe sie nie gemocht. Sie bringen kein freundliches Wort über die Lippen, können einen bloß kritisieren und wissen immer, wie man es besser machen könnte, wie man es einfacher machen könnte. Sie wissen alles. Manchmal denke ich an Selbstmord.

Mein Mann ist ein Bulle. Er ist stark und selbstsicher. Aber ich habe ihn nicht geliebt, als wir geheiratet haben. Ich wollte Sicherheit. Ich wollte einfach ein Dach über dem Kopf haben, verstehen Sie? Ich versuche, ihm eine gute Frau zu sein. Er ist treu, aber er kommandiert mich ständig herum, kritisiert mich und ist schrecklich herrisch — wie meine Tante, genauso, meine ich; ich werde ekelhaft und spöttisch, wenn er so mit mir redet. Er kommandiert mich herum, und ich gehorche und versuche zu tun, was er sagt. Das ist das mindeste, was ich tun kann, meine ich. Mir ist oft schlecht, und

ich habe viel und häufig Angst. Ich meine, ich sollte zu den Leuten lieber besonders nett sein, damit ich wieder gut machen kann, was in mir vorgeht; oft sitze ich nämlich bloß im Schlafzimmer und koche vor Wut.«
Frau George fiel es sehr schwer, in der Rolle ihrer eigenen Eltern sich freundlich und annehmend zu verhalten — weder ihre Mutter noch ihre Tante verhielten sich ihr gegenüber so. Es war mühsam, sich selbst zu akzeptieren und sich nicht abzulehnen. Lange nachdem sie erkannt hatte, daß sie auf die Bemerkungen ihres Mannes genauso reagierte wie auf die ewige Nörgelei ihrer Tante, war sie immer noch beleidigt, wenn eine solche Bemerkung fiel, und ihre Antworten darauf waren beißend und spöttisch. Aber sie erinnerte sich immer daran, daß ihr Mann nicht ihre herzlose Tante war, und lernte dadurch, diese Seite der Gefühle ihres »Kindes von früher« zu beherrschen, obwohl ihre Angst dabei größer wurde. Sie hat nun angefangen, das Zusammenleben mit ihrem Mann mehr zu genießen und sein »Kommandieren« als seine Art von liebevoller Aufmerksamkeit zu akzeptieren; so erscheint es ihr jetzt als weniger einschneidend. Durch die Beobachtung der Entwicklung ihres eigenen Kindes kamen ihr Erinnerungen daran, wie unglücklich und einsam sie selbst als Kind war — und das hat sie motiviert, ihrem Kind zu helfen. Aber manchmal kehren ihre Depressionen zurück — wenn es innerhalb kurzer Zeit eine Reihe von Rückschlägen und Enttäuschungen gibt — und dann bezeichnet sie sich wieder als »nichtsnutzige, dumme, dreckige Hure«.

Wie man von der Ablehnung wegkommt

Wer als Kind abgelehnt worden ist, hat es besonders schwer, in der Rolle seiner eigenen Eltern sich selbst gegenüber freundlich und zugleich bestimmt zu sein. Wenn er in der frühen Kindheit abgelehnt worden ist, ist es besonders schwer, die eigene Isoliertheit und die gekränkten Gefühle zu überwinden. Er muß in der Rolle seiner Eltern stets wissen, daß er nichts als Grobheit gekannt hat und daß er zu Stimmungsumschwüngen neigt, die von deprimierender Selbstkritik bis zu einem übermäßigen Sich-gehen-lassen reichen.

Wenn Sie verstehen, daß das Kind — jedes Kind — auf dem Boden elterlicher Ermutigung, Anerkennung und Anregung gedeiht — Voraussetzung dafür ist, daß die Eltern das Kind um seiner selbst willen akzeptieren —, können Sie die Aufgabe, Ihre eigenen Eltern zu sein, besser erfüllen. Ein solches Angenommensein fördert die Entwicklung einer ausgeglichenen Persönlichkeit.
Das abgelehnte Kind hat jedoch all dies nicht gekannt — so auch Ihr »Kind von früher«, wenn Sie Ablehnung erleiden mußten —; es hat nur Grobheit, Ablehnung, Gleichgültigkeit und Verachtung erlebt. Seine unerfüllten Bedürfnisse, angenommen und gefördert zu werden, haben dazu geführt, daß es sich hilflos gefühlt hat. Die Feindseligkeit, die man ihm als einer unerwünschten Last entgegenbringt, läßt es glauben, daß die Welt ihm feindlich gesinnt ist. Das Kind deutet die elterliche Ablehnung so, daß es nicht wert ist, geliebt zu werden, daß es »zu nichts taugt« und die Ursache der Schwierigkeiten von anderen ist. Dies beeinträchtigt und verhindert die Entwicklung eines gesunden Selbstwertgefühls und erzeugt das Verhaltensmuster der Selbstablehnung, wie es in diesem Kapitel beschrieben wird.

Sich-selbst-Akzeptieren und Etwas-Zustandebringen

Es gibt einen Weg, der von der Ablehnung wegführt, aber man muß ihn zunächst langsam gehen, Schritt für Schritt. Wenn Sie erlebt haben, wie ein Kind das Treppensteigen lernt, oder sich erinnern, wie Sie es selbst gelernt haben, können Sie erkennen, wie man hier vorgehen muß. Ein Kind, das das Treppensteigen lernt, setzt einen Fuß auf die Stufe, dann hebt es sich hoch, bis es mit beiden Beinen auf dieser Stufe steht — und es steigt nicht leichtfüßig von einer Stufe zur anderen. Bei jeder Stufe wiederholt es denselben Vorgang. Allmählich gewinnt es Vertrauen und lernt, mit jedem Schritt eine Stufe zu nehmen.
Im Umgang mit Ihrem abgelehnten »Kind von früher« steht an erster Stelle, daß Sie sich selbst annehmen — und sich dadurch die Selbstsicherheit erwerben, die aus diesem Annehmen entsteht. Wenn Sie in der Rolle der Eltern sich selbst annehmen, müssen Sie auf-

hören, sich herabzusetzen, sich zu beschimpfen und sich abzulehnen. Sie müssen sich selbst in den Arm nehmen und zu sich sagen, daß Sie in Ordnung sind, liebenswert und fähig, wertvoll und begabt und daß Sie auch anderen etwas geben können. Sie müssen auch Ihren Wunsch, andere zu verletzen und abzulehnen, als Teil der Gefühle Ihres abgelehnten »inneren Kindes von früher« erkennen und akzeptieren — aber Sie müssen seiner Erfüllung Grenzen setzen. Sie werden dazu in der Lage sein, wenn Sie dadurch, daß sie sich selbst als einen wertvollen Menschen akzeptieren, Ihre eigene Selbstherabsetzung und Selbstkritik einschränken können. Solange Sie diesen ersten Schritt nicht tun und — indem Sie einen Fuß auf die erste Stufe setzen — sich selbst zu akzeptieren beginnen, können Sie sich nicht von dem selbstzerstörerischen Verhaltensmuster der Ablehnung befreien. Ihr abgelehntes verletztes »Kind von früher« als Teil Ihrer Persönlichkeit akzeptieren zu lernen — ohne Kritik oder Selbstherabsetzung — ist eine Aufgabe, die Sie jeden Tag, ja jede Stunde aufs neue erfüllen müssen. Sie werden, selbst wenn Sie den zweiten Schritt schon halb getan haben werden, diese Art von Rückversicherung brauchen — so wie das Kind, das die Treppen hinaufsteigt, erst ein Bein und dann das andere bewegt. Der zweite Schritt kann Sie endgültig von den deprimierenden Gefühlen des Abgelehntseins befreien. Er hilft Ihnen auch, sich selbst anzunehmen und sich als einen interessanten Menschen, der seinen eigenen Wert hat und einzigartig ist, zu empfinden. Der zweite Schritt besteht darin — gleichgültig, wie groß Ihre Schwierigkeiten auch sein mögen —, sich einen Bereich zu suchen, in dem Sie mehr können als andere. Die meisten abgelehnten Menschen sehen vor sich eine ganze Reihe von Dingen, die sie tun können — woraus ihnen nur wieder ein weiterer Anlaß zur Selbstquälerei entsteht; ihre Fähigkeiten scheinen unwichtig. Eine solche Selbstquälerei schränkt Sie ein; sie ist nur eine Fortsetzung der in der Kindheit erlebten Ablehnung. Um ihr ein Ende zu setzen, müssen Sie sich mit der Vorstellung vertraut machen, daß Sie erst einmal klein anfangen müssen, um etwas zustande zu bringen.

Indem Sie sich sorgfältig einen Arbeitsbereich aussuchen und sich bemühen, ein gesetztes Ziel zu erreichen, können Sie etwas erreichen, auf dem Sie ein echtes Selbstwertgefühl aufbauen können. Das Ziel als solches ist nicht so wichtig wie die Entschiedenheit und die Ausdauer, mit der Sie das Ziel verfolgen und die Arbeit durchführen. Schämen Sie sich nicht, und quälen Sie sich auch nicht, weil Sie zunächst nur kleine Schritte machen. Sie sind bewußt auf dem Weg, sich einen Bereich der Kompetenz und der Errungenschaften zu schaffen — einen Bereich, in dem Sie durch geleistete Arbeit Befriedigung und Selbstachtung finden werden. Sie können Ihr Bedürfnis, sich selbstkritisch abzulehnen und die feindselige Atmosphäre Ihrer Kindheit wiederherzustellen, verringern, indem Sie akzeptieren, was Sie im Augenblick zu tun vermögen, wie beschränkt es auch sei, und indem Sie danach streben, nach einem Plan der stetigen Selbstentwicklung immer ein wenig mehr zu leisten. Wenn Sie diesen Bereich finden und akzeptieren, was Sie jetzt zu tun vermögen, finden Sie echten Spaß und echte Befriedigung. Das bedeutet nicht, daß Sie nur dazu in der Lage sind. Sie können vielleicht auch ein Talent haben, sich geschickt anzuziehen, oder anderen Menschen zuzuhören, die in Schwierigkeiten sind. Eartha Kitt fand im Gospel-Gesang einen solchen Bereich — und sie ging diesen Weg, der zu Selbstannahme und Erfolg führte.

Dies ist keine einfache Aufgabe. Man kann leicht einer vorgezeichneten Route folgen, aber die Reise als solche ist oft schwierig.

Wenn Sie als Kind abgelehnt worden sind, werden Sie bei Ihrem ersten Versuch, Ihr abgelehntes »Kind von früher« zu akzeptieren und Ihre Möglichkeiten auszuschöpfen, Angst haben und sich allein fühlen. Eine solche Selbstannahme fängt bei den Dingen an, die Sie schon zustande gebracht haben — selbst wenn es nur die Tatsache ist, daß Sie die Ablehnung überlebt haben und körperlich erwachsen geworden sind. Sie müssen Ihr »Kind von früher« beruhigen und ihm versichern, daß Sie es und seine Tiraden verstehen und seine Gereiztheit als einen Versuch erkennen, sich die Sicherheit des Vertrauten zu erhalten — die aggressive, ablehnende Atmosphäre des früheren Familienlebens. Sie müssen auch jede Begabung und jedes Talent einsetzen, um ein echtes Selbstwertgefühl zu entwickeln, das der Ablehnung der Kindheit entgegenwirkt und sie entkräftet. Sie können ein solches Selbstwertgefühl aufbauen, indem Sie sich in der Rolle Ihrer eigenen Eltern freundlich behandeln und sich Mut zusprechen, wie es Ihre Eltern nie getan haben.

Aber wer den Schmerz der Ablehnung als Kind erfahren hat, sollte die Größe seiner Schwierigkeiten nicht unterschätzen. Die alte Narbe wird klopfen. Reden Sie mit einem mitfühlenden Freund, mit Ihrem Arzt oder Ihrem Geistlichen über Ihre Bemühungen. Sie werden vielleicht manchen Rückschlag erleben, denn es wird Ihnen schwerfallen, an Selbstannahme und an das Akzeptieren von Zuneigung zu glauben, und Sie werden sich womöglich leicht entmutigen lassen. Bei solchen Gelegenheiten kann Ihnen ein verständnisvoller Freund oder Arzt helfen, indem er in der Rolle Ihrer Eltern Ihre Bemühungen fördert, sich selbst als der Anerkennung und Zuneigung wert anzusehen.

18

Sexuelle Anregung —

Wenn Sie die Rolle der Sexualität falsch einschätzen

VERDACHTSMOMENTE: *Wenn Sie dazu neigen, die körperlichen Seiten der sexuellen Betätigung zu betonen, eine liebevolle sexuelle Beziehung nicht herstellen oder aufrechterhalten können, sich häufig in sexuellen Phantasien ergehen und Ihr Intimleben im allgemeinen für unbefriedigend und schal halten und das Gefühl haben, es gerate leicht zu unpersönlich, sollten Sie untersuchen, welche Rolle die Haltungen Ihrer Eltern bei der Anregung und Entwicklung der sexuellen Gefühle Ihres »inneren Kindes von früher« gespielt haben. Diese Anregung kann die Form völliger Behinderung angenommen haben, die dann zu übertriebenen sexuellen Phantasien geführt hat, oder sie kann offen oder unbeabsichtigt als Verführung gewirkt haben.*

Im allgemeinen spiegeln elterliche Einstellungen zur Sexualität die Ansichten unserer heutigen Gesellschaft wider. Diese allgemeine soziokulturelle Einstellung, die eine Kehrtwendung gemacht hat von den strengen Verboten des Puritanismus zur gegenwärtigen Billigung der sexuellen Stimulierung der Massen — ohne jungen Menschen auf dem Gipfel ihrer Potenz sexuelle Befriedigung zuzugestehen —, schafft eine explosive Situation. Durch die Billigung ständiger sexueller Stimulierung der Bevölkerung erzwingt diese Einstellung darüber hinaus eine Fortsetzung der kindlichen Sexualphantasien — unrealistisch, unpersönlich und unreif, wie sie sind. Das »Kind von früher« wird in einem psychosexuellen Kindergarten der Phantasie gehalten. Man kann kaum behaupten, der viel bejubelte Rückgang des Puritanismus habe unsere sexuellen Proble-

me reduziert. Er hat zwar einige unnötige und grausame Tabus beseitigt, aber das ganze Problem der Sexualität und ihrer Stellung im Leben ist wahrscheinlich *das* Thema im heutigen Amerika, über das am meisten Verwirrung herrscht und das am meisten mißbraucht wird. Da schon in der einstigen Familienzeitschrift *The Saturday Evening Post* die Geschichte der Verführung eines Kindes — der Bestseller *Lolita* — und das Magazin *Playboy* samt seinen Herausgebern als Erfolge gepriesen werden, kann man wohl mit Sicherheit sagen, daß wir kaum wissen, wohin das noch alles führt.
Wir sind heutzutage alle mehr direkter visueller sexueller Stimulierung ausgesetzt, als je ein Volk zuvor. Der Einfluß dieser Tatsache auf die Erwachsenen unter uns hängt von vielen Faktoren ab; einer von ihnen ist insbesondere unser eigenes »Kind von früher«. Die hervorstechendste Tatsache ist in diesem Zusammenhang wahrscheinlich, daß unsere Kinder in diesem Treibhaus der sexuellen Anregung aufwachsen; wir werden später zeigen, daß es am Horizont schon Anzeichen von ernsten Schwierigkeiten gibt.

Wie man erkennen kann, ob man als Kind sexuell angeregt wurde

Dieses Kapitel kann zwar auf keinen Fall eine vollständige Erörterung aller sexuellen Probleme enthalten, mit denen Erwachsene und Kinder geplagt sind; die elterlichen Haltungen und Einstellungen gegenüber sexueller Betätigung nehmen jedoch oft eine kennzeichnende und aufschlußreiche Form an. Jede der im Vorangehenden besprochenen pathogenen elterlichen Haltungen z. B. findet im Bereich der Sexualität ihren eigenen, charakteristischen Ausdruck. Der Perfektionist übertreibt daher meist die »technische Seite« der Sexualität; wer übertriebene Nachgiebigkeit kennengelernt hat, ist impulsiv und nimmt auf die Rechte der anderen keine Rücksicht; der Hypochonder »kann nicht«, weil er sich krank fühlt; wer unter übermäßigem Zwang aufgewachsen ist, weigert sich, »seine Pflicht zu tun«; der Vernachlässigte kann sich im intimen Bereich des Sexuallebens keinem Menschen nahe fühlen usw. Es gibt jedoch gewöhnlich keine für sich stehende oder abgespaltene pathogene

Haltung gegenüber der Sexualität. Die sexuelle Anregung von Kindern — zu der auch die Verführung gehört — ist im allgemeinen vielmehr die Folge anderer pathogener elterlicher Haltungen sowie der Unzufriedenheit, die sich aus diesen Haltungen ergibt.

Jedes Kind entfaltet seine Sexualität vor dem Hintergrund der Haltungen seiner Eltern. Wenn der Geschlechtstrieb die rechte Erziehung erfährt, kann er zum Selbstwertgefühl des Individuums, zum Bewußtsein seiner eigenen Kraft, zu seinem Glück und zu seiner sozialen Anpassungsfähigkeit viel beitragen. Wird er in die Irre geleitet oder verzerrt, schafft er Unglück, gesellschaftliche Mißbilligung, auszehrende emotionale Konflikte und Angst.

Die Sexualität ist der Bereich, in dem die verschiedenen pathogenen elterlichen Haltungen abreagiert werden. Diese pathogenen Haltungen kommen in der Tat in sexuellen Betätigungen gewöhnlich klar zum Vorschein. Der impulsive Mensch z. B., dessen »Kind von früher« nichts als übertriebene Unterwürfigkeit gekannt hat, verlangt eine absolute Unterwerfung unter seine sexuellen Wünsche; und der Perfektionist sucht immer wieder einen Geschlechtsakt zu vollführen, der seine letzte »Vorstellung« bei weitem übertrifft.

Die Unzufriedenheit mit ihrem eigenen Leben als Erwachsene, die eine Folge dieser pathogenen Haltungen ist, kann Eltern veranlassen, in der unterschwelligen Erotisierung ihrer Beziehungen zu ihren Kindern Befriedigung zu suchen. Zwei führende Wissenschaftler der Mayo Klinik, Dr. Adelaide M. Johnson und Dr. David B. Robinson, haben dieses Problem einer eingehenden Untersuchung unterzogen. Sie definieren Verführung als sinnliche Reizung und Anregung der sexuellen Gefühle des Kindes durch die Eltern und weisen darauf hin, daß Verführung »häufiger vorkommt, als man sich ruhigen Gewissens vorstellen mag, und zwar ohne Rücksicht auf den sozioökonomischen Status der Familie. Die Verführung kann so sanft wie ein Streicheln oder so aufwühlend wie ein tatsächlicher Inzest sein«. Solche Eltern, die ihre Kinder verführen, »sind gefühlsmäßig sehr verwirrt, äußerst fehlangepaßt und eindeutig krank; sie sind das Gegenteil des äußeren Erscheinungsbildes von Stabilität und Standfestigkeit, das sie in ihrer Gemeinde zur

Schau tragen. Alle derartigen Eltern weisen eine unbefriedigende eheliche Sexualbeziehung auf*.«
Kurz gesagt, die sexuelle Fehlanpassung ist ein Baustein in dem gesamten Mosaik aus pathogenen Haltungen, die ein Individuum in sich vereint. Sie existiert fast nie für sich. Die sexuellen Erlebnisse unseres »inneren Kindes von früher« werden durch die besonderen Haltungen unserer Eltern unweigerlich beeinflußt und gefärbt — und man sollte sie auch in diesem Zusammenhang sehen und verstehen. Perfektionismus kann z. B. bei einem Kind zu einem äußerst ängstlichen Streben führen. In der Masturbation findet es eine lustvolle Entspannung. Aber die Masturbation ist verboten, Entspannung darf nicht sein — und es entstehen Schuldgefühle und erneute Angst. Als Erwachsener ist ein solcher Mensch unfähig, den »vollkommenen« Partner zu finden, und greift wieder auf die Masturbation zurück. Das »Kind von früher« bietet also weiterhin eine gewisse Sicherheit und eine Möglichkeit, Angstgefühle zu beheben. Aber es arbeitet der Entfaltung des Erwachsenen entgegen. Sein Problem ist jedoch nicht sexueller Natur; der Perfektionismus beherrscht sein Leben.

Ausgangspunkt: Die Sexualität ist ein natürlicher Trieb, der beim Menschen mit Gefühlsverknüpfungen und -bindungen eng verflochten ist. Bis das Individuum erwachsen wird, hat es die Sexualität im Sinne der Einstellungen seiner Eltern aufzufassen gelernt und sieht sie gemäß der emotionalen Atmosphäre, in der es aufgewachsen ist. Seine Eltern haben ihrerseits von ihren eigenen Eltern diese Haltungen übertragen bekommen; die in unserer Kultur verbreiteten Anschauungen über die Sexualität, ihre Erwünschtheit und Zulässigkeit zu bestimmten Zeiten und an bestimmten Orten haben sie weitgehend geformt. Als Folge dieser Faktoren sind Verzerrungen und völlig falsche Vorstellungen Teil einer Angelegenheit geworden, die eigentlich als etwas Natürliches und als lebensspendende Kraft im Leben der Menschen akzeptiert werden sollte.
Um einige der im Umkreis der sexuellen Anregung in der Kindheit

* Adelaide M. Johnson und David B. Robinson, Journal of the American Medical Association, 164/1559, 3. August 1957.

angesiedelten Probleme zu klären, muß man erkennen, wie sie entstehen. Übertriebene sexuelle Anregung entwickelt sich entweder aus einem elterlichen Verbot sexueller Interessen und Betätigungen oder aus der unterschwelligen sinnlichen Versuchung und übermäßigen Reizung der sexuellen Gefühle des Kindes durch die Eltern.

NATÜRLICHE ENTWICKLUNG: In unserem Kulturraum werden der Sexualität in der Kindheit mehr Einschränkungen auferlegt als irgendeinem anderen menschlichen Trieb. Man fördert zwar aggressives und vorwärtsstrebendes Verhalten in allen möglichen Bereichen (wie wir den ersten selbständigen Schritt beklatschen!), begegnet aber jedem offenkundigen sexuellen Interesse und Tun mit Stirnrunzeln und Besorgnis. Man setzt sofort alle Hebel in Bewegung, um zu unterdrücken, abzulenken und zu verbieten. In Südseekulturen oder sogar in einigen europäischen würde man das übersehen, was bei unseren Eltern große Angst hervorruft. Diese Angst führt oft zu dem Versuch, die Sexualität beim Kind zu verleugnen und zu unterdrücken — der Erwachsene macht es später dann ebenso.
Als Freud kurz vor dem Ersten Weltkrieg darauf hinwies, daß die Sexualität schon in der frühen Kindheit eine Rolle spielt, brachte er ein Märchen von viktorianischer Wohlanständigkeit zum Platzen und löste einen Entrüstungssturm aus, der viele Diskussionen und Untersuchungen über die Kindererziehung in Gang setzte. Es ist heute durch pädiatrische, psychiatrische und psychologische Untersuchungen gründlich und wissenschaftlich erwiesen, daß sich die Vorläufer sexueller Gefühle beim Menschen bereits sehr früh entwickeln. Sie sind natürlich und schaden dem Kind überhaupt nicht. Der Säugling empfindet Lust, wenn er seine Genitalien berührt. Wenn er älter wird, erwacht seine Neugier in bezug auf seinen eigenen Körper und den anderer Kinder. Kinder interessieren sich für Brüste und Hinterteile. Für neugierige Kinder im Alter von drei oder vier Jahren ist es keineswegs ungewöhnlich, wenn sie »Doktor« oder »Vater, Mutter und Kind« spielen, verstohlen anderen Leuten unter die Kleider schauen und einander gegenseitig die Genitalien untersuchen und vielleicht berühren.
Die Masturbation wird oft ungeniert ausgeführt. Sie ist auch — wie

Dr. Hale Shirley* festgestellt hat — kein Zeichen von Gefühlsverwirrung und erfordert keine drastischen Maßnahmen; sie unterscheidet sich nicht von anderen verbreiteten Manipulationen wie Nasenbohren, Sich-Kratzen, Daumenlutschen usw. In der Pubertät führt ein deutliches Anwachsen des Sexualtriebes sowohl bei Jungen als auch bei Mädchen nahezu überall zur Masturbation. Im Jugendalter gesellt sich zu diesem Anwachsen des Geschlechtstriebes ein gesteigertes Interesse für das andere Geschlecht. Daraus entwickeln sich erste Bemühungen um Rendezvous, ein Vorspiel zur Partnerfindung und möglicherweise die Bildung einer dauerhaften ehelichen Beziehung.

Die Grundvorstellung, wie man ein guter Ehemann oder eine gute Ehefrau, ein guter Vater oder eine gute Mutter sein kann, entwickelt sich beim Kind durch Identifikation mit seinen Eltern. Seine Kindheitserlebnisse in der Familie lehren das Kind die Anfänge des Zusammenlebens mit anderen. Es beobachtet das Verhalten seiner Eltern in der Ehe und bildet sich daraus ein Grundmuster, das es auch verwirklichen möchte. Bei diesem Vorgang muß das Kind die Liebe erleben, die der gegengeschlechtliche Elternteil gibt, damit es einen Grundstock für seine Gefühle gegenüber seinem zukünftigen Partner bauen kann. Gleichzeitig schafft die Identifizierung mit dem gleichgeschlechtlichen Elternteil die Grundlage für sein eigenes reifes Sexualverhalten. Dieses Annehmen der Sexualität als etwas Natürliches bewerkstelligt in Verbindung mit der Gefühlsentwicklung beider Geschlechter eine gesunde und realistische Ausgangsbasis für zukünftiges Glück und Wohlergehen.

Wir haben diese jahrelange Entwicklung hier gerafft dargestellt, weil fast an jedem Punkt elterliche Haltungen diese natürliche Entwicklung stören und beeinträchtigen können. Der Sexualität wohnt nichts Böses, Ekelhaftes, Schmutziges oder Schreckliches inne; einige Eltern setzen jedoch in die sexuellen Gefühle ihrer Kinder schon im Säuglingsalter den Keim zu solchen Verzerrungen ein. Das Ergebnis dieser ängstlichen und unerbittlichen Bemühungen, die Sexualität zu verleugnen oder zu verbieten, sind Schuldgefühle, Be-

* Hale Shirley, Psychiatry for the Pediatrician, Kap. 6, Commonwealth Fund, New York, 1948.

schämung, Furcht, ängstliche Verlegenheit und sogar Gefühle der Hilflosigkeit.

Verbot und Einschränkung: Wenige Eltern erkennen, was sie mit solcherart Einschränkungen und Haltungen und mit ihrem entsetzten Geschrei von »Schäm dich ... schlecht ... daß ich dich nicht noch einmal dabei erwische ... der liebe Gott sieht alles ...« anrichten: Sie schaffen zutiefst krankhafte und jede natürliche Ordnung störende Haltungen. Selbst wenn einige Eltern erkennen, daß ihr eigenes Unglück zu einem großen Teil die Folge solcher elterlichen Haltungen im eigenen Elternhaus ist, können sie doch solche Reaktionen nicht steuern und ergeben sich ihrem »Kind von früher«.

In ihrer prüden Angst, die stets mit ihren anderen pathogenen Haltungen eng verflochten ist, reagieren sie lediglich — wie sie es als Kinder getan haben — auf die Haltung ihrer Eltern, die besagte, die Sexualität sei sündhaft, schandbar, unanständig, schmutzig, animalisch und so weiter. Nur wenige erkennen irgendeine Beziehung zwischen dieser Einstellung und den Folgen anderer pathogener Haltungen sich selbst gegenüber: ihrer unergiebigen Arbeit, ihrem unerfüllten und unglücklichen Eheleben und ihrer Selbstherabsetzung.

Man muß Kindern Grenzen setzen, wenn sie in die Würde und den Eigenraum anderer eindringen. Wer jedoch seinem Kind Schuldgefühle wegen seiner sexuellen Gefühle und seiner natürlichen Neugier einflößt, schweißt im Erleben des Kindes Angst, Schuldgefühle und Sexualität zusammen und verursacht ihm damit oft lange dauernde und schlimme Pein. Um es möglichst einfach zu sagen: Es soll sich für das schuldig fühlen, was ihm Spaß macht. Das Schuldgefühl kann ein wichtiger Bestandteil seines Geschlechtslebens werden; infolgedessen kann sich der Erwachsene bei der unerlaubten Liebesaffäre mit den mit ihr verbundenen Schuldgefühlen wohler fühlen als bei der ehelichen Liebesbeziehung. Da man jedoch die Sexualität aus dem menschlichen Leben nicht ausschließen kann, bringt es die elterliche Verdammung zwangsläufig mit sich, daß sich die Sexualität Wege der heimlichen Äußerung sucht — was stets wachsende Schuldgefühle schafft.

Verbote erzeugen auch Feindseligkeit, insbesondere gegenüber einem furchteinflößenden gegengeschlechtlichen Elternteil. Das Kind erkennt — und erfährt dies auch später —, daß es in Wirklichkeit eben nur unschuldig wie ein Kind ist und nicht schlecht, böse, sündhaft und schmutzig. Schließlich ärgert es sich, daß es sich selbst so böse fühlen soll.

Vor allem aber regen solche Verbote und Unterdrückungen die Neugier und die sexuellen Phantasien an. Was geleugnet oder mit Strafe belegt wird, wenn man es äußert, kann man gefahrlos in der Phantasie ausprobieren. Oft gibt sich das Kind, das wegen seiner sexuellen Gefühle Schuldgefühle haben soll, seinen derartigen Phantasien hin und verdammt sie dann, weil »der liebe Gott zuschaut«. Es verurteilt sich selbst, bekommt Angst und Furcht — und dürstet doch gleichzeitig nach neuen Phantasien. Viele Schriftsteller, insbesondere Somerset Maugham in »Rain« und Sherwood Anderson in *Winesburg, Ohio,* haben darauf hingewiesen, daß puritanische Leute sich oft besonders intensiv mit der Sexualität beschäftigen. Sie mißbilligen die Sexualität nach außen hin, in ihrer Phantasie beziehen sie jedoch in Wirklichkeit beträchtliche Befriedigung aus ihr; dies verursacht ihnen Schuldgefühle, und sie fühlen sich befleckt — und versuchen nun noch eifriger, die Sexualität auszumerzen.

Diese durch Unterdrückung geschaffenen Phantasien überreizen die sexuellen Gefühle des Kindes. Es äußert möglicherweise seine Sexualität zunehmend auf diese Art. Beim Erwachsenen vermitteln diese Phantasien in sexueller Betätigung das vertraute Gefühl des »Daheimseins«, das das »innere Kind von früher« stets sucht. Das Unsinnige am Verbot liegt darin, daß es zu vermehrter Neugier und übertriebener Beschäftigung mit sexuellen Phantasien führt — abgelöst von zwischenmenschlichen Beziehungen und von der Realität — und die Sexualität tendenziell entpersönlicht. Gewöhnlich bleiben die Heimlichkeit und der Hauch des Verbotenen aus der elterlichen Umgebung weiterhin Teil der sexuellen Phantasmagorie; sie waren integraler und erregender Bestandteil der sexuellen Betätigung des »Kindes von früher«.

Im Leben des Erwachsenen sucht das »Kind von früher« meist diese sexuelle Betätigung in der Phantasie, wenn die Sexualität in der

Kindheit verboten war und als »schlecht« angesehen wurde. Die in der Kindheit unterdrückte sexuelle Neugier kann im Leben des Erwachsenen in pornographischen Magazinen ihre Befriedigung finden. Die Beschäftigung mit solcher Literatur kann die einzige Art von Sexualität sein, die der Erwachsene ohne ein Gefühl der Unsicherheit genießen kann. Eine wirkliche sexuelle Erfahrung mit einem andersgeschlechtlichen Partner, den er kennt und respektiert, kann Angst oder sogar Panik hervorrufen. Der Reiz des Anschauens und des Gesehenen wird zunehmend bedeutungsloser. Die Person, um die sich die Phantasie dreht, ist unbekannt — und man kann sie auch nicht kennenlernen. Eine solche sexuelle Betätigung verliert jeglichen persönlichen Charakter. Ähnlich kann auch die Masturbation, eine weitere verbotene und entpersönlichte sexuelle Betätigung des »Kindes von früher«, fortgesetzt werden. Alle unreifen Aktivitäten dieser Art verhindern meist die Entwicklung des Erwachsenen, der sich in eine sexuelle Beziehung ganz einlassen kann und dabei tiefe Befriedigung erleben kann.

Unzählig sind die Arten von sexueller Unzufriedenheit und von Gefühlen der Depression und der Selbstherabsetzung, die sich aus der übermäßigen Beschäftigung mit sexuellen Phantasien ergeben, ohne daß diese in der Realität verankert wären. Nur wenige von uns sind diesem Übel ganz entkommen, da die Unterdrückung der Sexualität in der Kindheit in unserer Gesellschaft allgemein üblich ist. Nichtsdestoweniger leben wir in einer kulturellen Atmosphäre, in der man sich mit Vorliebe sexuellen Dingen zuwendet. Unsere Massenmedien stellen den erotisch-körperlichen Aspekt der Sexualität in den Mittelpunkt und vertiefen so die Kluft zwischen dem Mitmenschlichen und dem Körperlichen, die in der Kindheit durch Schuldgefühle erzeugt worden ist. So wird in unserer Gesellschaft immer mehr der physische Austausch als Ziel einer Begegnung angesehen — und nicht der Austausch von Gefühlen. Wenn die Sexualität ein rein körperliches Phänomen ist, wird sie unpersönlich — eine weitere Nuance, die die Massenmedien durch ihre Betonung der körperlichen Reize fördern.

Diese Entpersönlichung, die eines der Hauptmerkmale unserer sexuellen Betätigungen ist, ist eine der Hauptwurzeln unserer alles durchdringenden Einsamkeit. Sie fördert auch meist das Bedürfnis, in der Phantasie zu leben. Wir sind im Bereich der Sexualität zu unpersönlich geworden, als daß wir noch mit jemandem reden könnten, unsere Gefühle und Wünsche äußern und mitteilen könnten.

Sie werden selbst den Grad bestimmen müssen, in dem diese Schuldgefühle erzeugenden Ermahnungen von früher und die Verleugnung und Unterdrückung, auf denen sie beruhten, Ihre sexuelle Entwicklung beeinflußt haben. Haben sie Sie veranlaßt, sich in eine übertriebene Beschäftigung mit sexuellen Phantasien treiben zu lassen, anstatt in der Wirklichkeit Befriedigung zu suchen? Haben sie Sie veranlaßt, die Existenz Ihrer eigenen sexuellen Gefühle zu verleugnen, wie dies Ihre Eltern getan haben mögen? Haben sie Sie veranlaßt, die Sexualität als etwas Körperliches von der Liebe zu trennen? Haben sie Sie veranlaßt, auf die körperliche Befriedigung mehr Wert zu legen als auf die emotionale Befriedigung, die in wechselseitigem Austausch und gegenseitiger Erfüllung besteht?

Sie können das störende, sich in Phantasien flüchtende, schuldbewußte »Kind von früher« in Ihrem Geschlechtsleben allmählich zurückdrängen, indem Sie die Sexualität als natürlichen Teil Ihrer selbst akzeptieren und sie nicht als etwas ansehen, dessen Sie sich schämen müssen. Wenn Sie die Schuldgefühle auf diese Weise beiseite schieben und Ihr Recht auf volle erwachsene sexuelle Befriedigung behaupten, kann es sein, daß Sie zunächst Angst haben. Sie können sich jedoch allmählich aus einem Angekettetsein an Ihre Kindheit lösen, welches Ihre Zufriedenheit mit sich selbst untergräbt und auch die Befriedigung Ihres Partners verhindert.

Die Geschichte von Beth

Die elterlichen Haltungen gegenüber der Sexualität, die mit den anderen Haltungen der Familie verwoben sind, werden von Generation zu Generation weitergegeben; die vorherrschenden kulturbedingten Einstellungen üben jedoch einen entscheidenden Einfluß auf sie aus.

In unsere Versuche, mit sexuellen Gefühlen umzugehen, mischen sich jedoch oft Straffreudigkeit und Mißtrauen — hierbei wird die »Schlechtigkeit« vorweggenommen und die Strafe im vorhinein durch strengere Verbote ersetzt —, vor allem, wenn wir aus einem puritanischen Milieu stammen. Viele Menschen mit puritanischer Vergangenheit z. B. geraten in beiläufige und beliebige, sexuell betonte Liebesaffären — und bestrafen sich dann selbst dafür. Sie schieben die Schuld auf ihre »schrecklichen« sexuellen Gelüste und Sehnsüchte, auf ihre übermäßige Beschäftigung mit sexuellen Phantasien.

Die Auflehnung gegen übertriebenen elterlichen Zwang kann sie ebenso in diese bedeutungslosen sexuellen Erlebnisse hineintreiben. Es kann auch sein, daß sie sich ihrer Impulsivität zu sehr unterwerfen, wie sie es von ihren Eltern gelernt haben.

Lassen Sie mich als Beispiel die Geschichte von Beth erzählen, die in der Oberstufe der High School war und mich auf die inständigen Bitten ihrer Mutter hin aufsuchte. Obwohl Beth attraktiv und erst siebzehn Jahre alt war, war sie am Anfang sehr darauf bedacht, sich mir als erwachsene, schlechte, schöne Frau darzustellen, sich selbst ein Problem und für Männer unwiderstehlich. Sie redete schnell:

»Im einen Moment kann ich ganz lieb sein. Im nächsten kann ich schrecklich und abscheulich sein und fluchen wie ein Fuhrknecht. Ich weiß nie, was ich im nächsten Augenblick Schreckliches sagen oder tun werde. Darf ich rauchen? Ich bin in der zwölften Klasse. Ich habe recht gute Noten in der Schule und komme mit den Lehrern einigermaßen aus. Den Direktor mag ich nicht — er ist falsch. Mit einigen Jungens in meiner Klasse komme ich nicht allzugut zurecht. Der Pfarrer, mit dem ich geredet habe, sagte, mein Problem sei meine Auflehnung gegen meine Mutter. Sie ist eigentlich nicht sehr streng, aber sie hackt ständig wegen irgendwelcher Kleinigkeiten auf mir herum. Sie hält mir lange Vorträge über das Rauchen und über das, was sich für ein anständiges Mädchen schickt. Sie hatte nie Vertrauen zu mir. Junge, Junge, wenn sie wüßte, in was für Spelunken ich schon war!

Sie hört am Nebenapparat mit, wenn ich mit Jungens rede — und ich rede immer mit ihnen, mit Unmengen von ihnen. Sie rufen mich sogar von weit weg an. Sie dringt in meine Intimsphäre ein, öffnet meine Briefe und liest sie, untersucht meine Unterwäsche, schnüffelt in meinen Kleidern, Taschen, Notizbüchern, Puderdosen, ja,

sogar in meinen Schulheften. Ehrlich, ich kann es mit dieser Frau wirklich nicht lange aushalten. Wenn ich von einer Verabredung nach Hause komme, fragt sie mich eine Stunde lang aus. Wo bist du gewesen? Was hast du getan? Habt ihr Händchen gehalten? Hat er dich geküßt? Auf die Wange oder auf den Mund?
Ehrlich, sie fragt mich wirklich so etwas. Ich könnte platzen. Normalerweise, wenn ich heimkomme, stürme ich einfach an ihr vorbei, gehe nach oben und ziehe mich in den Winterschlaf zurück. Dann steht sie draußen vor der Tür und jammert und heult. Sie sagt, ich ruiniere ihr Leben. Was meint sie eigentlich, daß sie mit meinem Leben tut? Ich sage zu ihr, du hast dein Leben selbst ruiniert. Nicht ich bin daran schuld. Und ich sag', laß mich in Ruhe.
Manchmal habe ich getrunken — und wenn sie es riecht, kriegt sie einen Anfall. Na und, sag' ich. Es geht sie nichts an. Sie warnt mich auch immer: Du wirst schwanger werden. Na und? Das ist meine Sorge. Es stimmt, ich habe mit verschiedenen Jungens geschlafen. Wenn mir danach ist, warum nicht? Ich meine, wenn ich den Jungen mag ... Das schlimme daran ist: Ich möchte nicht, daß es so weitergeht wie bisher. Ich werde niedergeschlagen und deprimiert, ganz schwermütig, obwohl ich immer lustig tue. Ein Kerl mag kein Mädchen, das herumsitzt und Trübsinn bläst. Ich schimpfe mich selber: ›Du Schlampe, du Hure.‹ Manchmal habe ich das Gefühl, ich sollte noch mehr Schuldgefühle haben und mich noch schlechter fühlen als sowieso schon.
Da ist ein Junge, mit dem ich in den letzten zwei Jahren immer wieder ausgegangen bin. Er ist wirklich süß und liebt mich. Aber er macht mir Angst. Ich meine, er ist das genaue Gegenteil von mir. Er ist zuverlässig und stetig und arbeitet viel — er macht keinen Unsinn. Ich habe Angst, er könnte ... Naja, Sie wissen schon, herausfinden, wie ich eigentlich bin. Aber ich kann trotzdem nicht den ganzen Tag zu Hause sitzen und dem Gekläff meiner Mutter zuhören. Echt, die ganze Zeit hackt sie auf mir herum — oder sie versucht, mich von meinen Plänen abzubringen, und findet irgendeine Beschäftigung für mich, so daß ich nicht ausgehen kann. Wenn ich endlich weg bin, kann ich es gar nicht abwarten, bis ich meinen Spaß habe.«
Beths Hauptproblem ist nicht ihre sexuelle Promiskuität, obwohl

sie ein wichtiges Symptom ihrer Schwierigkeiten ist. Dies ging aus dem Gespräch mit ihrer Mutter, einer streng dreinblickenden, fettleibigen Matrone, die offensichtlich entsetzt war, klar hervor. Sie redete über Beth wie folgt: »Meine Tochter — sie ist ja wirklich noch ein Kind — hat mit verschiedenen Männern sexuelle Beziehungen gehabt. Neulich fand ich in ihrer Schublade einen Brief von einem Jungen. Er spielte darin auf eine sexuelle Episode an. Ich stellte Beth über diesen Brief zur Rede, und sie trotzte — sie sagte scheußliche Sachen zu mir, wirklich schrecklich.

Sie war nie sehr diszipliniert. Sie war immer sehr entschlossen in bezug auf das, was sie wollte, sie will ihren eigenen Kopf durchsetzen, und sie ist ziemlich schlau — sie hat zumindest in der Schule ziemlich gute Noten. Aber sie hat es immer schon mit diesen Sex-Geschichten gehabt. Naja, ich sollte wohl nicht sagen, immer schon ... Aber schon als sie zehn Jahre alt war, erzählte mir die Nachbarin, daß Beth und ein paar von ihren Freundinnen in der Garage einen Sex-Club aufgemacht hatten. Es ging da ja nicht so hoch her. Einige der älteren Mädchen bekamen gerade Brüste — Beth nicht, sie gehörte nicht zu den älteren —, und sie zeigten einander gegenseitig ihre Brüste. Ich machte der Sache ein Ende. Ich sagte einfach zu Beth, sie solle so etwas nicht mehr tun. Aber einige der Jungen aus der Nachbarschaft redeten über die Sache, und dadurch bekam sie einen schlechten Ruf. Ich sagte zu Beth, sie müsse besonders anständig sein, damit die Leute ihre Meinung über sie wieder änderten ...

Aber, mich hat Sex ja auch schon immer beschäftigt. Er hat mich jahrelang beunruhigt, sogar schon vor meiner Ehe. Es fällt mir schwer, es Ihnen zu erzählen ... aber ich habe oft über Sex nachgedacht. An manchen Tagen war es, als könnte ich einfach an nichts anderes denken. Ich habe natürlich nie etwas getan. Aber schon daran zu denken war unanständig ... und ich hatte deshalb immer fürchterliche Angst. Und als dann Beth auf die Welt kam, naja ... ich wußte schon, daß diese Sex-Geschichten einmal kommen würden. Ich versuchte immer, es zu verhindern, aber es passierte doch. Und als dann diese Geschichte mit dem Sex-Club war, konnte ich an nichts anderes mehr denken. Ich hoffe nur, daß irgendein Junge sie heiraten wird.

Ich weiß nicht, was aus ihr einmal werden wird. Sie taugt nichts. Ein anständiges Mädchen würde nicht so reden wie sie. In den letzten zwei Jahren ist sie immer mit älteren Männern ausgegangen. Sie legt immer mehr Make up auf, um älter auszusehen. Sie raucht heimlich. Sie trinkt. Ich sage zu ihr: ›Beth, bitte tu es nicht. Es tut mir so weh, daß du es tust.‹ Ich bin sicher, daß sie mit einem dieser Männer in Schwierigkeiten geraten wird. Ich habe versucht, sie zu warnen, sie über Sex und all diese Gefahren aufzuklären. Sie kann doch sogar krank werden! Aber sie hört einfach nicht auf mich. Ich bin für sie Luft.«

Beths Mutter hat als Kind die Schuldgefühle ihrer Eltern übernommen und trägt sie offensichtlich immer noch mit sich herum. Die Angst und die Schuldgefühle ihres »Kindes von früher« in bezug auf ihre eigenen sexuellen Gefühle haben sich in eine Art punitives Mißtrauen gegenüber Beth verwandelt. Sie hat an Beth herumgenörgelt, ihr Vorträge gehalten, ihre Briefe geöffnet, ihre Telefonate belauscht und auch sonst ihre Intimsphäre verletzt — all das wirkt auf Beths Gefühl, ein begabter und fähiger Mensch zu sein, zerstörerisch. Sie hat Beth zwar kein Vertrauen entgegengebracht, aber sie hat ihr auch keine eindeutigen Grenzen gesetzt. Wenn sie nun sagt, »du tust mir so weh«, flößt dies Beth Schuldgefühle ein und erfüllt sie mit Haß — es ist aber bei weitem kein strenges »Nein«. Außerdem schürt sie durch ihr Nörgeln, durch ihre ständigen Vorhaltungen und Anweisungen fortwährend das Feuer der Auflehnung, das Beth dazu treibt, zu trotzen, dem »Vergnügen« nachzulaufen und überall Zuneigung zu suchen, wo sie sie nur finden kann.

Wenn man die Geschichte von Beth hört, möchte man am liebsten über sie richten und sie vor den Folgen ihres Verhaltens warnen. Sie fordert einen geradezu heraus, ihr »die Leviten zu lesen« — aber dies würde die kritisierende, nörgelnde Atmosphäre ihres Elternhauses nur wiederholen und sie veranlassen, sich aufzulehnen.

Wenn Beth sich selbst überlassen war, behandelte sie sich genauso, wie ihre Mutter es getan hatte. Darauf habe ich sie hingewiesen. Ich habe ihr gesagt, sie könne ihre eigene Art des Umgangs mit sich selbst finden — und brauche sich nicht nach der Art ihrer Mutter zu behandeln. Dies bedeutete, daß sie ihrer Impulsivität ein strenges »Nein« entgegensetzen mußte, ohne sich selbst zu kritisieren, und daß sie sich selbst ihre eigenen Regeln geben mußte — ohne sich gegen sie aufzulehnen. Wenn sie ihr Leben nicht auf dem Trotz gegen die Nörgeleien ihrer Mutter aufbaute, trotzte sie ihren eigenen depressiven Selbstvorwürfen.

Wenn Beth sich nicht ihrem impulsiven Trotz hingeben und sich selbst herabsetzen mußte, mußte sie sich auch nicht auflehnen — und dies half ihr, weniger impulsiv zu sein.

Die dauernde Beschäftigung ihrer Mutter mit der Sexualität gab all diesen Faktoren ein noch größeres Gewicht — und eigentlich war sie es, die durch ihre Verbote, Schuldgefühle und Unterdrükkung Beth im Übermaß sexuell anregte und in diese sexuellen Aktivitäten trieb. Als Beth in der Rolle ihrer eigenen Eltern sich selbst gegenüber allmählich eine akzeptierende Haltung einnahm, beruhigte sie sich. Sie wurde nicht schwanger. Sie hat jetzt eine gute Stelle und geht mit dem jungen Mann, von dem sie so bewundernd gesprochen hatte.

Die Hauptsache ist jedoch, daß Beth in der Rolle ihrer eigenen Eltern eigentlich lernen mußte, sich selbst gegenüber freundlich, vertrauensvoll und streng zu sein — auch wenn ihre Mutter ursprünglich gemeint hatte, es handle sich um ein sexuelles Problem. Die wechselnden Stimmungen ihrer Mutter, die einmal zuviel Zwang ausübte, dann wieder übertrieben nachgiebig und ein anderes Mal von punitivem Mißtrauen erfüllt war, waren pathogen — und sie konzentrierten sich auf charakteristische Weise in ihrem eigenen Mißtrauen, ihren Verboten und ihren alles beherrschenden Schuldgefühlen auf den Bereich der Sexualität. Die Folge war bei Beth eine übertriebene Anregung sexueller Aktivitäten.

Dies ist keineswegs ungewöhnlich. Die Geschichte von Beth ist buchstäblich die Geschichte Tausender von Menschen, deren sexuelle Überreiztheit die Folge der von ihren Eltern aufgestellten Verbote ist.

Verführung

Manchmal kann es vorkommen, daß Eltern infolge ihrer Unzufriedenheit, die durch die pathogenen Haltungen in ihrem Umgang mit sich selbst entstehen, die sexuellen Gefühle ihrer Kinder unmittelbar und übertrieben anregen. Dies kann bewußt oder unbewußt geschehen. Dr. Johnson und Dr. Robinson haben in dem erwähnten Aufsatz in dem Abschnitt über das Erkennen von sexueller Anregung darauf hingewiesen, daß sie öfter vorkommt, als man vermutet. Im Gegensatz zu den Eltern, die die Sexualität zu verbieten versuchen — und eine übermäßige Anregung verursachen —, können die Eltern, die die Sexualität ihres Kindes unmittelbar anregen, sich darüber völlig im klaren sein; sie können das Kind sogar insgeheim darin bestärken, daß es bei ihrem sexuell herausfordernden Verhalten mitspielt.

Die einfachsten unbewußten Verführungen können aus dem Bemühen der Eltern entstehen, »modern« zu sein, wie auch aus Mißverständnissen der Theorie Freuds vom sexuellen Ursprung der Neurosen. So können diese Eltern ihre Überzeugung übertreiben, daß »eine offene Einstellung zur Sexualität ein gesundes Gefühlsklima schafft«. Sie beachten die konventionellen Regeln der Schamhaftigkeit nicht, laufen vielleicht im Haus nackt umher und beachten auch nicht das Recht auf ungestörtes Alleinsein im Badezimmer.

Gewisse Situationen führen von selbst zu übertriebener sexueller Anregung. Das verführerische und sexuell aufreizende Bad mit dem andersgeschlechtlichen Elternteil, mit seinem spielerischen Waschabenteuer, bekommt oft eine zunehmend sexuelle Färbung, wenn das Kind älter wird. Die Tatsache, daß die Mutter die Geschlechtsteile ihres Kindes wäscht und inspiziert, kann sich zur Verführung entwickeln.

Fast alle Eltern nehmen ihre Kinder anfänglich in aller Unschuld mit zu sich ins Bett. Die meisten Eltern verbieten dies jedoch, wenn das Kind ins Schulalter kommt. Es kann aber auch so weitergehen, selbst wenn klargeworden ist, daß es dadurch zu einer sexuellen Aufreizung kommt. Oft muß ein Elternteil darauf bestehen, daß dem Kind untersagt wird, ins Bett zu kommen, damit diese übertriebene Lockung und Reizung von vornherein unterbunden wird.

Wird diese Gewohnheit bis ins Jugendalter hinein fortgesetzt, so kommt es im allgemeinen zu extremer Stimulierung. Väter schlafen dann mit ihren Töchtern zusammen in einem Bett und liebkosen sie und reizen sie sexuell in allen möglichen Abstufungen. Eine neuere Untersuchung über verwahrloste Mädchen erbrachte, daß 15 % von ihnen solche sexuellen Beziehungen zu ihren Vätern hatten. Diese Fälle waren eindeutig belegt, man nimmt aber an, daß die Dunkelziffer sehr hoch ist*. Ähnlich können Mütter auch dann noch ihr Bett mit ihren Söhnen teilen, wenn sie sich der sexuellen Erregung des Kindes durchaus bewußt sind. Solche Mütter erleben, wie Dr. Johnson und Dr. Robinson bemerken, »eine mit Aggression und Angst vermischte Befriedigung«. Die lockende, provozierende Mutter, die in der Unterwäsche oder im halbgeöffneten Kimono vor dem Frisiertisch sitzt und sich von ihrem Sohn den Rücken pudern oder das Haar kämmen läßt, ist nicht ungewöhnlich.

Was ist die Folge dieser übermäßigen Reizung beim Kind? Am Anfang ist das Kind vielleicht verwirrt, fügt sich jedoch. Schließlich zwingen es die wachsende Frustration und Wut, einen der beiden folgenden Wege zu gehen:

1. Regression auf die relative Sicherheit unselbständiger infantiler Haltungen und Verhaltensweisen. Dadurch ist das Problem für das Kind vorläufig beseitigt. Es bleibt ein abhängiges Kind und gibt sich völlig in die Hände seiner Eltern. Dies macht jedoch ein normales Wachstum und eine normale Entwicklung des Kindes unmöglich; so kann es nicht erwachsen werden.

2. Der andere Weg führt bei Männern zu physischen Aggressionen und Wut gegenüber Frauen. Bei Frauen führt er oft zu Promiskuität verschiedensten Grades. Dr. Johnson und Dr. Robinson sowie andere führende Wissenschaftler haben darauf hingewiesen, daß echte inzestuöse Beziehungen, insbesondere zwischen Vätern und Töchtern, weit häufiger sind, als offizielle Statistiken vermuten lassen. Diese Forscher haben festgestellt, daß im allgemeinen ein Elternteil versucht, das Kind zu verführen — und der andere nichts dagegen unternimmt. Sie führen folgenden Fall an:

---

* S. L. Halleck, Journal of the American Medical Association, 180/273, 28. April 1962.

Wir haben vor kurzem den Fall eines elfjährigen Mädchens aus der Mittelschicht untersucht, dessen Mutter jahrelang gewußt hatte, daß der Vater seine Tochter genital verführt hatte. Die Mutter, die frigide und schwer gestört war, war eine Weile froh gewesen, von ihren sexuellen ehelichen »Pflichten« entbunden zu sein; schließlich wurde sie jedoch wütend und eifersüchtig und verlangte, es müsse etwas geschehen, um diese Situation zu ändern. Der Vater, der selbst aus einem zerrütteten Milieu stammte, gab sein Verhalten gegenüber seiner Tochter offen zu, und stimmte dem Programm einer Langzeitbehandlung für das Kind und beide Eltern zu. ... Dieser Fall war durch das fast völlige Fehlen von Scham- oder Schuldgefühlen auf seiten des Kindes, dessen Verhalten von der Mutter scheinbar gebilligt wurde, kompliziert — was die Schwierigkeiten in der Therapie sehr vergrößerte.

Kinder bilden sich jedoch häufig inzestuöse Beziehungen ein oder stellen sie sich in der Phantasie vor. Dies ist in der Tat eine verbreitete Phantasie des Kindes. Sie entwickelt sich aus der Zuneigung und liebevollen Bindung des Kindes an den gegengeschlechtlichen Elternteil. Es kann zwar vorkommen, daß diese inzestuösen Beziehungen geschildert werden, als wären sie Wirklichkeit; man kann jedoch gewöhnlich feststellen, daß es sich dabei um Einbildung handelt. Wenn solche Phantasien mit übertriebener sexueller Reizung von seiten der Eltern einhergehen, die nicht unbedingt körperlich zu sein braucht, beschneiden und beeinträchtigen sie die Entwicklung des Kindes.

Eltern müssen tatsächlich bereit sein, dem Kind soviel Liebe und Zuneigung wie möglich zu geben — und müssen später auch bereit sein, immer wieder und immer endgültiger sitzengelassen zu werden, wenn das heranwachsende Kind Liebe und Zuneigung anderer sucht. Einige Eltern, die dem gegenüber blind sind, binden das Kind emotional so sehr an sich — oft infolge ihrer Unzufriedenheit in der Ehe —, daß sie die Entwicklung des Kindes hemmen. Eine solche übertriebene, aufreizende Aufmerksamkeit von seiten eines Elternteils kann leicht dazu führen, daß dem Kind seine Altersgenossen unzulänglich und unbedeutend erscheinen.

Wenn Sie als Kind Opfer übertriebener direkter sexueller Stimulierung durch Ihre Eltern oder andere Erwachsene waren, haben Sie wahrscheinlich immer noch einen tiefsitzenden Haß und Aggressionen gegen Angehörige des anderen Geschlechts. Das »innere Kind von früher« kann sich von dem emotionalen Schaden zwar nicht befreien, den ihm ein solcher Mißbrauch seiner Zuneigung zugefügt hat; eine solche Erfahrung macht es Ihnen jedoch nicht völlig unmöglich, eine liebevolle sexuelle Beziehung zu entwickeln — aber dies erfordert Ihre Geduld und Ihr Verständnis. In vielen Fällen haben Männer und Frauen psychiatrische Hilfe gebraucht, damit sie genügend Selbstvertrauen entwickeln konnten, um Liebe zu empfinden. Es kann zwar weiterhin unmöglich sein, dem Vater (der Mutter) zu verzeihen und ihn (sie) zu verstehen, der sein Vergehen hinter Zuneigung verbarg. Wenn Sie standhaft genug sein können, die Vergangenheit vergangen sein zu lassen und sie nicht denen gegenüber ins Spiel zu bringen, die an dieser Vergangenheit keinen Anteil haben, kann Ihrem gekränkten »Kind von früher« zu der Erkenntnis verholfen werden, daß es unschuldig ist und wert, geliebt zu werden. Wenn Sie unter dieser Art von Kränkung leiden mußten, können Sie sich selbst weiterhelfen, indem Sie erkennen, daß dieser Schaden nicht notwendig ewig dauert, und daß Männer und Frauen einander auf gesunde Weise lieben können. Wenn Sie meinen, Hilfe zu brauchen, zögern Sie nicht, sie zu suchen — Ihre Schwierigkeiten können nämlich erheblich sein. Psychiater sind zwar im Umgang mit verwickelten emotionalen Schwierigkeiten besonders ausgebildet, sie sind jedoch nicht zahlreich; Ihr Hausarzt kann Ihnen sowohl direkt helfen als auch bei der Suche nach einem Psychiater beistehen, wenn dies nötig werden sollte.

Die Billigung der sexuellen Massenstimulierung in unserem Kulturbereich

In unserem Kulturbereich wird die übertriebene Stimulierung der sexuellen Gefühle von Kindern nicht offenkundig gebilligt. Man kann ihr nur nicht entgehen.

Dies trifft nicht nur für Kinder zu, sondern für uns alle. Wir sind der sexuellen Aufreizung ausgesetzt, und wir alle werden auf die eine oder andere Weise von ihr betroffen. Wir leben heutzutage in einer nahezu greifbaren Atmosphäre uneingeschränkter sexueller Stimulierung; das verführerische, verlockende und herausfordernd posierende Mädchen ist überall, erfolgreich und begehrenswert, damit die Männer auf es reagieren und die Frauen es nachahmen. Unsere Kinder werden diesem Einfluß durch die Massenmedien ebenso ausgesetzt wie wir Erwachsenen — so wirken eben Massenmedien. In anderen Kulturen sind die Einstellungen zur Sexualität vielleicht restriktiver oder zwangloser als bei uns, aber nirgendwo sonst sind sie so verworren und widersprüchlich wie bei uns. Diese Tatsache ist als solche eine häufige und tiefverwurzelte Ursache von Angst in allen unseren gesellschaftlichen Schichten.

Die unausgesetzte und uneingeschränkte optische sexuelle Aufreizung, die für unsere Gesellschaft kennzeichnend ist, stellt die letzte Woge der Auflehnung gegen die alten puritanischen Ansichten dar, denen der Anblick eines weiblichen Fußknöchels als schockierend galt. Trotz all dieser blinden Massenstimulierung bleibt unsere Haltung gegenüber dem Streben nach sexueller Befriedigung nach wie vor erstaunlich prüde und puritanisch. Diese in sich widersprüchliche — und wieder einmal unvermeidliche — kulturspezifische Haltung ist als solche pathogen.

Während diese dauernde Massenaufreizung die alten Haltungen in bezug auf die Zurschaustellung des unschuldigen Körpers zerstört hat, hat sie doch den puritanischen Verhaltenskodex nicht verändert. Statt dessen werden sexuelle Phantasien schon fast zu Massenprodukten; sie haben öffentlichen Charakter. Die bloße Erwähnung von Brigitte Bardot in einer Fernsehsendung führt zu Gelächter, das im Grunde die Phantasien über diese nackte Schauspielerin enthüllt. Eine ständige Anregung zu sexuell getöntem Phantasieren kann bei gleichzeitiger Erwartung puritanischen Verhaltens nur zu größeren Spannungen, Ängsten, sexuellen Schwierigkeiten und Konflikten führen — und zum Zusammenbruch jenes Verhaltenskodex. Dies ist nicht die »neue Freiheit« oder das »moderne Leben«, sondern eine Art sinnlicher Versklavung, die besonders verwirrend wirkt. Dieser Umstand kann erklären helfen, warum jedes Jahr eine wachsende Zahl junger Mädchen zu ledigen Müttern wird; im Jahre 1961 erreichte diese Zahl die noch nie dagewesene Höhe von 200 000.

Die Ausbeutung der Sexualität

Wir haben schon vor langer Zeit die Grenze überschritten, die die Betrachtung des menschlichen Körpers in seiner Natürlichkeit und Schönheit von der kommerziellen Ausbeutung des Fleisches scheidet. Wir beuten diesen Körper aus, und dies ist einer der bestimmenden Faktoren in der gegenwärtigen sexuellen Massenstimulierung. Das aufreizende Mädchen verkauft alles, vom Golfclub zum Whisky, zum Auto, zu Kino und Karriere, und verspricht überall Befriedigung. Unsere Mode- und Bekleidungsindustrie ist bestrebt, sexuell stimulierende Kleidung zu entwerfen und herzustellen; dies ist der Schlüssel zum Verkaufserfolg, von der Strandmode bis zur Arbeitskleidung. Die im Fernsehen zum Besten gegebenen Witze beruhen zwar stets auf Erwartungen, die attraktive Frauen wekken, sowie auf unserem immer noch vorhandenen puritanischen Moralkodex, der die Befriedigung solcher Erwartung verbietet; sie geben aber auch zu verstehen, daß freizügige und beiläufige Begegnungen nicht nur hinter der nächsten Ecke warten, sondern sogar wünschenswert und lohnend sind. Unsere Einstellungen als Erwachsene billigen das impulsive Verhalten, das oberflächliche Flirten auf Partys — und mißbilligen mit frommem Augenaufschlag alles, was sich daraus ergeben könnte.

Die Wirkungen der sexuellen Massenstimulierung

Viele Leute spüren, daß mit der uneingeschränkten sexuellen Herausforderung, die in unserer Gesellschaft allenthalben praktiziert wird, etwas nicht in Ordnung ist. Sie sind jedoch wegen der puritanischen Übertreibungen der Vergangenheit voller Bedenken und getrauen sich nicht, ihre eigenen Gefühle und Reaktionen zu untersuchen, damit man sie nicht als puritanische »Sittenwächter« bezeichnet. Eine solche Untersuchung der Wirkungen dieser sexuellen Massenstimulierung zeigt jedoch, daß derartige Reaktionen nicht puritanisch sind, sondern nur realistisch.

Die übertriebene Beschäftigung mit der Sexualität, von der unsere Gesellschaft erfaßt worden ist, hat eine falsche Betonung der körperlichen und erotischen Seite der Sexualität zur Folge — sowie eine Vernachlässigung der Seite des persönlichen Austauschs. Diese Betonung verursacht großes und vielgestaltiges Unglück. Wir können nicht alle die körperlichen Attribute von Filmstars haben. Man stellt uns jedoch eine solche Attraktivität nicht nur als wünschenswert vor Augen, sondern sogar als garantierte Patentlösung für alle Probleme. Dies erzeugt bei dem Mädchen, das eben keine Schönheit ist, eine kränkende Haltung sich selbst gegenüber. Wir sehen, wie Millionen von Frauen unablässig und glücklos nach körperlicher Schönheit streben, nach Schlankheit, nach Erneuerung ihrer Anziehungskraft — und ein großer Teil dieses Bestrebens beruht auf dem Gefühl des »Kindes von früher«, es sei nicht attraktiv. Viele Frauen erkennen eigentlich nie, daß die Anziehungskraft in erster Linie von innen heraus kommt — und beim Annehmen seiner selbst anfängt. Seltsamerweise leidet die schöne Frau oft ebenso sehr wie jede andere unter dieser Betonung der körperlichen Schönheit. Sie ist schön und erwartet daher, zufrieden und glücklich zu werden. Statt dessen ist sie oft sehr unglücklich und elend — denn das Gefühl der Zufriedenheit kann man nur durch gefühlsmäßige Teilhabe am anderen erreichen, und mit körperlicher Schönheit hat es wenig zu tun.

Eine weitere Wirkung dieser sexuellen Massenstimulierung liegt darin, daß sie das wirkliche sexuelle Erlebnis immer unpersönlicher macht. Der Partner ist ein Faktor, den man vernachlässigen kann. Der Partner wirkt nicht besonders anregend, seine Funktion ist es lediglich, eine schon vorgebildete Beziehung zwischen einem Menschen und seiner Phantasie ins Rollen zu bringen. Die eigentliche Anregung kommt über den Äther oder geht von der Buchseite aus und ist *unpersönlich;* die Reaktion darauf ist ähnlich undifferenziert und unpersönlich. Auf diese Weise wird die Trennung der mitmenschlichen Seite der Liebe von der körperlichen Seite gefördert. Das Ziel des sexuellen Erlebnisses hat sich auf die körperliche Ebene verlagert — es ist die Lösung sexueller Spannung und nicht der liebevolle Austausch von Gefühlen in einer bedeutungsvollen Beziehung.

Man muß aber auch betonen, daß diese unausgesetzte Stimulierung eine ebenso unausgesetzte Unzufriedenheit und Frustration zur Folge hat. Ein Mädchen z. B. muß sich herausfordernd und sexuell aufreizend anziehen und ständig flirten, kokettieren und locken, wenn es nach den Maßstäben unserer Gesellschaft beliebt sein will. Es muß jedoch allen sexuellen Annäherungsversuchen der Männer Widerstand leisten, die auf es reagieren. Es hat gleichsam automatisch die Position des Lockvogels. Wenn es keinen Widerstand leistet, sieht man es als »schlecht«, »blöd«, »leicht zu haben«, »leichte Beute« und »nichtsnutzig« an. Wenn es Widerstand leistet, bringt es sich und die Männer in Erregung, ohne daß diese einen Sinn hat. Diese kulturspezifische Gleichsetzung des sexuellen Aufreizens mit Beliebtheit führt häufig zu völlig zielloser Promiskuität, insbesondere unter Jugendlichen.

Diese Verbindung von Massenstimulierung und Einschränkungen ist ebenso unrealistisch wie grausam. Sie schafft für junge Menschen viele Probleme, vor allem für diejenigen unter ihnen, die in einer lange dauernden Ausbildung stehen. Die Teenager- und Studentenehe sind Versuche, diese Probleme zu lösen. Gerade zu einer Zeit, wenn der Junge und das Mädchen sowohl ökonomisch als auch emotional abhängig sind — und den Drang zu sexueller Betätigung am stärksten spüren —, erwartet unsere Gesellschaft von diesen jungen Menschen, die weithin gebilligte sexuelle Massenstimulierung nicht zur Kenntnis zu nehmen oder sich für sie unempfindlich zu machen. Dieser Umstand bewirkt bei den meisten unserer intelligenten jungen Leute akute Frustration und Verwirrung und zwingt sie geradezu, unreife Sexualphantasien bis ins Erwachsenenalter hinein beizubehalten.

Die Wirkung auf Kinder

Es gibt immer mehr Beweise, daß die Idealisierung der körperlichen und erotischen Seiten der Sexualität durch unsere Massenmedien Kinder in erhebliche Schwierigkeiten bringt. In vielen Fällen werden Kinder, vor allem von Müttern, die Beliebtheit mit Sex-Appeal verwechseln, in sexuelle und emotionale Situationen getrieben, die sie einfach noch nicht bewältigen können. Da die sexuelle Stimulierung bei uns auf die Massen wirkt, haben die daraus folgenden Probleme ebenfalls den Charakter einer Epidemie.

Mit Ausnahme einiger Ärzte und Kinderpsychiater, einiger Sozialarbeiter und aufmerksamer Beobachter kultureller Entwicklungen nimmt man diese Situation jedoch weithin nicht zur Kenntnis. Lassen Sie mich aus einem *Time*-Artikel* über Kinder in der Vorpubertät zitieren, um einige der Auswirkungen unserer sexuellen Massenstimulierung zu demonstrieren, die in der Zukunft bestimmt viele Probleme schaffen werden. Aus dem folgenden Auszug geht auch klar hervor, daß es sich hier nicht bloß um vereinzelt auftretende Vorfälle handelt.

In Massapequa, N. Y., kam Kathy von der Schule nach Hause und verkündete, sie brauche Nylonstrümpfe und einen Strumpfgürtel, um sie bei der Geburtstagsparty ihrer Freundin zu tragen, weil »alle anderen Mädchen« auch welche hätten. Kathy ist acht Jahre alt.
In Los Angeles arrangierten die Eltern von Bill die erste formelle Dinnerparty mit Tanz und Unterhaltungskapelle für ihren Sohn zum zehnten Geburtstag. Knaben in weißen Smokingjacken begleiteten »ihre« Mädchen, die Ansteckblumen trugen. Ein Junge widmete sich zu intensiv dem Mädchen eines anderen. Bills Mutter erklärte: »Ich mußte mit ihm reden und ihn daran erinnern, daß er seine eigene kleine Partnerin mitgebracht habe.«
Im vorstädtischen Evergreen Park, Chicago, witschte ein Dutzend Mädchen von sechs Jahren aufwärts in den dortigen Schönheitssalon, um ihren regulären Samstagtermin wahrzunehmen; als sie wieder herauskamen, waren sie etwas kopflastig — mit ihren Bienenkorb- und Afrolook-Frisuren. Der Geschäftsführer Warren Miller seufzte: »Sie haben mehr Haare als Gesicht. Für mich ist so was ein Mop«.
In San Francisco bat Beverly, die Tochter eines Professors in Berkeley, ihre Eltern um einen »Übungs-BH«. Sie mußte »nach was aussehen«, weil sie auf dem Fahrradgepäckträger ihres Freundes mit diesem in ein Autokino fahren wollte. Beverly ist neun, ihr Freund elf Jahre alt.
Kurz gesagt, Verabredungen, Tanzen, Küßchenspiele und all die anderen natürlichen Vergnügungen, die einst den Jugendlichen vorbehalten waren, werden Teil des alltäglichen Lebens einer ständig wachsenden Zahl acht- bis zwölfjähriger Volksschüler und Volksschülerinnen überall in den Vereinigten Staaten.
Der letzte Schrei in den Gesellschaftsspielchen dieser Altersgruppe, besonders beliebt in den Vorstadtnestern unserer Nation, ist »Verführung«,

---

* Time, 20. April 1962.

eine Vorstufe jugendlicher Liebesspiele: Die Jungen und Mädchen treffen sich im Elternhaus eines der Mitspieler, die Eltern verschwinden diskret und lassen die Kinder im verdunkelten Raum zurück, damit die Jungen nach Belieben »verführen« können. Kinder dieser Altersstufe in Los Angeles haben eine moderne Spielart der »Briefträger«- und »Flaschenorakel«-Küßchenspiele entwickelt. Sie nennen es »Sieben Minuten im Himmel (oder in der Hölle)«. Der Junge nimmt das Mädchen, das vom Los erwählt wurde, mit sich in einen Schrank oder in einen anderen Raum und küßt es (Himmel) oder schlägt es (Hölle) sieben Minuten lang, je nachdem, was ihm lieber ist.

Diese ganze übertriebene sexuelle Stimulierung und die Betonung des Körperlichen rührt im Grunde von den Eltern her, die die »Überträger« der herrschenden Haltungen in unserem Kulturraum sind. Professor Carlfred B. Broderick* von der Pennsylvania State University hat diese Situation folgendermaßen beurteilt:
»Viele Eltern scheinen von der mißverstandenen Theorie auszugehen, die Sexualität fange mit der Pubertät an. Sie nehmen an, vor diesem Zeitpunkt habe Küssen keine Bedeutung. Wenn Kinder schon vor der Pubertät Verabredungen zu haben anfangen, betreten sie den Weg zu fortschreitender Intimität bereits zu einem früheren Zeitpunkt. Wenn diese Kinder ins Jugendalter kommen, kennen sie sich in diesem Bereich schon so gut aus, daß sie eigentlich nur noch heiraten können.
Für solche Kinder ist die Ehe wohl kaum eine Lösung; sie verspricht eigentlich nur Unglück. Die Scheidungsziffer ist unter Leuten, die im Jugendalter geheiratet haben, etwa fünfmal so hoch wie bei denen, die Mitte Zwanzig waren, als sie heirateten.
Unsere heutigen Kinder, die durch die Flut von schwülen Liebesaffären, wie sie im Fernsehen, in Filmen und billigen Illustrierten gezeigt werden, angeregt werden — wozu die Eltern durch ihre übertrieben anregende Betonung der körperlichen Seite der Sexualität das Ihre beitragen —, können kaum umhin, sich ein verzerrtes Bild von Liebe und Zuneigung, Ehe und Verantwortung zu machen. Sie werden in sexuelle und emotionale Situationen hineingestoßen,

---

* Carlfred B. Broderick, in Time vom 20. April 1962; s. a. PTA Magazine, Dezember 1961; Marriage and Family Living, Februar 1961.

denen sie noch lange nicht gewachsen sind.« Dr. Benjamin Spock, der durch sein Interesse an Kindern zur bekanntesten Autorität auf dem Gebiet der Säuglings- und Kinderpflege in unserem Land geworden ist, hat sich auch mit diesem Problem befaßt. Er sagt: »Das Problem ist, daß nach dem Willen der Natur die Familiengründung im Alter von etwa 15 oder 16 Jahren stattfinden kann. Die frühen Verabredungen und festen Freundschaften fördern schon vor dem Alter von 15 Jahren Intimitäten. Unsere Gesellschaft erwartet jedoch von jedem jungen Menschen, er solle wenigstens bis zum siebzehnten oder achtzehnten Lebensjahr in die Schule gehen. Manche Kinder, die noch keineswegs dafür reif sind, zwingen sich zur Partnersuche und wollen unbedingt die Rolle des Verliebten spielen*.«

Es gibt Berichte über Eltern, die versuchen, ihre Kinder schon in der fünften Schulstufe zu Rendezvous zu bewegen. Mancherorts ist dies in der siebten Schulstufe jetzt bereits üblich. Manche Eltern spielen vor Angst verrückt, wenn ihre Tochter beim Eintritt in die High School noch keine Verabredungen oder noch keinen festen Freund hat. Jungen werden ganz ähnlich angetrieben. Viele Eltern deuten jede gescheiterte Verabredung als Mangel an Sex-Appeal — und sie kommen infolge der Überbetonung der Sexualität in unserem Kulturraum zu dem Schluß, daß das Kind als »alte Jungfer« sterben wird.

Wir können natürlich die Höhe des Preises nicht ermessen, den wir letzten Endes für diese unausgesetzte und allgemein verbreitete Stimulierung bezahlen werden. Indem wir sie jedoch als das erkennen, was sie ist, und vor allem auch erkennen, wie sie die unreifen sexuellen Interessen des »Kindes von früher« anspricht und unterstützt, können wir uns allmählich von dem Druck und den Spannungen befreien, die sie erzeugt.

---

* Benjamin Spock in: Ladies' Home Journal, April 1958.

Eine realistische Einstellung zur Sexualität

Die Erkenntnis der entpersönlichenden Wirkung der sexuellen Massenstimulierung in unserer Gesellschaft kann Ihnen helfen, allmählich Ihren eigenen Weg zu echter sexueller Befriedigung zu finden. Der Mensch ist in Wirklichkeit mit ausschließlich körperlich betonten sexuellen Beziehungen nur kurze Zeit zufrieden. Die tieferen Befriedigungen gehen aus dem täglichen Umgang zweier Menschen miteinander und aus der wechselseitigen Anteilnahme hervor, die eine Liebesbeziehung verschönern und bereichern. Sexuelle Beziehungen sind nur dann befriedigend, wenn sie mit gegenseitiger Achtung, Rücksichtnahme und mit Interesse an dem Menschen einhergehen, *der zufällig auch ein Sexualwesen ist.*

Unsere puritanischen Vorfahren haben den Fehler gemacht, den Körper ablehnen und die Sexualität unterdrücken zu wollen. Die Folge waren übertriebene Sexualphantasien, Schuldgefühle und ein gestörtes Gefühlsleben, weil sie ihre Körper nicht einfach verleugnen konnten.

Wir müssen statt dessen anerkennen, daß unser Körper und unsere Sexualorgane existieren, und wir müssen ihre Funktionen mit der Liebe zum Partner und dem Wunsch nach dessen Wohlergehen in Einklang bringen. Wenn die Sexualität mit der Rücksichtnahme für den anderen Menschen und einer liebevollen Bereitschaft, für die volle menschliche Entwicklung des Partners Verantwortung zu übernehmen, völlig und unlöslich in Einklang steht, bildet beides eine Quelle der tiefsten sexuellen Befriedigung.

Dieses Ziel ist nicht idealistisch, sondern realistisch. Es wird Sie davon abhalten, von den Gezeiten der unpersönlichen sexuellen Stimulierung in unserer Gesellschaft in die äußerste Einsamkeit eines bloßen Phantasielebens hineingespült zu werden.

Um dieses Ziel zu erreichen, müssen Sie:

1. Ihren eigenen Sexualphantasien Grenzen setzen. Sie können dies mit allem Respekt tun und dabei die Einsicht nicht aus dem Auge verlieren, daß viele dieser exzessiven Phantasien von der Betonung aufgerührt werden, die der Sexualität in unseren Massenmedien zuteil wird. Solche Phantasien gehören zu Ihrem »Kind von früher«, und Sie können sie in der Rolle Ihrer eigenen Eltern ablegen.

2. Sie müssen erkennen, daß Sie als Mensch Sexualorgane und sexuelle Gefühle haben, die Beachtung verdienen.
3. Sie müssen Ihre Sexualität mit Ihrer emotionalen Bindung an einen Menschen verknüpfen und die wahre Befriedigung in Ihrem alltäglichen Umgang miteinander suchen, und nicht in den übertriebenen Versprechungen der Phantasie.

Teil III
Wie Sie sich und Ihr Leben ändern können

19
Wie Sie die Rolle Ihrer eigenen Eltern anders spielen können

Wäre dieses Buch ausschließlich für Ärzte geschrieben, so hieße dieses Kapitel »Therapie« oder »Behandlung«. Ich widme mich in diesem Kapitel einigen praktischen Problemen, denen Sie begegnen werden, wenn Sie die pathogenen elterlichen Haltungen aus Ihrer Kindheit aufgeben und neue Möglichkeiten entwickeln wollen, wie Sie in der Rolle Ihrer eigenen Eltern Ihrem »inneren Kind von früher« helfen können.

In diesem Buch soll Ihnen kein »Seelenfrieden« aufgeschwätzt werden. Ihre Seele kann Frieden finden, indem Sie den Kampf zwischen Ihrem »Kind von früher« und Ihrem erwachsenen Selbst einschränken. Diesen Frieden kann Ihnen niemand schenken. Sie müssen sich diese innere Befriedigung und Zufriedenheit erwerben. Das Leben ist ein Kampf, man muß um seine Befriedigungen kämpfen. Das Unglück und die Unzufriedenheit vieler Menschen beruhen auf dem ergebnislosen Kampf des »Kindes von früher«, der die Lebenserfüllung des Erwachsenen zunichte macht. Um Ihr Leben zu ändern, müssen Sie Ihr »inneres Kind von früher« auf neue Weise akzeptieren und behandeln, Sie müssen es neu verstehen lernen und sowohl freundlich als auch streng mit ihm umgehen. Ich habe bei der Beschreibung der verbreitetsten pathogenen Haltungen versucht, besondere Bereiche aufzuzeigen, in denen Sie vielleicht ringen müssen, um Ihr »Kind von früher« auf neuartige Weise zu lenken. Ich habe auch zu zeigen versucht, wie eine pathogene Haltung übertragen wird und wie man sie ablegen und ändern kann.

Das Ergebnis wird jedoch in jedem Fall von der Anstrengung abhängen, die Sie bei der Änderung Ihrer alten, von Ihren Eltern übernommenen Haltungen sich selbst gegenüber aufwenden. Die Lektüre dieses Buches ist noch nicht das Ringen mit diesen alten Haltungen, aber sie kann Ihnen durch das Verständnis Ihrer Schwierigkeiten ein notwendiges Werkzeug an die Hand geben. Auch ein Psychiater oder ein Arzt kann Ihre Haltungen nicht ändern. Sie müssen es selbst tun. Ähnlich kann eine Erklärung — oder Erforschung — Ihrer Kindheit Ihre Probleme nicht lösen. Das Auffinden der Ursachen Ihrer Schwierigkeiten kann Ihnen darüber Auskunft geben, an welcher Stelle Sie kämpfen müssen. Damit sich jedoch Ihr Leben wesentlich ändert, müssen Sie Anstrengungen auf sich nehmen.

Wie man Gefühle des »inneren Kindes von früher« erkennt

Bei dem Versuch, die Rolle Ihrer eigenen Eltern auf neuartige Weise zu spielen, muß es Ihre erste Sorge sein, die Gefühle Ihres »Kindes von früher« wahrnehmen und erkennen zu lernen. Jeder Mensch ist einzigartig, weil jedes Kind anders ist und weil jede Familie anders ist. Ihr »Kind von früher« unterscheidet sich von dem Ihres Bruders oder Ihrer Schwester, selbst wenn Sie Zwillinge sind. Ihr »Kind von früher« hat besondere Erlebnisse gehabt, die sich in mancher Hinsicht von denen des »Kindes von früher« anderer Leute unterscheiden. Nicht anders ist es mit seinen Gefühlen. Sie müssen lernen, diese Gefühle und kindlichen Sehnsüchte als wichtig anzusehen, Sie müssen erkennen lernen, daß sie Achtung verdienen, und Sie müssen sie von Ihren Gefühlen als Erwachsener trennen. Diese Trennung ist wichtig, denn sie wird Ihnen helfen, Ihre Ziele als Erwachsener deutlich wahrzunehmen. Sie wird Ihnen klar vor Augen führen, ob das »Kind von früher« Ihre Befriedigungen stört oder sie steigern hilft. Indem Sie die Gefühle Ihres »Kindes von früher« rücksichtsvoll und achtungsvoll erkennen und annehmen, können Sie allmählich lernen, die Rolle Ihrer eigenen hilfreichen und freundlichen Eltern zu spielen und sich dabei über diese Rolle völlig im klaren zu sein. Dies wird Ihnen helfen, dem Erreichen Ihrer Ziele als Erwachsener näherzukommen.

In der Praxis fällt Ihnen die erste Erkenntnis der Gefühle Ihres »inneren Kindes von früher« wahrscheinlich dann leichter, wenn Sie überanstrengt sind. Ihr »Kind von früher« beherrscht oder lenkt Ihre Handlungen nicht immerzu — auch nicht einmal die meiste Zeit. Aber in Zeiten der Erschöpfung, der Krankheit oder bei Überanstrengung meldet sich Ihr »inneres Kind von früher« und versucht, sich zu behaupten — wodurch es auch klar zutage tritt. Aber auch dann, wenn eine äußere Situation, mit der Sie sich konfrontiert sehen, Sie an entsprechende Situationen Ihrer Kindheit erinnert, zeichnen sich die Gefühle Ihres »Kindes von früher« oft scharf ab.

Sie brauchen nicht zu warten, bis Sie sich einmal überanstrengt fühlen, um die Rolle Ihres »inneren Kindes von früher« klar zu sehen. Ihre Erinnerungen an Ihre Reaktionen auf anstrengende Situationen der Vergangenheit geben Ihnen einen genauen Leitfaden an die Hand. Nehmen Sie ein Notizbuch und führen Sie diese Streß-Situationen — und Ihre Reaktionen auf sie — der Reihe nach auf. Dadurch wird sich allmählich klären, welche Rolle Ihr »Kind von früher« in Ihrem Leben gespielt hat. Sie können allmählich im voraus wissen oder sich denken lernen, welche elterliche Haltung Sie sich selbst gegenüber an den Tag legen werden — und wie Ihr »Kind von früher« auf sie reagieren wird. Diese Vorwegnahme wird Ihnen helfen, Ihr »Kind von früher« zu führen, so wie eine Mutter, die ihrem Kind einen gefährlichen Gegenstand wegnimmt, damit rechnen oder erwarten muß, daß das Kind auf sie wütend sein wird — und dadurch nicht aufgebracht sein darf oder unter dem Druck der Wut des Kindes nachgeben und es weiterhin mit diesem gefährlichen Gegenstand spielen lassen darf.

Wenn Sie als nächstes die in diesem Buch beschriebenen verbreiteten pathogenen Haltungen sorgfältig und methodisch studieren, werden Sie einige finden, die auf Sie passen. Dies wird Ihnen helfen, noch mehr Gefühle Ihres »inneren Kindes von früher« wahrnehmen und erkennen zu können. Schreiben Sie sich die pathogenen Haltungen der Reihe nach auf, die zur Ausformung der Reaktionen Ihres »Kindes von früher« in erster Linie beigetragen zu haben scheinen. Schreiben Sie sich auch auf, wie diese Haltungen und Einstellungen Ihr heutiges Leben als Erwachsener stören. Schreiben Sie sich aber auch auf, wenn sie zu echten und tiefen Befriedigungen, vor allem im Bereich der Erholung und Freizeitgestaltung, beitragen — was sie wohl können. Sie müssen jedoch nur jene Haltungen ändern, die Ihre Fähigkeiten und Ihr Streben als Erwachsener beeinträchtigen. Schreiben Sie sich auf, was diese Haltungen auszulösen und auf den Plan zu rufen scheint — was das »Kind von früher« in den Vordergrund treten läßt.

Wie man pathogene Haltungen unterscheidet

Wenn Sie eine für Sie persönlich zutreffende Bestandsaufnahme der pathogenen Haltungen machen wollen, sollten Sie gewisse Aspekte dieser Haltungen stets im Auge behalten:

1. *Jede elterliche Haltung, die pathogen ist oder Probleme schafft, ist übertrieben.* Die in diesem Buch beschriebenen Haltungen und Einstellungen sind die am weitesten verbreiteten pathogenen elterlichen Haltungen, sie sind aber keineswegs die einzigen. Sie können auch übertriebenen elterlichen Haltungen ausgesetzt gewesen sein, die hier nicht beschrieben worden sind. Ein jeder von uns hat sich irgendwann einmal in seiner Kindheit vernachlässigt, übermäßig verwöhnt, zu hart bestraft, gegen seinen Willen gezwungen, zu »noch besseren Leistungen« angetrieben und mit übertriebenen Erwartungen überhäuft gefühlt, man hat ihm Angst vor Bakterien eingejagt, ihm seine Impulsivität nachgesehen und ihn in gewissem Maß abgelehnt. Es kommt jedoch darauf an, ob es sich hierbei um die Folgen eines beständigen und übertriebenen Verhaltens- und Einstellungsmusters handelt oder nicht. Der übertriebene Charakter einer Haltung — und ihre ständige Demonstration — macht sie pathogen. Wir müssen z. B. alle lernen, daß Bakterien Krankheiten verursachen; wenn eine furchtsame Haltung gegenüber Bakterien jedoch übertrieben wird, wirkt sie lähmend.
2. Ich habe im zweiten Teil dieses Buches verbreitete pathogene Haltungen beschrieben, als existierten sie in Reinkultur. In Wirklichkeit sind diese Haltungen jedoch stets mit anderen Haltungen vermischt und oft derart verflochten und miteinander verzahnt, daß eine pathogene Haltung zwangsläufig eine weitere erzeugt. Die

perfektionistische Mutter kann z. B. wegen ihrer übertriebenen Forderungen Schuldgefühle haben und daher versuchen, ihr Kind übermäßig zu verwöhnen; sie überschüttet es einerseits mit Geschenken, und dann wieder fordert sie Unmögliches von ihm. So stehen pathogene Haltungen oft in einer Wechselbeziehung zueinander. Allgemein gesprochen erzeugt eine übertriebene Haltung oft andere, die dazu dienen, das durch die primäre pathogene Haltung geschaffene Ungleichgewicht aufrechterhalten zu helfen.

3. Sie können vielleicht die Gefühle Ihres »inneren Kindes von früher« noch leichter erkennen, wenn Sie sich die verschiedenen Haltungen ins Gedächtnis rufen, die Ihre Mutter und Ihr Vater sowohl im allgemeinen als auch in bestimmten Bereichen an den Tag gelegt haben. Es ist keineswegs ungewöhnlich, daß ein Elternteil in übertriebener Weise Zwang ausübt, während der andere übertrieben nachgiebig ist und das Kind übermäßig verwöhnt. Das Kind kann unter diesen Umständen beide Haltungen übernehmen und sich selbst gegenüber praktizieren. Welche Haltungen waren für Ihren Vater kennzeichnend? Für Ihre Mutter? Vielleicht trägt es zur Klärung der Haltungen Ihrer Eltern bei, wenn Sie einiges über deren Kindheit in Erfahrung bringen — die Haltungen Ihrer Eltern sind jetzt Teil Ihres »Erbes«.

Wenn Sie in Ihrem Notizbuch elterliche Haltungen aufführen, die in Ihrem Leben von Bedeutung zu sein scheinen, entdecken Sie vielleicht, daß die eine oder andere einander widersprechen. Diese Haltungen sind jedoch alle Teil Ihrer besonderen Persönlichkeit. Es kann einige Zeit in Anspruch nehmen, um zu enträtseln, wie sie ineinandergreifen und welche Wirkung sie aufeinander haben.

Sie verfahren am besten so, daß Sie sich Zeit lassen und versuchen, diese beiden Dinge zu klären:

(1) die elterlichen Haltungen und

(2) Ihre Reaktion auf sie.

Als Sie die Rolle Ihrer eigenen Eltern spielen lernten

Als Kind haben Sie auf ganz natürliche Weise auf die Haltungen Ihrer Eltern reagiert — und Sie tun es immer noch, wenn Sie diese

Haltungen sich selbst gegenüber praktizieren. Noch als Sie ein Kind waren, begann ein Prozeß der »Internalisierung«, bei dem Sie diese Haltungen in sich aufnahmen und in Ihre Art einbauten, sich selbst zu betrachten, sich zu behandeln und sich zu steuern. Als Sie sich während Ihrer Jugendzeit allmählich aus der Erziehungsgewalt Ihrer Eltern lösten, begannen Sie, die Rolle Ihrer eigenen Eltern selbst zu spielen.

Diesen Vorgang können Sie wesentlich ändern. Es wird Ihnen helfen zu wissen, daß Sie die Haltungen »entliehen« haben, mit denen Sie sich jetzt selbst begegnen. Sie haben diese Haltungen nicht hervorgebracht, und Sie brauchen sie nicht zu praktizieren. Sie können jedoch Ihre eigenen elterlichen Haltungen sich selbst gegenüber entwickeln. Sie brauchen nicht Ihr ganzes Leben umzukrempeln — Sie müssen nur jene elterlichen Haltungen ändern, die Ihre Befriedigungen und Leistungen einschränken.

Sie mögen manchmal glauben, Sie müßten jetzt Ihr ganzes Leben umkrempeln. Dies ist ein Anzeichen dafür, daß Sie Ihre eigenen Errungenschaften gering schätzen und in Ihrem gegenwärtigen Streben wenig Befriedigung finden. Wenn Sie in einigen Bereichen in Ihrem Bemühen allmählich Befriedigung finden lernen, werden Sie weniger niedergeschlagen und deprimiert sein — und Sie werden feststellen, daß nicht alles und jedes geändert werden muß. Sie haben Elemente in sich — selbst wenn Sie sich ihrer nicht bewußt sind —, auf denen Sie neue Haltungen und neue Befriedigungen aufbauen können. Es müssen sich jene elterlichen Haltungen ändern, die Ihre Befriedigungen und Leistungen beschränken.

Gegenseitige Achtung

Um eine alte elterliche Haltung, die Sie jetzt sich selbst gegenüber praktizieren, zu ändern, müssen Sie unbedingt die Gefühle erkennen, die diese Haltung in Ihrem »Kind von früher« hervorruft, und Sie müssen diese Gefühle auch achten. Sie müssen verstehen, wie eine spezifische Haltung die gegenseitige Achtung zwischen Ihnen als Erwachsenem und Ihrem »Kind von früher« zerstört. Die meisten elterlichen Haltungen beruhen, wie ich betont habe, auf der Berücksichtigung der Eltern, ihrer Gefühle, Rechte, Bedürfnisse, Forderungen und ihrer Bequemlichkeit. Die Gefühle des Kindes werden oft geschmälert, übersehen oder rücksichtslos behandelt. Selbst bei der übermäßigen Verwöhnung, die im Gewand der Besorgnis um das Kind auftritt, werden die wirklichen entwicklungsbedingten Bedürfnisse des Kindes und seine tieferen Gefühle der Zufriedenheit mit sich selbst und seinen Bemühungen nicht beachtet. Unendlich gelangweilt von diesem endlosen, unerbetenen Strom von Geschenken, fühlt sich das Kind zunehmend unfähiger, seine eigenen Befriedigungen aktiv zu suchen.

Sie müssen also damit anfangen, die Gefühle und Bedürfnisse Ihres »inneren Kindes von früher« zu achten. Sie sollten bewußt und geduldig erkennen, wie diese Gefühle entstanden sind — und daß Sie an ihrer Entstehung keine Schuld tragen.

Indem Sie in der Rolle Ihrer eigenen Eltern freundlicher und hilfsbereiter handeln, als dies Ihre eigenen Eltern konnten, müssen Sie Ihrer Reaktion auf diese Gefühle und ihre Äußerung Grenzen setzen. Sie müssen sogar den Gefühlen strenge Grenzen setzen, die immer noch von der echten Grobheit, der Benachteiligung und den Unzulänglichkeiten herrühren, die Sie als Kind in Ihrem Elternhaus erlebt haben. Es wird Ihnen nichts helfen, wenn Sie sich selbst bemitleiden — und Sie verfolgen vielleicht immer noch die überholten und unrealistischen Ziele aus der Kindheit. Sie können die Gefühlsäußerungen Ihres »Kindes von früher« in ihre Schranken weisen und dennoch diesem Teil Ihrer Persönlichkeit gegenüber eine respektvolle Haltung beibehalten.

Fangen Sie damit an, die Gefühle Ihres »Kindes von früher« zu achten, und Sie haben einen großen Schritt getan in Richtung auf eine Verringerung Ihrer Schwierigkeiten. Wenn Sie dies nicht tun, können Sie keine guten Fortschritte machen; Sie werden nur um sich schlagen, mit sich selbst hadern und sich beschimpfen.

Grenzen setzen

Es gibt sehr praktische Methoden, zu merken, wann Ihr »inneres Kind von früher« Ihr Leben als Erwachsener stört — diese Methoden sind bei der Begrenzung seiner Äußerung wichtig. Wenn Sie z. B. auf eine bestimmte Situation mit einem Gefühl reagieren, das viel stärker ist, als es diese Situation rechtfertigt, und wenn Sie hinterher immer noch erregt, verdrossen, verärgert und von sich selbst enttäuscht sind, sollen Sie nach dem Kind von früher und seiner Rolle bei dieser Gefühlsaufwallung suchen. Fragen Sie sich, warum es so heftig reagiert — und schränken Sie seine Gefühlsäußerungen achtungsvoll ein.

Wenn Sie mit anderen Menschen häufiger in Konflikt geraten, als es tatsächlich gerechtfertigt ist, geht dies wahrscheinlich auf das Konto Ihres »Kindes von früher«, das sowohl auf Ihre elterliche Haltung als auch auf die äußere Situation reagiert. Viele Menschen könnten ihre Schwierigkeiten beträchtlich verringern, wenn sie den Äußerungen ihrer Wut Grenzen setzen würden. Sie haben als Kinder keinerlei Frustrationstoleranz entwickelt — und ihre Eltern haben nachgegeben, ja, sie vielleicht sogar verwöhnt, wenn sie wegen Frustrationen in Zorn gerieten und ihren »Willen haben« wollten. Als Erwachsene verschlechtern sie unentwegt ihre Beziehungen zu anderen, indem sie den Gefühlen des »Kindes von früher« Luft machen. Das Maß an Wut, das sie äußern, ist nur selten der Situation angemessen.

Wenn Sie in Ihrem Leben hauptsächlich mit Ihrer Selbstbeherrschung Schwierigkeiten haben, wenn Sie also zuviel trinken oder jähzornig sind, oder wenn Sie die meiste Zeit mit Nichtstun vergeuden, sollten Sie danach streben, herauszufinden, welche Rolle die elterliche Haltung und die Reaktion Ihres »Kindes von früher« auf sie gespielt haben, damit Sie den Teufelskreis durchbrechen können, in dem Sie sich befinden.

Wenn die Arbeit, die Erholung und das Spiel in Ihrem Leben nicht im Gleichgewicht sind, sollten Sie festzustellen versuchen, welchen Anteil das »innere Kind von früher« an der Schaffung dieses Ungleichgewichts hat. Sie müssen sich außerhalb Ihrer Arbeit entspannen und erholen. Übertriebenes Arbeiten, Entspannen oder Spielen sind gewöhnlich die Folge der Forderungen des »Kindes von früher«.

Sie müssen die Verfolgung überholter kindlicher Ziele einschränken, da diese Ziele unrealistisch und unnütz sind. Wir wissen dies bereits zu einem gewissen Grad. Der kleine Junge, der davon träumt, ein Cowboy zu werden, gibt diese Idee auf, wenn er etwas über das wirkliche Leben des Cowboys erfährt, und er wendet sein Interesse anderen Unternehmungen zu, die anziehender und vernünftiger erscheinen. Einige Ziele kann man jedoch nur schwer ablegen — oft, weil sie nicht als Ziele erkennt werden. Das »Kind von früher« ist oft von Sehnsüchten und Wünschen erfüllt, die Ziele bilden und die es zu erreichen sucht. Wenn Sie z. B. als Kind die ausreichende Liebe und Aufmerksamkeit Ihrer Mutter vermissen mußten, wird Ihr »Kind von früher« nach wie vor diesen zärtlichen Kontakt suchen und ihn dem kraftvolleren wechselseitigen Austausch im Hier und Jetzt lebender Erwachsener vorziehen. Es ist eine notwendige elterliche Haltung, wenn Sie der Verfolgung kindlicher Ziele strikte Grenzen setzen; diese Ziele können keine Erfüllung finden, da sie der Vergangenheit angehören.

Grundregeln

Wenn Sie die wesentlichen primären pathogenen Haltungen erkennen und auseinanderhalten können, denen Sie als Kind ausgesetzt waren, wird Ihnen die folgende Tabelle einige allgemeine Regeln an die Hand geben, die Sie sich zunutze machen können, wenn Sie die Rolle Ihrer eigenen Eltern auf neuartige Weise spielen lernen:

In der Kindheit erlebte Haltungen:	*Was Sie heute tun können:*
Perfektionismus Übertriebener Zwang	*Befreien Sie sich von Druck und Forderungen, die Sie sich selbst auferlegen*
Straffreudigkeit Perfektionismus Ablehnung	*Betonen Sie im Umgang mit sich selbst Freundlichkeit, Achtung und Sanftmut, und schränken Sie Ihre Selbstkritik ein*
Übermäßige Verwöhnung	*Fordern Sie von sich, gesetzte Ziele zu erreichen; beschränken Sie Ihre Abhängigkeit von anderen Menschen*

Übertriebene Unterwürfigkeit	*Setzen Sie Ihrer Impulsivität unbedingte und strikte Grenzen, versuchen Sie, Ihre Neigung zu überwinden, die Gefühle und die Rechte anderer Menschen zu mißachten*
Vernachlässigung Ablehnung	*Lassen Sie sich bewußt kleine Nettigkeiten angedeihen, verwöhnen Sie sich, wann Sie können, und verringern Sie Ihre Selbstkritik*
Hypochondrie	*Weigern Sie sich, Ihren Schmerzen und Wehwehchen nachzugeben*

Diese Anweisungen sind zwar übermäßig vereinfacht, sie geben Ihnen jedoch einen Hinweis auf die Richtung, die Sie einschlagen sollten. Wenn Sie nun dabei sind, die alten elterlichen Haltungen und Ihre Reaktionen auf sie zu klären, können Sie sich allmählich bewußt und erfolgreich anders behandeln als bisher, mit mehr Respekt und Strenge.

Manchmal glauben die Leute, das bloße Sich-Bewußtwerden dieser pathogenen Haltungen und ihrer Fortführung reiche aus, um sie zum Verschwinden zu bringen und weitgehend zu schwächen. In Wirklichkeit ist die bloße Erkenntnis nicht ausreichend. Sie muß mit bewußten, unausgesetzten Anstrengungen und unablässiger Übung im neuartigen Umgang mit Ihrem »inneren Kind von früher« gepaart sein. Nur so können Sie die alten Haltungen, die Ihre Probleme schaffen, ändern.

Was Sie zu erwarten haben, wenn Sie sich ändern

Die Änderung dieser alten elterlichen Haltungen erfordert Geduld und Schwerarbeit. Es ist viel leichter, im alten Gleis weiterzufahren. Und natürlich werden sich diese alten Haltungen, da sie die Sicherheit des Vertrauten auf ihrer Seite haben, einige Zeitlang noch »richtig anfühlen« — und Ihr neuer Ansatz, der auf Respekt beruht, wird sich »falsch anfühlen«. Sie müssen sich darauf einstellen, daß Sie manchmal eine gewisse innere Befremdung empfinden werden, daß Sie sich manchmal in sich selbst nicht »daheim« fühlen und sogar Angst haben werden. Lernen Sie diese Angst als

Zeichen der guten Fortschritte ansehen. Wenn Sie sich mit der Zeit immer mehr an Ihre neuen Haltungen gewöhnen, wird dieses Gefühl der Befremdung und Angst verblassen — und Sie werden allmählich merken, wie wohltuend Ihr neuer Umgang mit sich selbst auf Sie wirkt.

Sie müssen auch darauf gefaßt sein, daß Sie sich immer wieder zu den alten Haltungen hingezogen fühlen. Wenn Sie hin und wieder in Ihrem neuen Umgang mit sich selbst Erfolg haben, so heißt das nicht, daß der Kampf nun schon vorüber ist. Sie müssen sich auf einen länger dauernden Kampf vorbereiten — und klar erkennen, daß Sie ein neues Verhaltenmuster aufzubauen versuchen. Wenn Sie sich allmählich aus früherem Elend befreien und neue Befriedigungen erleben, wird Ihnen dieser Kampf der Mühe wert scheinen. Der Schatten der Vergangenheit wird Sie jedoch nie verlassen, und er wird Ihnen immer dann als angenehmer erscheinen, wenn Sie unter Druck stehen, erschöpft oder krank sind.

Ich werde manchmal gefragt, ob man diese Änderungen ohne die Hilfe eines Arztes oder Psychiaters zustande bringen kann. Grundsätzlich und in den meisten Fällen bin ich überzeugt, daß man die eigenen elterlichen Haltungen sich selbst gegenüber entscheidend verändern kann, ohne mehr Hilfe in Anspruch zu nehmen, als sie dieses Buch anbietet. Ohne die Hilfe eines Arztes, insbesondere eines Fachmannes auf dem Gebiet emotionaler Krankheiten und Probleme, kann der Kampf jedoch noch länger dauern und schwieriger sein. Seien Sie realistisch: Der Arzt kann nicht mit Ihren alten elterlichen Haltungen ringen — das müssen Sie schon selber tun. Er kann Ihnen jedoch die befremdlichen Gefühle, das »Nicht-daheim-Sein« erklären helfen, das Sie vielleicht empfinden, wenn Sie die alten elterlichen Haltungen aufgeben und neue entwickeln, in denen Sie sich selbst mit Achtung begegnen. Ein Buch wie dieses, das als Leitfaden angemessen dienen kann, kann eine menschliche Beziehung nicht ersetzen und kann Ihnen keine Herzenswärme und keine Anerkennung Ihrer Bemühungen geben, wie es ein anteilnehmender Arzt sehr wohl kann.

Um stetige und dauernde Fortschritte zu machen, halten Sie am besten alle zwei Monate eine Rückschau auf Ihre Fortschritte. Schreiben Sie sich den Termin für Ihre Rückschau in Ihren Kalender. Machen Sie sich immer wieder Notizen über elterliche Haltungen — und über die Reaktionen Ihres »Kindes von früher«. Nehmen Sie sich regelmäßig jeden Tag Zeit, um über einen gewissen Aspekt Ihrer Bemühungen zur Änderung dieser alten, Probleme schaffenden Haltungen nachzudenken. Auf diese Weise werden Sie nicht aus den Augen verlieren, daß Sie sich immer wieder anstrengen müssen und zu kämpfen haben werden, bis Sie sich in Ihrer neuen Rolle Ihrer eigenen Eltern »daheim« fühlen.

Erfolg durch Vorbeugung

Die meisten pathogenen Haltungen werden von Generation zu Generation weitergegeben. Das Wissen, daß man es als Vater oder Mutter von Kindern in der Hand hat, die Auswirkungen einer pathogenen Haltung auf die nächste Familiengeneration zu verhindern, ist eine der befriedigendsten Seiten unserer Fähigkeit zur Änderung Probleme schaffender elterlicher Haltungen. Als Psychiater, der mit Hunderten von Eltern und Kindern gearbeitet hat, sehe ich den Aspekt der Vorbeugung als vorrangig an. Vor allem diese Überzeugung hat mich zur Abfassung des vorliegenden Buches veranlaßt.

Vorbeugung erfordert, an Stelle der emotionalen Atmosphäre, die pathogene elterliche Haltungen fördert, eine Atmosphäre zu schaffen, in der sich Eltern und Kinder gegenseitig achten. Jeder Mensch muß in seinem Recht auf die Tätigkeiten, Frustrationen und Befriedigungen seiner Altersstufe respektiert werden — er muß nur dann in seine Schranken verwiesen werden, wenn sein Verhalten die Rechte anderer Familienmitglieder verletzt. Die Grenzen müssen so bestimmt gesetzt werden, daß die Rechte der anderen in jedem Fall und fortwährend geachtet werden.

Hieraus folgt dreierlei:

1. Jedes Familienmitglied — vom Vater bis zum Baby — wird geachtet; der Respekt hängt nicht vom Alter der Personen, ihrer Funktion oder Stellung in der Familie ab.
2. Es gibt feste, unumstößliche Grenzen gegen Eingriffe in die Rechte anderer.
3. Diese Grenzen müssen durch die Bereitschaft gefestigt werden,

sich im Falle einer »Grenzverletzung« auseinanderzusetzen. Das Leben ist voller Konflikte, und die romantische, »herzige« Vorstellung, im Ehe- und Familienleben solle es keine Konflikte geben, hat uns allen geschadet. Eine Auseinandersetzung als solche bedeutet keinen Mangel an Achtung.

Nach vielen Jahren der Arbeit mit Eltern und Kindern, die versuchten, ein Gleichgewicht gegenseitiger Achtung aufrechtzuerhalten, bin ich heute überzeugt, daß in jeder Familie unbedingt folgendes vonnöten ist:

1. *Kindern müssen Grenzen gesetzt werden,* wenn der Erwachsene das Gefühl hat, daß seine Rechte oder seine Würde verletzt werden. Man kann das Kind isolieren, es auf sein Zimmer schicken, bis es sich besonnen hat und willens ist, nicht mehr auf die Bereiche anderer Leute überzugreifen. Das Setzen von Achtungsgrenzen ist keine strafende Handlung. Das Kind muß alles, was es gestohlen, unachtsam zerbrochen oder verloren hat, wenigstens teilweise ersetzen. Dem Kind im Vorschulalter müssen strikte Grenzen gesetzt werden, um es vor den überall lauernden Gefahren zu beschützen, wie z. B. Straßen, Hausapotheken, Steckdosen, Herdplatten, Messer, Nadeln, Scheren, Treppen und Reinigungsmittel.
2. *Kinder müssen häusliche Pflichten übernehmen,* wenn sie ins Schulalter kommen; je älter sie werden, desto mehr. Auf diese Weise können Kinder Arbeitsgewohnheiten, Selbstachtung und Zufriedenheit mit ihren Leistungen erlernen. Kinder haben das Recht, über solche Pflichten zu murren, Eltern haben das Recht, auf der Erledigung dieser Pflichten zu bestehen.
3. *Studierzeiten für Kinder,* vor allem für die älteren; Fernsehen und Radio sollen abgestellt und ein hilfsbereiter Erwachsener soll in der Nähe sein, um zu beraten, aber nicht, um die Arbeit zu tun.
4. *Freiheit für alle;* jeder soll seinen eigenen Interessen — vom Sandkuchenbacken bis zu ernsthaften Hobbys — nachgehen können, ohne daß andere ihn *ängstlich ermahnen, Druck* auf ihn *ausüben,* ihm *Vorträge halten* oder ihn *kritisieren,* solange er in seinem Tun die Rechte anderer nicht verletzt.
5. *Wenn Kinder streiten* — und das läßt sich nicht vermeiden —, trennt man sie und steckt jedes in ein anderes Zimmer, bis sie bereit sind, wieder friedlich miteinander umzugehen.

6. *Erwachsene brauchen Erholung.* Erwachsene können das Gleichgewicht gegenseitiger Achtung besser aufrechterhalten, wenn sie mit einiger Regelmäßigkeit einen Abend ohne die Kinder verbringen können. Und Kinder müssen erfahren, daß die Eltern auch ein nicht unbedeutendes Eigenleben haben — daß die Erwachsenen nicht allein dazu auf der Welt sind, den Bedürfnissen der Kinder zu dienen.

Jede Familie kann ihre Probleme und einander widerstreitende Interessen ins reine bringen, ohne die Regeln der gegenseitigen Achtung zu verletzen. Auf dem Boden einer solchen Achtung können pathogene Haltungen nicht gedeihen. Ich habe in Hunderten von Familien gesehen, daß man diese Achtung mit Erfolg praktizieren kann, und ich weiß daher, daß sie möglich und realisierbar ist — wenn jeder Elternteil die Notwendigkeit erkennt, daß er das Kind, das er einmal war, mit Achtung behandeln muß und ihm nicht die herabsetzenden elterlichen Haltungen der Vergangenheit entgegenbringen darf. Wenn der Vater oder die Mutter ihre eigenen früheren Gefühle achten können, werden sie auch in der Lage sein, die Gefühle ihres wirklichen Kindes zu achten.

Erhellung — und Lösung

Ihr heutiges Glück und Ihre heutige Zufriedenheit wie auch Ihre Fähigkeit, zu verhindern, daß pathogene elterliche Haltungen Ihre Kinder beeinflussen, hängen davon ab, ob Sie die Rolle Ihrer eigenen Eltern auf neuartige Weise spielen können. Am Anfang dieses Buches habe ich darauf hingewiesen, daß es Ihre emotionalen Schwierigkeiten zwar erhellen, aber nicht lösen könnte. Es hängt von Ihnen ab, ob und wie Sie das gewonnene Wissen und gewonnene Einsichten anwenden.

Wenn Sie Ihre Rolle als Eltern Ihres »inneren Kindes von früher« mit dem achtungsvollen Verständnis und der Freundlichkeit akzeptieren können, die Ihrer eigenen eingehenden Kenntnis des Umstands entspringen, wie seine starken, ungeordneten Gefühle zustande gekommen sind und heute geändert werden, können Sie Ihr Leben als Erwachsener allmählich von den Verzerrungen der Vergangenheit befreien. Sie werden mehr Freiheit und Kraft haben, um als Erwachsener angemessen und befriedigend zu handeln, am Leben teilzunehmen und es ohne Störungen von seiten der Vergangenheit zu genießen.

Was dazu nötig ist, ist nicht leicht zu erreichen. Sie werden denken müssen, wo Sie nicht zu denken gewöhnt sind. Sie werden sich einen Ruck geben müssen, wo Sie sich sonst nie einen Ruck gegeben haben. Sie werden das Jammern bleiben lassen müssen, wo Sie es früher gewöhnt waren. Sie werden Angst und befremdliche Gefühle ertragen müssen.

Indem Sie die Rolle Ihrer eigenen Eltern gegenüber Ihrem »inneren Kind von früher« bewußt und aktiv spielen lernen, ihm freundlich, aber auch bestimmt begegnen lernen, wenn es nötig ist, können Sie etwas für sich tun, was niemand sonst für Sie tun kann: Sie können sich ein neues und befriedigendes Leben schaffen — ebenso eine neue Art der Einschätzung Ihrer selbst und der Menschen, die Ihnen nahestehen.

Über den Autor

Dr. W. Hugh Missildine ist Assistenzprofessor für Psychiatrie am Ohio State University College of Medicine und hat ein Diplom des American Board of Neurology and Psychiatry. Er erhielt seine Ausbildung in Psychiatrie am Johns Hopkins Hospital, an der Phipps Clinic und beim Children's Psychiatric Service in Baltimore, Maryland. Er war neun Jahre Direktor des Children's Mental Health Center in Columbus, Ohio, wo er auch seinen neuen Ansatz zur Lösung emotionaler Probleme Erwachsener entwickelte. Dr. Missildine ist Herausgeber der Zeitschrift *Feelings and Their Medical Significance,* die jeden Monat Tausende von Ärzten in den Vereinigten Staaten erreicht und in der die Konzepte des vorliegenden Buches häufig Erwähnung finden.

Rudolf Dreikurs / Vicki Soltz

Kinder fordern uns heraus
Wie erziehen wir sie zeitgemäß?

Aus dem Amerikanischen von Erik A. Blumenthal.
10. Auflage 1975. 331 Seiten. Leinen. ISBN 3-12-901920-0

»Der Gebrauchswert dieses erfreulich lesbar geschriebenen Ratgebers für eine ›zeitgemäße Erziehung‹ ist kaum hoch genug einzuschätzen. Indem die Verfasser immer die Konfliktsituationen des Alltags durchleuchten, zeigen sie den herausgeforderten Eltern, wie sie pädagogisch verhängnisvolle Machtkämpfe und eine nur auf Unterwerfung zielende Disziplin vermeiden können und statt dessen ihre Kinder dazu bringen, den ihnen zukommenden Platz in einer Familienkonstellation gleichberechtigter Partnerschaft einzunehmen«.

Westermanns Monatshefte

Rudolf Dreikurs / Erik Blumenthal

Eltern und Kinder — Freunde oder Feinde?

376 Seiten. Kart. ISBN 3-12-901920-0

»Dieses Buch aus der individualpsychologischen Schule ist eine hervorragende Orientierungshilfe für Eltern und andere Erzieher und eine Ergänzung zu dem bekannten Buch ›Kinder fordern uns heraus‹. Es liefert viele praktische Beispiele, aber keine Patentrezepte vom grünen Tisch, die doch nicht passen können, sondern es versucht, die Eltern zum einfühlsamen Beobachten und Handeln zu bringen. Die Kinder sollen geführt werden von Händen, die behutsam, aber nicht ängstlich sind«.

Der Naturarzt

Ernst Klett Verlag

Rudolf Dreikurs

Die Ehe — eine Herausforderung

Aus dem Amerikanischen von Erik A. Blumenthal.
3. Auflage 1972. 273 Seiten. Leinen. ISBN 3-12-901930-8

»Die Arbeiten von Rudolf Dreikurs zu psychologischen und pädagogischen Themen erregen mit Recht immer wieder Aufsehen. Dreikurs erschöpft sich nicht in der Beschreibung einer allgemeinen Krise der Ehe, sondern er skizziert die Veränderungen, in denen sie sich in unserer Zeit befindet, und kündigt eine Entwicklung zu größerer Verantwortung an, wie sie sich bereits deutlich abzuzeichnen beginnt. Er geht von vielen typischen konkreten Beispielen aus und sieht in Ehe und Familie Keimzellen, die für die neuen, noch gar nicht bekannten Ordnungen des menschlichen Zusammenlebens in der Zukunft lebensnotwendig sind«
Prof. Dr. Arthur Jores, Süddeutscher Rundfunk, Stuttgart

Rudolf Dreikurs

Soziale Gleichwertigkeit
Die Forderung unserer Zeit

Aus dem Amerikanischen von Eva Zahn
270 Seiten. Kart. ISBN 3-12-901960-X

»... Rudolf Dreikurs sucht in seinem Buch nach neuen Spielregeln für Ehe, Familie und Arbeitsgruppen, damit letzten Endes das Prinzip der Gleichwertigkeit verwirklicht werden kann. Das Buch ist nicht einfach zu lesen, aber es lohnt sich, den Gedanken von Rudolf Dreikurs zu folgen.« *Süddeutscher Rundfunk*

Ernst Klett Verlag